LES INTOUCHABLES

Ghislaine Ottenheimer

LES INTOUCHABLES

Grandeur et décadence d'une caste : l'inspection des Finances

Albin Michel

22, rue Huyghens, 75014 Paris
www.albin-michel.fr
ISBN 2-226-15118-4

« Noblesse oblige. »

Duc de Levis

« Vous connaissez le dicton français : noblesse oblige. Eh bien c'est toute la définition de la noblesse : elle oblige, et ne fait pas autre chose. »

Valery Larbaud

Préface

Les inspecteurs des Finances sont les enfants chéris de la République. Ils incarnent la quintessence de ce que peut produire le système éducatif français. Ils sont le symbole de l'excellence. Parce qu'ils sont censés être les meilleurs, les plus fiables moralement, les plus honnêtes, l'État leur a confié – de manière aveugle – la mission essentielle de penser et d'administrer l'économie française. Puis de gérer les plus grandes entreprises. Ces hauts fonctionnaires étaient réputés infaillibles. Les postes de commandement les plus sensibles ne pouvaient être confiés qu'à eux. Les surhommes de l'inspection. Tellement plus intelligents. Le bilan ?

Un État affaibli, désorganisé, épuisé, qui a perdu toute capacité d'action. Une fonction publique démobilisée, dégoûtée, mal gérée. Des déficits chroniques. Un endettement record. Des dizaines de contribuables qui quittent le pays chaque jour. Un chômage endémique. Des scandales en série. Non, la France n'a pas été bien gérée. L'inspection des Finances n'est, bien sûr, pas à elle toute seule responsable de cette débâcle. Ce sont les politiques qui n'ont pas su ou pas eu le courage de gérer de manière rigoureuse et d'impulser les réformes nécessaires, mais l'inspection, qui a été le logiciel le plus puissant au sein de l'État depuis la guerre, l'inspection, qui est l'élite de l'énarchie, a sa part de responsabilité. Elle est aussi le symbole du reniement. Non pas parce qu'elle a dérégulé, privatisé, mais parce qu'elle n'a pas exigé que cette évolution soit accompagnée de changements profonds dans l'organisation de l'État, comme cela s'est fait dans la plupart des pays. Ensuite, le jugeant vermoulu, elle l'a fui, massivement. Et s'est déconsidérée dans une série de faillites insensées.

Crédit lyonnais, Vivendi, Alstom, France Télécom... Jean-Yves Haberer, Jean-Marie Messier, Pierre Bilger, Michel Bon. Ces noms ont fait les unes de tous les journaux durant des semaines, voire des mois, des années. Il s'agit des plus grandes faillites de l'histoire du capitalisme français. Avec des records mondiaux d'endettement. Des milliards partis en fumée, des licenciements en série, des actionnaires ruinés, des salariés brisés. Ces quatre entreprises étaient dirigées par des inspecteurs des Finances. L'élite de l'élite française.

On parle d'une micro-société de 250 personnes. Chaque année, sur la centaine d'étudiants qui entre à l'École nationale d'administration, une grande école réputée extrêmement sélective, ils sont seulement quatre ou cinq élèves à être admis dans ce corps, qui conduit aux plus brillantes carrières. Ces hommes – et quelques très rares femmes – triés sur le volet, formés à l'exercice du pouvoir, occupent depuis des décennies les plus hauts postes du très puissant ministère des Finances, dirigent un grand nombre de banques et les plus grandes entreprises, trustent les sièges des conseils d'administration des sociétés les plus puissantes et s'arrogent les présidences des autorités de tutelle ou des organes de régulation.

L'inspection des Finances, objet de tous les fantasmes, a également donné à la France son plus jeune président de la République, Valéry Giscard d'Estaing, quatre Premiers ministres, Jacques Chaban-Delmas, Maurice Couve de Murville, Michel Rocard et Alain Juppé. Partout, il existe des clubs très sélects de gens qui ont réussi, mais nulle part au monde, de tels titres ne propulsent ainsi, dès le départ, de jeunes fonctionnaires vers les sommets. Nulle part au monde, il n'existe de caste aussi restreinte, aussi soudée, qui se coopte et se protège. Une sorte d'armée secrète, tendue vers le même but : le pouvoir ; tellement cohérente qu'il n'y a même pas besoin d'instances disciplinaires pour y faire régner l'ordre. Entre eux, ils s'appellent « camarades ».

Installés au sommet de la pyramide de la nomenklatura française, ils ne sont jamais ni sanctionnés, ni contestés, ni contrôlés, ni évalués. Ils sont intouchables. Pas au sens indien du terme, de paria – encore qu'ils sont peut-être en train de le devenir – mais au sens figuré : « Qui ne peut être l'objet d'aucun blâme, d'aucune sanction. Personnage hors d'atteinte, protégé, indéboulonnable, sacro-saint », note le *Petit Robert*. Leur parole, leur pensée ne peuvent, ne doivent pas être critiquées ni remises en cause. Puisqu'ils incarnent l'excellence, l'État, l'intérêt général. Ils savent mieux que le peuple ce qui est bon pour son bonheur. Leur impunité est totale. Il a fallu des scandales d'une extrême gravité pour que certains d'entre eux soient traduits en justice et d'autres, démis de leurs fonctions.

Pour comprendre la puissance de ce corps, il faut savoir que l'inspection ne se résume évidemment pas au service de l'inspection générale des Finances proprement dite. L'IGF, comme on dit dans les cercles initiés, entité chargée du contrôle des services financiers de l'État. Loin de là. Ce service n'est que la raison sociale, le port d'attache, la boîte à lettres de cette nébuleuse qui poursuit sans cesse sa quête de pouvoir. En réalité, la grande majorité de ces 290 hauts fonctionnaires, recrutés pour veiller sur l'utilisation de l'argent public, sont devenus des mercenaires du Cac 40, du capitalisme en d'autres termes. Les vrais, ceux qui font un travail indispensable, dans l'anonymat et la discrétion, sont dédaignés ou ignorés.

Hier, craints et admirés, réputés pour leur excellence et leur intégrité, les inspecteurs des Finances sont aujourd'hui l'objet de toutes les critiques, de tous les sarcasmes. Comment les présidents de ces sociétés ont-ils pu à ce point échouer ? Sans en tirer des conclusions hâtives, cette loi des séries interpelle. D'autant que la liste des échecs provoqués par la gestion de ces éminents technocrates ne s'arrête pas à ces fiascos retentissants. Y aurait-il chez ces gens-là « une paille dans l'acier », pour reprendre l'expression d'un grand banquier d'affaires ? Mais, à première vue, quoi de commun entre l'ancien président de Vivendi, Jean-Marie Messier, « m'as-tu-vu » à souhait, de droite, et le très réservé sous-gouverneur de la Banque de France Hervé Hannoun, de gauche ? C'est l'eau et le feu. Idem entre l'ancien président d'Elf, sec et altier, Philippe Jaffré, et l'ex-patron de Moulinex, Pierre Blayau, rigolard et bon vivant. Et quel rapport entre Jean-Charles Naouri, patron de Casino, qui accumule les milliards, et l'ancien patron de la SNCF, Philippe Rouvillois, qui termine une carrière de grand commis de l'État dans un petit bureau de Bercy ? Entre le très discret directeur de la Comptabilité publique Jean Bassères et le *money maker* Walter Butler ? Les hommes sont différents, leurs carrières ne sont pas comparables, les mondes auxquels ils appartiennent sont parfois à des années-lumière. Et pourtant, ils sont tous issus du même moule. Ils ont été sélectionnés selon les mêmes critères. Et ils forment une sorte de fraternité, toujours unie dès qu'il s'agit de défendre ses territoires.

« Tous les inspecteurs ne sont pas à mettre dans le même panier. À côté des faillites retentissantes, regardez les réussites : Michel Pébereau, président de BNP-Paribas, Louis Schweitzer, patron de Renault, Daniel Bouton, P-DG de la Société générale, Henri de Castries, président du directoire d'Axa, Jean-Marc Espalioux, président d'Accor, Marc Tessier, président de France-Télévisions. » Combien de fois cette phrase m'a été répétée ! Justement, ces hauts fonctionnaires devenus P-DG de grandes entreprises ont-ils tous réussi ? Se sont-ils montrés à la hauteur du privilège qu'ils ont eu d'hériter de ces fermages des temps modernes ? D'autres qu'eux, recrutés dans un système ouvert, concurrentiel, auraient-ils eu de moins bonnes performances ? Ont-ils fait preuve d'un génie particulier ? En un mot, le système français de sélection des super-élites est-il pertinent et juste ? Permet-il aux citoyens issus de la société civile de s'épanouir ?

Mais la raison essentielle du rejet provoqué aujourd'hui par l'inspection, c'est la déshérence de l'État. Depuis plus de cinquante ans, ils ont dominé le ministère des Finances de manière hégémonique. Ce sont eux qui ont largement inspiré la politique économique de la France. Parce qu'ils sont sortis premiers à vingt ans de l'École nationale d'administration, ils ont été placés aux postes sensibles, dans les grandes directions de l'administration et dans les cabinets ministériels. Et là, les résultats sont accablants. Après des années et des années de rigueur, la France ne cesse d'accumuler des déficits. La haute administration est empêtrée dans un mode de fonctionnement mandarinal. Bercy est un modèle du genre. On peut déplorer d'un ton compassé le corporatisme des postiers ou des cheminots, mais l'État de tout en haut ne fonctionne que comme cela : chasses gardées et prés carrés.

« C'est la faute aux politiques, qui n'ont pas réformé », se défendent-ils. Certainement. Mais ce n'est pas si simple. Les inspecteurs des Finances ne peuvent s'enorgueillir d'avoir réalisé, avec succès, la monnaie unique, la dérégulation, les privatisations, et s'exonérer des dérives budgétaires, de la mauvaise gestion, des déficits. Dans le vieux système français, dans « l'ancien régime », d'avant l'Europe, d'avant la mondialisation, quand la France dépensait trop, l'inflation masquait les problèmes, l'État dévaluait. Or, la France a abandonné un à un tous les leviers du pouvoir économique, tous les stabilisateurs – création de monnaie, dévaluation, politique industrielle, barrières douanières, etc. –, tout en conservant des structures administratives archaïques, sans moyen de contrôler la dépense. Eux qui ont su être si tenaces pour éviter l'explosion du système monétaire ou pour faire l'euro ont été beaucoup moins combatifs pour imposer une réforme radicale du fonctionnement de l'État. Faire l'un sans l'autre a conduit à une situation catastrophique. Certains en conviennent : « C'est vrai, cela ne nous a pas intéressés, on a été passifs. » Le résultat ? Un pays affaibli, pire encore, découragé, dégoûté, car il a fait des sacrifices, sans, en contrepartie, voir la situation s'améliorer. Seule une poignée d'hommes a goûté aux stock-options. Les autres ont le sentiment d'un marasme prolongé.

J'ai commencé cette enquête avec une extrême prudence. Je sortais de mes premiers rendez-vous avec des inspecteurs des Finances, impressionnée par leur clarté d'expression. Parfois convaincue de leur bonne foi. Ils m'ont reçue avec une politesse exquise. Ils sont intelligents, capables d'une grande maîtrise, ne laissant rien paraître. Ils savent, selon les circonstances, présenter une image d'eux-mêmes conforme à ce qu'on attend d'eux. Tour à tour modestes, ambitieux, sincères, vertueux, machiavéliques, distants, confidents. Mais obsédés par l'argent, le pouvoir et la réussite, ce sont des hommes desséchés, qui n'ont rien à voir avec les inspecteurs de la génération des Couve de Murville, Chaban-Delmas, Nora ou Bloch-Lainé. Chaban dont la devise était : « Tout est amour. »

Ils se sont montrés très discrets sur leurs us et coutumes. Se défendant les uns les autres avec passion. Ils n'en démordent pas : le président d'Elf, Philippe Jaffré, qui s'est fait absorber par Thierry Desmarest, le patron de Total-Fina, une entreprise concurrente beaucoup moins puissante, a été un excellent manager. Les échecs de Messier, Bon, Bilger, Haberer ? C'est la faute à l'État, aux politiques, à la conjoncture. Il y a eu bien pire ailleurs. Daniel Bouton et Michel Pébereau ont un ego si démesuré qu'ils s'entre-dévorent. Pendant des mois, Bouton n'a pas voulu prendre Pébereau au téléphone. Au lendemain de sa victoire pour le contrôle de Paribas, le président de la BNP avait dit de la Société générale vaincue : « Pour la Générale, les jeux sont faits, maintenant, elle n'a plus qu'à choisir de qui elle veut être l'esclave. » Pas franchement aimable. Mais dès qu'il s'agit de parler de l'inspection, publiquement, ils ne disent que du bien l'un de l'autre. Ils s'estiment, se congratulent. « L'inspection des Finances, cela n'existe pas, ose même affirmer l'une des figures de la caste, Michel Pébereau justement. Il y a des inspecteurs des Finances. Des bons et des mauvais. Un point c'est tout. » D'autres hauts fonctionnaires, appartenant à d'autres corps, et qui les côtoient dans l'appareil d'État, se sont montrés plus prolixes.

Dans son immense bureau de l'Hôtel de Toulouse, près de la place des Victoires, Jean-Claude Trichet, du temps où il était gouverneur de la Banque de France, recevait toujours ses visiteurs selon un rituel immuable. Après que les deux huissiers s'étaient levés à l'arrivée du seigneur des lieux, celui-ci proposait fort courtoisement : « Nous allons nous mettre à droite. » Plein d'égards, il vous faisait asseoir sur un canapé bleu disposé dans un coin, pour donner à la rencontre un caractère moins solennel. À peine installé, Trichet m'explique qu'il souhaite me dire quelques mots, mais « off ». J'acquiesce. Que dire d'autre ? Et pourtant, je ne vais pas respecter ce « off » car ce propos préliminaire ne trahit ni secret d'État ni bruit d'alcôve. Il ne compromet la carrière de personne. Il est simplement révélateur de la façon dont certains, au sein de cette élite, refusent toute remise en cause, veulent à tout prix entretenir le mythe de l'excellence et de la vertu. Comme si rien ne s'était passé. Il illustre cette fâcheuse habitude qu'ils ont de se mettre, d'emblée, en position d'autorité. Parce qu'ils savent. « Faire le procès des élites, c'est un vieux travers français, commence Trichet. On a persécuté les juifs, les protestants, les aristocrates, les révolutionnaires... Aujourd'hui on s'attaque aux inspecteurs des Finances ! La "synarchie" a toujours été accusée de tous les maux. En France, on a besoin de boucs émissaires puissants. » Et d'évoquer le livre de l'historien Marc Bloch, *L'Étrange Défaite*, en levant les yeux au ciel. On comprend qu'il ait voulu que cela reste « off ». Comparer une enquête sur l'inspection à la Shoah ou à la Terreur ! Le but de ce livre n'est pas d'instruire un procès, encore moins de « persécuter » ou de stigmatiser les inspecteurs des Finances, mais d'essayer de comprendre pourquoi, comment on en est arrivé là. Des faillites en série, un État en lambeaux, des chômeurs par millions. Et si peu de sanctions.

Certes, le pantouflage, qui consiste pour un fonctionnaire à quitter le service de l'État pour le privé, plus rémunérateur, était déjà une pratique courante à la fin du XIXe siècle. Mais l'État contrôlait cette oligarchie. Aujourd'hui, le rapport des forces a basculé en faveur du privé. D'un côté, des fonctionnaires découragés, qui se sentent inutiles. De l'autre, ceux qui veulent absolument « faire » de l'argent, des patrons avec jet privé, courtisés, admirés. Désormais, ce sont ces derniers qui aspirent les talents, influent sur les décisions de la technostructure, ce sont eux les parrains du système. La façon dont l'État a dû sauver Alstom, entreprise privée, soutenue au-delà du raisonnable par des banques privées, en est une illustration.

Le hold-up de cette aristocratie d'État sur des pans entiers de l'économie ne s'est pas fait armes à la main. C'est le fruit d'une lente évolution et de dérives qui se sont accélérées avec la crise de l'État et la démission des politiques. Cette oligarchie faite d'hommes de caractère, maîtres du système, a su profiter des circonstances : nationalisations, privatisations et noyaux durs. Les errances d'un nombre non négligeable d'inspecteurs des Finances depuis deux décennies sont le fruit d'une situation paroxystique, née d'un État affaibli, décrié, désorganisé et inefficace.

Bien sûr, ils ne sont pas les seuls. L'affaiblissement du corps des Mines ou du corps des Ponts est tout aussi préoccupant. Mais l'inspection est un symbole. Par son aura. Par l'ampleur des dégâts provoqués. Par l'animosité qu'elle suscite. Parachutes dorés, stock-options, jetons de présence...

Pas question de faire d'eux les boucs émissaires de tout ce qui ne va pas en France, à un moment où justement l'inspection, en temps qu'institution, traverse une crise historique, affaiblie à la fois par la libéralisation de l'économie, la construction européenne, le développement de nouvelles « normes mondiales » et les échecs en série. Mais cette caste est un symbole qui résume à lui seul toutes les spécificités françaises. Cette crise révèle la nécessité absolue de changer, en France, le management et le recrutement de la haute fonction publique. Elle pose la question de la formation et de la sélection des élites. Le système des Grandes Écoles d'État peut-il survivre dans un monde concurrentiel et compétitif qui fonctionne sur d'autres modèles ? La réforme de Bercy aurait-elle échoué aussi lamentablement si l'administration – et, en l'occurrence, un certain nombre d'inspecteurs des Finances – ne fonctionnait pas sur un mode hiérarchique, pyramidal, et avait su, comme n'importe quelle organisation moderne, tirer parti de ses ressources humaines ?

Tant qu'elle était auréolée du prestige – plus ou moins mérité – d'avoir contribué au succès des Trente Glorieuses, l'inspection irritait, mais elle inspirait un certain respect. Aujourd'hui, la France d'en bas en a marre. La société civile. Petits entrepreneurs et grands capitalistes. Mais aussi hauts fonctionnaires qui n'appartiennent pas à la caste. Voilà des décennies qu'on disserte sur les avantages acquis, le « Toujours plus » des cohortes de fonctionnaires qui défilent à chaque tentative de réforme. Pourquoi ne pas ausculter, aussi, l'État de tout en haut ? Au total, n'ont-ils pas coûté beaucoup plus cher à la France que les trente-cinq heures ?

Comment fonctionne cette oligarchie, comment, au fil des décennies, a-t-elle colonisé l'État, le secteur public, la banque, les grandes entreprises ? Ce livre est l'histoire de hauts fonctionnaires et de patrons puissants, qui agissent dans un monde complexe, loin des regards des grands médias. C'est le résultat d'un voyage, forcément aléatoire, au sein de cette caste, dont certains disent qu'elle n'est plus qu'une « étoile morte » ; mais qui, au dire des autres, a encore un bel avenir car elle est en train de s'adapter au IIIe millénaire. Il ne s'agit pas de faire le procès d'un corps, en tant que tel. Mais bien au contraire de dénoncer une élite sûre d'elle qui s'est fourvoyée, un État en voie de dislocation dont certains ont su profiter.

Chapitre 1

La cuisse de Jupiter

« L'homme commence au baron. »

METTERNICH

Il est de bon ton, en France, de railler l'élitisme anglais, avec cette gamme subtile d'accents plus ou moins susurrés qui permettent de reconnaître d'emblée les diplômés d'Eton et d'identifier l'origine sociale de ses interlocuteurs. Mais la République française a aussi ses codes, ses étiquettes, sa hiérarchie, ses rites. Et son snobisme. La société a peu à peu généré un système de castes, fondé sur un principe difficilement contestable, celui de la méritocratie républicaine, avec un système de concours unique au monde qui présélectionne les élites, très jeunes, à la sortie de l'école. Il ne s'agit pas, comme dans les grandes universités américaines ou britanniques, de former un vivier de centaines d'étudiants chaque année, mais d'en distinguer quelques-uns, pour constituer l'ossature du pouvoir. Ce système a été initié par la royauté, qui voulait, face à l'aristocratie, disposer de dirigeants compétents, zélés, corvéables et révocables. Il a été refondé par la Révolution, renforcé par Napoléon et adopté par la République. Normale sup, Polytechnique, l'École nationale d'administration, tour à tour, selon les époques, les Grandes Écoles d'État ont fourni les élites de la nation. Pour les défenseurs de cette exception française censée éviter la cooptation, le favoritisme et les préjugés sociaux, si ce système n'est pas parfait, c'est en tout cas le moins mauvais. En réalité, il est l'apanage d'un État colbertiste et jacobin.

Il faut entendre par caste un groupe social qui se distingue par ses privilèges et son esprit d'exclusive à l'égard de toute personne qui n'appartient pas au groupe. Sans conteste, dans la France actuelle, l'énarchie constitue une caste dominante. Les énarques occupent la plupart des postes d'encadrement et de direction dans l'administration. Ils bloquent toute possibilité de carrière pour ceux qui n'ont pas eu la chance de faire cette école. Cette « noblesse d'État », comme disait Pierre Bourdieu, héritière de la noblesse de robe, interdit objectivement à ceux qui ne sont pas dotés de « ce capital culturel » tout accès aux postes de pouvoir. Ce qui est d'une violence symbolique inouïe. Ils ont essaimé dans la plupart des secteurs de la vie économique et sociale du pays, dans la banque, l'industrie, la politique et même la culture. Comme l'Ena a le monopole du recrutement par l'État, ils sont dominants dans toutes les plus hautes instances de la République, la Cour des comptes, le Conseil d'État. Seul le Conseil constitutionnel a résisté à cette conquête exponentielle. Ils constituent une sorte d'« étatocratie », dans un pays qui a toujours beaucoup attendu de l'État.

Déjà Alexis de Tocqueville notait en 1856, dans *L'Ancien Régime et la Révolution* : « Les Français avaient admis comme idéal d'une société un peuple sans autre aristocratie que celle des fonctionnaires publics, une administration unique et toute-puissante, directrice de l'État, tutrice des particuliers. » René Barbier de La Serre, banquier et polytechnicien, affirme[1] : « La tribu [énarques et polytechniciens] est la digne héritière de l'aristocratie française. Avant, on exerçait les plus

1. Dans Marie-Paule Virard, *Le Roman des grands patrons*, Flammarion, 2001.

hautes fonctions par héritage. Puis ce fut par formation. Le système élitaire français, c'est l'univers des anges et des archanges. Comme celle de la hiérarchie céleste, notre élite dirigeante est sélectionnée une fois pour toutes au moment de la formation. Ils dominent naturellement le monde des humains. Ils sont au-dessus du commun des mortels. »

Mais, comme l'aristocratie, l'énarchie connaît une hiérarchie subtile, difficilement perceptible pour le citoyen lambda. Une hiérarchie impitoyable, très sélective, avec des barrières infranchissables. Celui qui ne dispose pas d'un certain nombre de quartiers de noblesse devra, pour atteindre le pouvoir, avoir de sérieux atouts personnels ou politiques. Sa voie est loin d'être toute tracée. Pour paraphraser Metternich, on pourrait dire que dans ce monde, l'homme commence à l'administrateur civil au Trésor ! Les autres ne sont que des parias. Quant aux femmes, elles n'existent pas. On est dans le domaine de la domination. Du machisme absolu. De la loi salique.

Car il y a énarque et énarque. Pour participer à la course au pouvoir, il faut sortir dans les grands corps : l'inspection générale des Finances, le Conseil d'État, la Cour des comptes. C'est là qu'on recrute les membres des grands cabinets ministériels, qui ouvriront les portes du pouvoir. C'est parmi ceux-ci que le secteur privé pioche ses dirigeants. Seuls les 15 premiers d'une promotion (sur une centaine) peuvent y prétendre. L'inspection prépare au pouvoir. Le Conseil d'État est plus intello. Plus indépendant aussi, puisque cette institution est une sorte de contre-pouvoir dans l'État : elle rend la justice et défend les droits des citoyens face à l'État[1]. Et puis le Conseil permet de mener une carrière plus librement, de

1. Le Conseil d'État est l'instance consultative et juridictionnelle suprême de l'administration française. Il donne des avis au gouvernement sur tout projet de loi ou ordonnance avant délibération en Conseil des ministres. Ces avis sont simplement consultatifs. Le Conseil est par ailleurs le juge de cassation de toutes les juridictions administratives, tels la Cour des comptes, les conseils des ordres professionnels. Il est enfin le juge suprême de tous les contentieux administratifs.

faire de la politique, d'écrire des livres, d'être conseil de grandes entreprises, de s'occuper de culture, d'audiovisuel. Nombre d'hommes politiques en sont issus : Edouard Balladur, Laurent Fabius, Martine Aubry, Renaud Dutreil, Hubert Védrine. Comme l'actuel secrétaire général de l'Élysée, Philippe Bas, et le directeur de cabinet du Premier ministre, Michel Boyon. Mais les membres du « Conseil » atteignent rarement les postes de premier plan dans le privé. À cet égard, Jacques Rigaud, l'ancien directeur de cabinet du ministre de la Culture Jacques Duhamel, devenu patron de RTL, fut une exception. Comme Yves Cannac, devenu patron d'Havas. Rigaud, sorti second, raconte : « J'ai préféré le Conseil parce que je ne me reconnaissais pas dans ce corps rigide, avec son côté commando d'infanterie[1]. » Un seul s'est imposé dans la finance : François Henrot, associé-gérant chez Rothschild.

L'inspection et le Conseil sont, et de loin, les deux corps les plus prestigieux. Ils se disputent les majors. La rivalité est parfois peu amène. Et les moyens de rétorsion utilisés souvent peu convenables. Ainsi, ce sont des inspecteurs des Finances qui fixent les primes des conseillers d'État. Et ce sont les conseillers d'État qui font la jurisprudence en matière de pantouflage. Lorsqu'il était ministre de l'Économie et des Finances, en 1986, Edouard Balladur adorait raconter une anecdote à ses collaborateurs. À la sortie de l'Ena, il avait choisi le Conseil d'État. Le directeur de l'École l'avait alors mis en garde : « Si vous allez au Conseil, vous ne ferez jamais rien dans la finance ! » Maintenant qu'il régnait sur ce qui était encore la rue de Rivoli, cette histoire l'amusait beaucoup. D'autant qu'il était entouré de brillants inspecteurs.

La Cour des comptes a une image un peu bâtarde. Plus terne. Mais elle jouit d'une réputation de sérieux et bénéficie, elle aussi, de l'aura des grands corps. Elle permet sans difficulté d'entrer dans un cabinet ministériel, avant d'entamer

1. Tous les propos entre guillemets qui ne sont pas référencés résultent d'entretiens avec l'auteur.

une carrière, avec l'assurance d'avoir ses arrières assurés quels que soient les aléas. Chirac est issu de la Cour des comptes. Comme Pierre Joxe, François Hollande, Pierre Moscovici. François Roussely y a passé trois ans avant d'entamer une longue carrière de cabinet, d'abord auprès de Gaston Defferre et de Pierre Joxe, puis d'Alain Richard. Ces années de dévouement lui ont valu la présidence d'Edf en 1998. François Polge de Combret, qui fut secrétaire général adjoint de l'Élysée, sous Giscard, est un des rares « Cour des comptes » à avoir fait son chemin dans la banque : il est aujourd'hui associé-gérant chez Lazard. Nicolas Baverez, l'auteur de *La France qui tombe*, est, de même, un produit du système. Issu de la Cour, il est, lui aussi, passé par les cabinets ministériels avant d'entrer dans la finance, chez Ladreit de Lacharrière, puis au sein d'un cabinet dont il est associé. Nicolas Bazire, l'ancien directeur de cabinet de Balladur de 1993 à 1995, est également issu de « la Cour ». Après un passage chez Rothschild, il est devenu directeur général du groupe LVMH. Le P-DG de la Fnac, Denis Olivennes, n'est resté que trois ans à la Cour, avant d'entrer au cabinet de Pierre Bérégovoy, puis d'être parachuté à Air France, comme chargé de mission. L'ancien P-DG de Peugeot, Jacques Calvet, et Jérôme Monod, ancien patron de la Lyonnaise des eaux, sont eux aussi issus de la Cour. Philippe Pontet, simple administrateur civil, ancien conseiller de Valéry Giscard d'Estaing, a réussi à se faire nommer conseiller référendaire au tour extérieur. Il est aujourd'hui vice-président du conseil de surveillance d'Areva. Mais au total, à la Cour, on compte beaucoup plus de modestes conseillers référendaires ou d'obscurs directeurs d'administration que de grands patrons.

Ensuite, au-delà du quinzième rang de sortie à l'Ena, l'avenir devient moins radieux. Les élèves peuvent encore choisir des corps prestigieux comme la préfectorale, la diplomatie, mais les carrières sont évidemment très dépendantes des majorités politiques. Elles contraignent à mener des vies errantes, avec des obligations de représentation permanentes et il est souvent difficile d'en sortir. Mieux vaut avoir la vocation. Serge Weinberg, qui est issu de la préfectorale, est un des rares à avoir accédé à un très haut poste dans le privé, puisqu'il est président de Pinault-Printemps-Redoute, mais il a disposé au départ de solides appuis politiques. Il est très proche de Laurent Fabius, dont il a été chef de cabinet au ministère du Budget. En 1982, il a été parachuté à la direction de FR3 puis à la présidence d'Havas. Ensuite, il a fait son chemin. Christian Blanc, qui fut président de la Ratp et d'Air France, bien qu'ancien préfet, n'est pas énarque. Il a été nommé préfet au tour extérieur, et ce sont d'autres réseaux qui l'ont propulsé au plus haut niveau de l'État, dans l'entourage de Michel Rocard.

Tous les autres deviennent administrateurs civils. Un titre peu valorisant qui rappellera à vie que cet énarque-là n'est pas sorti dans un grand corps. Qu'il est un « sous-homme ». Mais là encore, il y a administrateur civil et administrateur civil. Les mieux classés peuvent choisir le Trésor ou le Budget. Administrateur civil au Trésor, c'est beaucoup moins prestigieux que l'inspection, on grimpe beaucoup moins vite, mais au moins on vit dans le cercle du pouvoir et on peut espérer se faufiler aux postes de premier plan. Pendant longtemps, ces exceptions se sont comptées sur les doigts de la main. Michel Camdessus, plutôt de gauche, fut le premier administrateur civil nommé directeur du Trésor, en 1982, juste après l'arrivée des socialistes au pouvoir. Depuis une quinzaine d'années, les inspecteurs des Finances fuient Bercy et se précipitent, de plus en plus jeunes, dans le privé, plus considéré, plus rémunérateur. Du coup, les grandes directions échoient les unes après les autres à leurs supplétifs. Daniel Lebègue et Christian Noyer, tous deux administrateurs civils au Trésor, se sont succédé à la direction du Trésor avant qu'elle ne revienne à un inspecteur des Finances, Jean-Pierre Jouyet. L'actuel directeur du Budget, Pierre-Mathieu Duhamel, est administrateur civil au Budget. Le directeur des Impôts qui a succédé à François Villeroy de Galhau, Bruno Parent, est simple administrateur civil.

La place de chacun dans la hiérarchie obéit donc à des règles très codifiées, que seul le sérail connaît et respecte à la lettre. Ainsi, Gérard Mestrallet, le patron de Suez, n'est-il qu'un administrateur civil au Trésor, mais il est aussi polytechnicien, ce qui compense. Ancien conseiller de Jacques Delors, chargé des affaires industrielles, Mestrallet avait été propulsé à la Compagnie financière de Suez en 1984, du temps où celle-ci était encore une entreprise nationalisée, comme chargé de mission. En 1995, après avoir remercié le président de Suez, Gérard Worms, ingénieur des Mines, Beffa, Jaffré, Friedmann, aidés par Pébereau, cherchent un camarade disponible et capable de redresser cette vieille maison. Suez est au cœur du domaine réservé de l'inspection. On parle de Jacques de Larosière. Mais finalement, fait extrêmement rare, les actionnaires optent pour une solution interne et Mestrallet est couronné.

La hiérarchisation des titres est telle dans le système que, quand le nom de François Jaclot a été évoqué, en 1996, pour accéder à la direction générale de Suez, bon nombre d'inspecteurs pensaient qu'il refuserait car il était de la même promotion de l'Ena que le président Mestrallet et avait un meilleur classement. Un inspecteur ne déroge pas. Mais les temps changent. Jaclot a accepté. Depuis que la République va de droite à gauche, dans un mouvement de pendule perpétuel, les appuis politiques sont parfois plus efficaces que le simple rang de sortie. Or Jaclot a directement pantouflé à la sortie de l'inspection, il n'a pas fréquenté les cabinets ministériels. Résultat : il ne dispose d'aucun réseau politique. En ces années d'alternances effrénées, sa carrière s'en est ressentie.

En 1996, quand Jean-Marie Messier est nommé président de la Générale des eaux, l'inspecteur des Finances Jean-Marc Espalioux, directeur général du groupe, dont l'avenir est donc bouché au sein de la compagnie, s'en va chez Accor. Messier cherche alors un directeur financier, inspecteur des Finances, bien sûr. Problème, celui qui est disponible, Philippe Jaffré, est plus âgé que lui. Il contacte donc le seul qui soit plus jeune que lui et dont il fut le chef de brigade à l'inspection : Guillaume Hannezo. Hannezo a été directeur financier des Agf, où il avait été recruté par l'inspecteur

Michel Albert. Là, il a « nettoyé » l'entreprise, préparé la privatisation, fait beaucoup de cessions d'actifs et des acquisitions. « J'avais l'avantage d'avoir vu beaucoup de bilans », se vante-t-il. Il connaît effectivement très bien le petit monde des noyaux durs et il a, de surcroît, l'immense avantage d'être catalogué de gauche puisqu'il a été au cabinet de Pierre Bérégovoy. Tout compte : le titre, le rang, l'âge, le dosage politique. Les critères sont appliqués de la même manière dans l'administration et dans l'entreprise. Car le système a contaminé les entreprises privées que ces mandarins dirigent.

Incontestablement, dans la hiérarchie de l'État, l'inspecteur des Finances est d'une race à part. Un seigneur, qui mérite des égards particuliers. Lors des réunions interministérielles, du temps où il était directeur de cabinet de Robert Boulin, ministre délégué de l'Économie, Jean-Yves Haberer, qui n'a jamais caché la haute opinion qu'il avait de lui-même, s'installait systématiquement en bout de table. Il sortait des valises de parapheurs qu'il signait méthodiquement en ignorant les réunions avec mépris. Celles-ci étaient en effet présidées par un « sous-homme » pour reprendre l'expression de Metternich : le directeur de cabinet de Barre, Daniel Doustin, qui était un simple préfet, breveté de l'École nationale d'Outre-Mer !

Au cabinet de Balladur, en 1986, lorsque Jean-Claude Trichet ne pouvait pas diriger la traditionnelle réunion de cabinet du mercredi, c'est Antoine Pouillieute, directeur adjoint du cabinet, qui officiait. Mais Pouillieutte n'est qu'un malheureux maître des requêtes au Conseil d'État, pas particulièrement brillant. Aussi, Patrice Vial, conseiller technique mais inspecteur des Finances, boudait la réunion, aussitôt suivi par Christian Noyer et Anne Le Lorier, simples administrateurs civils, mais au Trésor !

De même que sous l'Ancien Régime, les ducs prenaient de haut les marquis qui méprisaient les petits barons de province désargentés, l'inspecteur des Finances sorti au Trésor se sait d'une valeur supérieure à celui sorti au Budget. Ce dernier méprise l'administrateur civil au Trésor, qui lui-même prend de haut l'administrateur civil au Budget, qui lui-même se considère comme supérieur à l'administrateur civil aux Impôts... Ne parlons pas de ceux qui n'appartiennent pas à Bercy. Car rien n'a changé depuis le baron Louis, l'homme qui a bâti l'administration des Finances et fait de l'inspection la machine d'aujourd'hui[1] : dans l'État français, tout procède de l'administration qui tient les cordons de la bourse. Et, comme le résume sobrement un membre de la caste : « Au ministère des Finances, l'inspecteur est d'une essence différente des administrateurs civils. » C'est dit !

Parmi les administrateurs civils on compte certes quelques beaux parcours professionnels, en dehors de l'administration, mais le taux de réussite n'est même pas comparable avec le tableau de chasse de l'inspection. Quitte à choisir un énarque, fonctionnaires, politiques et actionnaires choisissent ceux qui sont sortis dans « la botte ». Jean-François Théodore, président d'Euronext, fait partie des rares à avoir accédé à une présidence. Il a fait une longue carrière au Trésor, avant d'être nommé P-DG des Sociétés de Bourse. Jean-Dominique Comolli, le P-DG d'Altadis (né de la fusion de la Seita et de l'espagnol Tabacalera), est seulement administrateur civil au Budget, donc un cran au-dessous, mais il a été conseiller de nombreux ministres socialistes de l'Économie, Pierre Bérégovoy, Laurent Fabius, Michel Charasse, ce qui lui a valu d'être nommé président de la Seita. Christophe Blanchard-Dignac, lui aussi administrateur civil au Budget, a bien su profiter du système. C'est lui qui, alors qu'il était directeur du Budget, a fait la fameuse note alarmiste qui, parmi d'autres facteurs, a pesé sur la décision de Chirac de dissoudre l'Assemblée en juin 1997, avec le succès que l'on sait. Il est aujourd'hui prési-

1. Ministre des Finances sous la Restauration, puis au début de la monarchie de Juillet, le baron Louis (1755-1837) a rétabli les finances de la France au lendemain des guerres napoléoniennes qui avaient laissé la France exsangue. Il a également réorganisé le fonctionnement de cette administration et instauré la primauté du ministère des Finances sur tous les autres.

dent de la Française des jeux. Un beau hochet. Mais, en général, l'ambition d'un inspecteur est beaucoup plus haute : la banque, la grande industrie. Rémy Sautter, président du conseil de surveillance de RTL, est simple administrateur civil. Il a débuté à la Caisse des dépôts, avant d'entrer au cabinet de Charles Hernu, ministre socialiste de la Défense. En 1983, il entame une nouvelle carrière : il est nommé directeur financier du groupe Havas, entreprise publique. Deux ans plus tard, il entre à RTL, très liée à Havas, où il s'est peu à peu imposé.

Au-delà de la quarantième place à la sortie de l'Ena, ceux qui se retrouvent administrateurs civils aux Anciens Combattants, à la Coopération ou au Logement sont certes des hauts fonctionnaires, mais de seconde classe. L'avenir est quasiment bouché. Au mieux, ils peuvent espérer se faire détacher à un petit niveau à Air France, ou à la Caisse des dépôts. Ou encore obtenir une direction dans un ministère. Mais la très très grande majorité fournit les bataillons des innombrables administrations : sous-directeurs à l'Agence nationale de la participation des employeurs à l'effort de construction, ou chefs de bureau au bureau du développement professionnel et social d'un ministère. Un monde les sépare de ceux qui sont sortis dans « la botte ».

Ceux qui ont raté la marche des grands corps sont d'ailleurs marqués à vie. Laurent Fabius se souvient avec stupéfaction d'une conversation qu'il avait eue avec un haut fonctionnaire d'une cinquantaine d'années qui lui avait avoué que, n'ayant été classé que vingt-huitième, il n'appartenait pas à un grand corps. Un quart de siècle plus tard, il souffrait encore de cette blessure. Combien d'administrateurs civils, qui ont loupé d'un ou deux points la marche suprême qui donne droit à un titre de noblesse d'État, ressassent, durant des années, la note de stage qui les a rétrogradés de quelques places. Ou, pire, la note de gymnastique ! Un ancien élève raconte qu'il prenait même des cours particuliers de culture physique pour être sûr de ne pas perdre de points dans cette matière.

Dans ce système de caste rigide et arrogant, il faut également savoir que les énarques issus du concours interne, réservé à ceux qui sont déjà fonctionnaires, appartiennent à une autre sous-catégorie. Ils entrent plus âgés à l'École nationale d'administration : Ils se hissent rarement aux premières places. Difficile, à 30-35 ans, avec charge de famille, de potasser comme des bêtes de concours. Du coup les jeunes élèves, passés par Sciences po, reçus au concours externe, les regardent un peu de haut, ou les ignorent.

Le patron d'Air France, Jean-Cyril Spinetta, est issu du concours interne. Il n'appartient pas à un grand corps. Il doit sa carrière à de solides « références » politiques. Et il a su saisir sa chance. Très proche de Michel Delebarre, ministre socialiste de l'Équipement et des Transports, dont il fut directeur de cabinet de 1988 à 1990, il fut parachuté à la tête d'Air Inter en 1990. En 1993, en désaccord avec le nouveau gouvernement, il démissionne. Après un passage à l'Élysée, comme conseiller industriel, il entre au cabinet d'Édith Cresson à Bruxelles. En 1997 : nouvelle alternance ; il hérite de la présidence d'Air France, où il a réalisé, jusqu'à présent, un parcours apparemment sans faute, après avoir, il est vrai, bénéficié de l'action vigoureuse de son prédécesseur, Christian Blanc. Preuve qu'on peut trouver de très bons dirigeants sans passer par le vivier de l'inspection, la machine à fabriquer des chefs.

Dans ce monde de la haute fonction publique, hiérarchisé jusqu'au ridicule, l'inspection, c'est le sommet de cette pyramide, la quintessence, un concentré d'ambition. Chaque année, ils sont seulement quatre ou cinq à pouvoir intégrer ce cercle. Soit 0,000005 % d'une classe d'âge. La plupart d'entre eux ont fait leurs études dans les meilleurs lycées. Leur taux de réussite professionnelle est impressionnant. Il suffit de parcourir l'annuaire : des présidents de banques, des présidents de grandes entreprises, le président de l'AMF, le gouverneur de la Banque centrale européenne... Au Siècle, ce club réservé aux élites dirigeantes, ils sont plus de quatre-vingts. En comparaison, on ne trouve qu'une vingtaine d'X-Mines, une vingtaine de membres de la Cour des comptes, quarante conseillers d'État, vingt-six HEC, trois diplômés de l'Insead, une petite vingtaine titulaires d'un *Master of Business Administration.* L'inspection règne en maître. « Quand je me retrouve à la même table qu'un inspecteur des Finances, j'ai l'impression d'être un intrus, de ne pas être à ma place. Nous n'appartenons pas au même monde. Il ne me regarde même pas », raconte un énarque, simple administrateur civil. D'ailleurs au Siècle, les inspecteurs comme les X-Mines occupent systématiquement la position de « président de table », un rôle éminent qui consiste à diriger la conversation, choisir les sujets, faire parler les uns et les autres. « L'inspection, c'est la caste suprême, convient un jeune inspecteur. Ils se prennent pour des brahmanes. Et il y a un vrai fantasme autour de l'inspection. »

« Lors de certaines réunions, il y a très vite deux catégories d'êtres humains : les inspecteurs, qui se parlent entre eux, et les autres », témoigne un énarque. Un banquier renchérit : « À l'issue des conseils d'administration, ils se regroupent entre eux, ils ne s'en rendent même pas compte. » La plupart des inspecteurs des Finances démentent, outrés. Mais « off », l'un d'entre eux avoue : « C'est vrai, quand j'arrive dans un conseil, ou dans une réunion, je m'assieds à côté d'un inspecteur. Parce que je le connais. » « Ils peuvent appeler qui ils veulent dans la République. Quand j'étais au Trésor, mon chef de bureau, inspecteur des Finances, appelait sans difficulté les grands patrons, directement ! Le titre permet tout », raconte un jeune énarque, membre du cabinet de Francis Mer, ministre de l'Économie. Et il ajoute : « En France, être pris au téléphone, c'est déjà un immense privilège ! »

Certes le corps des Mines, qui sélectionne chaque année les dix meilleurs élèves de Polytechnique, est également très puissant dans l'appareil d'État, dans l'industrie et la banque. Il est même extrêmement bien organisé, avec un chef de corps et un comité des carrières. Ainsi, en arrivant à la tête d'Elf, Albin Chalandon a découvert au sein de l'entreprise une hiérarchie quasi militaire, avec au sommet les X-Mines, ensuite les X-Ponts, ensuite les polytechniciens n'appartenant pas aux grands corps, puis les centraliens et enfin les ingénieurs des Arts et Métiers. Inutile de dire que l'ingénieur des Arts et Métiers n'avait aucune chance de gravir les échelons. C'est encore le cas aujourd'hui. Et entre les deux grands corps – l'inspection et les Mines – c'est une guerre de pouvoir perpétuelle. En 1976, du jour où la nomination de Chalandon a été décidée, le président sortant, Pierre Guillaumat, ingénieur général des Mines, n'a eu de cesse de lui mettre des bâtons dans les roues. Prétextant la nécessité de maintenir le management en l'état pour assurer la confidentialité du dossier ultra-secret des « avions renifleurs », il a fait retarder la nomination de Chalandon d'un an. Puis, quand ce dernier a été nommé, des fuites se sont produites dans *Le Canard enchaîné*. Drôle de coïncidence. L'arrivée d'un inspecteur des Finances dans cette chasse gardée des Mines était considérée comme une déclaration de guerre. C'était leur propriété. Voilà à quoi les plus éminents serviteurs de l'État perdent leur énergie et un temps précieux !

Grâce à ce système de postes réservés et de chasses gardées, les Mines ont d'ailleurs réussi à investir de nombreux secteurs de l'industrie et peuvent s'enorgueillir de belles réussites. Francis Mer, qui fut le patron du sidérurgiste européen Arcelor avant de devenir ministre de l'Économie, Jean-Martin Folz, le patron de Peugeot, Denis Ranque, le P-DG de Thales, Thierry Desmarest, patron de Total, Jean-Louis Beffa, de Saint-Gobain, ou Bertrand Collomb, de Lafarge. Anne Lauvergeon, présidente d'Areva, n'a pas fait Polytechnique, elle est agrégée de sciences physiques, mais elle a été intégrée au corps des Mines et a bénéficié du soutien inconditionnel de Raymond Lévy, l'ancien P-DG d'Usinor et de Renault qui était le patron du corps. Malgré cela, la carte de visite de l'inspection est encore la plus prestigieuse. Et la plus efficace pour briguer les plus hauts postes, parce qu'elle en a fait un objectif et qu'elle a mieux noyauté le pouvoir politique. Philippe Auberger, polytechnicien, inspecteur des Finances à la retraite, député de l'Yonne, témoigne de cette étrange échelle des valeurs, qui permet d'entamer une carrière par la voie royale : « Quand je suis sorti de l'inspection, j'ai commencé à faire du cabinet avec un camarade de caserne sorti dans les Mines. Moi qui n'étais pas sorti de l'X dans la botte, grâce à l'inspection des Finances je me suis retrouvé à égalité avec lui. Et même avec un léger avantage. L'X plus l'inspection : j'avais la meilleure carte de visite. »

Au sommet de l'État, là où se prennent les décisions, les X-Mines ont d'ailleurs longtemps nourri un sentiment de frustration à l'égard des inspecteurs des Finances. Même si, là encore, les rapports de force évoluent. Durant les Trente Glorieuses, les inspecteurs ont cumulé les postes clés de décision et de pouvoir : le Trésor, le Budget, le Commissariat au Plan, la Direction générale du commerce intérieur et des prix, la direction du cabinet du ministre de l'Économie... Ils dominaient la rue de Rivoli. Avec des relais à Matignon, à l'Élysée. Ils étaient en situation hégémonique.

Pour expliquer cette position il faut remonter à l'après-guerre. Pour relancer une économie démantelée par cinq années de conflit, dans un souci de rationalisation, une grande partie de l'économie a été nationalisée. Le gaz, l'électricité, le charbon, le pétrole, les houillères, Air France, Renault, la Banque de France, une grande partie des assurances et des banques, sont passés sous le contrôle de l'État. Et donc de la direction du Trésor. D'autre part, le crédit, le nerf de la guerre, était rare. Les entreprises ne pouvaient pas se financer sur le marché et dépendaient des banques, dont l'activité était totalement contrôlée par le Trésor et la Banque de France. Les inspecteurs des Finances, s'appuyant sur les études réalisées par le Commissariat au Plan, organisaient une économie largement planifiée. Ce sont eux qui décidaient des aides, des crédits, des contingents d'importation, de l'octroi de devises, autorisaient les rachats d'entreprise, les fusions, faisaient le choix des secteurs prioritaires. Qu'il s'agisse des fonds propres des banques, des crédits de recherche dans l'aéronautique, des investissements dans la sidérurgie, du prix de la baguette ou de l'abonnement au gaz, ce sont eux qui avaient le dernier mot. Les patrons, y compris du privé, devaient aller rue de Rivoli pour obtenir le droit d'augmenter leurs prix, bénéficier de devises pour l'importation de pièces détachées, ou racheter une entreprise ! Les nationalisations de 1981 ont encore amplifié le pouvoir du ministère de l'Économie.

Les ingénieurs qui, eux, pilotaient la grande industrie, les mines, les transports, la sidérurgie, la métallurgie, le nucléaire étaient dépendants, pour leur développement, du bon vouloir de ce ministère tentaculaire dominé par leurs rivaux. Ce qui fait dire à Bernard Pache, un éminent ingénieur des Mines qui fut, entre autres, P-DG de Pechiney, des Charbonnages de France et de Bull : « Nous sommes les contremaîtres, eux, ce sont des grands commis. » Dans la nomenklatura française, les financiers ont toujours tenu la dragée haute aux industriels. Et l'on se battait dans les entreprises, dans les cabinets ministériels pour avoir un de ces précieux cerveaux. « Les discussions budgétaires sont avant tout un jeu de rôle. Et pour avoir du poids, mieux valait avoir un inspecteur dans la poche », raconte un camarade.

Le prix à payer pour accéder au saint des saints est extrêmement élevé. Sortir « dans la botte », selon l'expression consacrée, c'est deux années de travail intensif, qui font suite à déjà deux ou trois années de bachotage, ou plus, car la plupart des élèves reçus en tête du classement ont déjà fait Sciences po, Normale sup, Polytechnique ou HEC. Cette course d'obstacles exige une discipline de fer. Jean-Yves Haberer, qui était l'un des mieux notés de sa promo à l'Ena, gros bûcheur, raconte : « J'avais observé ma résistance en notant le nombre d'heures pendant lesquelles j'étudiais. Ainsi, je m'étais aperçu que mes rendements décroissaient à partir de la cinquième heure[1]. » Loïc Armand (promotion

1. Jérôme Cordelier et Jean-Michel Blanquer, *Le Sérail*, Perrin, 1995.

1980), directeur général des relations extérieures de L'Oréal, qui est sorti second, à un point du major Henri de Castries, raconte qu'il avait établi un plan de travail pour toute l'année. Demi-journée par demi-journée, il avait programmé tout ce qu'il devait étudier.

Pour rester dans le peloton de tête, il faut savoir se pousser, choisir les meilleures écuries, travailler ses points forts, avoir des nerfs d'acier. « Une fois qu'on a acquis la technique et qu'on a réussi un concours, on peut les réussir tous. Il faut savoir optimiser ses connaissances et les adapter aux exigences des examinateurs, c'est le principe de la docimologie[1] », raconte, modeste, Laurent Fabius, qui est normalien, agrégé de lettres et membre du Conseil d'État. Peut-être, mais cela représente tout de même des années d'efforts et de sacrifices. Pas de place pour les passions, les voyages, la vie de bohème, les soirées passées à reconstruire le monde, à écouter du jazz, à faire la cour aux femmes. Bref tout ce qui fait un honnête homme. « Pour réussir, il faut beaucoup de travail, beaucoup de sacrifices, beaucoup d'abnégation. Il faut également faire preuve d'un incroyable respect du système. Pour avoir de bonnes notes, mieux vaut avoir l'échine souple », raconte Véronique Hespel, l'une des rares femmes à être sortie « dans la botte » et à avoir intégré l'inspection. Car il ne s'agit pas de développer un mode de pensée original, mais de se conformer à un modèle, d'assimiler et de reproduire ce qu'enseignent les aînés. Gare aux récalcitrants.

Le classement est tellement déterminant que tout tourne autour de ça : le rang de sortie. C'est une obsession. Il ne s'agit pas de se passionner pour une matière, de faire des recherches, d'explorer des pistes. Non, il faut rabâcher, rabâcher. Et le moment, tant redouté, où chaque élève, à la fin de sa scolarité, est invité à retirer l'enveloppe blanche où figure son classement est une véritable épreuve. Certains traînent la journée entière avant de se rendre dans le bureau du directeur. Depuis quelques années, les élèves de l'Ena dispo-

1. « Science qui a pour objet l'appréciation des différents moyens de contrôle des connaissances », *Dictionnaire Robert.*

sent cependant d'une sorte de contrôle continu. On leur donne régulièrement une enveloppe cachetée avec leurs notes. Cela leur permet d'évaluer où ils se situent dans la course, alors qu'auparavant ils étaient maintenus dans un état de totale ignorance durant deux longues années. Mais nombreux sont ceux qui, délibérément, font durer le supplice jusqu'au bout. Par superstition, ou par sagesse. Ainsi Xavier Musca, le directeur de cabinet de Francis Mer, raconte qu'il n'a pas ouvert une seule enveloppe. « Je ne voulais pas ajouter l'angoisse à l'angoisse. Je faisais de mon mieux », dit-il. D'autres, réellement masochistes, attendent le jour du résultat final pour ouvrir une par une toutes les enveloppes, comme les feuilles d'une marguerite, pour finalement découvrir le résultat final !

Car ce n'est pas l'État, c'est-à-dire l'employeur, qui choisit ses cadres, mais les élèves qui choisissent leur affectation, en fonction d'un unique critère : ce fameux rang de sortie. Lors d'une séance solennelle, appelée « amphi-garnison » – toujours ce côté militaire –, tous les élèves de l'Ena sont appelés un par un sur l'estrade, par ordre de classement, en commençant par le major, pour choisir leur affectation et signer leur contrat avec l'État.

Une fois admises à l'inspection, les jeunes recrues sont loin d'avoir atteint le sommet. La route est encore longue. Un nouveau parcours initiatique, où la moindre faute sera sanctionnée, les attend. Car le principe de base, le fondement de l'inspection, ce qui pérennise sa réputation, c'est la sélection, l'émulation, l'excellence absolue. Et un mot, un seul a suffi à faire régner la terreur sur des générations d'inspecteurs : le claquage. Aujourd'hui encore, le chef de l'inspection Thierry Bert tient à ce « fondamental » de la formation. Peu curieux, beaucoup de ses pairs croient que ce mot désigne le fait de « se faire claquer », c'est-à-dire de recevoir une claque ! En termes sportifs, un claquage est un déchirement musculaire. Le corps n'a pas résisté. Le sportif est contraint d'abandonner. Le jeune inspecteur va lui aussi être mis sous pression et l'on va étudier sa capacité de résistance. La justesse de son jugement, son esprit de précision.

La tête pleine, remplie de grands principes sur la monnaie, la fiscalité, la comptabilité publique, le droit administratif, les futures élites sont envoyées sur le terrain pour vérifier des services comptables et fiscaux dépendants du ministère, puis faire des audits des politiques mises en place par l'État, et enfin des missions de conseil. Cela s'appelle la « tournée ».

Tous se souviennent de ce jour où, pour la première fois de leur vie, à 25 ans à peine, ils ont débarqué dans la perception d'une petite ville de province, sans prévenir. Le protocole est immuable. L'inspecteur surgit à l'improviste, à cinq heures du soir, au moment de la clôture du bureau, sort sa carte tricolore – cela s'appelle une « commission » –, demande le percepteur et lui intime l'ordre de lui montrer tous ses comptes ainsi que l'état de la caisse.

Pour arrêter les comptes, il faut simplement tirer un trait de crayon vert dans les cahiers. Mais faire la caisse peut se révéler plus long ; il faut tout comptabiliser, y compris, par exemple, des bijoux de malades mis en dépôt par l'hôpital du coin... Tard dans la nuit, si l'opération n'est pas achevée, l'inspecteur pose les scellés. Se brûle souvent les doigts avec la cire. Le code de bonne conduite recommande de ne pas serrer la main de l'agent, d'attendre pour cela de savoir s'il est honnête. Cette règle est tombée en désuétude, mais les jeunes recrues ont toujours le même état d'esprit : l'autre est un ennemi, ou un médiocre. Il est là pour le terrasser. Il vit dans la méfiance et la suspicion. Loin d'être formé à appréhender les problèmes par le contact humain, le dialogue, il s'enferme dans les comptes. C'est là qu'est la solution. Combien réussiront, ensuite, à se débarrasser de ce carcan ? À considérer les autres, les êtres humains, comme des personnes sensées, capables d'exprimer des opinions, des points de vue différents ?

Tout agent des Finances vit dans la crainte de ce contrôle inopiné. Ces « descentes » dans les perceptions donnent rarement lieu à des sanctions administratives. Ici, un gribouillis sur les registres, une erreur dans les comptes, une réglementation mal appliquée. Rien de bien grave. Les actes de détournement ou d'utilisation de la trésorerie de l'État à des fins personnelles sont rarissimes. Mais une fois passée la première épreuve d'une perception, le jeune inspecteur des Finances s'attaque aux choses sérieuses, comme le contrôle des services des Douanes ou des Impôts. Il s'agit de vérifier si les transactions négociées par les agents de l'État, lors de contrôles ou de redressements, sont équitables, n'ont pas donné lieu à des pots-de-vin. Étape suivante : il se voit confier le contrôle d'administrations, d'universités, d'établissements publics, de chambres de commerce. À lui de trouver la faille. De déceler les crédits alloués de manière laxiste à des publications syndicales pour obtenir la paix sociale, des dérives budgétaires, ou des prévarications.

Face à des agents expérimentés, aguerris, parfaitement rodés aux procédures, le jeune inspecteur doit s'imposer, affirmer son autorité, flairer les pièges au quart de tour, cacher ses lacunes. Difficile parfois de naviguer dans le maquis des textes et des comptes. De savoir qu'il existe dans l'article 17 du décret de 1953 un alinéa 4 qui prévoit une dérogation...

Après avoir épluché les comptes, le voilà confronté à l'exercice redouté : la rédaction du rapport. Et là, il est soumis à la règle des « cinq colonnes ». Dans la première colonne, il fait ses commentaires et argumente les points qu'il conteste. Dans la seconde, le fonctionnaire mis en cause lui répond. Dans la troisième, l'inspecteur fait la synthèse. Si le différend persiste, le supérieur hiérarchique de l'agent contrôlé donne son point de vue et dans la cinquième, l'inspecteur général qui supervise la région conclut. Si l'inspecteur s'est trompé, il subit ce qu'on appelle un « claquage ». Confronté au fonctionnaire contrôlé, son argumentation ne résiste pas. L'humiliation suprême. Un chef du service a vu un inspecteur fondre en larmes à l'issue d'une telle séance. Il avait comptabilisé l'ensemble du personnel sans tenir compte du fait que certains emplois étaient à temps partiel.

Ce travail de contrôle, soumis à la contradiction, est unique en son genre. L'auditeur d'Ernst & Young ou de Bain & Co n'est pas confronté à ceux qu'il a contrôlés. Cette règle des cinq colonnes oblige à un surcroît de rigueur. Tout doit être argumenté de manière extrêmement précise. Dominique Lewandowski, qui fut chef du service de 1980 à 1987, bannissait des rapports les adverbes et les adjectifs, considérant qu'un document comptable était vrai ou faux, conforme ou non conforme à la réglementation, et qu'il n'y avait pas de place pour les nuances. « Le registre P1 est généralement mal tenu, c'est imprécis, disait-il. Il est bien ou mal tenu. Ou il est mal tenu à 70 %. Il faut être précis. » « Pas d'adverbe, pas d'adjectif : cela donnait des rapports d'une froideur et d'une cruauté glaciales », se souvient un inspecteur.

Dans cet univers qui se pique de rigueur, on cultive le goût de la précision jusqu'à l'obsession. Car cette méticulosité, ce souci du détail qui tue permet d'avoir toujours raison. Un jour, Valéry Giscard d'Estaing croise Pierre Consigny, un jeune inspecteur qui, à la sortie des quatre années de « tournée », est entré au cabinet du ministre des Affaires étrangères, Maurice Couve de Murville, lui-même inspecteur des Finances, et l'apostrophe en ces termes : « Alors, monsieur Consigny, vous avez préféré l'imprécision [1] ? »

« Cette ascèse de la vérification comptable, comme dit joliment Claude Pierre-Brossolette, permet au jeune inspecteur d'acquérir une connaissance intime des rouages de l'administration. Elle lui donne surtout une solide assurance, la capacité d'appréhender les questions de manière globale, avec une aptitude unique à décortiquer les problèmes les plus complexes, à rédiger des rapports de manière claire, concise. » Notre grand commis fait l'apprentissage de la rigueur, de « l'analyse approfondie, du calcul précis, de la formulation juste, de la prévision exacte, de l'opinion robuste, en bref, du dossier possédé », comme l'a écrit François Bloch-Lainé [2].

1. Jean-Michel Blanquer et Jérôme Cordelier, *Le Sérail*, *op. cit.*

2. François Bloch-Lainé, « L'affirmation d'une puissance », *Pouvoirs*, nº 53

Élisabeth Lulin, major de sa promotion en 1991, raconte : « Dès le début, vous êtes responsable. Vous signez vos rapports. Vous n'êtes pas pris dans un système hiérarchique. On vous apprend une méthodologie, savoir appréhender un système, détecter ses points faibles, évaluer son adéquation avec les objectifs initiaux. On acquiert un véritable savoir-faire. »

Cet exercice est très formateur. Il exige beaucoup de discipline. Il apprend surtout, très jeune, à faire preuve d'autorité. « La vérification est un très bon révélateur de la personnalité des gens. Elle n'exige pas une compétence technique extrême. Il faut surtout avoir une capacité d'analyse critique et du caractère pour faire face à des gens expérimentés », explique un ancien chef du service de l'IGF. Simon Nora, inspecteur des Finances, qui fut directeur de l'Ena de 1982 à 1985, avait dit à Xavier Musca, l'actuel directeur de cabinet du ministre des Finances, lui-même inspecteur : « L'inspection est un métier difficile. Il faut dire en face aux gens des choses désagréables. »

Ce corps d'élite est aussi chargé de faire des audits. Sur des sujets extrêmement variés. Élisabeth Lulin se souvient ainsi avoir réalisé des missions sur le RMI, l'aide au logement, l'informatisation des Douanes égyptiennes, la chaîne Arte. Pascal Lamy menait de front une mission sur l'aide sociale et une autre sur la décentralisation des banques. Le matin, il visitait des foyers d'accueil, l'après-midi, il rencontrait d'éminents banquiers. Peu à peu, les inspecteurs acquièrent une prétention à l'universalisme, ils nourrissent la certitude de pouvoir maîtriser tout sujet, d'être capables d'aborder en quelques semaines les problèmes les plus divers. D'autant qu'ils sont livrés à eux-mêmes. L'exercice n'est pas collégial, mais bien au contraire totalement individualiste. « On vous apprend la confiance en vous, raconte Véronique Hespel. On comprend vite que si l'on doute, on déstabilise. La consécration, c'est d'être jugé apte à devenir chef de brigade. » Très vite, ces surdoués, entraînés comme des commandos de choc, endurcis, sont persuadés qu'ils savent tout faire.

D'ailleurs c'est ce que pense Claude Pierre-Brossolette, ancien secrétaire général de l'Élysée sous Giscard, ancien président du Crédit lyonnais, du temps où cette banque nationalisée en 1945 était encore l'une des premières banques du monde : « Un inspecteur des Finances sait tout faire. Il est formé à cela. À être chef. » « C'est un spécialiste en généralités », renchérit le camarade Jean Saint-Geours, content de sa formule.

Mais ce n'est pas fini. Dix-huit mois après son entrée dans le service, avant de passer inspecteur de troisième classe, celui qui n'est encore qu'inspecteur adjoint est soumis à une nouvelle épreuve : le « petit concours ». Une sorte de « grand oral », devant un comité d'aptitude composé aux trois quarts d'inspecteurs qui commentent ses rapports, l'interrogent sur ses conclusions. À l'issue de cette épreuve, le classement peut être modifié. La carrière retardée. Ou au contraire accélérée.

C'est lors de cette épreuve que Simon Nora, membre du jury, a repéré Alain Minc. En revanche, en 1954, à l'issue du « petit concours », Jean-François Deniau avait été définitivement relégué au rang des « cloches », du « culot » de l'inspection, comme on dit. Il a beaucoup raconté ce déclassement comme s'il s'agissait d'un fait d'arme. Interrogé sur la TVA, l'insolent se serait lancé dans un exposé sur la Tennessee Valley Authority, institution qui existe bel et bien, et qui était effectivement étudiée à Sciences po comme exemple de politique volontariste initiée du temps de Roosevelt. Pour ne pas avoir à parler de la TVA ! La taxe sur la valeur ajoutée qui avait été inventée par deux éminents inspecteurs des Finances : Paul Delouvrier et Maurice Lauré[1]. Les anciens racontent que Deniau a enjolivé

1. Instituée par la loi du 10 avril 1954, la taxe sur la valeur ajoutée eut, dans un premier temps, un champ d'application restreint à l'industrie et au commerce de gros. Elle se substituait aux anciennes taxes sur le chiffre d'affaires. L'expérience ayant été concluante, elle sera

son échec. Mais par ailleurs, ses rapports étaient jugés filandreux. Il avait la réputation d'être fantaisiste. À l'issue du « petit concours », sa nomination au grade d'inspecteur de troisième classe a été retardée de six mois. Par la suite, son nom ne fut proposé pour aucun poste de premier plan au ministère de l'Économie et des Finances. À la fin de ses quatre années de « tournée », il a été nommé chargé de mission au secrétariat général du Comité interministériel pour les questions de coopération économique européenne, ce qui n'était pas, à l'époque, un lieu stratégique. Cela le conduira néanmoins à une brillante carrière sur le plan européen, puis dans la politique. François Cariès, un fumiste original, était arrivé au « petit concours » avec un recueil de poésies, mais avec à son actif très peu de rapports. Il a dû redoubler. Et il a passé seize ans à l'inspection avant de trouver un poste d'active, comme conseiller financier du gouvernement au Dahomey et en Haute-Volta.

« Ce type de pratique entretient la mentalité de premier de classe. C'est totalement immature, raconte une des rares femmes à faire partie de cette caste. Le classement finit, chez certains, par tourner à l'obsession. Un jour, j'ai vu Renaud de La Genière, qui était alors gouverneur de la Banque de France, rappeler son rang de sortie ! C'était pathétique. » Les majors arrivent d'ailleurs toujours à glisser dans la conversation qu'ils sont sortis premiers, ne serait-ce qu'en rappelant qu'ils ont débuté leur carrière au Trésor, voie réservée aux têtes du classement. Jean-Yves Haberer s'est ainsi toujours vanté d'être major. Ce qui en faisait sourire certains, car c'est à la fois vrai et faux. En réalité, Haberer est sorti second de l'Ena, derrière Philippe Rouvillois, qui a donc le titre de major de l'Ena. Pas de chance pour Haberer, il est entré second et sorti second. Il en est blessé. Mais à l'issue du « petit concours », il a pris sa revanche sur Rouvillois et s'est retrouvé major de sa promotion de l'inspection. Devant Jacques Friedmann et Rouvillois. Ils en sont là !

---

généralisée et étendue au commerce de détail et aux prestations de service en 1966, et sera même adoptée par l'Europe.

La pratique du « petit concours » a été abandonnée. Notamment parce que, à la fin des années soixante-dix, à la suite d'un échec lors de cette ultime épreuve, un jeune inspecteur s'est suicidé. « Preuve qu'il a craqué, qu'il n'était pas assez costaud », ont dit certains. Et donc pas digne de cette caste au fonctionnement quasi militaire ? Thierry Bert a donc remplacé ce rituel par un simple comité d'évaluation.

Ensuite, une fois accomplies les quatre années de « tournée », le service opère à nouveau un tri. La course d'obstacles ne s'arrête donc jamais ? Habituellement, c'est le major qui est envoyé au Trésor. Le second va au Budget, et le troisième aux Impôts. Ainsi, en 1964, Haberer est allé au Trésor, Friedmann au Budget et Rouvillois aux Impôts. Mais il arrive que le service ou le directeur du Trésor en décide autrement. Les plus éminents camarades donnent aussi parfois leur avis. Ainsi, en 1980, Haberer choisit Jean-Charles Naouri, sorti second, pour le poste de chargé de mission auprès du directeur du Trésor, alors que le major était Michel de Rosen. De l'avis même de ce dernier, « Jean-Charles était le meilleur ». Naouri suivra d'ailleurs la voie royale. Secrétariat général du Codis [1], puis du Cidise [2] et du Fsai [3]. Des postes qui permettent de côtoyer le gotha de la haute administration, de la banque, de l'industrie. D'acquérir une expérience concrète au carrefour de l'économie privée et de l'économie administrée. De voir de près comment fonctionne un conseil d'administration. De connaître les acteurs.

Toutes les propositions de postes émanant de l'administration ou des cabinets transitent par le service. C'est au chef de l'inspection d'évaluer les profils de carrière. De sélectionner

1. Comité d'orientation pour le développement des industries stratégiques.
2. Comité interministériel pour le développement des investissements et le soutien de l'emploi.
3. Fonds spécial d'adaptation industrielle.

les meilleurs pour les postes les plus en vue. De décourager un jeune prometteur d'accepter un poste qui ne serait pas digne de son rang. Certaines administrations sont regardées avec condescendance. À lui également d'orienter les mauvais. « Pour le prestige du corps, on cachait les mauvais, le "culot" de l'inspection, raconte Pierre-Brossolette. On les envoyait au ministère de l'Équipement, comme conseiller technique. » Aujourd'hui, la marge de manœuvre du chef de l'inspection est plus réduite. Les grandes carrières ne se font plus au service de l'État. Mais la hiérarchie a encore un sens. Jean Bassères, directeur de la Comptabilité publique, bien que reçu 17e à l'Ena en 1984, a pu intégrer l'inspection. Il raconte : « Je dois être l'inspecteur des Finances le plus mal classé de tous les temps ! Aussi, en 1987, on m'a envoyé au cabinet du ministre de l'Agriculture, Henri Nallet. Ce n'était pas considéré comme un ministère stratégique. »

À l'arrivée, l'inspection forme un corps très soudé, voir clanique. Une fraternité d'hommes – dont les femmes sont quasiment exclues – qui, très jeunes, sur le terrain, ont été initiés à l'exercice du pouvoir et de l'autorité, sans subir la tutelle d'une hiérarchie. D'où cette incapacité à rendre compte, à partager. Durant la « tournée », véritable période d'initiation, ils ont partagé de grands moments de camaraderie. Pendant quatre ans, en « brigades », des petits groupes de trois à huit personnes, sous la direction d'un inspecteur un peu plus âgé, ils ont sillonné la France, voyagé en seconde, partagé le quotidien dans de petits hôtels pas trop onéreux, car les frais de missions sont chiches. Il y avait les chefs de bande, les glandeurs, les stakhanovistes, les fayots, les casse-pieds, les originaux, les dilettantes, les malins qui arrivaient à entortiller leurs interlocuteurs, les dragueurs, plutôt rares. Tout le monde à l'inspection se souvient de Jean-Marie Delettrez qui, en tournée, parcourait les régions à pied ou à vélo. Ensuite, il a fait toute sa carrière à l'inspection, écrit des pièces, des guides sur l'Italie. Rien de tel que ces souvenirs pour nouer des liens. Entre eux, même s'ils ne se sont jamais vus, ils s'appellent ou s'écrivent : « Cher camarade... » « On était dans des hôtels minables. On était mal payés, mais c'était sympa, on se prenait pour Eliot Ness », raconte avec humour Michel de Rosen.

Ils ont traversé les mêmes épreuves. Ils sont unis par une même expérience. Ils ont la même formation intellectuelle. « C'est agréable de travailler avec eux, ils sont rapides, intelligents, brillants, capables de synthèse. Ils pigent tout de suite », raconte Véronique Hespel. Comme le dieu Bacchus sorti de la cuisse de Jupiter, ils sont parés des plus grands talents. Ils partagent le même sens du dépassement, l'aspiration à l'excellence, tout en cultivant un zeste d'utopie saint-simonienne. Par sa dimension romantique, voire chevaleresque, ce corps d'élite a en effet tout pour enflammer les jeunes esprits. Claude Pierre-Brossolette évoque « l'équation psychologique de Julien Sorel », le héros de Stendhal. La passion pour les grandes idées, le service de l'État, l'efficacité... L'énarque aspire à une carrière. L'inspecteur des Finances rêve d'un destin.

Mais ils ont surtout une solide ambition. Et une bonne dose d'autosuffisance. Un fils de famille, un héritier, un aristocrate sait qu'il doit sa position à ses parents, à ses ancêtres. Un chef d'entreprise pense qu'il a eu de la chance, une banque efficace, des collaborateurs doués. L'inspecteur, lui, ne doit son succès qu'à lui-même, à son intelligence, à son travail. « Ce titre, je le dois à moi seul, raconte l'un d'entre eux. J'y tiens. Il me protège. »

Toute leur vie, ils garderont cet esprit de classement, de concours, de compétition et tenteront de faire mieux que leurs camarades. La course aux nominations, dans laquelle ils excellent, est la continuation, dans la vie réelle, de cet état d'esprit. Valéry Gisard d'Estaing, qui fut le plus jeune ministre des Finances de la Ve République, puis le plus jeune président, voulait devenir président de l'Europe. Devenu président de la Convention européenne, il a été candidat à l'Académie française. Le voilà Immortel. Toujours plus. Pour toujours plus de considération. Ils n'ont jamais assez.

Ces chefs dopés à l'ego incarnent une certaine intelligence, une intelligence à la française. Celle d'un Giscard qui a réussi l'exercice impossible : rédiger une Constitution européenne. Celle d'un Juppé qui a obtenu une *standing ovation* à l'Assemblée nationale, ce jour de 1995 où il a présenté son plan de réforme de la Sécurité sociale. Celle d'un Messier qui éblouissait son conseil d'administration par sa capacité à jongler avec les techniques du capitalisme moderne.

Les plus brillants, les plus ambitieux ont en effet une capacité de synthèse étonnante, le goût du concept, le sens de la formule, mais ils souffrent d'une incroyable faille narcissique. Ils sont sans cesse à la recherche de nouveaux défis, pour se faire aimer, admirer, mais ils sont totalement indifférents aux émotions des autres, parfaitement insensibles à leur environnement. Ce qui les conduit parfois à dépasser les limites du réel, comme les personnages de Tex Avery continuant à courir au-dessus de la falaise, dans le vide. À prononcer des phrases stupides ou à avoir des attitudes totalement immatures. Comme la chaise laissée vide par Giscard après son intervention télévisée le soir de sa défaite en 1981.

Cette obsession de la première place, cette indifférence aux autres, cette soif de reconnaissance permanente, ce complexe de supériorité, cette façon de toujours être dans un rapport d'autorité, cette incapacité à vivre dans le réel... On s'interroge. Ces hommes sont-ils déformés par le pouvoir ou briguent-ils le pouvoir parce qu'ils sont fabriqués comme cela ? Explications d'Alain Lizotte, psychiatre et psychanalyste : « On est en pleine perversion du pouvoir. Une perversion qui est la conséquence d'une évolution contrariée. Il faut comprendre que si bon nombre d'inspecteurs des Finances sont dans un rapport d'oppression, de maître à esclave, c'est parce que eux-mêmes ont été victimes de trop d'exigences. Ils ont été esclaves de la conception éducative de leurs parents et maîtres, ils ont été réprimés pendant des années, et, par un phénomène bien connu d'identification à l'agresseur, ils reproduisent ce comportement de domination. Ils ont été clonés. C'est bien triste. Un dressage trop rigoureux peut engendrer une pathologie du narcissisme, des comportements paranoïaques ou des troubles obsessionnels. En réalité, compte tenu de ce type d'éducation, certains ont été bloqués dans leur développement psychologique. Ils ont été entravés dans leur processus de maturation. »

Paranoïa. Obsession. Perversion. Ces mots paraissent très excessifs. En réalité, ils sont au psychanalyste ce que sont les couleurs pour un peintre. Ils servent à décrire un caractère. Tous les inspecteurs des Finances ne souffrent pas de paranoïa ou de troubles narcissiques. Disons que c'est un terrain. Tout est question de proportion, d'équilibre ou d'excès. Et il existe toute une palette de nuances, mais ces mots permettent de toucher du doigt l'univers psychique de ces brillants éléments dressés au commandement, comme en toile de fond.

Et ce médecin de poursuivre : « Pour se libérer de ce traumatisme passé, ils n'ont de cesse de réitérer ce rapport maître/esclave qu'ils ont subi, dans une compulsion aliénante du même. Ils vont restituer cette haine vers le monde extérieur. Ils déchargent sur l'autre ce qui est mauvais, sale, immoral. Eux sont purs. Ils ne sont pas dans une relation d'échange, de reconnaissance de l'autre dans sa différence. Ils n'ont pas atteint ce point d'équilibre du moi où l'on passe de la méfiance à la prudence, du mensonge à la sincérité, de la persécution au dévouement, de la dissimulation à l'honnêteté. Ils sont dans un rapport dialectique de domination hiérarchique, de diktat et non dans un rapport dialectique fertile d'échange, de considération de l'autre, d'ouverture, d'innovation. Ils sont dans le domaine de la pensée opératoire, administrative et non dans la créativité. Ils ont une incroyable capacité à jongler avec des chiffres, des textes réglementaires, servis par une mémoire prodigieuse. Mais ils sont dans l'incapacité de mettre des mots sur des émotions. C'est un univers étouffant, oppressant. Il n'y a pas d'air. Ils manipulent, y compris en usant de la séduction, comme ils furent eux-mêmes manipulés par leurs éducateurs. »

L'autre, c'est le manant, forcément stupide, qui ne comprend rien, à qui l'on ne peut pas faire confiance, qu'il faut empêcher de s'exprimer ; ce sont les masses laborieuses dont il faut faire le bonheur, fût-ce contre leur gré, sans leur demander leur avis. L'absence de créativité, le conformisme de la pensée sont également des caractéristiques de cette caste. Quant au narcissisme, c'est un trait de caractère patent. Ils ne pensent qu'à eux. Freud avait décelé deux constantes dans les cas de névrose obsessionnelle : la précocité et la manie du développement intellectuel. Tout ce qu'adule l'inspection.

« Ils me font penser à l'histoire de la grenouille et du scorpion, ajoute le psychiatre. C'est l'histoire d'un scorpion qui demande à une grenouille de l'aider à traverser un lac. La grenouille refuse, elle ne veut pas être piquée. Le scorpion lui réplique qu'il n'a pas envie de couler et que donc il ne la piquera pas. Mais voilà, au milieu du lac, il ne peut pas s'en empêcher, c'est dans sa nature, il pique la grenouille, et coule avec elle. Le scorpion, c'est l'inspecteur qui veut à tout prix dominer, et la grenouille, le corps social, la France d'en bas, les masses laborieuses. Ils ne peuvent s'empêcher de dominer, contrôler, assujettir, fût-ce au prix d'un naufrage collectif. Ils sont méfiants et ne peuvent faire confiance qu'à leurs pairs – et encore. Ils ne rendent compte à personne. » Et le psy d'ajouter : « On est dans une logique absurde de destruction. »

Encore une fois, il ne faut pas généraliser. Mais quelle fulgurance dans cette description. Quand on pense à ce leitmotiv des inspecteurs lorsqu'on leur parle de leurs privilèges, de leurs retraites, de leurs chasses gardées, de leurs stock-options, de leurs parachutes dorés : « J'y ai droit », se contentent-ils de dire, avec une totale indécence, indifférents à l'injustice, insensibles au désarroi d'un pays tout entier. C'est Juppé « droit dans ses bottes » alors qu'il est mis en cause dans l'affaire de son appartement. Trichet qui se plaint – auprès d'un juge ! – d'être mis en examen parce que cela va nuire à sa carrière. Haberer qui demande à téléphoner au Crédit lyonnais pour obtenir un prêt au moment où un autre juge le met en examen et exige une caution pour le libérer. Quand on regarde les immenses dégâts, les millions dilapidés, les milliers de licenciements, les vies brisées, quand on pense à tous les naufrages, on reste sidéré. Les inspecteurs des Finances ne sont pas les seuls, mais ils sont l'incarnation d'un mal : l'obsession pathologique du pouvoir.

Chapitre 2

Échecs en série

> « Les concours transforment les chevaux de course en bidets. »
>
> HIPPOLYTE TAINE

La France était si fière de cette extraordinaire élite. Le symbole, la quintessence de l'excellence. Alors que dans les pays anglo-saxons, on assiste à une multitude de travaux sur les différentes formes d'intelligence, et notamment sur l'intelligence émotionnelle, sur la façon de les détecter et de les développer, en France on continue à vénérer notre chère intelligence en deux parties, deux sous-parties.

En 2000, pour célébrer à la fois le nouveau millénaire et l'avènement du net capitalisme, Jean-Marie Messier et Alain Minc avaient publié simultanément deux livres célébrant l'argent, la réussite, la mondialisation, la nouvelle économie... Au moment même où l'on assistait aux premières manifestations du krach internet. Le premier a intitulé le sien, très modestement : *J6M.com : faut-il avoir peur de la nouvelle économie ?* Le second : *www.capitalisme.fr*. Aucune idée nouvelle. Minc reprend, de manière assez superficielle, les théories du philosophe américain John Rawls sur la justice et l'équité, et annonce un cycle long de croissance forte. Grâce à quoi ? À la net économie ! Messier, lui, raconte son parcours avec beaucoup d'autosatisfaction et affirme, bien évidemment, qu'il ne faut pas avoir peur de la nouvelle économie. C'est creux, faux, mais brillant. Aussitôt les médias se précipitent. *Le Point* consacre onze pages à un débat Minc-Messier. Dans *L'Express*, Claude Allègre, qui sait pourtant être corrosif, salue la « saga joyeuse d'un jeune dirigeant » et Jacques Attali « l'imagination, le goût du risque, le sens moral » de Messier : « Un récit passionnant, un livre fort attachant. » Coïncidence, il se trouve que le nom de l'ancien conseiller de Mitterrand figure parmi la liste des intermédiaires payés par Vivendi. Il a réalisé une opération de conseil très lucrative dans le cadre du rachat de l'opérateur polonais Elektrim. *Les Échos* publient les bonnes feuilles de Minc. *Le Nouvel Observateur* consacre quatre pleines pages à l'ouvrage événement, dont une écrite en toute simplicité par Minc lui-même. Dans *Libération*, trois pleines pages sur les deux livres. Les deux auteurs font le tour des radios, des télés. L'extase. C'était il y a quatre ans. C'était il y a un siècle.

Juste avant les trois catastrophes majeures de 2002 : Vivendi, France Télécom et Alstom. Les plus énormes fiascos industriels que la France ait jamais connus. Mais pas les premiers. La géniale gestion d'inspecteurs des Finances a déjà provoqué de nombreuses catastrophes en série. L'ardoise se chiffre en centaines de milliards de francs. Haberer, le vilain petit canard de l'inspection, n'avait pas été une exception, le fou qui a pété les plombs.

En 1997, *Le Nouvel Économiste*, qui sait être iconoclaste, fait l'une de ses meilleures ventes avec une enquête sur la gestion de quarante inspecteurs des Finances ayant pantouflé. Sylvie Hattemer-Lefèvre avait pointé du doigt vingt ratages. Et dressé parallèlement une liste de ceux qui avaient « honorablement » réussi. Juste « honorablement » ? « La journaliste a eu beaucoup de mal à sélectionner vingt succès », raconte l'ancien rédacteur en chef de l'hebdomadaire. Les catastrophes bancaires d'abord. Jean-Yves Haberer au Crédit lyonnais, bien sûr. L'éminent inspecteur Jean Dromer également. À la tête de la BIAO – une banque moyenne implantée en Afrique –, il est allé droit à la catastrophe. Malgré une tentative de sauvetage par la BNP – qui coûtera 3,5 milliards de francs à celle-ci –, la BIAO a dû être liquidée.

L'histoire de Michel Gallot, président de la SDBO, la filiale folle du Crédit lyonnais qui a financé les opérations de Bernard Tapie est, elle aussi, édifiante. En prenant, en 1975, la présidence de cette petite banque rachetée par le Lyonnais, cet inspecteur respectable, passé par le cabinet de Baumgartner, fait sienne la devise de son prédécesseur, Jean-Marie Mazart, un banquier habile, juge au tribunal de commerce : « Marges importantes, risques importants, garanties importantes. » La banque est spécialisée dans le rachat d'entreprises en difficulté aux syndics et autres marchands de biens. Pendant quelques années la banque affiche des bénéfices – mais avec des comptes dont la sincérité est aujourd'hui contestée –, avant de s'enfoncer dans le rouge. 213 millions de francs en 1992, 643 millions en 1993. Tapie, principal client, obtenait des crédits sur simple autorisation de découverts et ne payait pas ses agios. Juste avant la revente d'Adidas, les prêts consentis par la SDBO à Tapie représentaient deux fois et demie les fonds propres de la banque ! C'est plus que de l'incompétence. Au tribunal, lors du procès Testut, l'inspecteur des Finances Gallot a eu cette phrase extraordinaire à propos du fonctionnement de la banque : « Lorsqu'elle a confiance, on passe juste un coup de fil. » Quel professionnalisme !

Les catastrophes ne s'arrêtent pas là. La présidence du Crédit foncier par Georges Bonin s'achève, elle aussi, par une véritable débâcle : 11 milliards de pertes. Certes, cette vieille maison créée par Napoléon III, dirigée depuis sa création par des inspecteurs, a vu sa rente naturelle s'effondrer avec la suppression de l'encadrement du crédit, puis la suppression des

APL, les aides publiques au logement. Pendant des décennies, le Crédit foncier a gagné confortablement sa vie sans avoir rien à faire, puisqu'il suffisait de distribuer des aides, consenties par l'État, tout en touchant une commission au passage.

Si les employés bénéficiaient d'un statut plus qu'avantageux, avec des prêts, des primes, les dirigeants, installés dans le magnifique Hôtel d'Évreux, vivaient dans un luxe et un raffinement dignes de l'Ancien Régime. A priori, Bonin n'est pas un bleu. Cet inspecteur des Finances a travaillé, dès la fin de ses années de « tournée », dans diverses sociétés de financement immobilier. Il tente donc de réagir, de se diversifier, par le biais de deux filiales, qui vont se lancer dans des opérations immobilières. Les résultats sont... désastreux. Et tout n'est pas simplement la faute à la crise. Ainsi, le Crédit foncier ne disposait pas de comptes consolidés pour ses 170 filiales, d'aucun tableau de bord lui permettant de suivre l'évolution des frais généraux. Les conseils d'administration, où siégeaient une flopée de hauts fonctionnaires, se terminaient par des dîners mondains. Bonin n'a rien changé à cela. Mais, comme il était d'usage, il s'est recasé très confortablement. Si certains inspecteurs osent pointer du doigt ces prébendes, c'est « off », car cela ne se fait pas. L'ordre règne.

Ce dossier va d'ailleurs continuer à empoisonner l'État pendant de longues années. Le Trésor, organisme de tutelle, n'a aucune idée de la manière dont sortir cette institution de l'ornière. Le faire disparaître ? Avec 270 milliards éparpillés dans le monde, cela risquerait d'ébranler la place. Le vendre ? Qui en voudrait ?

En 1994, le gouvernement fait donc comme il a toujours fait et nomme à nouveau un inspecteur des Finances à la tête de cette institution à la dérive : Jean-Claude Colli. Nouveau désastre. Les risques immobiliers s'accumulent. Il est limogé en 1996 après un exercice bénéficiaire alors que les comptes auraient dû être dans le rouge : les provisions avaient été en effet sous-évaluées. Il est recasé à la présidence du Ceflu[1].

1. Centre d'étude et de formation pour le logement et l'urbanisme.

Quand enfin le gouvernement se décide à nommer à la tête de l'institution un professionnel, il est déjà trop tard. Et il faudra que l'État réinjecte encore beaucoup d'argent, avant que Dominique Strauss-Kahn ne réussisse la privatisation de ce joyau du Second Empire qui fut tout au long de son histoire l'un des plus beaux fromages de l'inspection.

Si certains inspecteurs comme Jack Francès, Jacques de Fouchier, Jean Guyot, Marc Viénot, ont été d'excellents banquiers, la plupart des camarades qui ont été parachutés dans des banques dans les années quatre-vingt-quatre-vingt-dix se sont révélés totalement incompétents. Une vraie calamité.

Pierre Moussa ? Sous ses auspices, la banque Pallas-Stern a connu la première grande faillite enregistrée par une banque privée : 8 milliards de francs de pertes. Paul Mentré, à la tête du Crédit national de 1987 à 1990 ? Une catastrophe. Il n'a pas su s'imposer et le Crédit national n'a cessé de s'enfoncer. Patrick Careil, président de la Banque Hervet ? Ce ne fut guère mieux. En 1989, l'homme chargé par Pierre Bérégovoy du raid manqué sur la Société générale s'était vu confier cette petite banque. Quatre ans plus tard, en 1993, le gouvernement est contraint de renoncer in extremis à la privatiser tellement les comptes sont exécrables. Elle affichait 1,2 milliard de pertes. La privatisation s'est finalement faite en mars 2001 après des plans d'économies drastiques.

Roger Prain, à l'Européenne de banque, une filiale du CCF, puis à la Banque Vernes ? Des milliards de francs perdus par les actionnaires. Jean-Michel Bloch-Lainé, le fils de François Bloch-Lainé, à la tête de la banque Worms, a lui aussi été pris dans le piège de l'immobilier. « En 1984, raconte-t-il, j'ai eu trois jours pour accepter la présidence de la banque Worms. » Les pressions amicales et politiques ont été très fortes : « Or, je ne connaissais rien à la gestion d'une banque, poursuit-il. Certes, on apprend sur le tas. Et j'ai remis sur pied cette banque. Regagné son capital. J'ai fait partir 500 personnes sur 2 000. Mais j'ai sous-estimé la crise de l'immobilier. Mes confrères également, mais là n'est pas la question. J'avais augmenté le taux de provisionnement des créances immobilières en les faisant passer de 4 % à 8 %. Il aurait fallu 50 %. Je n'étais pas fait pour les affaires. » Ce haut fonctionnaire, d'un tempérament modeste – contrairement à nombre de ses pairs –, est convaincu que l'idée selon laquelle un homme sorti dans « la botte » est apte à tout faire est inepte : « Je crois que dans mes missions administratives, j'ai fait à peu près correctement ce qu'on attendait de moi, poursuit-il. Dans le métier de banquier, j'ai, à l'évidence, manqué de flair. Il n'existe aucune école, aucune formation qui permettent immanquablement à tous ceux qui en bénéficient d'être bons en tout. Or cette illusion existe encore. » Et comment ! Face à de tels propos, la majorité des inspecteurs répliquent : celui qui dit cela est un mauvais. Un bon, lui, est bon en tout, en somme. Ambiance. Si aujourd'hui, c'est la bulle internet qui a précipité la chute de Michel Bon ou de Jean-Marie Messier, hier c'était l'immobilier. Explication d'un banquier : « Ils n'ont pas la connaissance intime du métier qu'ils exercent. Ils ne peuvent pas avoir de bons réflexes. Comme ils ne savent pas se positionner, ils font comme les autres. Mais ils ne savent faire que de la croissance externe. Et généralement, ils arrivent tard sur le marché. » Obstiné, l'État continue néanmoins de leur faire confiance. Ils sont les meilleurs. Ils ont fait des fautes, des erreurs ? Mais tout le monde fait des erreurs !

Robert Lion à la Caisse des dépôts ? Totalement mégalomane, l'ancien directeur de cabinet de Pierre Mauroy – qui fut le bras armé du gouvernement dans le raid raté contre la Société générale – voulait devenir le parrain de l'établissement, il voulait financer l'industrie, le tourisme... Les conditions dans lesquelles il a cédé les Wagons-Lits ont été stigmatisées dans un rapport de la Cour des comptes. Ne parlons pas de la construction d'un restaurant sur le toit du Théâtre des Champs-Élysées, appartenant à la Caisse des dépôts, et dont les plans ont été confiés à... sa seconde femme, une jeune architecte. Après son départ, les sénateurs ont tout de même exigé une réforme en profondeur de la Caisse, avec une redéfinition de ses missions. Décidément, pour des hommes formés à contrôler, à veiller à la légalité de la dépense publique, on patauge dans les privilèges.

À cette liste déjà interminable d'échecs, il faudrait ajouter Jacques Bayle. Major de la promotion 1968, major de Normale, il était considéré comme un super-cerveau. Il était directeur général de la BIAO, du temps de la présidence du camarade Dromer. Cela s'est terminé par un dépôt de bilan. Quant à Patrice Cahart, major de la promo 1966, brillantissime, d'une immense culture : il n'a jamais rien réussi. Du temps où il était directeur des Monnaies et médailles, une bande d'escrocs avait tranquillement pillé la maison et il n'avait rien vu. Aujourd'hui, il s'est réfugié à la Cour de cassation où il est conseiller en service extraordinaire. L'État est bon prince.

C'est dans ce monde pourtant feutré de la finance que la critique est la plus féroce. Là où ils ont une légitimité « naturelle ». Les langues se délient. Finis la déférence et les complexes d'infériorité. On trouve que, décidément, au royaume des inspecteurs, il y a quelque chose qui cloche. Morceaux choisis d'une conversation avec l'un des patrons d'une grande banque d'affaires, qui, en d'autres temps, recrutait volontiers ces « crânes d'œufs ». « Off », tout de même :

« Ils ont une soif de pouvoir maximum. Concernant Messier, le mot “trop” est trop faible. Il voulait une structure mondiale ! Pour atteindre le cercle très fermé de l'inspection, il faut avoir été dans les premiers tout le temps. Avoir eu toujours les meilleures notes. Être le plus conforme au modèle. Avoir léché le cul du préfet. Ils sont intelligents, ils s'expriment bien, ce sont de très brillants orateurs. Ils ont une capacité d'analyse étonnante, un côté séduisant. Mais il y a toujours une paille dans l'acier. Pour eux les autres sont lents et cons, c'est une souffrance. Beaucoup d'inspecteurs des Finances sont issus de milieux relativement modestes. Après avoir réussi le concours, il leur a fallu réussir le concours social. Ce sont des vies forcées. Pas spontanées. Il y avait une tradition de rigueur à l'inspection, mais, maintenant qu'ils ont franchi la ligne du privé, ils sont souvent les plus affairistes. Comme les nouveaux convertis. À la tête d'entreprises, ils sont responsables de beaucoup de catastrophes. Le filtre était conçu pour déceler les leaders de l'administration française. Ils continuent de se considérer comme une caste à part. Qui a tous les droits. Pour diriger, ils pensent qu'il n'est pas nécessaire de faire la chose. De connaître les détails. »

C'est vrai : pour eux, les autres sont lents, pas très malins. D'ailleurs, Valéry Giscard d'Estaing avait conceptualisé une théorie pour s'adresser aux Français à la télévision. Il avait évalué le niveau moyen de l'intelligence des Français à celui d'une classe de troisième. Et quand il préparait ses interventions télévisées, il s'efforçait d'imaginer qu'il parlait à des élèves de troisième !

La place bancaire ne supporte plus cette domination qui remonte au XIXe siècle, ce qui ne la rend pas légitime pour autant. Dès la IIIe République, les inspecteurs des Finances, recrutés dans la grande bourgeoisie parisienne, avaient commencé à pantoufler en nombre dans le privé. Dans la banque, les assurances. Au Crédit lyonnais, au Comptoir d'escompte, à la Banque de l'Indochine. Ils rentraient dans le giron de l'oligarchie capitaliste après avoir élargi leur carnet d'adresses. Et eu la fierté d'avoir servi leur pays. Cette colonisation de la haute finance s'est encore renforcée lors des nationalisations de 1945 puis de 1981. Or, durant leur règne hégémonique, de 1945 jusqu'aux privatisations de 1986 puis de 1993, la banque française a accumulé les retards. Cela expliquerait, d'après de nombreux banquiers, que le secteur bancaire français soit loin d'être l'un des plus performants d'Europe.

En 2003, dans le palmarès des cent premières banques européennes réalisé par l'agence Fitch Rating, la première banque française, en termes de rentabilité, Dexia, est 22e [1].

---

1. Son président, Pierre Richard, est X-Ponts.

La seconde, BNP-Paribas, présidée par l'inspecteur Pébereau, est 25e. La troisième, le Crédit lyonnais, est 40e. La Société générale, présidée par l'inspecteur Bouton, n'est que 55e, le Crédit agricole, 60e. « Le Portugal, l'Espagne, l'Irlande, l'Italie, l'Allemagne, les Pays-Bas font mieux que nous, et ils n'ont pas d'inspecteurs des Finances », ironise un banquier français travaillant dans une banque étrangère. Explication de Michel Pébereau : dans les autres pays, la concurrence entre les banques est moindre, il y a même dans certains pays de véritables cartels, alors qu'en France la multiplicité des réseaux entraîne une compétition acharnée. Une antienne qui n'est pas nouvelle.

Déjà en 1945, l'État avait décidé de nationaliser les banques pour, entre autres, réorganiser les réseaux de guichets beaucoup trop nombreux et trop coûteux[1]. Désormais, c'est le *struggle for life* au niveau européen. Voire mondial. Toutes ces excuses ont quelque chose d'assez pitoyable.

La France est en effet un des pays d'Europe où les réseaux bancaires rapportent le plus aux banques. Et la concurrence ne joue en réalité guère, car quitter sa banque coûte très cher. Selon l'Institut national de la consommation, le coût des services bancaires a augmenté de 115 % entre 1986 et 2002, contre 24 % de hausse pour les prix à la consommation ! Commission pour frais fixe suite à un incident bancaire, commission pour non-retrait de carnet de chèques, retour de courrier non délivré, frais d'envoi pour une lettre d'information préalable, frais d'envoi d'un numéro de code de carte bancaire, tout est facturé et de plus en plus cher. La photocopie supplémentaire peut coûter au client 7 euros. Il y a même des « frais de compte inactif » ! Les banques ne savent plus quoi inventer pour grappiller des profits, surtout en période de récession. Et ces commissions en tous genres représentent 20 à 30 % du chiffre d'affaires de la banque de détail.

Alors que tout est informatisé, les banques continuent de

---

1. Laure Quenouëlle-Corre, *La Direction du Trésor de 1947 à 1967*, Comité pour l'histoire économique et financière de la France.

surcroît, comme au temps des chambres de compensation, à créditer les chèques déposés par le client, ou même les virements, après un délai de quelques jours. Le temps de « traiter » l'information disent-elles. L'UFC (l'Union fédérale des consommateurs) et *Que choisir* ont d'ailleurs assigné en justice le Crédit lyonnais, BNP-Paribas et la Société générale sur ce sujet. Selon l'UFC ce petit jeu d'écritures, qui passe relativement inaperçu, permettrait au secteur bancaire de récolter 1 milliard d'euros par an.

Les banques ont également mis en place des packages, c'est-à-dire des forfaits tout compris où l'on assure le client pour des services... dont il n'a pas besoin : assurance pour perte du trousseau de clés, du téléphone portable, du porte-monnaie, de la carte bancaire... Facturée au mois, la ponction est indolore, mais sur une année cela peut atteindre 80 euros, et comme une proportion croissante de clients y souscrivent, cela fait des profits substantiels.

Pire, les banques chassent les mauvais clients, ceux qui ont des dettes, sont interdits de chéquiers, de carte bancaire. Seul recours pour ses « Sans-Banque-Fixe » ? La Poste. Et qu'ont fait Bouton et Pébereau ? En octobre 2003, ils sont allés voir Francis Mer pour lui dire que ce serait catastrophique pour les banques françaises si le nouveau contrat de plan de La Poste lui accordait l'autorisation de commercialiser des prêts immobiliers ! On rêve. Alors, invoquer la non-rentabilité des réseaux français pour expliquer la non-rentabilité des banques françaises, c'est assez énorme.

Pourquoi tous les Français ne courent-ils pas chez Egg, la banque en ligne qui coûte beaucoup moins cher au consommateur ? Egg qui prospère en Angleterre et périclite en France. Parce que les clients aisés sont conservateurs et fidèles à leur agence. Ceux qui ont des revenus plus modestes ont le plus grand mal à quitter leur banque, à se dépatouiller avec les crédits, les pel, les codevi, les frais de transfert très élevés. Alors ils restent.

En 2002, les banques ont été sévèrement touchées par la crise des marchés financiers et ce sont les bénéfices de la banque de détail qui ont permis de boucher les trous. Pour les deux titans du secteur, BNP-Paribas et Société générale, le volume des profits dégagés grâce aux déposants est à peu près équivalent au montant des pertes enregistrées dans leurs participations industrielles. La banque de détail a rapporté 1,3 milliard d'euros de profits, exactement le montant des provisions pour dépréciations de titres. Chez BNP-Paribas, le bénéfice des réseaux bancaires français atteint 2 milliards et les provisions sur les actifs 1,8 milliard. Les banques françaises se sont constitué un solide matelas anti-crise. Les réseaux d'agences sont devenus leur activité la plus profitable. Loin devant leur activité d'investissement. Selon une étude du cabinet Mercer Management, l'activité banque de détail – c'est-à-dire la gestion du compte de M. Tout-le-Monde – a crû deux fois et demie plus vite en résultat économique qu'en produit net bancaire, de 1999 à 2002[1]. Traduction : la rentabilité grimpe deux fois et demie plus vite que le chiffre d'affaires. Ce qui n'est pas le cas des autres activités. On pressure les petits, on perd des milliards avec les gros.

Gérer une organisation, verrouiller, ponctionner, les inspecteurs des Finances savent faire. C'est le scorpion sur le dos de la grenouille ! En revanche, analyser un *business plan* de manière pertinente, imaginer l'économie de manière dynamique, flairer les tendances lourdes de la société, bref, sentir, créer, ce n'est pas leur culture. Et de l'avis même de certains inspecteurs, la façon dont les grandes banques ont soutenu Alstom, depuis deux ans, représente une grave erreur de gestion.

« Dans les années soixante, il y avait quatre banques françaises dans les dix premières mondiales. Aujourd'hui, il n'y en a plus une seule, regrette l'ancien vice-président du CCF René Barbier de La Serre, polytechnicien, qui, à la succession de Pébereau, a été écarté au profit de l'inspecteur des Finances Charles de Croisset. Il n'y a pas eu de leader, pas de visionnaire, pas d'aventure. » « L'inspection est une école de

1. *Le Nouvel Observateur*, n° 2037, 20 novembre 2003.

conformisme », accuse un autre banquier. « On dit que ce sont de bons financiers, c'est faux, s'insurge un des inspecteurs qui ont réussi. Certes, ils savent jongler avec des réglementations complexes et des taux multiples. Mais ce n'est pas cela le métier de financier et encore moins de banquier. »

Daniel Bouton réfute cette vision des choses : « La première performance boursière d'Europe, c'est Royal Bank of Scotland, la seconde, la Société générale ! La première performance en *investment banking*, c'est encore la Société générale. » On est toujours le premier d'une catégorie ! Et l'*investment banking*, comme il dit, représente 10 % des bénéfices de la Générale.

Querelles de clocher ? Il faut se méfier des classements. Rien n'est jamais comparable. Pébereau, Bouton n'ont pas démérité. Ils résistent plus que bien dans un univers très concurrentiel. Mais ce qui se murmure en privé, entre banquiers qui n'appartiennent pas à la caste, en dit long sur les ressentiments, le doute, la suspicion, l'exaspération de voir un grand nombre d'inspecteurs occuper le devant de la scène bancaire, au détriment d'autres qui ont peut-être autant de talent. Ou plus.

L'exaspération surtout de les voir prolonger, à leurs yeux, une vision malthusienne du fonctionnement de l'économie. Dans les affaires Vivendi, Alstom, France Télécom, la façon dont certaines banques françaises se sont engagées au-delà du raisonnable, la façon dont elles ont appelé l'État au secours, tout cela fait dire à certains que, décidément, la France ne s'est pas réellement convertie au libéralisme. « En France, se lamente le patron d'un fonds de placement, on ne respecte pas ce que tu dis, mais ce que tu es. » Traduction : quand on s'appelle Michel Bon, Pierre Bilger, Jean-Marie Messier, les banques prêtent, encore et encore. Quand on est un citoyen lambda et qu'on présente un *business plan*, avec un réel potentiel, on a les pires difficultés à obtenir des crédits. Un Français qui a choisi de partir aux États-Unis pour financer sa start-up raconte : « En France, tout dépend de la carte de visite. C'est comme au XVIIIe siècle. Il faut être introduit. Aux États-Unis, on analyse ton *business plan*. Et tu pars non seulement avec des crédits, mais avec un *business plan* validé ou amendé. »

L'incroyable liste des fiascos ne se limite cependant pas au domaine bancaire. Les génies de Bercy ont également provoqué des catastrophes en série dans les assurances où ils étaient, là aussi, tout-puissants. Des exemples ? Hélas, ils ne manquent pas. Qui connaît François Heilbronner ? Peu de gens en dehors de l'inspection justement. Or cet homme a fait preuve non seulement d'incompétence, mais aussi d'un manque évident de vigilance. Ses huit années à la tête du Gan, encore dans le giron du secteur public, ont coûté très cher au contribuable puisque, de 1986 à 1994, les pertes cumulées durant sa présidence ont atteint 40 milliards de francs. Lui aussi a été pris dans la tornade de l'immobilier. Et aujourd'hui il est mis en examen pour « escroquerie en bande organisée », dans le cadre d'une enquête sur un fonds spéculatif, où est également impliqué Imad Laoud, un Libanais (apparenté au général Laoud), l'époux de la fille d'Heilbronner, elle-même inspecteur des Finances. Extraordinaire milieu.

La présidence du très respecté académicien, l'inspecteur Michel Albert aux Agf, de 1982 à 1983, s'est traduite par environ 6 milliards de francs de pertes. À l'époque, le directeur des réassurances de cette compagnie se lamentait dans Paris : « Il se comporte toujours comme un ancien commissaire au Plan, j'espère qu'il deviendra un assureur, mais je n'en suis pas sûr. » Son camarade Jacques Friedmann n'a guère mieux fait à la tête de l'UAP entre 1993 et 1997. Sous sa présidence, pour la première fois de son histoire, la compagnie d'assurances a affiché 2 milliards de francs de pertes et s'est fait absorber par un nouveau groupe : Axa. Friedmann reconnaît deux erreurs : « Je me suis trompé sur l'état de l'UAP[1]. On m'avait dit que c'était une entreprise superbe. Numéro 1 oblige. Que

1. L'UAP a été présidée par Jean Peyrelevade de 1988 à 1993.

la rentabilité était forte. J'ai continué à vivre sur des illusions. Et puis je me suis aperçu que l'UAP était dans une situation très difficile. Il y avait de très grosses difficultés dans l'assurance vie et en Italie. À ce moment-là, je n'ai pas réagi de manière suffisamment brutale. De toute façon, le rapprochement avec Axa était souhaitable, fondamentalement. Les équipes d'Axa étaient meilleures. Et donc je ne me suis pas battu pour que l'UAP prenne le dessus. D'autant que les actionnaires de l'UAP ont fait une excellente affaire. »

Jaffré dira la même chose lors de la prise de contrôle d'Elf par son challenger Total. Tout cela n'est pas grave, le capitalisme s'en est accommodé. Et les hommes ? Tous les hommes qui ont été broyés ? Cette attitude fait dire à un chef d'entreprise : « Ils n'ont pas de culture d'entreprise. Ils n'ont pas ce patriotisme chevillé au corps. Ils passent d'une présidence à l'autre. Avec détachement. »

Quant à la gestion du même Friedmann, à la présidence de la Compagnie générale maritime, *Le Nouvel Économiste* la résumait en un mot : « naufrage ».

Leur confie-t-on des missions impossibles ? Toujours est-il que Guy de Panafieu, à la tête de Bull – qui au total, depuis le « plan calcul » imaginé par des X et des inspecteurs, aura coûté des milliards –, est lui aussi allé dans le mur. En octobre 1997, il prenait la présidence d'un Bull nouveau. Après des années noires, la société informatique, privatisée, affichait enfin des bénéfices. Quatre ans plus tard, en mars 2001, il annonçait, selon son propre aveu, « des résultats catastrophiques » : 107 millions d'euros de pertes et un endettement de 231 millions d'euros. La conjoncture était mauvaise, la société n'avait pas de fonds propres. Certes. Mais qu'avait fait Panafieu pour sortir de la nasse ? Autre secteur, mêmes mésaventures. Pierre Blayau semblait l'homme de la situation quand il est appelé par son camarade Jean-Charles Naouri pour redresser Moulinex. La société d'électroménager terminera en dépôt de bilan. Laurent Perpère, un autre camarade de l'inspection, a échoué au PSG ; il a été démis de ses fonctions, en laissant un endettement de 200 millions d'euros. D'autres auraient fait mieux ? Question.

Dans cette liste effarante figure également Alain Minc, qui laissera après son départ de Cerus une addition de 4 milliards de francs à l'Italien Carlo De Benedetti. Un échec, dont se gaussent avec délice les pourfendeurs de cette caste, mais qui occulte quelques réussites. Malgré tout. Et qui conduit à se poser encore et encore la même question : pourquoi à un moment cela déraille ? Pourquoi un tel décalage entre l'audace, la vision stratégique de ces « têtes bien faites » et leur incapacité, souvent, à gérer, contrôler, piloter ? Comme si, une fois la stratégie inventée, la mécanique lancée, plus rien n'existait pour eux. Ni les hommes ni les contingences. Ils foncent. Sans voir les obstacles. Comme Alain Juppé avec son plan sur la Sécurité sociale. Comme Christian Sautter avec la réforme de Bercy.

Alain Minc est un inspecteur un peu atypique. Il est un des rares à avoir la coquetterie de ne pas indiquer comme profession, dans sa notice du *Who's who* : inspecteur des Finances, mais président de société. Pas grave, tout le monde le sait. Et quelques lignes plus bas, il est tout de même mentionné qu'il a été major de sa promotion ! Minc n'a jamais fait de cabinet, jamais servi dans l'administration, il a quitté l'inspection dès la fin des quatre années obligatoires et fait le choix de l'entreprise. Ce qui était plutôt rare à l'époque. Ce saut dans la vie des affaires fut salué sur le moment comme une preuve de culot, d'intérêt salutaire pour l'entreprise. C'était moderne. Il a surtout cédé aux sirènes du privé, plus excitant, plus rémunérateur.

En 1979, à tout juste 30 ans, il est recruté par Roger Fauroux, autre inspecteur des Finances, comme directeur des services financiers de Saint-Gobain, qui était encore une entreprise privée. Saint-Gobain rachète d'ailleurs sa pantoufle, c'est-à-dire les frais de scolarité de l'Ena. À l'époque, quand on n'avait pas servi dix ans dans l'administration, on ne pouvait disposer que d'une année de disponibilité ; Minc avait donc été obligé de démissionner. Michel Péberau l'avait alors fortement tancé : « Vous défroquez », lui avait-il dit.

Tout auréolé par le succès de son rapport sur l'informatisation de la société, cosigné avec l'inspecteur des Finances

Simon Nora, Alain Minc semble promis à un grand avenir. Très vite, cet esprit brillant et rapide ne se contente pas de gérer les services financiers. Il veut entreprendre, agir. Il convainc Fauroux d'investir dans l'informatique. Un secteur porteur, qui fascine les médias. Il prend une participation dans Olivetti. Puis tente de racheter Bull. Mais entre-temps, Saint-Gobain a été nationalisé et le pouvoir, qui a son mot à dire, met le veto à cette diversification jugée peu légitime. Minc a alors une idée géniale, mais folle : prendre le contrôle de la Générale des eaux (l'ancêtre de Vivendi), dont il deviendrait bien évidemment le président ! Une entreprise publique à l'assaut d'une entreprise privée emblématique ? Sans accord de l'État ? S'attaquer à Guy Dejouany ? L'affaire échoue. Le gouvernement met son holà. Avec le temps, ce ne fut pas une mauvaise affaire financière pour Saint-Gobain qui a très bien revendu ses participations, mais ce raid aventureux a jeté le doute dans les esprits sur les qualités entrepreneuriales de Minc – notamment dans celui de Jean-Louis Beffa qui succède à Fauroux à la tête de Saint-Gobain. Exit Minc.

En 1986, nouvelle aventure, l'intrépide penseur est embauché par Carlo De Benedetti. Le groupe de l'homme d'affaires italien pèse 80 milliards de francs ; il a des intérêts dans les télécommunications, la presse, l'agroalimentaire, l'hôtellerie, le vin... Compte tenu de ses amitiés communistes, De Benedetti se sent bloqué dans son expansion en Italie, alors gouvernée par les démocrates-chrétiens. Il se tourne vers la France et embauche ce jeune homme survolté qu'il a connu lors de sa prise de contrôle d'Olivetti, quelques années auparavant. Les deux hommes ont la ferme intention de secouer le cocotier de l'establishment financier français. Voire européen. Minc est aux anges, il possède désormais la panoplie de l'homme d'affaires de haut vol : limousines, avions privés, fonds illimités. Et il peut donner libre cours à son imagination débordante. À Saint-Gobain, il s'était senti bridé, malheureux, la société était sous haute surveillance de l'establishment et fonctionnait comme une économie administrée. Beaucoup trop de « cons ». « La moindre lenteur intellectuelle, la plus petite perte de temps l'exaspèrent[1] », écrit Stéphane Marchand dans l'excellente biographie qu'il lui a consacrée.

Première opération, premier succès avec la prise de contrôle de Valeo, à travers le holding français de De Benedetti. Les deux hommes placent Noël Goutard à la tête de cette entreprise d'équipements automobiles qui connaît une croissance remarquable. De 12 milliards de francs de chiffre d'affaires en 1986, elle passe à 40 milliards en 1998.

De Benedetti est époustouflé par Minc qui, au passage, grâce à son carnet d'adresses d'inspecteur et de président de la société des lecteurs du *Monde*, lui ouvre toutes les portes. Il le fait même inviter à l'émission star du moment, *7 sur 7*, animée par Anne Sinclair.

Bientôt, les deux hommes choisissent une nouvelle cible : les Presses de la Cité, qui détiennent entre autres *L'Express*. Ils partagent une fascination commune pour les médias. L'Italien, qui possède déjà quelques titres en Italie, se verrait bien à la tête d'un grand groupe européen. Et l'autre président.

Mais Minc n'est pas le patron de Cerus, il n'est que le numéro 2. Pour donner du poids à son holding français, Carlo De Benedetti a nommé comme président un autre inspecteur : Claude Pierre-Brossolette. À 60 ans, cet homme d'expérience au passé irréprochable, fils du grand résistant, est également associé-gérant de Worms et Cie, qui détient 5 % de Cerus.

La conduite des opérations est confiée à Pierre-Brossolette, qui commence donc à acheter des titres des Presses de la Cité. Très vite, il se heurte à Jimmy Goldsmith, le patron de la puissante Générale occidentale, qui, lui aussi, veut mettre la main sur le groupe. Les prix montent. Claude Pierre-Brossolette arrive à la conclusion que Cerus n'a pas les reins assez solides face à la Générale occidentale. Il réunit les dirigeants de Cerus, dont Alain Minc, et les partenaires avec lesquels a

1. *Le Commerce des illusions*, J.-C. Lattès, 1999.

été lancé le raid pour adopter une stratégie : continuer la surenchère, vendre à Goldsmith au meilleur prix les actions déjà acquises, ou trouver un troisième partenaire. Tout le monde se met d'accord : il faut entamer des négociations avec l'adversaire, obtenir les conditions les plus avantageuses possibles, tout en se laissant un délai de trois jours au cas où un opérateur extérieur – Minc pense à Hachette – viendrait apporter son soutien à Cerus. Solution à laquelle ne croit pas Pierre-Brossolette. Passé le délai, sans nouvelles d'Hachette, celui-ci négocie avec Gilberte Beaux, directeur général de la Générale occidentale. Ce fut la meilleure affaire jamais réalisée par Cerus. Durant toutes les opérations, il informe Minc, en temps réel, qui lui-même assure la liaison avec De Benedetti. À aucun moment, Minc ne s'oppose à cette stratégie.

Mais voilà, son rêve de devenir patron d'un grand groupe médiatique s'envole. Dépit et fureur. Il agonit d'injures Pierre-Brossolette, tout inspecteur des Finances qu'il soit. Fait état publiquement d'un différend entre lui et De Benedetti. « Pierre-Brossolette n'a pas osé affronter l'establishment », confie Minc aujourd'hui. Et ce dernier est allé se plaindre au condottiere italien qui a exigé le départ de Pierre-Brossolette. Celui-ci démissionne. La voie est donc libre pour d'autres opérations, plus audacieuses encore.

À l'instigation de Minc, Cerus réalise alors un très beau coup : l'achat de Charles of the Ritz, qui possède entre autres les parfums Yves Saint Laurent dont la branche haute couture avait été obligée de se défaire. Charles of the Ritz, c'est dix fois YSL haute couture, dirigé par Pierre Bergé. Qu'importe, Minc monte l'opération en deux temps trois mouvements. Cerus prend 25 % de Saint Laurent. En quelques semaines, Minc et De Benedetti réussissent à lever 4 milliards de francs et grâce à d'habiles montages financiers, YSL absorbe Charles of the Ritz. La place est subjuguée. C'est la première fois qu'une telle opération fait appel à différentes techniques comme les obligations remboursables en actions.

La cible suivante signera l'arrêt de mort de cette chevauchée fantastique. Fort de ses succès, Minc propose à Carlo De Benedetti de s'attaquer à la Société générale de Belgique.

La SGB, c'est une institution, une fierté nationale, le centre névralgique de la finance belge. Mais c'est un empire mal géré, sous-coté, qui, dépecé, peut rapporter gros. Là encore, le jeune inspecteur est prêt à tout bousculer sur son passage, y compris son camarade plus âgé Renaud de La Genière, président de la Compagnie financière de Suez, qui possède une importante participation dans la SGB. Et sur le papier, tout est possible.

Minc est sûr de son fait et le clame. Il part seul, le vent en poupe, sans assurer ses arrières avec une batterie de conseils, et des alliances. Très vite, il se met tout le monde à dos. Suez, avec l'aide de la très puissante banque d'affaires Lazard, vole au secours de la banque belge. Balladur, qui ne veut pas compromettre la privatisation de Suez, interdit à Paribas de vendre à Cerus les parts qu'elle détient dans la SGB. Le visionnaire ne voit rien venir. Il a son schéma en tête. Il a fait ses comptes, il est persuadé de détenir la majorité. Il croit qu'il n'est pas nécessaire d'atteindre le chiffre fatidique de 50 % des actions pour réussir son OPA, car il s'est laissé dire que de très nombreux titres étaient perdus, cachés pour des raisons fiscales, détenus par la famille royale, par Mobutu, et qu'ils ne seraient pas présentés lors de l'assemblée générale... La SGB est une vieille dame qui doit tomber comme un fruit mûr.

Le 14 avril 1988, lors de l'assemblée générale, le verdict tombe : Cerus aligne seulement 47 % du capital de SGB. La Générale : 50 %. Blême, Minc lance : « Bricolage arithmétique. M. Davignon [1] a inventé la société à 110 %. Je nous vois mal gérer la SGB avec des gens qui ne savent pas compter jusqu'à cent ! »

Aujourd'hui, Alain Minc reconnaît certaines erreurs : « Nous avons perdu à 1 % près. Aujourd'hui, je saurais faire. J'ai fait preuve de trop d'arrogance. Et je me suis trompé en n'achetant pas les actions détenues par les Flamands. Ce qu'a fait Suez. »

---

1. L'un des dirigeants de la SGB. *Le Commerce des illusions, op. cit.* p. 170.

Au final, Carlo De Benedetti, qui se retrouve coincé avec cette participation minoritaire, a perdu au bas mot 3 milliards de francs, certains parlent de 6 milliards. Un désastre. Pour se sortir de ce mauvais pas, l'Italien fusionnera avec la banque Duménil-Leblé. Mais Minc ne manque pas de souffle. Au beau milieu de cette Berezina, il propose un autre coup à De Benedetti : vendre Buitoni à Nestlé. Et il le fait. Cela ne suffit pas à renflouer les caisses. Correct, Minc s'occupe de désengager Cerus de la SGB, mais au total l'addition est tout de même salée. De Benedetti se sépare de son inspecteur des Finances fétiche.

Ce dernier tentera, avec le retour de la gauche aux affaires, de briguer la présidence d'une grande entreprise publique, Air France, l'UAP. Mais ce sont Bernard Attali et Jean Peyrelevade qui l'emportent. Minc est grillé. Il décide alors de faire ce pour quoi il était fait : du conseil.

Comme nombre de ses chers camarades, Alain Minc, qui a longtemps été meurtri d'avoir raté Polytechnique, souffre cependant de ce qu'un inspecteur appelle le « syndrome des premiers de classe ». « Le bon élève s'emmerde, explique-t-il. Il a passé sa vie à perdre du temps, à attendre que les autres aient compris. Sans compter les profs cons ! À 15 ans, il sait comment il faut faire, il sait ce qu'il veut faire. Face à un problème, il trouve toujours une solution. Si quelqu'un lui dit qu'il y a une autre solution, moins brillante, moins radicale, mais moins risquée, moins rapide, il se braque. Trop long. Trop besogneux. »

Après avoir passé des années à piaffer, à subir une hiérarchie, une fois aux manettes ils foncent, bride abattue. Les autres sont lents, et bien sûr pas très malins. Eux comprennent vite, très vite. S'il n'y a pas d'obstacle, tout va bien, mais dès qu'il y a un imprévu, un changement de paramètre, tout s'écroule. Combien ont échoué par incapacité à savoir corriger le tir face aux aléas. L'imprévu, « ce trouble-fête de la réalité », disait l'historien Marc Bloch dans *L'Étrange Défaite*. « À l'inspection, on n'enseigne pas la conduite du changement, explique Élisabeth Lulin, brillante major de la promotion 1991. L'inspection est un corps de conseil, pas de management. Dans la conduite des affaires, il ne faut pas seulement savoir évaluer une situation, mais diriger les opérations. » Pour cela il faut savoir être humble, au ras des pâquerettes, les pieds dans le cambouis. Mégalos, les inspecteurs ont souvent tendance à s'enfermer dans des décors d'opérette. Fonctionnaires dans l'âme, ils gouvernent avec un cabinet et pas avec les forces vives.

Résultat, ces surdoués, capables de concevoir des Meccano financiers complexes, de repérer les proies, se montrent bien souvent incapables de flairer les dangers. Martin Bouygues, que ces chers inspecteurs ont un peu tendance à prendre pour un demeuré, avait mieux évalué les risques de l'UMTS que Bon et Messier. Martin Bouygues dont, en 1998, Alain Minc dira pis que pendre dans tout Paris au moment où il conseille à Vincent Bolloré de faire main basse sur l'empire téléphonique de Martin, « ce fils à papa dépassé par l'héritage de son père... » Une fois de plus, sûr de son fait, il avait déclaré dans *Le Nouvel Observateur* : « Encore un coup d'épaule et Bouygues va tomber. » Ce dernier se défendra pied à pied et y gagnera ses galons de manager.

Pourquoi cette absence de flair ? Parce qu'ils s'en fichent, parce que ce n'est pas leur argent, parce qu'ils n'ont aucune notion du risque, entend-on ici ou là. Aucune notion du risque, ni de l'argent ? Dans *L'Intelligence émotionnelle*[1], un éminent psychologue américain, Daniel Goleman, décrit toutes les formes d'intelligence sur lesquelles travaillent les chercheurs américains. L'agilité verbale, la logique mathématique, la maîtrise de l'espace, le génie kinesthétique (capacité à se mouvoir), la capacité intrapsychique (l'intuition)... L'intelligence théorique, celle qui est décelée dans les tests, dans les examens, n'a rien à voir avec l'intelligence émotionnelle.

1. Robert Laffont, 1997.

Les deux intelligences sont d'ailleurs situées dans des parties différentes du cerveau. Et les chercheurs américains sont arrivés à démontrer, de manière scientifique, que « l'intelligence théorique seule ne peut pas préparer les individus à affronter les épreuves », que « la raison seule ne peut fonder les décisions », que les « signes intuitifs », les « impressions viscérales », les « marqueurs somatiques », tout ce qui fait l'expérience, développe le sixième sens en quelque sorte, sont essentiels, ils servent d'« alarme automatique ».

L'expérience, le flair, qui permet, à force d'expériences, d'éviter les pièges. Bien verrouiller un contrat, prendre des garanties, sentir le vent, repousser un deal. Toutes choses qui ne s'apprennent pas à l'Ena.

Véronique Morali, inspecteur des Finances, aujourd'hui directeur de Fimalac, le holding financier de Marc Ladreit de Lacharrière, raconte : « À l'Ena, on sait que le classement de sortie va décider de votre avenir professionnel. Chaque matin, on se pose la même question : comment avoir la meilleure note ? On s'intéresse moins à la substance du cours qu'à la meilleure recette pour optimiser ses chances. C'est impossible de tout savoir. Le programme est infiniment vaste. Les matières très diverses. » Et les épreuves consistent essentiellement à digérer des dossiers et à les restituer, à les mettre en forme. À l'Ena, on n'emmagasine pas des connaissances, on apprend à ordonner des idées, à bâtir des théories sur papier. À modeler la réalité, pas à la maîtriser. On travaille uniquement sur l'intelligence théorique. Et comme l'inspection, c'est l'Ena puissance 10...

Décidément, l'Ena est une étrange école, où l'étude, la compréhension de la réalité ne semblent guère compter. Une de ses marques de fabrique est le sacro-saint plan en deux parties. Les rapports, les exposés, tout doit toujours être fait en deux parties et aboutir à une solution ouverte, qui ne tranche pas. Nombreux sont les élèves de l'après-guerre qui se souviennent de Maurice Lauré. En guise d'introduction, cet éminent inspecteur commençait son cours par cette parodie de plan, devenue célèbre : « On peut se laver les dents dans un verre à pied, mais on ne peut pas se laver les pieds dans un verre à dent. » L'exercice est toujours très théorique, abstrait, intellectuel. Il ne favorise pas le travail d'imagination, l'intuition, bref il n'est pas créatif.

Albin Chalandon fustige cette méthode qui consiste à privilégier « un équilibre parfait entre les raisons de faire et de ne pas faire, où le pour et le contre doivent s'établir de façon quasi arithmétique : même espace consacré à la thèse et à l'antithèse, et naturellement pas de synthèse. Admirable école, pour l'homme d'action », se moque-t-il. Mais il a vu juste ; les fonctionnaires n'ont pas été formés au management, encore moins à la gestion : on les a dressés à faire respecter un ordre hiérarchique. Une note de service et tout doit suivre !

Dans les années soixante-dix, on critiquait l'élitisme de l'inspection. On subissait l'arrogance de cette oligarchie. Mais on admettait qu'ils étaient intelligents, rapides, astucieux. Aujourd'hui on les soupçonne, on les suspecte, on les moque, on les raille. Sans vergogne. Sans ménagement. La phrase de l'inspecteur des Finances Alain Juppé qui affirmait, en 1997, que Thomson valait 1 franc fait toujours les délices de la France d'en bas. En trois ans, après une recapitalisation de l'État de 11 milliards de francs, Thierry Breton, diplômé de Supelec, une très honorable école d'ingénieurs, mais sans grande valeur aux yeux de l'oligarchie, a porté la valeur de l'entreprise à 100 milliards de francs.

À Bercy, les administrateurs civils sont sans pitié. Ils font remarquer que ce sont encore de brillants inspecteurs des Finances qui étaient aux manettes, lors de l'échec de la réforme de l'administration fiscale lancée par Christian Sautter, début 2000, et qui tentait de mettre un peu d'ordre dans deux des directions de Bercy, passablement emmêlées : la direction de la Comptabilité publique et la direction générale des Impôts, dont les tâches sont parfois superfétatoires. Il s'agissait de François Villeroy de Galhau, le directeur des Impôts, de Jean Bassères, le directeur de la Comptabilité publique, et du chef du service de l'IGF, Thierry Bert ; celui-ci avait, dans un rapport réalisé avec le directeur de l'Insee, le polytechnicien Paul Champsaur, préconisé l'instauration d'une administration fiscale unique. Ce trio s'est instantanément mis à dos tous les syndicats.

Mais Bert est sur une autre planète. Il explique : « En décidant de regrouper l'assiette et le recouvrement, on s'attaquait à un baobab. » Et de se lancer dans une explication historique sur l'origine de cette séparation entre ceux qui calculent le montant de l'impôt et ceux qui sont chargés de le recouvrer. C'est Colbert, en 1681, qui avait inventé le système des fermiers généraux. Ceux-ci étaient des financiers chargés de recouvrer les impôts pour le compte de l'État. Une somme forfaitaire – correspondant aux recettes espérées – était fixée et inscrite dans le bail de la ferme générale. Les fermiers généraux avançaient la somme à l'État et recevaient une indemnité de 10 % sur ce cautionnement. Si l'impôt perçu était supérieur aux évaluations, ils empochaient la différence. Il était donc très important que ceux qui fixaient le montant de l'impôt ne soient pas ceux qui le recouvrent.

Selon Voltaire, avec ce système, les fermiers généraux retiraient environ 20 % du produit des impôts qu'ils percevaient. Honnie par le peuple, cette oligarchie fut supprimée Mais loin d'abandonner ce système, la Révolution l'a appliqué avec encore plus de fermeté. C'était encore le meilleur moyen d'obtenir des avances alors que les finances étaient perpétuellement à sec. L'organisation a perduré. C'était, selon Bert, un principe profondément ancré dans l'esprit du ministère.

Qu'importe l'audace historique de cette réforme. « Ils ont proposé une réforme qui a explosé en plein vol. Le ministre a démissionné et eux sont restés ! » s'indigne un administrateur civil. « Ils ont confondu rigueur et rigidité », s'offusque un inspecteur général.

Pas faux. D'ailleurs Villeroy et Bassères ont retenu de cet épisode qu'il fallait, pour réformer, se donner du temps, ne pas braquer les administrations, informer les agents. Cinq ans après les déboires de Juppé, ils n'avaient toujours pas compris que les réformes ne se décrètent pas ? Il faut expliquer, convaincre les syndicats, les élus, les journalistes. Dialoguer, convaincre. Bref, faire de la politique. Au lieu de toujours dire que, de toute façon, les élus refusent les réformes. Ils ne sont pas forcément idiots et bornés ! Toujours cette peur d'affronter le peuple analphabète, de compromettre leur intelligence par des approximations, cette certitude qu'on ne peut pas expliquer ces choses compliquées.

Lors de cette tentative de réforme de Bercy, les élus – parlementaires ou maires – y compris socialistes n'avaient même pas été informés, préparés au choc. Dans ces cas-là, quand un homme politique est pris à témoin publiquement, dans sa circonscription, par des agents des finances, que fait-il ? Il défend une réforme à laquelle il n'a pas été associé, ni de près ni de loin ? Qui a été concoctée dans les bureaux de Bercy ? À force de mépriser les politiques, les hauts fonctionnaires finissent par faire des erreurs stratégiques énormes.

Certes, la responsabilité en incombe en premier lieu au ministre, Christian Sautter, lui-même inspecteur des Finances, qui n'a jamais pris la mesure du problème. Mais quelles que soient les responsabilités des uns et des autres, l'heure du lynchage a sonné.

Le dossier Executive Life a également été géré de manière invraisemblable par Bercy et le Trésor. Dans cette affaire, outre la question délicate de la protection de l'homme d'affaires François Pinault, proche du président de la République, outre la façon dont pendant des années ce dossier a traîné, on peut s'interroger sur le comportement du Trésor. Si ces fonctionnaires très intelligents avaient affronté la réalité, ils auraient laissé la justice française ouvrir une instruction, comme cela leur a été proposé, de manière à opposer cette procédure à la justice américaine. Mais il existe une règle non écrite dans la haute administration : on enterre ou plutôt on dissimule sous le tapis, comme la poussière, les dossiers trop gênants, pour ne pas avoir à en endosser la responsabilité. À l'arrivée, encore une fois, c'est le contribuable qui paie.

L'exaspération est telle désormais, au pays des capitalistes, qu'on ne se contente plus de crier haro sur l'inspection, il est devenu de bon aloi de se débarrasser de cette caste qui avait envahi les noyaux durs et les conseils d'administration constitués selon le principe des participations croisées à la française. Au début de 2003, Gérard Mestrallet, le P-DG de Suez, confronté à un très fort endettement (130 % de ses fonds propres) et à une baisse de 50 % de sa valeur boursière, est très sérieusement déstabilisé par son principal actionnaire, l'homme d'affaires belge Albert Frère. Mais au final, c'est le numéro 2 du groupe, également directeur financier, François Jaclot, qui sera viré. Sans que personne n'explique pourquoi lui et pas le président. Sans doute la situation de Suez, beaucoup moins critique que ne l'étaient celles de France Télécom, Vivendi ou Alstom, ne valait qu'une demi-sanction. Mais Jaclot est inspecteur des Finances et certains y voient comme un délit de sale gueule. En tout cas, un affaiblissement certain de la fameuse « mafia » de l'inspection, qui n'arrive plus toujours à protéger ses ouailles.

Mécontent des performances de Nicolas Dufourcq, patron de Wanadoo, le nouveau P-DG de France Télécom, Thierry Breton, l'a licencié sans états d'âme, tout inspecteur des Finances qu'il soit. Et l'a remplacé par un autre inspecteur, Olivier Sichel.

« Ils ont ruiné la France. » « Pour diriger une entreprise, il faut savoir lire les comptes. » « Ce sont des incompétents. Des Sup de Co Rouen auraient fait moins de dégâts. » « Ils parlent bien de tout, mais ils sont vides. Pour diriger des entreprises, il faut des hommes qui ont les pieds dans la glaise. » « S'ils avaient regardé de près les comptes de Vivendi, ils auraient arrêté les frais deux ans plus tôt. » Les anathèmes fusent. Banquiers, industriels, petits actionnaires, avocats, chefs d'entreprise fustigent avec une rare acrimonie cette caste qui hier encore imposait une immense déférence. Il faut dire que pour des têtes bien faites, soi-disant infaillibles, cela fait beaucoup d'échecs. Ces catastrophes en série ont largement entamé le crédit de la caste, mais également du service de l'inspection générale des Finances. Dans les directions, les agents grognent. Quelques inspecteurs racontent qu'en tournée en province, les directeurs départementaux des services fiscaux, les trésoriers-payeurs généraux, se gaussent, ou pire font état de leur ras-le-bol. On leur demande de collecter jusqu'au dernier sou, alors qu'au sommet, l'inspection a coûté des milliards à l'État. Un inspecteur général des Finances témoigne : « Passés les premiers moments, forcément tendus, une fois la confiance établie, ils font des plaisanteries acerbes sur Haberer, France Télécom. Et témoignent de leurs états d'âme. Ils savent très bien comment le système fonctionne. Comment certaines dérives ont été couvertes. » Et le haut fonctionnaire en question de raconter comment désormais on l'aborde avec un sourire narquois : « Monsieur l'inspecteur général, je ne veux pas vous taquiner, mais... » Les intouchables ne sont plus perçus comme étant la référence, la boussole du ministère. Mais comme des incompétents dont la position et la réputation, au sein de l'administration, apparaissent de plus en plus usurpées.

Chapitre 3

De Bonaparte au spoutnik

« C'est une grande chose que la noblesse, c'est vingt ans de gagné. »

PASCAL

Le jeune Bonaparte avait horreur de la monnaie papier. La dépréciation des assignats avait largement contribué à la chute de la Convention thermidorienne et de Robespierre. Cette crise favorisa ainsi le coup d'État du 18 brumaire an VIII (9 novembre 1799). Méfiant, Bonaparte payait donc en espèces sonnantes et trébuchantes. Ses campagnes militaires, ses préfets. Évidemment, l'or s'évaporait. Par un arrêté du 19 fructidor an X (16 septembre 1801), il crée alors un corps d'inspecteurs généraux « chargés de vérifier les caisses, non seulement des préposés des payeurs généraux dans les divisions militaires et dans les départements, mais aussi des receveurs généraux et particuliers, de s'assurer de la régularité de la gestion de tous ces comptables... ». Un corps composé d'hommes totalement indépendants, qui ne rendaient de comptes qu'à lui seul. À eux de débusquer les fausses factures, les militaires jamais embauchés, les manœuvres jamais exécutées, les obus jamais tirés. Des pratiques, comme on le voit, ancestrales et dont usèrent et abusèrent les munitionnaires durant la période révolutionnaire. L'ancêtre de l'inspection est né.

L'année suivante, Bonaparte crée une inspection générale du Trésor, chargée du contrôle des caisses, un contrôle physique, sur place, pas sur pièces, mais aussi (son rôle s'étend) de la vérification du portefeuille de l'État et de sa comptabilité : créances, débits. Et même du contrôle des villes, puis de l'intendance des provinces conquises. Le Premier Consul veut tout savoir.

L'idée de contrôle n'est pas une idée totalement nouvelle. Le nom apparaît déjà sous l'Ancien Régime. Les rois envoyaient des « escouades » sur le terrain pour surveiller les fermiers généraux et autres serviteurs du Trésor. Et en 1709, Louis XIV avait recruté un corps de « conseillers inspecteurs des finances ». Mais les contrôles étaient éphémères, sans aucun suivi. Rien n'était véritablement formalisé.

Cela dit, avec Napoléon, ces contrôles ne sont pas véritablement rigoureux. En fait, ces chiens de garde étaient au service exclusif de l'Empereur et ce dernier a laissé ses généraux, sa famille, ses amis s'enrichir abondamment. Il faudra attendre la Restauration, pour que l'inspection devienne un vrai service garant de la bonne utilisation des deniers publics, un principe de base de toute démocratie. L'inspirateur de cette petite révolution ? Le baron Louis. L'homme qui a créé le ministère des Finances dans toute sa puissance, tel qu'il demeure près de deux siècles plus tard et qui fut cinq fois ministre des Finances. Yves Guéna, le président du Conseil constitutionnel, a consacré une biographie[1] à cet homme politique peu connu à qui l'on doit cette phrase, devenue célèbre : « Faites-moi de bonne politique, je vous ferai de bonne finance. »

Fils d'un modeste avocat de Metz, ce bourgeois désargenté mais doué est destiné à la prêtrise, qui doit lui permettre d'accéder au chapitre de l'évêché. Il entre au séminaire. Mais un édit royal de 1776 ruine ses espoirs. Il est prescrit que désormais « nul ne pourra être chanoine sans avoir fait la

1. Yves Guéna, *Le Baron Louis, 1755-1837*, Perrin, 1999.

preuve de trois degrés de générations de noblesse ». L'abbé Louis renonce à la carrière ecclésiastique, monte à Paris et s'achète une charge de conseiller clerc au Parlement. Il est remarqué par Talleyrand, dont il deviendra le conseiller financier, notamment lors des États Généraux qui avaient été convoqués en 1789 pour débattre de la dette et des ressources de l'État. Ils célébreront ensemble la messe au Champ-de-Mars à l'occasion de la fête de la Fédération le 14 juillet 1790. Tous deux sont jureurs, terme qui désignait les prêtres qui avaient approuvé la Constitution civile du clergé. Et tous deux seront excommuniés.

Progressiste mais modéré, l'abbé Louis est partisan d'une monarchie constitutionnelle, et, en 1791, au lendemain de l'arrestation de la famille royale à Varennes, il s'exile. À Amsterdam, en Angleterre, où il va travailler dans une banque. Là, il s'initie aux finances privées et s'intéresse aux pratiques du Trésor britannique : émissions de bons de l'Échiquier, libéralisation douanière, orthodoxie budgétaire.

La paix revenue, Bonaparte solidement installé au pouvoir, l'abbé Louis rejoint la France en 1800 et débute une carrière de fonctionnaire au ministère des Finances. En 1806, il est nommé par l'Empereur administrateur du Trésor public et s'attelle à une réforme de cette administration, créant ce qui deviendra la direction du Mouvement général des fonds, avant de reprendre, en 1940, l'appellation de direction du Trésor. Il modernise le mode de recouvrement de l'impôt, liquide les dettes extérieures, récupère les créances, organise les finances à travers l'Empire. L'Empereur le fait baron. Puis maître des requêtes au Conseil d'État. Mais ce n'est que sous la Restauration qu'il donnera sa pleine mesure.

Au lendemain de l'abdication de Napoléon, c'est son ancien mentor, Talleyrand – qui a changé de camp –, qui négocie avec les alliés la restauration des Bourbons. Et en 1814, Louis XVIII fait appel au baron Louis pour redresser les finances de la France et liquider les arriérés des guerres napoléoniennes. Il a 59 ans, il est enfin ministre.

Le Raymond Barre de l'époque, en plus austère, croit à un principe simple : la confiance. Il paie donc toutes les dettes contractées par Napoléon, anciens fournisseurs, arriérés de soldes et de traitements. Nomme le banquier Laffitte gouverneur de la Banque de France. Supprime les impopulaires droits réunis et les remplace par les contributions indirectes. Vend et donc, en quelque sorte, « privatise » une partie des biens nationaux confisqués sous la Révolution, pour désendetter le Trésor. En bon libéral, il réduit les droits de douane.

Il est également un ardent défenseur de l'orthodoxie budgétaire, car il sait que l'ancienne monarchie comme la Convention ont été balayées par la crise financière. Il instaure donc une pratique nouvelle : l'établissement d'un budget, avec la liste détaillée des dépenses et des recettes. En 1815, le vote par le Parlement du premier budget de la France donne lieu à des débats animés. Mais c'est de cette époque que date la prééminence du ministère des Finances sur tous les autres ministères qui doivent désormais débattre de leur budget avec les services des Finances. Et non plus, directement, avec le roi. Le baron Louis, impitoyable, taille dans les dépenses, traque les abus, réduit d'un tiers la dépense publique.

Pour renforcer son pouvoir et instaurer plus de cohérence, il décide de fusionner les ministères des Finances et du Trésor et les administrations qui en dépendent en un seul grand ministère. Seule manière à ses yeux, de prendre le contrôle des innombrables directions. Et d'imposer ses arbitrages en Conseil des ministres. Mais il le fait progressivement, sans secousse, en étroite relation avec les chefs de service qu'il réunit régulièrement.

En 1815, durant les Cent-Jours, il s'exile à Gand avec Louis XVIII, laissant un trésor de guerre de 33 millions à Napoléon. Retour d'exil, à nouveau. Pour restaurer les finances de la France le baron Louis lève un impôt exceptionnel. Il commence, au côté de Talleyrand, à négocier le traité de paix. Mais pour contenter la « Chambre introuvable » ultraroyaliste élue en août 1815, Louis XVIII appelle le duc de Richelieu aux affaires. Talleyrand est renvoyé. Et le baron Louis avec.

Son successeur, le comte Corvetto, va cependant poursuivre son œuvre de réforme. Le 25 mars 1816, il fusionne les divers services d'inspection, ceux du Trésor, des Contributions directes, du Cadastre en une seule entité dénommée inspection générale des Finances, telle que l'avait imaginée son prédécesseur. C'est le véritable acte de naissance de l'IGF. Le baron Louis, qui reviendra au pouvoir en 1818, après la dissolution de la « Chambre introuvable » et le retour des modérés, puis en 1831, appelé par Louis-Philippe, s'attache à poursuivre la réorganisation administrative du ministère des Finances et achève le regroupement des diverses inspections : celles des Contributions indirectes, des Forêts, de l'Enregistrement, des Domaines, des Douanes, des Postes...

Il a fallu quinze ans pour achever cette réorganisation et briser la résistance des directions générales. Les arrêtés supprimant une à une les diverses inspections furent pris au compte-gouttes. Ainsi, les crédits alloués à l'inspection générale des Contributions directes et du Cadastre ne furent supprimés qu'en 1825. Ceux de l'inspection générale des Contributions indirectes et des Forêts en 1826, ceux des inspections générales des Domaines et des Douanes en 1831. Le baron Louis n'eut de cesse de lutter contre les différentes féodalités du ministère, car à l'époque, on nommait à la tête des directions non des fonctionnaires mais des hommes politiques qui supportaient mal la tutelle du ministre. Seule une continuité dans l'action et une évolution progressive ont permis cette modernisation. Et créé des bases solides.

Cette réforme permit de renforcer la qualité du contrôle de l'État. L'existence d'inspections particulières favorisait, en effet, compte tenu de trop fréquents contacts, des collusions frauduleuses entre les services vérifiés et les inspecteurs. Elle engendra également d'appréciables économies. En 1823, l'ensemble des services d'inspection coûtait 1 024 000 francs. Après la fusion, l'inspection générale des Finances ne représentait plus qu'une dépense de 522 800 francs[1].

---

1. Pierre Lalumière, *L'Inspection générale des Finances*, P.U.F., 1959.

L'inspection, réorganisée, devient dès lors un rouage essentiel. En dehors de ses tâches de contrôle, elle joue un rôle de renseignement. Les ministres veulent être informés de ce qui se passe sur le terrain, dans les administrations, mais aussi dans le commerce et l'industrie. La tâche est immense. On crée des postes d'adjoints, on attache aux inspecteurs des élèves, chargés d'effectuer les vérifications de détail. En quelques années, l'inspection, qui a su prouver sa compétence et son efficacité, devient un centre névralgique du pouvoir car elle détient l'information. Elle jouit d'une solide réputation, mais les carrières des inspecteurs restent modestes. Les fils de famille servent plutôt dans la cavalerie, plus prestigieuse. L'inspection est un second choix. Et les polytechniciens qui passent le concours sont ceux qui sont sortis dans les derniers et n'ont même pas « obtenu » les Tabacs ! Ils tentent donc de se rattraper avec l'inspection. Déjà.

Ceux qui quittent le service, s'ils n'ont pas de quoi se payer une charge, occupent généralement des « emplois de débouchés ». Services comptables, placement des bons du Trésor. Jean Baptiste Firino, né en 1779, achève sa carrière comme receveur général des Bouches-du-Rhône. Antoine Bailly, né en 1780, comme directeur de la Dette. Louis Mollard, né en 1786, comme sous-directeur à l'administration des Postes. Alexandre Collart-Dutilleul, né en 1790, comme procureur à la Cour des comptes. Lancelot de Quatrebarbes, né en 1791, fait toute sa carrière à l'inspection. Le comte de Vedel, né en 1809, termine la sienne comme directeur de la Comptabilité.

Tout bascule dans les années 1880. Après un demi-siècle de bons et loyaux services consacrés à la vérification, l'inspection s'engouffre dans un autre monde. Peu à peu, l'État participe de plus en plus activement à l'industrialisation du pays, par le biais des concessions et par l'instauration de crédits publics, une innovation largement inspirée par le saint-simonisme. L'inspection joue un rôle de conseil. Sa puissance se conforte. Compte tenu de ses charges croissantes, elle voit ses effectifs augmenter de manière notable, passant de 70 personnes en 1880 à 120 en 1914. Mais en corollaire, les inspecteurs, qui sont désormais au cœur du pouvoir économique, commencent à pantoufler en masse. À partir de cette époque, on note en effet dans les statistiques un nombre important de transfuges de l'inspection vers les banques, les assurances. Les promotions des années 1880 à 1890 perdirent ainsi la moitié de leurs effectifs.

Roger Aubert de Tregomain, issu de la promotion de 1881, est nommé sous-gouverneur du Crédit foncier de France, administrateur du Crédit lyonnais, du Crédit national, de la Banque de l'Indochine, du réseau des chemins de fer de l'État, du Gaz de Paris, après avoir été directeur du Mouvement général des fonds. Jean-Baptiste Lafon, de la même promotion, sera nommé directeur de la Banque d'Algérie. René Baulant, de la promotion 1882, secrétaire général de la Compagnie de chemin de fer du sud de la France et de la Compagnie française des métaux. Son camarade de promotion, Gabriel Delamotte, terminera sa carrière comme président des Compagnies d'assurances Le Monde.

Comment l'oligarchie financière de la IIIe République a-t-elle réussi ce « hold-up » sur la haute administration ? Comment a-t-elle noué des liens étroits avec l'inspection ? C'est une histoire à rebondissements, dont il faut situer le point de départ à la défaite de Sedan en septembre 1870 et à l'écroulement du Second Empire.

Le choc a été colossal. Les élites, qui se sont laissé embarquer dans cette guerre imbécile contre l'Allemagne prussienne de Bismarck sont discréditées. Les affrontements sanglants de la Commune qui opposèrent, au lendemain de la défaite, le peuple à la bourgeoisie du Second Empire, accusée de trahison, laissent une France groggy. La gauche, qui a subi de lourdes pertes (30 000 morts, 7 500 déporations), est décapitée.

En 1871, Thiers, l'homme qui a maté la Commune, est nommé président de ce qui deviendra la IIIe République. Il s'attelle à la réorganisation de l'administration. Il faut rebâtir la France, recruter de nouveaux cadres. Aux Finances, il puise dans le vivier de l'inspection. Par nécessité, l'État confie d'importantes responsabilités, des postes de direction à des hommes relativement jeunes. Auparavant, ces promotions n'intervenaient qu'en fin de carrière, pour un nombre très restreint d'entre eux. Le mécanisme est en place. Et ce qui était de pure circonstance va devenir une règle non écrite, un usage. Un zeste de jeunesse et de dynamisme dans des administrations quelque peu endormies a toujours eu un effet salutaire. Désormais les ambitieux savent où faire carrière.

Un autre événement va donner une orientation très particulière à l'inspection : la création, en 1872, par Émile Boutmy de l'École libre des sciences politiques. Cette école a été conçue en réaction au système des Grandes Écoles et pour réagir aux égarements de l'élite. Comme dit le professeur de sciences politiques américain Ezra Suleiman, au lendemain de chaque défaite, la France crée une nouvelle école, aggravant ainsi à chaque fois un peu plus l'état de l'université française. En 1945, ce sera l'Ena.

Sciences po, comme on l'appellera plus tard, a pour ambition d'être ouverte sur le monde anglo-saxon, démocratique, et se veut l'avant-garde de ce que devraient être les universités, si négligées. « Il faut être aveugle pour ne pas voir l'ignorance française derrière la folle déclaration de guerre qui nous a conduits où nous sommes. Il faut créer l'élite qui, de proche en proche, donnera le ton à toute la nation. Refaire une tête au peuple, tout nous ramène à cela. Il manque en France un système de haute culture, ou, si vous voulez, une confrontation libérale, il faut l'organiser », écrivait à l'époque Ernest Renan, qui joua un rôle important dans la création de cette école.

Celle-ci vise à former une élite dirigeante, possédant une bonne culture générale, en économie, en histoire, en droit. C'est un succès. Elle attire les jeunes bourgeois qui veulent participer à ce sursaut. Très vite s'organise un système d'écuries qui préparent aux concours de recrutement pour les deux corps d'élite : le Conseil d'État et l'inspection des Finances. C'est plus subtil qu'un simple système de cooptation. Les anciens prennent des jeunes sous leur coupe. Ils sont bien nés, doués, intelligents, ou riches. Une chose est sûre, ils formeront un maillon dans la chaîne du pouvoir financier. L'inspection de cette époque ne fonctionne pas sur un modèle autocratique, mais oligarchique. Elle n'aspire pas à un pouvoir total, arbitraire. Non, elle aspire juste à exceller dans le monde de la finance et à le contrôler. L'Ena changera totalement l'esprit de l'inspection.

Dans les années 1870, donc, celle-ci profite largement du succès de l'École libre des sciences politiques et de l'apport de talents. Jusqu'alors fonctionnaires de l'ombre, ils vont briller sur le devant de la scène. À l'instar de Joseph Caillaux (1863-1944), fils d'un polytechnicien. Issu de la promotion de 1888, il fut ministre des Finances du cabinet Waldeck-Rousseau, et de Clemenceau, puis président du Conseil en 1911. Il incarne cette nouvelle élite à la fois novatrice et éclairée. Après avoir rédigé et défendu à la Chambre un projet de loi instaurant un impôt progressif sur le revenu – une vraie révolution, qui lui valut une campagne haineuse de la part du *Figaro*, quelques années plus tard, en 1926, il s'opposait aux socialistes qui voulaient instaurer un impôt sur le capital.

L'inspection est devenue le creuset des grandes carrières. On y cultive l'élitisme intellectuel, et social. À cette époque, les candidats allaient se présenter en grande tenue au chef de l'inspection. Le jour des épreuves, ils arrivaient en habit de soirée, cravate blanche, gants blancs, chapeau de soie. Le président du jury les remerciait de ce tact à l'égard de lui-même et des membres du jury et les invitait à adopter pour la suite des épreuves une tenue plus appropriée, qui se composait tout de même d'une redingote, d'un gilet et de guêtres claires. On ressortait l'habit pour les épreuves orales. Une fois admis, les jeunes inspecteurs allaient visiter tous les inspecteurs généraux, même hors cadres. Il en reste quelques traces : le souci de la forme et un sens exquis de la politesse.

La grande bourgeoisie a donc réussi un heureux mariage

entre les aspirations de la IIIe République naissante et ses intérêts. Le pantouflage prend dès lors une importance croissante. Après en moyenne neuf années au service de l'État, les fils de famille rejoignent les affaires. Les héritiers qui ont fait l'inspection seront désignés pour gérer la fortune familiale. C'est ainsi que le comte Pierre Celier, inspecteur des Finances, gendre de Maurice de Wendel, sera mandaté par la famille Wendel pour gérer la holding Marine-Wendel. Avant qu'Ernest-Antoine Seillière n'en prenne la succession, en étant seulement passé, lui, par l'Ena.

Loin de s'inquiéter de l'importance croissante des liens privilégiés noués avec la haute finance, le corps a très vite compris que le pantouflage, en ouvrant des débouchés prometteurs, attirerait les jeunes les plus brillants et renforcerait son influence. Les inspecteurs deviennent très recherchés par le privé car ils sont un gage de respectabilité et de probité, bien sûr, parce qu'ils sont bien formés, mais aussi parce qu'ils assurent le lien entre l'État et le capital. On les recrute dans la banque, essentiellement. Ils participent aussi au développement des colonies. On les retrouve également dans les chemins de fer et dans les compagnies maritimes. L'inspection a en effet largement contribué à la mise en place de toutes les opérations financières concernant les concessions lors de la création des premiers réseaux de chemins de fer. Sa sphère d'influence s'élargit.

Au lendemain de la guerre de 14-18, la nouvelle élite va être appelée à participer au redressement du pays. Inflation, disparition de l'étalon-or, dettes colossales, on appelle aux affaires ceux qui font figure d'experts. Ce ne sont pas des économistes à proprement parler, mais ils savent ce qu'est un budget. Comment fonctionne le système monétaire. C'est déjà ça.

Les interventions de l'État se multiplient, via les grands travaux, la construction de logements sociaux, le soutien aux entreprises en difficulté, comme Air France, la Compagnie générale transatlantique... Puis avec les nationalisations du Front populaire. Cet accroissement du rôle de l'État se traduit par un développement sans précédent de la dépense publique. Les chiffres parlent d'eux-mêmes. Le pourcentage des dépenses publiques par rapport à la production intérieure brute passe de 8,8 % en 1912 à 27,8 % en 1920, puis à 30,7 % en 1922... L'État devient un des moteurs de l'économie.

Le Mouvement général des fonds (l'ancêtre du Trésor), dont la direction, bien évidemment, est dévolue par tradition à un inspecteur des Finances, joue un rôle de plus en plus central. Face à la complexité croissante des problèmes monétaires, celle-ci dispose d'une expertise précieuse, ce qui lui donne un accès privilégié au ministre. Et donc du pouvoir. Mais son approche reste purement financière : défense de la monnaie, équilibre budgétaire, stabilité des prix. C'est, depuis le baron Louis, le dogme des grands argentiers.

Déjà à cette époque, la jeunesse et l'arrogance de cette caste étaient fustigées dans la presse. Le dessinateur vedette du *Figaro,* Sennep, avait réalisé un dessin qui est resté gravé dans les mémoires. Un huissier en grande tenue, tirant un enfant par la main, dit au ministre de l'Économie : « Le directeur du Trésor vient encore de faire pipi dans sa culotte. »

À partir de 1931, alors que la France s'enfonce dans la grande dépression et que le déficit budgétaire se creuse, le Mouvement général des fonds réitère ses conseils sur le nécessaire équilibre budgétaire, condition sine qua non, à ses yeux, d'un retour à la confiance. Pas question de financer un plan d'outillage national, qui mettrait en déséquilibre les finances gérées précieusement par le Trésor. De 1934 à 1936, le directeur de cette prestigieuse direction, Wilfrid Baumgartner, inspecteur des Finances naturellement, est tout de même contraint de lâcher du lest, mais se livre à des acrobaties et à des artifices pour dissimuler des déficits et afficher une orthodoxie de façade.

En 1936, victoire du Front populaire. Léon Blum, socialiste, membre de la SFIO, nomme comme directeur du Mouvement général des fonds l'inspecteur des Finances Jacques Rueff, pourtant un libéral convaincu, qui n'aura de cesse, à son tour, de plaider en faveur de l'équilibre budgétaire, plongeant l'économie française dans la récession. C'est dire l'aura et l'autorité dont bénéficient ces hauts fonctionnaires.

Baumgartner et Rueff sont en effet des sommités respectées. Des experts qui ont un véritable pouvoir d'influence sur les politiques. Ils enseignent d'ailleurs tous deux à l'École libre des sciences politiques. Ils y développent une même vision de la stabilité monétaire. Ils y entretiennent aussi la réputation et le prestige du corps.

À compter de ces années, l'inspection commence à attirer l'élite de l'élite. Des polytechniciens comme Rueff, mais aussi des normaliens, comme Dominique Lecat, qui écrivait les discours de Léon Blum et de Paul Reynaud.

De simples contrôleurs, les inspecteurs s'étaient mus en directeurs d'administration, puis en gestionnaires d'entreprises publiques ou privées, et enfin en experts. Désormais, ils vont devenir des « économistes ». L'université française se montrant toujours incapable de former une élite crédible – ou de l'imposer – à l'instar de Cambridge où le grand esprit de l'époque, Keynes, étudia, puis enseigna. Ce rôle va être confié à ces simples praticiens. C'est d'ailleurs un « camarade », Jean Rioust de Largentaye, grand ami de Mendès France, qui va, le premier, au lendemain de la guerre, traduire la *Théorie générale de la monnaie* de Keynes.

Fréquemment au contact des Anglo-Saxons, puisque par tradition ce sont eux qui représentent la France dans les négociations internationales – notamment pour gérer les problèmes financiers consécutifs aux guerres –, ils ne cesseront de transposer en France les grandes mutations qu'ils observent sur la scène internationale. Libéraux du temps du baron Louis, ils deviendront keynésiens par pragmatisme au lendemain de la Seconde Guerre mondiale, puis monétaristes dans les années quatre-vingt.

Maîtres de l'économie, ils deviennent également, au fil des ans, un des rouages essentiels du capitalisme, car l'inspection s'est transformée en une machine à fabriquer des chefs, une pépinière, un vivier où l'on vient puiser des dirigeants du public, comme du privé.

Le directeur du Trésor, Jean-Pierre Jouyet, a trouvé une jolie formule pour décrire ce système : « Entrer à l'inspection, c'est comme monter à bord d'un spoutnik. » Un spoutnik – du mot russe désignant les satellites lancés par l'Union soviétique – qui vous propulse vite à un très haut niveau, dans les cercles du pouvoir. Avec une légitimité formelle : celle du concours et du classement. Et une légitimité philosophique : l'incarnation de l'« intérêt général ». Nicole Briot témoigne : « La qualité du travail de l'inspection sert sa réputation d'excellence. Mais elle a toujours eu aussi un super-rôle de bureau de placement. »

Ce n'est pas un secret d'État : l'ambition de tout inspecteur qui se respecte n'est pas de contrôler les dépenses publiques, de mieux les gérer, le but ultime, c'est le pouvoir. Et la réussite sociale. Depuis des lustres. C'est la tradition, la culture, la finalité de cette formation. Jean-René Bernard, 71 ans, membre du Conseil de la politique monétaire, raconte[1] : « Quand je suis entré à l'inspection, je me souviens qu'on n'imaginait pas y faire carrière. Il était entendu que c'était là que se recrutaient, entre autres, les grands commis de l'État. »

D'ailleurs, dans la compétition que se livrent l'inspection et le Conseil d'État pour attirer les meilleurs élèves de l'Ena, les émissaires de l'inspection qui viennent faire de la retape (souvent des inspecteurs généraux, que les postulants appellent avec déférence « mon général » !) n'ont pas besoin de déployer de longs arguments pour les attirer. La plupart de ceux qui ont choisi l'inspection avouent qu'ils ont simplement regardé autour d'eux. Parcouru l'annuaire de l'inspection. Et compris que celle-ci ouvrait les portes de la caverne d'Ali Baba. Les inspecteurs des Finances occupent les postes les plus en vue, dans les secteurs les plus prestigieux : la

1. Le Conseil de la politique monétaire est le garant de l'indépendance de la Banque de France. C'est lui qui assure la continuité et la crédibilité de la politique monétaire. Il compte, outre le gouverneur et les deux sous-gouverneurs, quatre membres. Tous sont nommés en Conseil des ministres.

finance, l'international et même les médias. Et tous à un très haut niveau. « Pourquoi j'ai choisi l'inspection ? Parce que j'ai regardé l'annuaire ! » raconte Philippe Jaffré un brin provocateur. « Vous savez, les plus aptes à réussir regardent les filières qui mènent au succès. Ils étudient les pedigrees, explique Jean-Michel Bloch-Lainé. L'attirance qu'exerce l'inspection comme les autres grands corps de l'État – sur les candidats aux concours administratifs, est comparable à celle que suscitent les filières considérées comme prometteuses quant à la qualité des carrières, qu'il s'agisse des filières scientifiques ou commerciales. Cela n'a rien d'insolite. C'est le contraire qui serait surprenant. Très jeune, ajoute-t-il, j'ai eu la vocation de servir l'État. Lorsque j'étais enfant, l'État, à mes yeux, c'était Zorro. Adolescent, ce qui m'a motivé c'était l'idée de servir la collectivité. Et si j'ai choisi l'inspection, c'est, entre autres, parce que tous les soirs, je voyais mon père rentrer fou de joie du bureau, passionné par son métier. Je savais que ce corps offrait de fortes chances d'accéder assez jeune à des responsabilités, et d'exercer, au cours d'une vie professionnelle, des activités diversifiées. » Alain Minc, lui, parle de « rente sociologique » : « L'inspection, dit-il, est le point ultime de l'ascenseur social. »

C'est exactement ce qui a été dit de manière très crue à Éric Giuily, major de sa promotion en 1978. « À la sortie de l'Ena, on m'a tout simplement expliqué qu'au Conseil d'État, je ferais ma carrière tout seul, tandis qu'à l'inspection, je serais autoporté, raconte-t-il. D'autant qu'en qualité de major je pouvais choisir le Trésor. » À l'époque, le Trésor, c'est le Graal. Le gotha de la méritocratie républicaine y a été formé, introduit, coopté, adoubé, propulsé : Jean-Claude Trichet, Claude Pierre-Brossolette et Jean-Yves Haberer, Michel Pébereau, Marc Viénot, Philippe Jaffré, Jean-Charles Naouri, François Villeroy de Galhau, Philippe Lagayette, Pascal Lamy, Henri de Castries.

Mais voilà, nous sommes en 1978. La gauche a failli gagner les élections législatives. L'ordre ancien va forcément périr. Éric Giuily, qui a le cœur à gauche, cède à un réflexe post-soixante-huitard face à ce comportement élitiste légèrement ranci : « Ce n'est pas cela la vie », se dit-il. Et il choisit le Conseil d'État. Ce choix chagrine l'inspection. D'autant que c'est la deuxième année consécutive que le Conseil rafle le major. Giuily reçoit aussitôt un coup de téléphone d'Yves Mansion, chargé de mission au service de l'IGF : « Il faudrait qu'on se voie. » Rendez-vous est pris. Et Giuily se retrouve, assis sur une chaise, face à une brochette d'inspecteurs : Alain Minc, Baudouin Prot, Michel de Rosen, Jean-Charles Naouri, Jacques-Henri David. Tous P-DG en puissance[1]. « Il faut que tu viennes, lui disent-ils en chœur. Regarde l'économie française. Regarde quels sont les tuyaux qui mènent au sommet. Et regarde qui contrôle ces tuyaux. »

Cet argumentaire sommaire, abrupt et cynique ne fait pas changer d'avis le jeune major. Au contraire. Aujourd'hui, avec le recul, il constate : « Tout ce qu'on m'avait dit s'est révélé exact : l'inspection est l'étiquette la plus forte, en termes d'image, de réputation, affirme-t-il. Il y a une vraie entraide, des réseaux, car l'inspection a fait de la réussite une exigence individuelle et collective. C'est un vrai tremplin. » Aujourd'hui, Giuily est président de Publicis Consultants, une agence du groupe Publicis. S'il était passé par le Trésor, il aurait probablement fait une tout autre carrière.

Les choses sont claires. Entrer à l'inspection, c'est vouloir faire la course au pouvoir. « On sait qu'on va bouffer de la vache enragée, mais après, l'horizon est très ouvert, explique Olivier Coustet, conseiller technique à Matignon. Les inspecteurs sont plutôt dynamiques, sportifs. Vous êtes accueilli, entouré. C'est très structurant. Il y a un côté noblesse d'épée. »

Rater l'inspection est vécu par certains comme un véritable drame. L'ancien P-DG de Peugeot-Citroën Jacques Calvet ne

---

1. Baudouin Prot est aujourd'hui directeur de la BNP, Michel de Rosen, président de Viropharma, Jean-Charles Naouri, d'Euris, Jacques-Henri David, de Deutsche Bank France, Alain Minc, d'AM Conseil (pour Alain Minc Conseil), et du conseil de surveillance du Monde SA.

s'en est jamais vraiment remis. C'était une blessure profonde. Un jour, Haberer est venu « consoler » un jeune énarque, sorti onzième de sa promotion et qui avait donc raté d'une place l'entrée à l'inspection : « Mon pauvre ami, votre vie est fichue, je suis désolé, vous ne pourrez pas monter dans le train. »

Loin d'être un corps marqué par son attachement au service de l'État, par son sens de l'intérêt général, comme elle a pu l'être à l'origine, l'inspection est devenue une caricature d'elle-même, obsédée par l'idée de réussite, de pouvoir. Sur 290 inspecteurs en exercice, seulement 65 sont affectés à l'inspection générale des Finances. Le pantouflage a pris des proportions indécentes. La démission, le détachement et surtout la mise en disponibilité, qui permet de pantoufler dans le privé, de devenir patron de son propre cabinet de conseil ou d'une chaîne de supermarchés sans perdre son statut de fonctionnaire, ont été utilisés de manière systématique. Et détournés de leur but. Ce qui devait être une exception est devenu la règle. L'inspection n'apparaît plus comme un corps d'inspection. C'est une étiquette, un titre, un label, mais plus encore. « L'inspection des Finances s'est largement déconnectée de son ministère. Sa réputation n'est pas due à une réussite collective, au succès du service. Elle a été essentiellement un succès social », explique Jean-René Bernard « C'est une oligarchie, résume l'inspecteur général des Finances Michel Rocard. Ceux qui ont réussi au top. Jusqu'en 1935, on passait le concours de l'inspection en jaquette. Cela choque mais l'inspection en est finalement très fière, c'est très significatif. » Claude Pierre-Brossolette, lui aussi inspecteur général des Finances, ancien secrétaire général de l'Élysée du temps de Valéry Giscard d'Estaing, ancien président du Crédit lyonnais, est encore plus explicite : « Être inspecteur des Finances, c'est un peu comme lorsque vous héritiez d'une charge de capitaine à vingt ans sous l'Ancien Régime. Cela vous prépare au commandement. Et vous fait gagner quelques années. C'est précieux, dans une société, d'avoir une élite qui se conduit comme une aristocratie. Qui est sûre d'elle. Qui ose prendre des décisions. » Jean-Michel Bloch-

Lainé file la même métaphore : « L'inspecteur est un peu dans la situation des aristocrates qui recevaient dès l'enfance le grade de colonel. Il y a un peu de cela, encore que, pareils privilèges étaient conférés par la naissance et non par la compétition. Cela donne des droits, mais aussi des devoirs. » Un aspect de la fonction dont les nouvelles générations se moquent éperdument. Pierre Blayau dit la même chose, avec humour : « Avant même d'avoir appris à faire une mayonnaise, vous êtes immédiatement chargé de goûter les plats ! »

Cette colonisation des leviers du pouvoir économique privé ou public par l'inspection, qui a commencé au début de la IIIe République, n'a cessé de se renforcer, notamment avec les nationalisations de 1936, de 1945, puis de 1981. Elle n'a en rien été entamée par les privatisations. Ils sont 122 à exercer des fonctions éminentes dans le privé. Dans des secteurs aussi divers que la grande distribution, l'énergie, les nouvelles technologies, l'industrie lourde... et bien sûr la finance. Dans des établissements comme la BNP, la Société générale, CCF-HSBC, Deutsche Bank-France, JP Morgan-France, la Banexi, Banque Agf, Amro France, Cetelem... Sans compter le secteur des assurances. Sans compter les inspecteurs à la retraite qui occupent des fonctions honorifiques, comme Jacques Wahl, 71 ans, ancien secrétaire général de l'Élysée sous Giscard, qui est conseiller du président de la BNP. Marc Viénot, 75 ans, qui est président d'honneur de la Société générale. Jacques Mayoux, 79 ans, *vice-chairman* de Goldman Sachs-Europe. Sans compter non plus ceux qui appartiennent aux conseils d'administration des grands établissements bancaires ou des assurances. Sans compter surtout le très grand nombre de directeurs financiers de grands groupes : Jean-Pascal Beaufret, directeur financier d'Alcatel ; Philippe Capron, directeur financier d'Arcelor ; Stanislas Cozon, *Director* Global Financial Service de Cap Gemini Ernst & Young ; Antoine Giscard d'Estaing, directeur financier de Schneider-Electric ; Dominique d'Hinnin, directeur financier du groupe Lagardère ; Nicolas Jachiet, directeur financier de Danone ; Philippe Jaffré, directeur financier d'Alstom ; Olivier Mallet, directeur financier de Pechiney ; Frédéric Gagey, directeur des affaires financières à Air France ; Stéphane Ramon, directeur des affaires financières à Edf. Et puis il y a ceux qui sont à l'AMF, le nouvel organe de régulation des marchés financiers. Cela fait une grande famille. Le corps continue de bénéficier du mythe et surtout des positions acquises, durant l'âge d'or des Trente Glorieuses où il était tout-puissant voire hégémonique.

Chapitre 4

La conquête du Trésor

« La conquête est un hasard qui dépend encore plus des fautes des vaincus que du génie du vainqueur. »

MADAME DE STAËL

Pourtant, au lendemain de la Seconde Guerre mondiale, l'inspection est sérieusement ébranlée. Elle est l'objet de vives attaques. Les hommes politiques au pouvoir, majoritairement issus des partis de gauche qui avaient soutenu le Cartel des gauches et le Front populaire, lui reprochent sa politique déflationniste d'avant-guerre. Plus globalement, l'heure est à une remise en cause du capitalisme jugé responsable de la crise de 29. Or, l'inspection incarne non seulement l'orthodoxie libérale, mais tout simplement le monde des affaires, l'oligarchie financière. Et puis, comme l'explique Jean Saint-Geours, « sociologiquement, ils étaient vichystes ».

La presse résistante fustige ce symbole de la France des notables qui n'a pas participé à la Libération, armes à la main. Des personnalités comme Jean Monnet critiquent ouvertement l'institution. Gaston Cusin, délégué du gouvernement provisoire à l'Économie nationale en 1945, déclarera en 1977, devant le Comité d'histoire de la Seconde Guerre mondiale : « L'inspection avait, à nos yeux, fait faillite. Avant la défaite, elle n'avait pas mis le pays en état de faire cette guerre, parce qu'elle croyait aux vertus philosophiques d'un libéralisme d'école. Pendant la guerre, elle s'était souvent mal conduite, ne découvrant les vertus de l'économie dirigée qu'au bénéfice de l'occupant[1]. »

Certes, François Bloch-Lainé, figure de la Résistance au Trésor, a jugé, a posteriori, « convenable » l'attitude de l'inspection durant l'Occupation. Certes, un certain nombre d'inspecteurs se sont engagés dans la Résistance : Bloch-Lainé, Jacques Chaban-Delmas, Pierre-Paul Schweitzer (le père de Louis), Hervé Alphand, Guillaume Guindey, Emmanuel Monick, Jean Guyot, Ludovic Tron... Combien sont-ils ? Une dizaine ? C'est peu et de surcroît, ils ne sont pas représentatifs du corps. Chaban est tout jeune. Bloch-Lainé est juif. Certains sont très engagés politiquement. Tron a soutenu le Front populaire.

En revanche, les hommes en place ont continué à servir le gouvernement de Pétain. Yves Bouthillier fut ministre des Finances de 1940 à 1942, puis procureur général auprès de la Cour des comptes de 1942 à 1944. Il a été condamné par la Haute Cour de justice à trois ans de prison et à l'indignité nationale. Paul Baudouin a été ministre des Affaires étrangères en 1940 et 1941, avant d'être nommé président de la Banque de l'Indochine. Condamné par la Haute Cour de justice à cinq ans de travaux forcés, il sera libéré après vingt-trois mois de cellule et reprendra ses activités dans le privé. Jacques Brunet, autre grande figure de l'inspection, qui fut directeur du Trésor durant tout le régime de Vichy, échappa, lui, à l'épuration, grâce à la protection de Bloch-Lainé et de quelques inspecteurs résistants. Henri du Moulin de Labarthète a occupé la fonction cruciale de directeur de cabinet du maréchal Pétain de 1940 à 1942, avant d'être attaché financier à Berne.

Et parmi ceux qui sont considérés comme résistants, beaucoup ne se sont engagés que tardivement. Maurice Couve de

1. Cité dans *La Direction du Trésor, 1947-1967, op. cit.*

Murville a été durant trois ans directeur des finances extérieures au Trésor avant d'être révoqué par Vichy et de rejoindre Alger en 1943. Suivi par Jacques de Fouchier qui occupa le poste de directeur adjoint du Trésor jusqu'en 1942, puis la direction du cabinet de Pierre Cathala, ministre de la Production industrielle dans le gouvernement Laval. Mais aussi par Paul Leroy-Beaulieu qui fut directeur du Commerce extérieur. Cela n'a jamais été écrit, mais il se dit beaucoup à l'inspection que c'est le corps lui-même qui, à partir de 1943, a organisé l'engagement de certains dans la Résistance.

Dans l'ensemble, ces hommes de pouvoir n'ont donc pas joué un rôle particulièrement actif. Au mieux, on peut noter qu'ils ont parfois fait preuve de résistance passive, en faisant la grève du zèle, dans la mise en œuvre de plans de production en faveur de l'Allemagne. En réalité, la plupart d'entre eux ont « assuré la continuité de l'État », comme ils disent volontiers. L'inspection qui, traditionnellement à cette époque, accueillait peu de juifs, n'a d'ailleurs pas eu à appliquer le statut des juifs. François Bloch-Lainé et Guillaume Guindey, d'ascendance à « demi-française », selon les critères et la terminologie établis par Vichy, ne seront pas, dans un premier temps, touchés par les mesures d'exclusion. Jacques Rueff, grâce à ses liens avec Pétain, bénéficiera d'un statut spécial.

S'ils n'ont pas été des partisans fanatiques du régime de Vichy, en revanche, un grand nombre d'inspecteurs en poste ont, d'une certaine manière, adhéré intellectuellement à la mise en place d'un certain dirigisme économique. C'est de cette époque que datent, en effet, plusieurs réformes, comme par exemple la réglementation bancaire, l'« étatisation » du crédit, la création de l'Association professionnelle des banques, ancêtre de l'actuelle Association française des banques, d'une commission de contrôle des crédits. Un grand nombre de lois seront partiellement validées en 1945.

En réaction à l'incurie et aux errements des hommes politiques d'avant-guerre, ils sont favorables à un certain retour à l'ordre, à une meilleure organisation. Le gouvernement de Vichy, d'une certaine manière, incarne un système oligarchique, composé de militaires et de hauts fonctionnaires affichant leur méfiance à l'égard des politiques. Les inspecteurs des Finances ont toujours adoré les périodes d'affaiblissement politique. Enfin s'ouvre pour ces gens intelligents la possibilité de faire de grandes choses et rapidement. Sans être soumis à de longues et stériles négociations avec le Parlement. « Nous avons trouvé normal que les techniciens aient un rôle plus important par rapport aux élus », écrira très prudemment François Bloch-Lainé[1].

Aujourd'hui, l'inspection s'enorgueillit d'avoir eu une attitude plus digne que le Conseil d'État qui a entériné les lois juives. D'avoir « couvert » Chaban. Mais tout n'a pas encore été dit sur le rôle des différentes directions du ministère des Finances lors de la spoliation des biens juifs et ce que Vichy appelait l'« aryanisation » des banques, des industries, des petits commerces, sur les ordres donnés aux caisses d'épargne de bloquer les avoirs juifs, etc. Pour le moment, la commission Mattéoli, chargée d'une mission d'étude sur cette période, s'est focalisée sur les archives du Commissariat aux questions juives et sur celles de Drancy. Qui va aller consulter les centaines de cartons à Savigny-le-Temple, en Seine-et-Marne, où sont stockées les archives des Finances ? Ou les archives du camp des Mille, conservées à la trésorerie générale de Marseille ? Une tâche longue et ingrate que personne n'a entreprise à ce jour.

À la Libération, l'ambiance est donc tendue rue de Rivoli. Les haines sont féroces. Il y a un comité d'épuration qui, d'ailleurs, limitera les dégâts. Jean Guyot, ancien résistant et inspecteur issu de la promotion de 1945, se souvient : « Quand on se croisait et qu'on se demandait "comment ça va ?", on répondait : "Je participe à l'allégresse générale !" » Les politiques veulent faire table rase du passé. Solder à la

1. Cf. François Bloch-Lainé et Claude Gruson, *Hauts Fonctionnaires sous l'Occupation*, éd. Odile Jacob, 1996.

fois la IIIe République et le régime de Vichy. André Philip, grand résistant, ancien député SFIO, directeur du journal clandestin *Libération* durant l'Occupation, ministre tout-puissant de l'Économie de 1946 à 1947, crée une inspection générale de l'Économie nationale, destinée à marginaliser puis étouffer l'inspection des Finances et à la cantonner dans un rôle de contrôle des services financiers de l'État. Peine perdue, car peu à peu c'est cette nouvelle inspection qui va mourir ! Aucune réforme tentant de marginaliser l'inspection n'a atteint son objectif. Il en ira de même quand, en 1981, François Mitterrand qui n'avait d'ailleurs pas d'inspecteurs dans son proche entourage a voulu supprimer cet État dans l'État. Il n'y est pas arrivé. Pourquoi ? Réponse d'un inspecteur socialiste : « Les lobbys sont très puissants. Regardez les cabinets, ils sont composés par des énarques appartenant aux grands corps. Ils se tiennent tous. » Précision d'un député : « 80 % des cabinets ministériels sont composés d'énarques, et tous les postes clés, directeurs de cabinets, conseillers économiques, sont tenus par les grands corps ! »

En 1945, le gouvernement a néanmoins provoqué une petite révolution avec la création de l'École nationale d'administration, sous l'impulsion de Michel Debré. À l'époque, on croit ainsi se débarrasser des grands corps. Ou du moins les affaiblir. Le but principal de la réforme ? Démocratiser et décentraliser le recrutement des hauts fonctionnaires. Les concours spéciaux sont supprimés et remplacés par un concours unique destiné à pourvoir en effectifs, non seulement les grands corps, mais toute la haute administration. L'inspection doit rentrer dans le rang et perdre son indépendance de recrutement. Elle s'en remettra. Mieux, sa supériorité sur l'ensemble de la haute administration sera légitimée.

Albin Chalandon est un des rares inspecteurs des Finances vivant encore issu de l'ancien système, lorsque l'Ena n'existait pas et que les grands corps avaient un recrutement propre. Après avoir servi au cabinet de Léon Blum, président du gouvernement provisoire au lendemain de la guerre, puis du ministre des Finances René Mayer, il a mené de front une carrière politique et une carrière dans les affaires. Il fut entre autres président d'Elf, ministre de l'Industrie, ministre de l'Équipement, puis garde des Sceaux. À propos de l'Ena, voici ce qu'il écrit, dans un ouvrage qu'il s'apprête à publier : « En fondant tout le monde dans le même moule, on s'imaginait renforcer la démocratie. En réalité, on allait faire le contraire. En donnant aux dirigeants de la fonction publique une même origine, une même appartenance, en les mettant dans le même creuset, on a donné naissance, à travers une idéologie, à un corps monolithique, conformiste, sûr de lui, qui s'est emparé de l'État. » Et de dénoncer, conséquence de ce recrutement unique, l'« unanimisme de la pensée, du raisonnement, de l'écriture qui imprègne l'administration, y instaurant une sorte d'esprit totalitaire », « la force impérialiste de cette compagnie compacte, solidaire, parce que homogène, à l'assaut de l'État et de ses alentours », « la montée en certitude d'une pensée dogmatique, imposant ses schémas simplificateurs à une réalité qu'elle étrangle en croyant la maîtriser ».

À chaque épreuve, à chaque tentative de rogner ses prérogatives, l'inspection a toujours réussi, jusqu'à présent, à défendre ses positions. Il y a eu 23 réformes de l'Ena, toutes ont tenté de remédier aux dérives élitistes, au poids des grands corps, à l'obsession du classement au détriment de l'enseignement, aucune n'a donné de résultats probants.

L'histoire du Commissariat général au Plan est de ce point de vue édifiante. Créé en 1946, placé sous la seule autorité du président du Conseil (puis à partir de 1958 du Premier ministre), cet organe, qui a été créé pour être un contrepoids à l'inspection et surtout au Trésor, est censé jouer un rôle central dans la définition de la politique économique et financière du pays. Il a été largement inspiré par le programme du Conseil national de la Résistance – d'inspiration communiste – et comme le raconte Laure Quenouëlle-Corre dans son ouvrage sur le Trésor : « Ces nouvelles structures ont pour vocation d'encercler le ministère des Finances et plus précisément les directions du Trésor et du Budget. À tort ou à raison, ces deux dernières symbolisent alors le noyau décisionnel responsable des erreurs économiques et financières de l'avant-guerre, comme la déflation et le maintien du libéralisme [1]. »

À sa création, c'est Jean Monnet qui est nommé à sa tête. Ce fils de négociant en cognac, autodidacte, qui s'était déjà illustré durant la Première Guerre mondiale en organisant le ravitaillement des alliés, et qui sera l'un des inventeurs de l'Europe, fait partie de ceux qui ont publiquement décrié l'inspection. Et qui prend-il dans son équipe ? De jeunes inspecteurs des Finances brillants : Paul Delouvrier, Félix Gaillard, Michel-Georges Denis, Jean Guyot... Mais ce n'est pas le Plan qui va déteindre sur l'inspection ! C'est le Trésor qui va circonvenir la jeune institution. Nombre d'inspecteurs des Finances la dirigeront d'ailleurs : François-Xavier Ortoli, Michel Albert, Jean-Baptiste de Foucauld. Aujourd'hui, c'est un normalien proche du Premier ministre Jean-Pierre Raffarin, Alain Etchegoyen, qui en est le patron, succédant à un polytechnicien, Jean-Michel Charpin. Le Plan n'est plus stratégique.

L'inspection est, en vérité, une sorte d'hydre indestructible. Composée de strates différentes, qui se succèdent par vagues, elle rebondit toujours. À chaque changement de régime, de nouveaux chefs de file surgissent, permettant au corps de survivre. Comme un organisme vivant, animé par une volonté invisible, elle reconstitue sans cesse ses forces.

D'ailleurs, en 1945, la relève est là. François Bloch-Lainé, bien sûr, Didier Gregh qui a été directeur des finances intérieures au Comité français de Libération nationale à Alger, Guillaume Guindey, Ludovic Tron, Paul Delouvrier (promotion 1941), Jean Guyot, Pierre Moussa, Maurice Lauré et Albin Chalandon (promotion 1945), André de Lattre (promotion 1946), Simon Nora (promotion 1947). Portée par de grands desseins, elle sait, aussi, faire de grandes choses. Et

1. Laure Quenouëlle-Corre, *La Direction du Trésor, 1947-1967*, *op. cit.*

puis, ainsi va l'histoire, consciente des failles du système dans les années trente, l'inspection va évoluer. Bref, elle se convertit aux idées issues du Conseil national de la Résistance et même au keynésianisme. Enfin, un keynésianisme à la sauce technocratique.

Ainsi, malgré l'hostilité des milieux résistants et des dirigeants politiques, l'inspection revient aux affaires au tout premier plan. « La France était K-O. Il n'y avait plus de Bourse, plus d'épargne, plus de marché, plus de monnaie, plus de patrons. Tout était à reconstruire. L'inspection disposait de sérieux atouts : ses qualités d'expertise, une symbiose unique entre compétences juridiques, financières et techniques », raconte Claude Pierre-Brossolette.

L'urgence, l'ampleur des tâches vont en effet, une nouvelle fois, pousser les gouvernants à se tourner vers ces techniciens expérimentés. Mais si l'inspection revient au tout premier plan, c'est aussi et surtout parce qu'elle a su s'imposer, profiter de ce moment historique et de l'instabilité ministérielle pour s'installer. La reconquête du Trésor par François Bloch-Lainé en est l'illustration. Il va en faire une forteresse imprenable, un vaisseau-amiral, l'organe central du financement de l'économie. Il va surtout ressusciter le mythe.

Car en 1945, cette direction est en perte de vitesse. Elle a été amputée des finances extérieures par Vichy, qui a créé un organisme autonome, la Finex, qui gère les autorisations de devises, le contrôle des changes, les contacts avec les milieux financiers internationaux. Les projets de réformes fourmillent, émanant des politiques, des syndicats et visant à réduire son champ d'activité, qu'il s'agisse du contrôle du crédit, des procédures d'autorisation d'émettre des obligations... Le Trésor est en position de faiblesse au moment où l'État entreprend de nationaliser les banques de dépôt, les assurances, le Gaz et l'Électricité de France, Air France, les Houillères... Tout ou presque lui échappe. A priori il n'est pas favorable aux nationalisations, mais il s'y résout, et gère les problèmes techniques, notamment la question des indemnisations. Il fait face, vaille que vaille.

Quand, le 2 mai 1947, Bloch-Lainé succède à Tron à la tête de cette direction, le contexte politique a changé. Les querelles se sont apaisées. Le programme du CNR a été en grande partie réalisé avec les nationalisations et la création du Commissariat au Plan. Les années 1947-48 marquent un retour à la réalité. Il faut faire face à l'inflation, à des déficits élevés, à une balance des paiements en péril, à des crises de trésoreries permanentes. L'économie reprend ses droits sur le politique. D'autant qu'après le départ du général de Gaulle en 1946, la IVe République s'est installée dans un régime parlementaire instable. Il faut des pilotes dans l'avion. Le haut-fonctionnaire l'a compris. Cet homme qui incarne le dévouement à l'État, l'intérêt général, la puissance et la gloire va servir de modèle à des générations. Il a mis en place une organisation efficace, centralisée, dévouée, qui, peu à peu, va se transformer en un système quasi féodal.

Né à Paris en 1912, François Bloch-Lainé est lui-même fils d'un inspecteur des Finances, Jean Bloch, petit-fils de Jules Bloch, directeur des manufactures d'État. Jean ajoutera à son nom celui de sa femme, Lainé. Après une carrière assez longue à l'inspection, il entre dans la banque : il est successivement directeur de la Banque transatlantique, de la Banque nationale française du commerce extérieur, puis de la Banque Lazard. Il est l'incarnation de ces 200 familles triomphantes de l'entre-deux-guerres.

Son fils grandit donc dans un milieu plus qu'aisé. Il fréquente les scouts. Mais aussi les équipes sociales de Saint-Ouen. Tout le pousse à un conformisme grand bourgeois. Il épouse d'ailleurs une aristocrate. Pourtant, en 1936, ce jeune homme de 24 ans, qui a fait sa thèse de droit sur « l'emploi des loisirs ouvriers et l'éducation populaire », soutient le Front populaire. Entré à l'inspection cette même année, François Bloch-Lainé rejoint l'administration du Trésor en 1940. En 1942, avec le durcissement des lois juives, menacé d'arrestation il entre dans une semi-clandestinité. Il dirige les opérations financières pour le compte de la Délégation générale du gouvernement provisoire en France occupée, puis s'occupe, aux côtés de Michel Debré, de Chaban et de Félix Gaillard, du Comité financier de la Résistance. Tout en poursuivant son enseignement à Sciences po.

En 1944, il participe au comité de libération du ministère des Finances, chargé de l'épuration. À partir de cette date, il va réaliser en quelques mois un cursus d'enfer, dont bien des inspecteurs rêveront par la suite. Il est d'abord nommé sous-directeur au Trésor. À 32 ans seulement. En 1945, il est envoyé en mission en Indochine, puis part comme conseiller financier à Washington, avant de diriger le cabinet de Robert Schuman, ministre MRP des Finances. Le MRP est presque trop conservateur à ses yeux. De son propre aveu, la guerre l'a conduit à rompre avec l'« opportunisme cynique » de la classe dirigeante. Il se sent de gauche.

À son arrivée à la direction du Trésor, à 35 ans, Bloch-Lainé est un homme neuf mais déjà expérimenté, paré de l'auréole de la Résistance, disposant de relations politiques et de nombreux réseaux. Il a tout pour s'imposer.

Premier coup de génie : obtenir que les 560 milliards de francs alloués par le Plan Marshall pour les années 1948-1951 soient placés sous sa coupe. En effet, dès 1947, la question se pose : qui va gérer cette manne ? La lutte est âpre. Avec le Budget, qui peut légitimement prétendre superviser l'affectation de ces fonds d'investissements. Mais surtout avec le Commissariat au Plan, tout neuf, qui craint que, confiés à des bureaucrates, ces fonds ne soient stérilisés.

Habile, Bloch-lainé propose la constitution d'une commission d'investissement chargée de la mise en place et du contrôle des programmes d'investissements. De manière à distinguer la gestion de la dette, dont le Trésor a la charge, et celle de ces fonds, qui sont destinés à des dépenses d'investissement. Pas question qu'ils servent à boucher les trous (les déficits se montent à 400 millions de francs). Ces crédits américains sont même conditionnés à un plan d'assainissement des finances de la France.

Le jeune directeur du Trésor propose bien évidemment que cette commission soit placée sous l'autorité du ministre des Finances. L'homme est rusé. Le ministre René Mayer se laisse convaincre. Parce que son interlocuteur a du savoir-faire, qu'il sait argumenter, parce qu'il est compétent ? Certainement. Mais aussi parce que face au tout jeune Commissariat au Plan, très imprégné des idées de la Résistance, très politique, dirigé par Jean Monnet, le ministre a choisi une vieille administration régalienne, séculaire. À ses yeux plus contrôlable. Et plus raisonnable.

Quant au Budget, il avait l'inconvénient d'être par nature un organe de contrôle des dépenses de fonctionnement. Bloch-Lainé s'en est clairement expliqué : « Le Trésor était un meilleur avocat de l'investissement contre le fonctionnement, que ne peut l'être un directeur du Budget[1]. » Le haut fonctionnaire vient de conquérir un levier considérable pour entamer une politique de reconstruction et de modernisation du pays. Et faire du Trésor un vrai centre de pouvoir. Avec cette capacité qu'ont les inspecteurs des Finances à organiser des financements croisés ingénieux. Les milliards du Plan Marshall, plus des garanties d'État, plus des préfinancements, plus une politique de crédit contrôlée via les banques nationalisées... Bloch-Lainé, comme il le dira plus tard avec fierté, fait du Trésor « le banquier de l'économie ». Il a surtout construit une immense usine à gaz. Et fait une politique de relance économique de type keynésienne sans le dire. Avec l'assentiment général. Claude Gruson, l'inspecteur des Finances qui va inventer la Comptabilité nationale moderne, instrument de pilotage essentiel, est d'ailleurs un keynésien convaincu.

La commission, présidée par le ministre, est composée, fort judicieusement, du commissaire au Plan, du gouverneur de la Banque de France, du directeur du Budget, du directeur des Programmes économiques, des dirigeants des grands établissements de crédit. C'est elle qui examine les programmes de reconstruction et d'équipement, donne son avis, fixe des priorités. Mais en réalité, le pouvoir n'est pas là. Tout le tra-

1. Laure Quenouëlle-Corre, *La Direction du Trésor, 1947-1967*, *op. cit.*

vail est réalisé en amont, par des hauts fonctionnaires, sous l'autorité de... Bloch-Lainé. Et la décision confisquée. Il ne s'agit pas seulement de répartir les fonds alloués par le Plan Marshall. Il est question de bien autre chose. De prévision, de politique industrielle. Tout le financement de l'économie passe par le filtre de cette commission.

Le secrétariat de cet organisme est confié à... un jeune inspecteur des Finances, qui a le titre de chargé de mission. Ce dernier devient peu à peu la cheville ouvrière du système. Chargé officiellement de préparer l'ordre du jour, de centraliser les dossiers, de rédiger les rapports, il oriente, de fait, la politique d'investissements de la commission, en filtrant les demandes de prêts, en centralisant les informations, en mettant les dossiers au-dessus ou au-dessous de la pile. Peu à peu s'organisent des réunions officieuses, entre le Trésor et le Budget. Un immense pouvoir technocratique est en train de se mettre en place. Ce mode de financement favorise, de manière assez automatique, les grandes structures : la SNCF, la sidérurgie, la chimie, la métallurgie, l'énergie et aussi quelques projets novateurs, comme la 4CV. Plus tard, ce sera la Caravelle, Concorde, le TGV. Mais cette organisation centralisée négligera l'agriculture, les PME, les entreprises de service.

Le pouvoir des technocrates est d'autant plus fort que face à eux, le patronat, quasi inexistant, se montre extrêmement frileux. « Par leur dynamisme, François Bloch-Lainé et Jean Monnet au Plan ont bouleversé les positions malthusiennes du patronat. Les patrons vivaient dans une optique d'avant-guerre, avec la défense des cartels, la réduction de la production. Ils ne partageaient pas cette idée de croissance économique », témoigne Jean Guyot, ancien résistant, qui fut successivement chargé de mission au cabinet du ministre des Finances puis du président du Conseil dans les années 1947-48.

Grand ordonnateur des investissements, chargé d'allouer des fonds, le Trésor est également responsable de l'équilibre de la trésorerie. À ce titre, Bloch-Lainé se saisit du dossier du contrôle des entreprises publiques, dossier laissé en jachère. Il centralise les différentes participations de l'État et les place sous le contrôle du Trésor. Alors qu'au lendemain des nationalisations, le Trésor, discrédité, avait été évincé de toute tâche de contrôle des entreprises nouvellement nationalisées. Au motif, diront certains, qu'il fallait laisser de la souplesse aux entreprises publiques et les rapprocher au maximum du régime des entreprises commerciales privées. Mais un décret du 26 juillet 1946 institue une mission de contrôle permanente auprès de la SNCF : le Trésor finance, normal qu'il contrôle ! La mesure est vite étendue à l'ensemble des entreprises publiques. Mieux, celles-ci devront obligatoirement comprendre dans leur conseil d'administration un représentant du Trésor qui, bien sûr, la plupart du temps, sera un inspecteur.

Pour accompagner cette évolution, le directeur omnipotent réforme son administration, la dote de nouveaux outils, qui perdurent aujourd'hui, comme le SGCI, le Secrétariat général du comité interministériel. Il crée une direction de la prévision.

En quelques mois, aidé par les circonstances, cet homme à poigne a fait du Trésor une machine de guerre tentaculaire. À la fois soucieuse des investissements et des équilibres financiers. On ne peut rien lui reprocher. Les comptes sont à l'équerre. Car c'est cela le tour de force de Bloch-Lainé. Avoir su coordonner de manière cohérente l'assainissement financier de la France et un interventionnisme croissant. Le Trésor va régner sur l'économie française jusqu'au milieu des années quatre-vingt. Avant d'être vidé d'une partie de son pouvoir par d'autres inspecteurs des Finances qui, sous la poussée des thèses monétaristes, libéraliseront l'économie.

Désormais, l'inspection est à nouveau respectée. Elle règne dans toute sa splendeur. Elle est présente sur tous les fronts. Elle a essaimé dans les grandes directions du ministère : le Trésor bien sûr, la Comptabilité publique, les Impôts, la Prévision, le Budget. Elle dédaigne les directions jugées secondaires, comme la direction du personnel, la direction des assurances, et pendant longtemps les Douanes. Elle est aussi très présente dans les cabinets ministériels stratégiques : la présidence du Conseil, les Finances, mais aussi l'Équipement, pour veiller aux investissements qu'elle finance. Dans les banques également où elle a renforcé son pouvoir avec la nationalisation de la Banque de France, du Crédit lyonnais, de la Société générale, de la Caisse des dépôts, du Crédit foncier, du Crédit national, de la BNCI. Jean Guyot raconte : « Nous étions une équipe de hauts fonctionnaires extraordinairement soudés qui avaient vécu les années de guerre, s'étaient engagés dans la Résistance. Nous devions faire face à des crises de trésorerie permanentes. Nous incarnions quelque chose de fort. Je me souviens : en 1948, Emmanuel Monick, ancien résistant, inspecteur des Finances, gouverneur de la Banque de France, avait été voir Henri Queuille, président du Conseil, à l'occasion d'une crise financière. Queuille, vieux briscard de la politique, homme de bon sens, tremblait devant Monick. Il était très impressionné. »

En revanche l'inspection mettra du temps à prendre pied à la tête des grandes industries : les Houillères, Air France, Edf, Gdf ou Renault, l'énergie... Elle se heurte à la concurrence des X-Mines. Ces polytechniciens sortis « dans la botte », qui ont choisi le corps des Mines, ont aussi leurs chasses gardées, leurs parrains : Ambroise Roux, Pierre Guillaumat ou Louis Armand. Après s'être introduite dans les directions financières des grandes sociétés nationalisées, l'inspection visera ensuite, avec succès, les présidences : la SNCF, le Cea, Elf, Air France ou Edf. Le dirigisme économique va lui permettre, peu à peu, de renforcer ses positions et de dominer le corps des Mines, son éternel rival.

En 1952, Bloch-Lainé quitte la direction du Trésor et prend la présidence de la Caisse des dépôts. Il va faire de ce modeste établissement récemment nationalisé une autre usine à gaz. Avec la création de filiales, il va entreprendre de financer des zones d'urbanisation prioritaires, des zones industrielles, des autoroutes, des logements sociaux, certains programmes de villes nouvelles. Parfait, sauf que beaucoup de ces zones en tout genre ne trouveront jamais d'acquéreurs. Les dettes vont s'accumuler. C'était aussi cela l'économie administrée si chère à cette oligarchie.

Parallèlement à cette domination de l'appareil économique d'État, d'éminents inspecteurs vont bâtir la banque moderne. Jack Francès (promotion 1941), grande figure des milieux d'affaires, fut le bâtisseur d'Indosuez. Jacques de Fouchier (promotion 1934) sera le patron de la Compagnie bancaire, avant de devenir celui de la Banque de Paris et des Pays-Bas. C'est lui qui a « inventé » le crédit à la consommation. Il sera de tous les conseils d'administration. D'autres figures vont s'illustrer dans des secteurs très divers. Paul Delouvrier (promotion 1941), personnage mythique de l'inspection, après un passage au Plan et au cabinet du ministre des Finances René Mayer, puis à la Ceca, la Communauté européenne du charbon et de l'acier, ancêtre de l'Union européenne, sera nommé en 1958 délégué général en Algérie par le général de Gaulle. Préfet de la Région parisienne, il initiera la politique des villes nouvelles. Puis il sera pendant dix ans président d'Edf, chasse gardée des X. Jean Guyot (promotion 1945) va devenir associé-gérant chez Lazard et collectionner les conseils d'administration. Simon Nora (promotion 1947), figure vénérée de l'inspection, est avant tout un intellectuel, dont les rapports seront célèbres. Après avoir servi au cabinet de Mendès France, Nora dirigera le service économie et énergie de la Ceca. Puis participera à l'élaboration de la « nouvelle société » avec Delors, au cabinet de Chaban en 1969. Il deviendra directeur général d'Hachette, puis directeur de l'Ena, avant de terminer cette longue carrière dans une banque d'affaires privée.

Ce sont tous des personnages qui ont connu la guerre. Des hommes cultivés. Imprégnés d'une haute idée de l'État. Même quand ils servent le privé.

Car le rayonnement de l'inspection ne s'impose pas seulement dans la haute administration, la finance, la politique. Fidèle à sa tradition d'ouverture sur le monde, elle investit de manière significative les organisations internationales. Ce qui renforce son prestige. Il y a évidemment un attrait financier. Les rémunérations sont supérieures et souvent soustraites à l'impôt. Mais ce choix procède aussi de l'esprit de conquête propre au corps. Un inspecteur s'amuse : « Au lendemain de la guerre, nous étions pratiquement les seuls en France à parler anglais ! » Ce qui n'est pas faux. Le patronat est protectionniste, fermé. Les inspecteurs ont souvent été amenés, dans leur cursus, à occuper des postes de conseiller financier. Ce sont eux qui représentaient la France à la Société des Nations – l'organisation qui a précédé l'ONU – lors des travaux du comité financier de Genève sur la répartition de l'or, ou sur les prix agricoles internationaux. Eux qui ont participé aux commissions des plans Dawes et Young sur les réparations allemandes au lendemain de la guerre de 14-18. Le corps diplomatique, de formation littéraire et juridique, était mal qualifié pour des travaux aussi techniques. Les inspecteurs n'avaient pas bénéficié d'un enseignement beaucoup plus approfondi et n'avaient pas forcément plus de compétences, mais ils avaient la disposition d'esprit.

Le développement des organismes internationaux au lendemain de la Seconde Guerre mondiale va leur offrir des débouchés accrus. Bureau économique et financier de l'Atlantique Nord, Commission économique pour l'Europe des Nations unies, direction des services économiques de l'Otan, Agence interalliée des réparations, Ceca, Fonds monétaire international, OECE, conférence des matières premières à Washington... Ils sont dans tous les « machins », comme disait de Gaulle. Cet esprit de conquête se manifeste aujourd'hui au sein de la Commission européenne. Les relations extérieures de la Communauté dont dépend la position commerciale de l'Europe ont été confiées à un ancien du cabinet de Jacques Delors, Pascal Lamy, qui a emmené dans son sillage quelques jeunes camarades. Son chef de cabinet, Nicolas Théry, et François-Charles Laprevote. Jérôme Fehrenbach vient de rejoindre, en août 2003, le cabinet de la ministre des Affaires européennes, Noëlle Lenoir, après avoir été détaché deux ans à la direction générale de la Concurrence. Les postes à Bruxelles, très demandés par ces brillants énarques, sont, hélas, très rares.

Au fil des ans, les inspecteurs ont par ailleurs maintenu leur hégémonie au sein des Finances, grâce à une vigilance de chaque instant. Imposant aux ministres successifs de respecter la loi non écrite des « postes réservés ». Tentant sans cesse d'étendre leur territoire. Se heurtant aux administrateurs civils, qui parfois avaient simplement eu quelques points de moins à la sortie de l'Ena. Ceux-ci ont toujours entretenu un vent de révolte contre leurs camarades qui bénéficiaient d'un avancement plus rapide. Et tenté de résister.

Ainsi, en 1957, les administrateurs civils de la direction du Trésor ont manifesté leur mécontentement face à la nomination d'un inspecteur des Finances à un poste de sous-directeur jusqu'alors réservé à leur corps. Sous la houlette de Jean Mialet, ils saisissent la direction du personnel et l'alertent sur leurs difficultés de carrière. L'année suivante, la nomination d'un autre inspecteur au poste de chargé de mission à la direction du Trésor provoque de nouvelles protestations. Une délégation de quatre administrateurs civils demande des mesures susceptibles d'apaiser les inquiétudes. « Il n'est pas compréhensible que ces tâches soient aujourd'hui soustraites de la hiérarchie des administrateurs. Les administrateurs craignent qu'elle ne procède d'une politique tendant à accroître le nombre des inspecteurs des Finances à la direction du Trésor, au nom d'une distinction qu'ils jugent périmée entre les tâches nobles revenant à des inspecteurs et des tâches secondaires dans lesquelles eux-mêmes resteraient confinés[1]. »

La même aventure va arriver à Michel Pébereau. C'était peu de temps après mai 1968 qui fit passer un vent de révolte jusque dans les rangs de l'Ena. En 1972, à l'issue des quatre

1. Cité *in* Laure Quenouëlle-Corre, *La Direction du Trésor 1947-1967*. « L'État banquier et la croissance », Annexe 4.

années d'inspection et un passage au cabinet de Valéry Giscard d'Estaing, le futur patron de BNP-Paribas est nommé chef de service des affaires financières et monétaires au Trésor, poste éminent. Cette nomination provoque une mini-crise aux Finances. Fait unique dans les annales du ministère, un certain nombre d'administrateurs civils, discrètement remontés en coulisse par Michel Camdessus, font une grève symbolique de quelques heures dans la cour d'honneur du ministère, rue de Rivoli, pour protester contre cette promotion. Camdessus, simple administrateur civil, voit d'un très mauvais œil son cadet de neuf ans passer devant tous les autres administrateurs civils, plus expérimentés, jugés aussi compétents, mais qui, à cause des aléas du classement, doivent patienter de longues années avant de se voir confier de telles responsabilités. Camdessus, catalogué catho de centre-gauche, aura sa revanche au lendemain de l'alternance de 1981. En 1982, il sera nommé directeur du Trésor, puis gouverneur de la Banque de France, avant d'aller diriger le Fonds monétaire international. Une carrière jusqu'alors réservée à la caste !

Marqué par cet incident, Pébereau confie, à propos de la remise en cause du classement de l'Ena et de l'inspection : « Le concours est un système de sélection objectif. Mais forcément, il génère beaucoup de mécontentement. » Autrement dit, il y a autant de critiques que de recalés. Les contestataires ne sont que des aigris.

Très diplomatiquement, l'inspection va s'adapter et décider d'un modus vivendi en limitant le nombre d'inspecteurs dans chaque direction. Une sorte de numerus clausus. Philippe Auberger raconte : « Il y a longtemps eu une véritable stratégie de corps pour prendre les postes. Il y avait tout un code non écrit. Et notamment un gentlemen agreement avec les administrateurs civils. Il ne fallait pas plus de deux inspecteurs au Budget, pour ne pas trop les énerver. Le service se livrait à un jeu de chaises musicales subtil pour pourvoir les postes importants sans laisser des postes vacants qui risqueraient alors d'être attribués à de simples administrateurs civils. C'était un système très rodé. Il était également exclu qu'on aille dans certains cabinets ministériels considérés comme subalternes : la Santé, le Travail, la Culture. Il y avait une stratégie de qualité. Le chef de service filtrait les propositions, et ne conservait que celles qu'il considérait comme raisonnables pour le corps. Il y avait des lignes de partage. » Philippe Parini, secrétaire général du ministère, administrateur civil, corrobore cette analyse, avec une nuance dans l'interprétation. : « Quand un inspecteur des Finances choisit une des grandes directions, il a toutes les chances d'en devenir directeur. Ils ne sont d'ailleurs jamais plus de deux ou trois dans chaque direction. Pour ne pas chasser sur les mêmes terres. »

« Peu à peu une pesanteur s'est installée dans ce ministère, avec l'idée qu'un inspecteur dirigerait mieux qu'un administrateur civil, raconte un directeur du ministère de l'Économie, administrateur civil. Parce qu'il est meilleur. Parce que surtout, il pourra traiter d'égal à égal avec le directeur de cabinet du ministre... » Toujours cette aspiration à une organisation oligarchique raisonnable et maîtrisée ! Et ces préséances dignes de la Chine des mandarins.

L'âge d'or de l'après-guerre, où les technocrates de l'inspection comme de l'X ont pu s'installer aux manettes, s'est poursuivi avec de Gaulle et la Ve République. Le Général raconte dans ses *Mémoires d'espoir* son entretien avec Jacques Rueff (promotion 1923), en 1958. Ce dernier n'était pas en odeur de sainteté au lendemain de la guerre. Il était quasiment marqué du sceau de l'infamie pour avoir défendu des positions libérales avant-guerre. Les jeunes inspecteurs des Finances de l'après-guerre, progressistes, keynésiens, le trouvent réactionnaire. Du coup il a fait une carrière étrange, il a été ministre d'État de Monaco. Il a été membre de la Cour de justice européenne. Quand, en 1958, Pinay est chargé de préparer un plan de redressement du franc, il fait appel à Rueff. Ce dernier constitue une petite équipe, secrète, avec un certain nombre d'inspecteurs, dont Goetz, Guyot, Salt ou Vitry. En quelques mois, il rédige un rapport. De Gaulle, plutôt proche des idées défendues par les jeunes du Plan et du Trésor, dit à Rueff :

« Monsieur l'Inspecteur général, qui me dit que notre système, qui marche si mal, marchera mieux si je suis vos recommandations ?

– J'en prends l'engagement formel devant vous », réplique Rueff, pas intimidé.

François Bloch-Lainé, le premier, a compris, en 1962, avec l'élection du président de la République au suffrage universel, que la haute fonction publique serait désormais soumise au pouvoir politique. Il l'a écrit dans une tribune au *Monde*. Mais les effets du *spoil system* ne se feront sentir que bien plus tard. D'abord avec Giscard, puis avec Mitterrand et Chirac. En attendant, avec l'élection de Valéry Giscard d'Estaing, X et inspecteur des Finances, à la présidence de la République en 1974, le corps est à l'apogée de sa puissance et de sa gloire.

« Dans un État centralisé et puissant comme la France, qui avait gardé le contrôle de l'économie, l'inspection, c'était la quintessence », raconte Claude Pierre-Brossolette (promotion 1952), qui a fait une carrière à se faire pâmer les jeunes d'aujourd'hui. Directeur adjoint de cabinet de Giscard, ministre des Finances, directeur du Trésor, P-DG du Crédit lyonnais. « J'ai eu la chance d'appartenir à cette génération qui pendant vingt ans a pu voir se concrétiser ses aspirations, à une époque où Rivoli était au cœur des décisions et perçue comme une des administrations les plus parfaites », témoigne de son côté Philippe Rouvillois (promotion 1959), que tout le monde, à droite comme à gauche, cite en exemple de grand serviteur de l'État. Après un passage au cabinet de Michel Debré, comme Haberer, il deviendra directeur des Impôts, puis patron de la SNCF, mais seulement après avoir fait ses classes pendant cinq ans, comme directeur adjoint puis directeur. « Il y avait une vraie politique fiscale, ajoute-t-il avec nostalgie. On osait s'attaquer à la fiscalité locale, on a supprimé la taxe locale sur le chiffre d'affaires. Les gouvernements avaient une vision à dix ou vingt ans. »

Création de la TVA, de l'IRPP. Réforme de la Comptabilité

publique. Du Trésor. Opérations monétaires pour contrer le dollar. Serpent monétaire. L'inspection est respectée, crainte. Elle fait de grandes choses. Les écarts de salaires avec le privé ne sont pas démentiels. La haute fonction publique est, à l'époque, plutôt bien rémunérée. Et puis, après des années de labeur, cette élite respectée pantouflait. François Bloch-Lainé, tout le temps où il a dirigé la Caisse des dépôts et consignations, de 1952 à 1967, habitait l'Hôtel Pomonti, rue de Lille. « Cela avait de la gueule, se souvient un inspecteur de la génération du fils. Jean-Michel habitait une petite aile avec sa famille, pendant qu'il préparait l'Ena. » Aujourd'hui, ce ravissant hôtel particulier avec jardins a été transformé en bureaux et en salles de réception de la CDC. « C'est vrai, c'était une époque où c'était plus facile de rester au service de l'État, témoigne Rouvillois. On avait la foi en ce que nous faisions. Et ensuite, il y avait des opportunités de carrière. »

Peu à peu on entre dans une autre époque, celle des aléas politiques, des chambardements, des alternances. Dominique de La Martinière (promotion 1952) a été la première victime. Après avoir connu un brillant début de carrière, comme directeur des Impôts, puis comme président de la Compagnie générale maritime, il sera chassé par Giscard pour avoir soutenu, lors de l'élection présidentielle de 1974, un autre inspecteur : Jacques Chaban-Delmas. Jacques Mayoux, qui était le major de l'inspection dans la promotion de Giscard, celle de 1951, est évincé de la direction de la Caisse nationale du Crédit agricole, qu'il avait pourtant remarquablement organisée. Bloch-Lainé est remplacé à la tête du Lyonnais. Une nouvelle génération arrive aux commandes.

Mythe ou réalité ? Les inspecteurs ont-ils été le bras armé de l'économie d'après-guerre ? Leur doit-on le succès des Trente Glorieuses ? C'est en tout cas l'image qu'ils propagent. Celle d'une élite fière d'elle-même, motivée, légitime. Ce qui n'est pas faux d'ailleurs. Cette période, qui est restée ancrée dans la mémoire collective de l'inspection, a participé à l'affirmation de son sentiment de supériorité. Mais, après avoir été adulés, respectés, notamment à Sciences po, où nombre d'entre eux ont enseigné, les inspecteurs sont, là aussi, remis en question. Avec le recul, tout n'apparaît pas si simple.

Pour certains, ce mythe de l'excellence est usurpé. « Ils avaient pris le pouvoir, ils étaient les seuls à pouvoir occuper les postes de responsabilité. Alors, forcément, on pense que ce sont eux qui ont tout fait. Qu'ils étaient géniaux. Ils ont construit le mythe à partir d'une poignée d'inspecteurs », raconte un administrateur civil de Bercy. « Les grandes politiques économiques de l'après-guerre, le redressement du franc par Pinay en 1952, puis en 1958, ce n'était pas l'œuvre du Trésor, ni de l'inspection », tempère également l'historienne Laure Quenouëlle-Corre. « L'homme fort, aux côtés de Pinay, Maurice Pech, était issu de la Cour des comptes, raconte avec une grande liberté d'esprit l'inspecteur Jean Guyot. Quand Pinay est arrivé, on l'a brocardé, on le trouvait médiocre intellectuellement. Bloc-Lainé, qui était directeur du Trésor, avait de très mauvais rapports avec lui. C'est moi qui faisais le lien entre les deux hommes. J'ai compris l'importance de ne pas vivre en circuit fermé. Pinay avait une vision de bon sens. » Et d'ajouter : « Quand on y réfléchit, tout cela, cette toute-puissance du Trésor, de la Banque de France, c'était très artificiel. Aux États-Unis, en Grande-Bretagne, pour faire face aux crises de trésorerie, ils avaient inventé un système très simple d'*open market*. Cela consiste à ouvrir le marché monétaire, à faire, de temps en temps, des émissions de bons du Trésor. Mais en France, c'était tabou. On ne créait pas de monnaie ! On montait des systèmes de faux crédits aux entreprises nationalisées. À travers le Crédit national, la Caisse des dépôts et la Banque de France, on accordait des crédits à moyen terme à Edf, qui déposait son argent au Trésor ! »

Jacques Mayoux, vice-président de Goldman Sachs-Europe, fait le même constat : « On s'est retrouvé avec un État géré n'importe comment. Il y avait un tiroir-caisse unique : le Trésor, qui faisait remonter la trésorerie du Crédit foncier, de la Caisse nationale du Crédit agricole. C'était géré sans comptabilité. On ne constatait pas les dettes, les garanties de risques, les pensions. »

Jacques Friedmann, issu de la promotion 1959, comme Chirac, Haberer, Rouvillois, et qui a été au cabinet de Giscard de 1964 à 1966, rue de Rivoli, se souvient lui aussi : « J'ai connu cette période qui était très malsaine. On avait mis en place un plan de stabilisation des prix et des salaires. Il y avait une petite cellule économique qui était dirigée par Jean-Pierre Fourcade, 35 ans, directeur adjoint du cabinet, inspecteur des Finances. Il était flanqué de deux inspecteurs des Finances : Guy Verdeil, 35 ans, conseiller au cabinet, et moi-même. C'était fou. Les industriels ne pouvaient pas augmenter les prix sans notre autorisation ! Et selon notre bon vouloir, ou celui du ministre, on mettait leur dossier au-dessus ou au-dessous de la pile ! Vous imaginez. Les prix, c'est tout de même une prérogative essentielle pour un chef d'entreprise. Le ministère des Finances avait un pouvoir phénoménal. Grâce à la Caisse des dépôts, on pouvait avoir un rôle de régulation sur la Bourse. Et la plupart des ministères actifs étaient tenus par des inspecteurs des Finances. Oui, on avait un quasi-monopole sur la politique économique du pays. »

Giscard avait dit à Fourcade que si l'indice montait, il sauterait. Alors, bien sûr, l'indice a été manipulé. Avec des méthodes éprouvées, comme la baisse de l'abonnement au gaz pour les personnes âgées, un prix qui était retenu pour le calcul de l'indice des prix.

Avec le recul, Marc Viénot n'en revient pas : « On avait un pouvoir incroyable. On prenait des décisions qui avaient des répercussions énormes, et parfois ces choix ont entraîné des catastrophes. Je pense au "plan calcul". »

Avec le temps, le grand rêve s'est effondré. L'époque est à la remise en cause de la technostructure. Lors d'un colloque sur le libéralisme à la Sorbonne, en juin 2003, Jean-François Revel affirmait : « Le redémarrage de l'économie n'est pas le fruit de cette politique de planification et de nationalisations. Le redémarrage de l'économie est principalement la conséquence du financement américain. Et les Trente Glorieuses, de la consommation de masse. »

Plus profondément, l'organisation de l'économie centralisée à laquelle l'inspection a largement adhéré, a laissé des marques profondes, et conduit à ce que, en 1970, Michel Crozier a appelé *La Société bloquée*[1]. « Diriger l'avenir, planifier le développement, vouloir prendre consciemment des décisions qui engagent l'avenir de la société, c'est-à-dire notre avenir et celui de nos enfants, c'est une tâche noble entre toutes, écrit-il. Tout le monde y souscrit, comme tout le monde souscrit à la démocratie. Mais devant les conséquences d'un tel idéal, tel qu'il doit s'incarner dans la machinerie du Plan et dans les actions bureaucratiques de l'État qui en découle, le simple citoyen est pris de malaise et même d'angoisse. Cette action en effet suscite naturellement en lui deux réactions contradictoires : l'effroi devant la complication et les contraintes de la vie moderne qui pousse toujours à demander davantage de garanties et de protection ; la présomption qui consiste à croire que les grands objectifs de l'espèce humaine sont simples et qu'il suffirait de se mettre d'accord sur eux pour imposer enfin l'ordre idéal. »

Mais c'est un sociologue qui parle. Il ne sera pas entendu. L'organisation technocratique ne commencera à craquer que sous la pression extérieure, celle des marchés, de la puissance anglo-saxonne. Cet effondrement sera partiel, désordonné, car il n'a été ni prévu ni géré. L'inspection va alors montrer ses limites.

---

1. Éditions du Seuil, 1970.

Chapitre 5

Happy few

> « Toute dispense est une infraction de la loi ; et tout privilège est une atteinte à la liberté générale. »
>
> DIDEROT

Michel Pébereau avait pris l'air étonné. Son successeur, Baudouin Prot, directeur général de BNP-Paribas, la première banque privée de France, est-il vraiment un fonctionnaire en disponibilité ? Il avait nié, protesté. Impossible ! Puis il s'était dirigé vers son bureau et avait sorti du premier tiroir l'annuaire de l'inspection. Avant d'admettre : « Vous avez raison. »

L'annuaire était là, dans le premier tiroir. Tous les inspecteurs des Finances l'ont à portée de main. « Quand il était chez Lazard, Messier travaillait avec l'annuaire de l'inspection », témoigne un de ses anciens associés. Un petit livret d'une soixantaine de pages, avec une couverture cartonnée qui change de couleur chaque année. Un annuaire de 398 noms. Tout le monde y figure, les jeunes inspecteurs adjoints qui viennent d'entrer à la « tournée » comme les 136 retraités. C'est fort bien fait. On y trouve les noms, prénoms, professions, les coordonnées personnelles et professionnelles, bien sûr. Parfois l'adresse e-mail, le numéro de portable. Mais aussi la date de naissance, la situation familiale, la position administrative – en disponibilité, démissionnaire, en retraite différée... –, le grade, l'année de la promotion. L'adresse des résidences secondaires. Il y a même une « Liste des conjoints des membres décédés ». Des veuves, en somme. Pour quoi faire ? Réponse d'un inspecteur général plein d'humour : « On leur envoie les faire-part de mariage ! »

Autrefois, les épouses jouaient au bridge entre elles. Elles accompagnaient parfois leurs maris en tournée et attendaient le soir à l'hôtel. Maintenant les grandes figures sont des banquiers, comme Pébereau, et plus des grands commis comme Bloch-Lainé. Les épouses travaillent, mais les bonnes manières demeurent. Et l'inspection reste une grande famille.

Chaque année ces 398 personnes, accompagnées de leurs conjoints, se retrouvent pour un cocktail annuel, organisé par l'Association des membres de l'inspection générale des Finances. Cela se passe dans un des palais dont dispose la technostructure : à la Caisse des dépôts et consignations, à la Banque de France ou dans un ministère. « Les épouses de ceux qui ont pantouflé portent des robes Ungaro, les épouses de fonctionnaires ont des robes qu'elles remettent », note, grinçant, un inspecteur. Les gens très importants n'y mettent pas les pieds. Michel Rocard, du temps où il était Premier ministre, était venu y faire un saut. Cela avait été un événement. On n'y voit jamais Giscard, Juppé, Deniau... Comme toujours dans les réunions d'anciens, ceux qui ont réussi passent comme des météores, et les fonctionnaires qui s'ennuient, les vieux s'incrustent, ce qui donne à cette assemblée, au dire d'un de ces chers camarades, « un côté légèrement provincial ».

Chaque année, une messe est célébrée en l'église Saint-Germain-l'Auxerrois, à la mémoire des membres disparus, par l'abbé de Chalendar, frère et oncle d'inspecteurs des Finances. Très chic.

En réalité, les inspecteurs incarnent ce que l'élite a de plus prestigieux. Même si nombre d'entre eux sont issus des classes moyennes, et sont montés de leur province pour faire

Sciences po, Normale ou les prépas, ils ont vite été happés par le style de vie et la mode vestimentaire de la grande bourgeoisie. En regardant les adresses personnelles des chers camarades, on a plutôt l'impression de voir défiler la France de tout en haut. Boulevard Raspail ou boulevard Saint-Germain dans le 6e, rue Soufflot ou rue Guynemer près des jardins du Luxembourg, rue de Bellechasse ou quai d'Orsay dans le 7e, rue Rémusat ou boulevard Murat dans le 16e, rue de Longchamp ou boulevard Maillot à Neuilly... Ceux qui habitent dans le fin fond du 12e ou dans des banlieues plus éloignées, comme Sceaux ou Sèvres, sont soit de jeunes inspecteurs de troisième classe, soit des retraités, soit des hauts fonctionnaires qui ont fait toute leur carrière dans l'administration : des ratés, selon les critères de cette caste de mandarins. Mais après tout, quoi d'étonnant, l'inspection, c'est une élite extrêmement restreinte. Le corps des Mines, plus nombreux, est beaucoup plus mélangé socialement. Et géographiquement. Les ingénieurs dirigent des usines en province. Habitent en proche banlieue, près des sièges opérationnels de grands groupes.

Les happy few de l'inspection possèdent des résidences secondaires dans des lieux choisis : en Corse, à l'île de Ré, Pornichet, Carnac, Dinard, Étretat... En revanche, cette élite cultivée et plutôt distinguée ne fréquente guère Saint-Tropez. Trop commun. Nombre d'entre eux ont des propriétés en Sologne, dans la Sarthe, en Normandie ou dans le Tarn. Quelques manoirs et quelques châteaux de famille. Beaucoup d'inspecteurs sont d'ailleurs dans le Bottin mondain. Même s'ils ne sont pas tous issus du grand monde, ils font souvent de beaux mariages.

L'inspection est tellement élitiste qu'elle impressionne. Et c'est sans doute la raison pour laquelle on y retrouve un grand nombre de fils d'inspecteurs ou de hauts fonctionnaires : avoir vu fonctionner de près l'institution fait tomber les inhibitions.

Le père de Guillaume Hannezo était inspecteur des Finances. Jean-Michel Bloch-Lainé est le fils de François. Véronique Hespel est la fille de Bernard Beau. Pierre-André de Chalendar, le fils de Jacques. Anne-Gabrielle Heilbronner-Lahoud, la fille de François Heilbronner. Louis Schweitzer, le fils de Pierre-Paul. Gilles Mentré, le fils de Paul. Valéry Giscard d'Estaing, le fils d'Edmond. Géraud Brac de La Perrière le fils de Gilles. Ils ont bien souvent des pères, frères, sœurs ou oncles, conseillers d'État, magistrats à la Cour des comptes, diplomates. On connaît même quelques couples d'inspecteurs.

Philippe Séguin, ancien président de l'Assemblée nationale, qui appartient à la Cour des comptes, en introduction du rapport parlementaire sur le Crédit lyonnais, parlait pudiquement, à propos de l'inspection, de « connivence sociologique ». Philippe Auberger (promotion 1969) témoigne : « C'est un réseau restreint, calibré. Je connais personnellement les huit ou dix promos avant et après moi. » Cela fait du monde. Walter Butler (promotion 1983) confirme : « Les gens savent très bien qui est qui. Il y a un préjugé ultra-positif. Au premier coup de fil. Cela ouvre beaucoup de portes. » Bertrand Badré (promotion 1995), qui a pantouflé chez Lazard, en convient : « J'ai identifié à peu près tout le monde. » Forcément, de telles connexions excitent les jalousies, le sentiment d'exclusion.

Comme dans toutes les familles, il y a des haines, parfois tenaces. Mais on ne les étale pas en public. La Rosière et Haberer se détestent. Quand Bérégovoy était Premier ministre, le premier, gouverneur de la Banque de France, plaidait pour le franc fort, le second voulait desserrer l'étau des taux d'intérêt. Même animosité entre Michel Pébereau et Daniel Bouton. En 1999, alors que le patron de la BNP négociait un rapprochement avec le patron de la Société générale, ce dernier négociait avec André Lévy-Lang une fusion avec Paribas. Furieux, se sentant trahi, Pébereau avait lancé une double OPA contre Paribas et la Générale. S'en était suivie une bagarre de sept mois, à coups de déclarations médiatiques, dont Bouton est sorti à demi perdant. Il a conservé la Générale mais raté Paribas. Pendant des mois, les hommes ne se sont plus parlé. Pierre-Brossolette, lui, ne fait pas l'honneur à Minc de le haïr pour l'avoir fait virer de Cerus. Tout juste du dédain, pour ce « publiciste ».

Rares sont ceux qui osent transgresser l'ordre établi, le consensus. Ceux qui s'y essaient sont vite traités de « sales gosses ». Et se retrouvent isolés dès qu'ils sont en difficulté. Alain Minc, qui a attaqué indirectement La Genière lors du raid sur la Générale de Belgique, s'est retrouvé avec tout l'establishment contre lui et a échoué. Jean-Marie Messier, qui a trahi la confiance de Viénot et Friedmann, s'est retrouvé sans appuis.

D'une manière générale les grandes bagarres voient s'affronter des clans issus de différents grands corps. Et les plus belles batailles ont eu lieu entre membres de corps rivaux. C'est un polytechnicien, Claude Bébéar, qui a pris le contrôle d'Axa, au nez et à la barbe de l'inspecteur Friedmann. C'est un polytechnicien, encore, un X-Mines, Thierry Desmarest, président de Total, qui a battu à plates coutures l'inspecteur Jaffré, president d'Elf. Et c'est Jean-René Fourtou, X lui aussi, qui a remplacé Messier à la tête de Vivendi.

L'inspection est plutôt conformiste. Elle s'enthousiasme pour les grandes idées du moment. Elle se range aux avis des parrains. Aussi Walter Butler se souviendra-t-il toujours de ce dîner d'anniversaire que Messier avait donné au George-V pour fêter ses 40 ans. Il y avait là un bel aréopage d'inspecteurs des Finances. Butler avait publié un article dans *Le Figaro*, où il critiquait la politique du franc fort qui, selon lui, avait coûté à la France 1 million de chômeurs. S'il avait été un simple avocat, un petit chef d'entreprise, on l'aurait simplement ignoré, pris de haut. Mais là, un des leurs ! Ils avaient essayé de le convaincre de sa bêtise : « Tu vas voir, la livre[1] va se casser la gueule... » C'était en 1996. La livre était à 8 francs ; ils disaient qu'elle allait descendre à 7. Aujourd'hui, en équivalent francs, elle est à 10 ! Et Walter Butler continue à penser que le franc fort a coûté très cher à la France.

1. La Grande-Bretagne avait, à l'époque, adopté une politique de taux d'intérêt beaucoup moins élevés.

Cette petite élite feutrée, qui vit dans la connivence, se retrouve dans des clubs, se coopte dans les conseils d'administration, a également une particularité : c'est un monde d'hommes, comme celui de la chasse ou des salles de poker, des « fraternités » des universités américaines, de la Maison du roi, ou de la Chine des mandarins. Vingt femmes seulement ont réussi à intégrer ce corps, conçu, organisé comme une petite armée. 20 sur 398. Soit 5 % ! On est loin de la parité. Il est vrai que l'inspection, de ce point de vue, revient de loin. L'une des toutes premières à avoir intégré le concours avait rencontré le directeur du Budget où elle était censée atterrir à l'issue des quatre années de « tournée ». Il lui avait déclaré, sèchement : « Ici, les femmes sont sténodactylo. » « Ils ont été odieux avec Élisabeth Bukspan, la première femme à avoir intégré l'inspection par la voie du concours, en 1975 », raconte un inspecteur général. Françoise Chandernagor, major de l'Ena en 1969, a été dissuadée d'entrer à l'inspection, jugée peu compatible avec « un projet personnel », c'est-à-dire une vie de famille. Pour les hommes, oui. Pas pour les femmes !

Une autre femme, à peine débarquée à l'inspection, se souvient de Minc dirigeant une mission dans une prison, qui avait déclaré : « Pas de femmes dans les prisons. Pas de femmes dans ma brigade. » Une autre raconte que, quand elle partait en tournée, il n'y avait pas toujours de place pour elle dans le compartiment, qu'elle n'était pas conviée aux virées du soir. Et après des années de brimades, de vexations, les hommes se lamentent : « Elle est chiante, elle a un caractère épouvantable. » « À l'inspection on aime les femmes qui épousent le ministère et travaillent dix-huit heures par jour. Après, on s'en moque parce qu'elles ne sont pas sexy », raconte un cher camarade. Aujourd'hui, au dire des benjamines, ils sont charmants. Là aussi, avec retard, les choses évoluent. Mais très lentement. 5 %, c'est vraiment très très peu. Il y a plusieurs explications. Les femmes ne sont pas prêtes à tous les sacrifices qu'exige l'exploit de sortir « dans la botte ». Et puis, le modèle de l'inspection, avec son ambiance garnison, est très viril, pour ne pas dire misogyne.

En vérité, dans ce monde féodal, le « deuxième sexe » est loin d'avoir rattrapé son retard. Les femmes sont encore exclues du cercle très fermé du vrai pouvoir. Pas une n'est présidente de quoi que ce soit. Seules Frédérique Bredin, Véronique Morali et Anne-Gabrielle Lahoud ont mis un pied dans l'antichambre des grandes affaires privées. Elles sont respectivement directeur de la stratégie et du développement chez Lagardère, directeur général de Fimalac, la holding de Marc Ladreit de Lacharrière, et chargée de mission auprès du président d'Euris, la holding financière de Jean-Charles Naouri. Encore loin du sommet.

Aucune femme n'a encore accédé aux postes de tout premier plan : dans l'administration. Delphine d'Amarzit (30 ans), est chef de bureau à la direction du Trésor. Marie-Christine Lepetit (42 ans) est chef de service à la direction générale des Impôts. Véronique Hespel (52 ans) est revenue à l'inspection après avoir été commissaire adjointe au Plan. Elles sont six au service de l'inspection.

L'une d'entre elles raconte : « Pour être respecté, coopté, il faut savoir parader, montrer sa puissance, écraser l'autre, gagner du territoire, fumer le cigare, bref savoir aussi se comporter en prédateur. » Les femmes sont souvent le contraire de cela. Plus pragmatiques, moins attachées aux symboles du pouvoir.

Élisabeth Lulin, une femme dont l'intelligence, le brio en ont épaté plus d'un, est l'illustration même de cette différence.

Ce petit bout de femme de 37 ans, habillée comme n'importe quelle mère de famille nombreuse (elle a quatre enfants) avec son pantalon écossais et son shetland, est un cas. Fille d'un père et d'une mère médecins, elle se révèle une élève brillantissime. On la retire de son collège de Pontoise et on l'envoie à Louis-le-Grand. Puis, elle entre à Normale, dont elle sort major. Au passage, elle fait une agrégation de lettres modernes, dont elle sort également major. « Je n'avais pas de vocation particulière, avoue-t-elle, j'ai fait cela pour le sport. Je ne savais même pas ce qu'était

Normale. Comme je n'étais pas particulièrement douée pour les maths, on m'a conseillé khâgne. »

Quand, en juin 1987, elle décroche son agrégation, elle se demande que faire de son été, et se dit que ce ne serait pas idiot d'essayer Sciences po. Les finances publiques, le droit administratif, c'est un peu loin de la linguistique et de la morphologie lexicale, mais elle tente le coup. Elle est reçue et sort major de la section « Service public. » Au printemps 1989 donc, rebelote, se repose la question : que faire durant l'été ? Pourquoi ne pas tenter l'Ena ? l'École nationale d'administration, cette fois, elle en a entendu parler.

Il se trouve que lorsqu'elle était à Normale, quand on lui a demandé de choisir un « mentor », elle a demandé à avoir quelqu'un d'« engagé dans la vie active », pas un professeur. Et comme elle était passionnée par Roland Barthes, par la publicité, on lui a proposé Yves Cannac. Un normalien conseiller d'État qui avait été président d'Havas.

Pari réussi : elle entre à l'Ena. Et une nouvelle fois, Élisabeth Lulin, qui a déjà deux enfants, termine en beauté : major de sa promotion. Fermez le ban. Elle choisit l'inspection parce que d'emblée elle est rebutée par le Conseil d'État. Cette femme qui a avalé les diplômes, lu deux ou trois livres par jour explique : « Au Conseil, on travaille sur du papier. Il y a tout un décorum pesant. Et puis le Conseil, c'est un mi-temps, à côté on fait des ménages, on rédige des discours, on fait du conseil, on est prof... Cela ne correspondait pas à mon rythme cognitif. À l'inspection, la hiérarchie ne semblait pas pesante. Tout de suite, vous êtes responsable. Vous allez sur le terrain. » Notre mère de famille se régale : « Le stage chez Siemens à Munich, c'était formidable, je faisais enfin autre chose que de lire des livres ! En plus, le mur est tombé un mois après mon arrivée ; j'ai vu arriver les Allemands de l'Est, c'était passionnant. Et en préfecture à Pau, c'était pittoresque. » Élisabeth se passionne pour tout – ses rapports sur Arte, les Douanes égyptiennes.

La « tournée » est terminée. Nous sommes en 1995. On lui propose d'aller chez Balladur, Premier ministre et candidat à la présidence de la République, pour écrire des discours car, évidemment, comme Juppé, elle est une énarque normalienne qui sait écrire. Pas de chance, ce n'est pas le bon cheval. Qu'importe, elle a déjà une idée en tête : créer une boîte d'information économique. Pour une major de l'inspection, agrégée de lettres, elle fait alors un choix un peu particulier, elle demande à être affectée à l'Insee. Généralement ce sont les ingénieurs de l'Insee qui cherchent à entrer à l'inspection ! Comme Christian Sautter.

La voilà donc chef de l'unité de communication externe à l'Institut de la statistique et des études économiques. Elle s'occupe notamment de la campagne d'information de l'Institut à la veille du recensement. Une fois qu'elle a compris comment cet univers fonctionnait, elle demande à Paul Champsaur, le patron de l'Insee, l'autorisation de développer et d'exploiter les chiffres bruts fournis par l'Institut. Une activité dont l'Insee a toujours gardé jalousement le privilège. Elle obtient néanmoins l'accord de Champsaur. Et crée Paradigmes, une boîte originale, au profil très particulier, qui fait du « *benchmarking* des politiques publiques ». En gros, elle fait des analyses comparatives des politiques publiques dans tous les pays : dérégulations, politiques de la santé, décentralisation...

Elle n'a pas cherché à faire mieux que ses camarades, elle n'a pas réfléchi en termes de pouvoir, mais de confort de vie. Aujourd'hui, Élisabeth Lulin est de tous les colloques, de toutes les revues qui se penchent sur la réforme de l'État. Elle a comme clients des ministères, des gouvernements étrangers. Elle travaille de chez elle, à Senlis, par Internet, fait piger des sociologues, des chercheurs. Et se fait payer beaucoup plus cher pour un travail qu'elle aurait pu faire à l'inspection. Notamment en travaillant comme consultant au centre de formation du ministère des Finances. Tout en restant fonctionnaire en disponibilité. Mais personne n'oserait faire une remarque. Comparé à ce que les hommes ont toujours fait !

« Les femmes ont plus de mal à s'imposer parce qu'elles n'ont pas de salle à manger », raconte abruptement l'une d'entre elles. Pas de salle à manger ? « Mais oui, vous êtes un inspecteur important parce que vous disposez d'une salle à manger où vous pouvez organiser des déjeuners de corps. »

Les déjeuners de corps. Une vieille tradition pour établir des liens entre les différentes générations de la grande famille. Cinq ou six fois par an, le chef de service établit une liste d'une quinzaine d'élus, choisis selon le principe de la carotte, en prélevant différentes couches géologiques – en l'espèce démographiques – et demande à un camarade qui dispose d'une salle à manger d'organiser le déjeuner. La puissance invitante – généralement un grand patron, le directeur financier d'un grand groupe – a le droit d'ajouter quelques noms à cette liste et c'est lui qui préside, distribue la parole, choisit les sujets de conversations, un peu comme cela se passe au Siècle. Cela s'appelle une « conversation de table ». Pas question de parler de la pluie et du beau temps ou du sujet qui vous passe par la tête. C'est sérieux. Il faut échanger des idées sur des sujets importants. Et tout le monde doit avoir la parole.

C'est une occasion pour les plus âgés de connaître les jeunes, et éventuellement de repérer un jeune talent. Car obligatoirement dans ces déjeuners sont conviés des représentants des deux premières années de « tournée ». Pour les nouveaux, c'est un apprentissage, une introduction dans la famille, une accoutumance. On leur montre ce qu'ils sont en droit d'espérer. Et cela maintient les liens entre ceux qui sont à l'inspection, dans l'administration, dans les cabinets, dans le privé. « Toutes les élites font cela, explique Claude Pierre-Brossolette. C'est le *old boys network*[1]. »

Certains inspecteurs sont très friands de ces déjeuners, où tout le monde cherche à briller. Forcément. L'un d'entre eux se souvient des déjeuners qu'organisait le président de Saint-Gobain, Roger Fauroux, chez lui. « Nous étions éblouis. Je

1. Expression anglo-saxonne qui désigne les réseaux d'anciens élèves.

me souviens, il m'avait raconté que le soir il était trop fatigué pour lire *Le Monde*. Qu'il lisait juste les titres de *France-Soir*. »

Curieusement, cet ancien normalien, qui fut l'un des premiers à démissionner de l'inspection pour le privé, qui fut directeur de l'Ena, qui a écrit sur la réforme de l'État, qui a donc, a priori, beaucoup de choses à raconter, est un des rares à avoir refusé de parler de ce sujet. « Pour être franc, écrit-il en réponse à une demande insistante, je ne vois pas l'intérêt d'une rencontre, je n'ai rien à dire sur le sujet de l'inspection des Finances, le sujet ne m'intéresse pas. J'en suis "issu" comme vous dites, il y a à peu près cinquante ans. J'y ai passé quatre ans agréables... J'ai naturellement rencontré beaucoup d'anciens inspecteurs des Finances, j'y ai quelques amis, vous citiez à juste titre Michel Bon [qui l'a nommé à son conseil d'administration de France Télécom]. Mais le fait qu'ils aient appartenu à ce corps, il y a dix, vingt, trente ou cinquante ans, ne joue aucun rôle dans nos relations. Il y a belle lurette que je n'évalue plus les hommes ou les femmes en fonction de leurs études antérieures et de leurs diplômes. » Dont acte. Mais depuis quand ? Quand il était président de Saint-Gobain, il a tout de même recruté l'inspecteur des Finances Alain Gomez. Puis Alain Minc, Pierre Blayau, Jacques-Henri David, tous inspecteurs des Finances. Quand il était ministre de l'Industrie, dans le gouvernement de son camarade Rocard, il avait dans son cabinet bon nombre d'inspecteurs, dont Jean-Pierre Jouyet et Gilles de Margerie. Mais, bien sûr, son seul critère de recrutement était la qualité des hommes !

Jean-Marie Messier est également un des rares inspecteurs à avoir refusé de parler. Il est tout à fait compréhensible qu'il n'ait pas envie de revenir une énième fois sur son passé mais, là encore, la réponse est d'une rare hypocrisie : « Désolé, je ne pense pas que je pourrais vous apporter valeur ajoutée ou éclairage sur ce corps dont j'ai démissionné il y a déjà dix ans ou presque », envoie-t-il par mail dans le plus pur style des internautes. Suivi bientôt d'un autre mail, furieux qu'on ait pu lui faire remarquer que s'il était arrivé si vite à la tête de la Compagnie générale des eaux, c'était peut-être un peu grâce à l'inspection, qui l'avait propulsé dans le spoutnik – chez Balladur, chez Lazard : « Je ne suis pas d'accord. Si j'ai démissionné si vite de l'inspection, c'est au contraire parce que les gens qui m'ont fait confiance, de David-Weill à Dejouany, faisaient un pari sur l'homme, pas sur une carte ! Comme cela, il n'y avait pas d'ambiguïté. L'inspection n'a que très peu de solidarité de corps à la différence du corps des Mines par exemple. Votre vision me paraît "vieillotte" et "pas conforme à la réalité".. mais c'est peut-être pour cela que je suis parti si vite ! Quant à aller expliquer à un Américain ou même à un Anglais ce que c'est que l'IGF... bon courage ! » Dont acte : Jean-Marie Messier est le fruit de ses œuvres. L'inspection n'a joué aucun rôle dans sa fulgurante ascension. Et s'il a démissionné, c'est par vertu et non parce qu'il n'avait pas passé assez d'années au service de l'État pour renouveler sa disponibilité ! J6M croit-il vraiment qu'on prend encore ce qu'il dit pour argent comptant ?

Ils sont nombreux, cela dit, à nier toute influence de l'inspection dans leurs brillantes carrières. Cela amuse beaucoup leurs camarades. Début 2004, lors de ses vœux au service général de l'inspection, le chef du service, Thierry Bert, s'est indigné de ce type de réaction : « S'ils n'avaient pas été soutenus, formés, poussés par le service, puis par le corps, ne seraient-ils pas en ce moment directeurs d'une caisse d'épargne à Brive ? Prétentieuse et méprisante humanité : même les chiens ont la reconnaissance du ventre. » « Sans ce système, ils n'auraient jamais été là où ils sont, confie Philippe Lagayette, président de JP Morgan-France. C'est un système qui a fait fonctionner l'ascenseur social. Le recrutement est assez démocratique. Quand on en fait partie, on en bénéficie. » Au moins, cela a le mérite d'être franc.

Si Fauroux, Messier comme Michel Bon n'ont guère envie de parler de l'inspection, c'est peut-être aussi parce qu'ils n'ont guère envie de répondre à certaines questions. Que vaut ce système français qui permet à d'anciens hauts fonctionnaires d'accéder à la présidence d'immenses groupes sans aucune légitimité, sans connaissance du métier ? Pourquoi est-il si difficile d'accéder à la tête de grandes entreprises si l'on n'est pas issu d'une des grandes écoles de fonctionnaires ? Pourquoi cette idée très française qu'on ne peut pas promouvoir des hommes qui ont fait leurs preuves en interne ? Tout le monde sait qu'un patron qui ne connaît pas l'entreprise de l'intérieur fait de la croissance externe. Cela coûte cher et détruit des emplois. La nomination de Thierry Breton à la tête de France Télécom est, à cet égard, un premier pas. Il connaît le secteur. Et a déjà commencé à redresser cette société au bord du gouffre. Jean-René Fourtou, en revanche, est encore un bel exemple de ce système de cooptation.

L'histoire de la nomination de Jean-Marc Espalioux (promotion 1978), en 1997, à la tête du groupe Accor est fort instructive. Hélas, lui non plus n'a pas souhaité s'exprimer.

En 1993, le groupe traverse une crise, due avant tout à la mauvaise conjoncture. Mais qui plus est, Accor a racheté Motel 6 aux États-Unis à un prix très élevé. Trop élevé. Au plus mauvais moment. C'était le rêve américain des fondateurs, Paul Dubrule et Gilles Pélisson, et les rêves américains n'ont pas de prix ! Cette société se révèle en assez mauvais état. Les résultats du groupe sont proches de zéro : 400 millions de francs contre 3 milliards l'année précédente. Les fondateurs, qui détiennent moins de 5 % du capital, se trouvent en grande difficulté au sein de leur conseil d'administration où sont rentrés les grands « zinzins » institutionnels : Suez, la Société générale, la Caisse des dépôts, la Générale des eaux, la BNP, une filiale de Fiat. Ils sont violemment attaqués dans la presse, notamment par Nicolas Beytout, le très écouté patron des *Échos*. Le duo, qui a toujours été un peu distant avec l'establishment, voire agressif, se fait critiquer de toutes parts.

Les actionnaires décident d'ailleurs de reprendre Accor en main. Soit en favorisant une OPA, soit en désignant un leader pour en faire l'actionnaire de référence. Suez étudie le dossier. Fait faire un audit de la société. Dubrule et Pélisson ont compris le message. Ils promettent de partir en 1996 et nomment Sven Boisnet vice-président, en charge de l'ensemble hôtelier, ce qui représente 70 % du chiffre d'affaires du groupe. Boisnet a pour mission de désendetter le groupe. Il vend, restructure.

La date fatidique approche, le conseil d'administration confie une mission à un cabinet de chasseurs de têtes, Boyden et Lamy. Ceux-ci entreprennent ce qu'on appelle une mission longue. Du sérieux. Ils présentent un certain nombre de candidats, qui sont tous refusés. Au bout d'un moment, le cabinet en arrive à la conclusion : le meilleur candidat c'est Sven Boisnet. Il a un bon CV, de l'expérience, il connaît parfaitement ce groupe, l'a bien restructuré. Il est apprécié par les équipes, il a une vision stratégique. Il s'était d'ailleurs montré réticent vis-à-vis de l'achat de Motel 6. Qui dit mieux ? Il propose également Benjamin Cohen, HEC, directeur général d'Accor, un ancien de chez Jacques Borel.

Mais le conseil, composé aux trois quarts de technocrates et de représentants d'institutions dirigées par d'augustes inspecteurs, ne veut pas un homme du métier mais quelqu'un comme eux. « Pour rassurer les marchés. Boisnet, personne ne le connaît », disent-ils.

Pourtant l'homme n'est pas tout à fait un analphabète. C'est un Bac + 8. Il a fait Centrale et Stanford. Des diplômes qui font autorité dans le monde entier. Il a commencé sa carrière chez Schlumberger, dans le pétrole, avant de bifurquer vers le conseil financier après un passage au Stanford Research Institute. Là, il s'est occupé de stratégie de diversification, d'organisation. Il a travaillé pour des fonds américains, pour des groupes français comme Creusot-Loire. En 1987, il rencontre Gérard Pélisson par hasard sur un golf. Pélisson est lui-même ingénieur, diplômé de l'École centrale des arts et manufactures de Lyon et du Massachusetts Institute of Technology. Les deux hommes sympathisent.

Accor a 25 ans. Dubrule et Pélisson n'avaient jamais recruté de cadres à l'extérieur. Ils cherchaient juste quelqu'un pour s'occuper des ressources humaines. Mais le profil de consultant de Boisnet et sa personnalité les intéressent. Ils le recrutent comme *executive assistant.* Celui-ci s'est alors attelé à réorganiser ce groupe qui a connu une très forte croissance, mais a gardé un mode de fonctionnement de PME. Il met en place un comité stratégique, engage un directeur des ressources humaines. Il substitue à la direction par marque une direction par secteur. En 1991, il gère l'absorption des Wagons-Lits. Trois ans après son arrivée, Accor a une organisation opérationnelle, avec une division tourisme de loisir, une division tour operators, une division agences de voyages. Peu à peu, avec l'amélioration de la conjoncture, les comptes se redressent.

Personne ne connaît Sven Boisnet ? Ni Benjamin Cohen ? Le conseil sort donc de son chapeau le très connu Jean-Marc Espalioux qui représente la Compagnie générale des eaux au conseil d'Accor depuis neuf ans. Dubrule et Pélisson, qui n'ont eu de cesse de brocarder Bercy et les technocrates, approuvent. Aujourd'hui, Dubrule raconte l'histoire différemment. Il prétend que c'est lui avec Pélisson qui a pris l'initiative de proposer la présidence à Espalioux. « Boisnet était trop sous notre coupe. Il n'aurait pas eu l'autorité nécessaire », explique-t-il. Dubrule et Pélisson ont surtout pactisé avec l'establishment.

Six ans après, peut-on dire que ce fut un bon choix ? À son arrivée, Espalioux, qui avait un œil neuf, une légitimité nouvelle, a en effet procédé à une reingénierie des finances du groupe. De ce point de vue, il l'a réellement modernisé. Il l'a sorti de son isolement en passant des accords avec un certain nombre d'entreprises, justement dirigées par des hauts fonctionnaires. Il n'a pas fait d'erreurs. Mais il s'avère être un patron peu charismatique. Peu présent sur le terrain. Méritait-il plus qu'un autre cette présidence ? Boisnet ou Cohen auraient-ils fait moins bien ? Question.

S'il n'avait pas été propulsé par l'inspection, en étant embauché en 1984 par Guy Dejouany comme chargé de mission à la Compagnie générale des eaux, avant d'en devenir directeur général adjoint, ce qui lui a ouvert les portes des conseils d'administration, Espalioux aurait-il été repéré ? S'il ne faisait pas partie de la confrérie, aurait-il noué un certain nombre d'alliances avec autant de facilité ? Question encore. Il est vrai qu'en France, la vie n'est pas toujours facile pour un cadre issu de la société civile. Et, du coup, l'establishment fait plus facilement confiance aux fonctionnaires.

C'est d'ailleurs ainsi qu'en juillet 2003, François Villeroy de Galhau, directeur des Impôts, a été parachuté à la présidence de Cetelem. L'homme a une excellente réputation. N'empêche, sa nomination à la présidence d'une des plus grandes filiales de la BNP-Paribas fait jaser. Pébereau et Prot affirment qu'ils ont fait appel à un chasseur de têtes qui n'a trouvé personne correspondant au profil. Quel chasseur de têtes ? Ils ont oublié son nom ! Cette histoire fait sourire tous les banquiers de la place : Villeroy de Galhau n'était évidemment pas la seule personne au monde à pouvoir prendre cette présidence. Mais comme dit un camarade : « Quand nous préférons un inspecteur des Finances à un autre profil, c'est parce que nous pensons que nous avons moins de chances de nous tromper. » Pébereau insiste : « Nous avons choisi Villeroy essentiellement pour ses qualités humaines. L'inspection est une école de formation de grande valeur, mise en place à grands frais par l'État pour former des cadres supérieurs. »

En 1993, pour lui succéder à la présidence du CCF, Pébereau avait le choix entre Charles de Croisset, 47 ans, administrateur directeur général, cinq ans de CCF, inspecteur des Finances, et René Barbier de La Serre, 50 ans, également administrateur directeur général, dix-neuf ans de CCF, polytechnicien, très respecté dans les milieux bancaires. À qui a-t-il confié l'héritage ? À Croisset. Il est vrai que celui-ci avait aussi l'avantage d'être un proche de Balladur. Durant la campagne présidentielle de 1995, il appelait de façon insistante patrons, banquiers et industriels pour obtenir leur soutien. Or, Pébereau doit beaucoup à Balladur : la présidence du CCF et sa privatisation en 1987, puis la présidence de la BNP en 1993. Décidément, les polytechniciens ne fréquentent pas assez les cabinets ministériels. « Ce n'est pas un système organisé. Mais ils sont grégaires, se cooptent. Seul un inspecteur des Finances est digne, à leurs yeux, de succéder à un inspecteur des Finances. À la Société générale, c'est Viénot qui a succédé à Mayoux, Bouton qui a succédé à Viénot... », plaide un camarade. Jean-Yves Haberer, qui connaît bien les us et coutumes de la caste, raconte : « Quand René Thomas préfère Michel Pébereau à Daniel Lebègue (administrateur civil) pour lui succéder à la tête de la BNP, c'est parce que Pébereau était le plus fort. Objectivement, les inspecteurs sont les meilleurs. » Puis il ajoute : « Mais c'est aussi sociologique. On veut que le poste revienne à un inspecteur. Sinon, d'une certaine manière, ce serait dévalorisant pour la fonction qu'on a occupée. » On ne mélange pas les torchons et les serviettes.

D'ailleurs, cela s'est toujours passé ainsi. Dans le privé, mais aussi dans l'administration. C'est devenu un réflexe naturel, nullement choquant à leurs yeux. Les anciens propulsent les jeunes pleins d'avenir, ambitieux et bûcheurs. Les meilleurs. Fort séduisants au demeurant. C'est Jean-Yves Haberer, directeur du Trésor qui, en 1981, a choisi Jean-Charles Naouri au poste de chargé de mission au Trésor. Quelques années plus tard, quand il sera président du Lyonnais, Naouri sera directeur de cabinet du ministre de l'Économie Pierre Bérégovoy. C'est aussi Haberer, quand il était au Trésor – véritable tour de contrôle –, qui a suggéré le nom de Jean-Claude Trichet comme conseiller économique à l'Élysée, en 1978. Quelques années plus tard, ce dernier sera son autorité de tutelle, comme directeur du Trésor. Une telle consanguinité ne permet pas aux uns et aux autres d'exercer leurs tutelles avec objectivité.

Ces hommes font des carrières parallèles, se rendent des services. C'est Michel Pébereau qui a fait venir Philippe Jaffré au cabinet de Monory et qui a suggéré son nom à son ami et camarade de l'inspection Pierre Bilger, P-DG d'Alstom, qui cherchait un directeur financier. Deux inspecteurs des Finances à la tête d'Alstom avec un troisième, Pébereau, qui prête beaucoup d'argent. Pas inintéressant que ce soit un ami qui prenne la direction financière. Jaffré est aussi un ami de Daniel Bouton. Le rival de Pébereau. Ils sont de la même promotion. Et très proche d'Alain Minc. Il est entré à l'inspection deux ans après lui. Et ainsi de suite. À ce niveau, le monde est tout petit. Et il reste peu d'espace pour les « analphabètes ».

Quoi de choquant ? C'est partout pareil, non ? Les inspecteurs des Finances évoquent d'autres secteurs de la vie économique qui fonctionnent par cooptation de manière encore plus évidente, avec des mandarinats, des conseils de l'ordre : la production cinématographique, la médecine, les avocats. C'est en partie exact. Mais il s'agit de structures professionnelles, sans répercussion sur l'ensemble du système économique. Et les risques ne sont pas de même nature, avec un possible mélange des genres entre autorités de régulation, cabinets ministériels, banques, entreprises privées. Et en quoi d'ailleurs est-ce une excuse ? Les critères éthiques de l'inspection sont-ils désormais ceux du cinéma ou des combines de chefs de services hospitaliers ? Seuls les corps des Mines et des Ponts sont dans une situation un peu équivalente, très critiquée au demeurant, mais beaucoup moins hégémonique.

Les inspecteurs font également valoir que partout dans le monde il existe des lieux d'excellence, où se nouent des liens : Oxford, Cambridge, Harvard, Yale, Princeton... Certes, on y forme chaque année des milliers d'élèves. Ce sont des universités où l'on enseigne toutes les disciplines, où les élèves sont mélangés. Là on parle de quatre à cinq personnes par an, qui se retrouvent de manière totalement consanguine dans tous les lieux de pouvoir. C'est unique au monde : c'est en fait le cœur de l'exception française.

Un des rares à s'attaquer régulièrement au « système », l'ancien ministre des Finances sénateur centriste Jean Arthuis, fait part de son indignation : « C'est un système opaque, ingérable. Un jour, j'ai demandé à Chirac quelle était la stratégie de la France à l'égard des grandes institutions internationales : FMI, Banque mondiale, etc. Il n'y en avait pas. Personne ne coordonne. On se contente de réserver des postes pour quelques obligés. Et les grands corps font leur lobbying. C'est la Cour de Versailles. Inutile de proposer des profils différents. La réponse est toujours la même : “Je ne le connais pas...” »

Un jour, à propos d'une nomination, alors que Dominique Strauss-Kahn tentait de pousser la candidature d'un Français ayant réussi aux États-Unis, Mitterrand l'a pris à part et lui a dit en souriant : « Vous n'avez rien compris, il s'agit simplement de savoir si on met un X-Mines ou un inspecteur des Finances ! »

« Ça réseaute à mort », accusent les patrons qui n'appartiennent pas à la Cour. Entretenir un réseau, voilà un domaine où les inspecteurs excellent. Alain Minc en a même fait son métier. Déjeuner de corps, dîners du Siècle, bien sûr. Mais il y a des cercles plus fermés. Ils adorent cela. J2M avait créé le C40 qui regroupait les patrons de moins de 40 ans. En 1986, quelques jeunes inspecteurs avaient créé l'Association pour les études des expériences étrangères : l'A3E. En faisaient partie Charles de Croisset, Michel de Rosen, Jean-Marie Messier, Baudouin Prot, Walter Butler. C'était juste avant les élections de 1986. Ils ont publié deux livres : un sur la réduction de l'impôt, un autre sur les privatisations. Pour diffuser des idées nouvelles, disent-ils. Ce n'est pas faux. Mais aussi pour se faire remarquer. Rencontrer du beau monde. Car ces jeunes loups ont faim.

Ils sont de tous les clubs importants, comme l'Institut Aspen France, qui a établi un large réseau de partenaires et organise des cercles de conférences internationales, de séminaires. Dans l'organigramme, on retrouve une belle brochette d'inspecteurs : Patrice Vial, Christian Sautter, Henri de Castries, Philippe Lagayette, Michel Bon, Guy de Panafieu, Jean-Baptiste de Foucauld, Jacques-Henri David, Robert Lion, Marc Tessier, Jean-Claude Trichet. Qui se retrouvent en compagnie du P-DG de Lafarge, Bertrand Collomb, de Nicolas de Tavernost, patron de M6, Alain Mérieux, Christian Boiron, Thierry Breton ou François Henrot.

Et puis il y a des cercles beaucoup plus secrets, beaucoup plus restreints. Comme Galilée. Un club créé au début des années soixante-dix, composé d'une quinzaine de personnes. Les inspecteurs des Finances constituent le noyau dur : Jean-Claude Trichet, Michel Pébereau, Michel Prada, patron de l'AMF (l'Autorité des marchés financiers qui remplace la Cob), Jean-Pierre Jouyet, directeur du Trésor. Ils y rencontrent Bruno Roger, associé-gérant de Lazard, Daniel Lebègue, administrateur civil au Trésor et ancien directeur du Trésor puis patron de la Caisse des dépôts, administrateur d'une dizaine de sociétés, Christian Noyer, administrateur civil qui vient d'être nommé gouverneur de la Banque de France, Didier Pfeiffer, administrateur civil au Trésor, ancien président du Gan... Ces messieurs se réunissent une fois par mois, à l'occasion d'un déjeuner. Pour discuter des grandes questions du moment : taux d'intérêt, croissance, conjoncture. Pas un économiste, pas un représentant des petits actionnaires, pas une personne qui aurait une chance de penser différemment.

Un cercle plus jeune, d'une quinzaine de personnes également, comme pour les déjeuners de corps – le chiffre semble fétiche –, a vu le jour dans les années 1985-86. On y retrouve un noyau dur d'inspecteurs des Finances. Véronique Morali, numéro 2 de Fimalac, ex-membre de l'ex-Conseil des marchés financiers, Jean-Pascal Beaufret, directeur financier d'Alcatel, Walter Butler, président d'un fonds d'investissement, Pierre Fleuriot, ancien directeur de la Cob et président de ABN-Amro-France, Gérard de La Martinière, ancien directeur de la Société française des bourses, ancien directeur général d'Axa. Xavier Musca, qui en était membre quand il était à la direction du Trésor, s'est mis en congé du club depuis qu'il est directeur de cabinet du ministre des Finances.

Ces éminents inspecteurs y côtoient non pas l'incontournable Prada, mais le numéro 2 de l'AMF, Gérard Rameix, conseiller maître à la Cour des comptes, ancien directeur adjoint de cabinet d'Alain Juppé, Philippe Camus, coprésident d'EADS, normalien, Jean-Pierre Tirouflet, administrateur civil, qui a été démissionné en 2003 de la présidence de Rhodia en raison de résultats catastrophiques mais qui reste membre de quelques conseils d'administration, René Barbier de La Serre, ancien numéro 2 du CCF, membre de nombreux conseils d'administration lui aussi, et coauteur du rapport commandé par Mer sur les participations de l'État. Comme à Galilée, on ne doit pas aborder les sujets particuliers et triviaux comme Executive Life ou la dernière OPA en cours. Il y a une éthique ! On discute de choses plus concrètes qu'à Galilée. On évoque des projets de loi ou de décrets qui concernent les entreprises. Le but est de mettre ces hauts fonctionnaires au parfum des affaires pour qu'ils ne fassent pas de bêtises. Qui parle de connivence ?

Parfois, des clubs se montent en dehors de leur sphère d'influence. C'est le cas de Paris Europlace, une association de lobbying tout à fait officielle, dont l'objet est de promouvoir la place financière de Paris. Créée en 1993, elle fut, dans un premier temps, présidée par Ernest-Antoine Seillière, diplomate de formation. Les inspecteurs n'étaient pas très favorables à cette association qu'ils ne contrôlaient pas. Et puis, au départ de Seillière, c'est Marc Viénot qui en est devenu président. D'un coup d'un seul, cette association est devenue formidable. Au conseil de cette association, nos chers inspecteurs banquiers – les Pébereau, Bouton, ou Croisset – sont aussitôt entrés en force.

Personne, bien sûr, n'a l'idée de convier les représentants de petits actionnaires, des patrons comme Alain Afflelou ou Martin Bouygues, à participer à ces agapes entre gens « intelligents ».

Cette endogamie est unique au monde. Sauf au Japon. Et même s'il existe des cercles très fermés aux États-Unis, en Grande-Bretagne, notamment dans la finance, ce mélange des genres, où se côtoient finance, grandes entreprises du Cac 40 et autorités de tutelle, est impensable là-bas. Dans les pays anglo-saxons, par exemple, il est quasiment inimaginable qu'un banquier soit au conseil d'un de ses gros clients ! Et vice versa.

En France, côté jardin, tous ces *beautiful people* dînent ensemble au Siècle, le club des dirigeants qui ont réussi, se voient dans des colloques, dans des mariages, des séances privées de cinéma, lors de visites privées de musée, de remises de décorations, de cocktails. Côté cour, ils se contrôlent, au sein des conseils, dans les organes de régulation. En toute impartialité, bien sûr.

Cet art de bien savoir utiliser une salle à manger ou des salons de réception donne parfois lieu à des pratiques curieuses. Ainsi au procès du Lyonnais, Haberer a raconté, pour montrer son souci de bonne gestion, qu'il avait pris l'initiative de s'entretenir avec les commissaires aux comptes à l'occasion d'un déjeuner ! « Pas un déjeuner en majesté, avec le président en bout de table, avait-il précisé à la barre du tribunal. Non, un déjeuner par petites tables de quatre ou cinq personnes où étaient mélangés les commissaires aux comptes, les membres du conseil et de la direction générale. » Quant aux relations avec le Trésor, il avait déclaré : « Nous n'avions pas très souvent des contacts formels, mais nous nous voyions de façon informelle chez le ministre, lors de remises de décoration, aux déjeuners de l'Association des banques. »

Ainsi, entre contrôlés et contrôleurs, il n'y a rien de formel. Ils ne se souviennent plus quand ils se sont téléphoné, quand ils se sont parlé, ce qu'ils se sont dit. Aucune date, aucun rendez-vous, aucun chiffre, aucune instruction précise, aucun relevé de conclusions. Tout semble se faire dans les ors et les apparats du bureau du ministre, dans les salles de réception entre gens du même monde.

On comprend aussi, à travers ce système de connivence et de fréquentations privilégiées, de quelle texture est faite la pensée unique. Comment se forge l'idée dominante. Comment se font et se défont les réputations. Démonstration. En avril 1994, Philippe Auberger, à la demande de Philippe Séguin, prend la vice-présidence de la commission d'enquête parlementaire sur le Crédit lyonnais. Peu après, Auberger se fait « piéger » par un journaliste de l'AFP comme on dit dans le jargon. Ce dernier lui demande comment il explique la dérive du Crédit lyonnais. Auberger, homme plutôt franc avec les journalistes, évoque les relations étroites entre le cabinet de Bérégovoy et le Crédit lyonnais. D'ailleurs, certains membres du cabinet de Bérégovoy n'ont-ils pas rejoint l'équipe d'Haberer, se laisse-t-il aller à dire.

« Vous pouvez me citer des noms ? interroge le journaliste.

– Je vous laisse trouver tout seul.

– Rubinowicz ?

– Je n'ai rien dit. »

Quelques heures plus tard, une dépêche tombe dans laquelle il est dit que Philippe Auberger dénonce la nature des liens entre le cabinet de Bérégovoy et le Lyonnais. Le nom de Claude Rubinowicz, ancien membre du cabinet de Pierre Bérégovoy et inspecteur des Finances, est cité.

Une heure passe, Michel Pébereau appelle son camarade Auberger et lui rappelle sèchement que « entre eux », on ne balance pas de noms ! En réalité, Rubinowicz ne sera pas mêlé à l'affaire du Crédit lyonnais. Mais l'incident illustre bien le souci permanent d'autoprotection du corps.

L'histoire du parachute doré de Philippe Jaffré est elle aussi instructive. En septembre 2002, alors que le président de Total, Thierry Desmarest, prend le contrôle d'Elf, la polémique enfle sur le principe et le montant du parachute de Jaffré : 200 millions de francs pour avoir amené Elf à disparaître, absorbé par Total ? C'est l'indignation. Mais très vite, c'est une tout autre histoire qui est racontée dans le petit monde de la finance. Le président d'Elf a rempli son contrat, dit-on : 1. il a considérablement valorisé l'action Elf ; 2. en obtenant une surenchère financière dans la bataille boursière, il a fait gagner 40 milliards de francs supplémentaires à ses actionnaires. 200 millions de francs, ce n'est jamais que 0,5 % de cette somme. Et certains, sur la place, se félicitent de l'attitude de Jaffré qui s'est retiré avec beaucoup de dignité, dans l'intérêt des actionnaires.

Qui défend cette thèse avec énergie ? Michel Pébereau. Il sait de quoi il parle, c'est lui qui a conseillé à Jaffré, après deux mois de bagarre médiatique et de contre-offres, d'accepter d'aller à la table des négociations. Grâce au réseau, la version expurgée et embellie fait vite autorité dans Paris. Nombre de journalistes la défendent.

Pourtant, la réalité est un tout petit peu différente. L'action Elf a suivi la valeur moyenne du Cac 40. Rien d'extraordinaire. Quant aux négociations avec Total, c'est une tout autre version que relate le journaliste François Roche dans son livre *Total Fina Elf, une major française*[1]. Effectivement, l'offre initiale du président de Total en juillet 1999 était relativement faible, puisque la prime, pour les actionnaires d'Elf, n'était que de 15 %. Mais, raconte Roche, depuis le départ, Desmarest avait en tête une prime de l'ordre de 20 à 25 %. Il ne veut pas aller au-delà, pour ne pas alourdir l'endettement de la nouvelle entité et ne pas handicaper son avenir.

Au moment de la finalisation de l'accord, en septembre 1999, Jaffré ne veut pas rencontrer son vainqueur en tête à tête. C'est une tierce partie, Édouard de Royère, qui va discuter des conditions de sa reddition et le prix final de l'offre. Le prix demandé par Elf est trop élevé. Les négociations bloquent. Il faut désigner des administrateurs dans les deux camps, Serge Tchuruk, Jérôme Monod, Michel Pébereau et Bertrand Collomb. Les négociateurs d'Elf placent la barre à 35 % puis à 30 %, puis à 27 %. Total ne démord pas de ses 25 %. Finalement, in extremis, ce sera 26 %.

Jaffré a-t-il été héroïque ? A-t-il personnellement fait gagner 40 milliards de francs aux actionnaires ? Tous les administrateurs d'Elf voulaient bien évidemment faire monter les prix au maximum. C'est le jeu de toute négociation. En revanche, Jaffré a-t-il eu raison de s'embarquer dans des discussions interminables avec la société pétrolière italienne ENI ? N'a-

1. Le Cherche-Midi, 2003.

t-il pas commis une grave erreur en ne s'intéressant pas à Petrofina et en laissant Total s'en emparer ?

Plusieurs de ses camarades l'avaient pourtant mis en garde : « Total est en train de se mettre en ordre de bataille. » Jaffré, plus intelligent que tout le monde, s'était contenté de sourire. Enfin, le patron d'Elf a-t-il eu raison de refuser une OPA amicale ? Personne ne répond à ces questions.

En fait ce golden-parachute était, comme pour Messier, le prix à payer pour être sûr qu'il se retire et ne fasse pas de dégâts. Et grâce au réseau, grâce à Pébereau, Bouton, Minc et bien d'autres, au moment où cela tanguait fort, il a pu compter sur le soutien de camarades influents.

Cette petite famille, dont certains aiment à dire qu'elle n'a pas de solidarité de corps, a, à tout le moins, des réflexes de caste. En décembre 1997, au lendemain de la publication par *Le Figaro* d'un article intitulé « Inspection des Finances : un mythe ébranlé », Jean-Maxime Lévêque envoie une lettre à tous les inspecteurs des Finances :

> « Mon cher camarade,
>
> Vous avez certainement lu ou eu connaissance de l'article paru dans *Le Figaro* du 17 décembre (....)
>
> Parmi des attaques inacceptables, j'y ai lu que "j'avais signé la catastrophe du siècle" et que j'étais devenu "la honte de l'inspection" (...).
>
> Je ne peux pas laisser passer une telle insulte...
>
> Un simple examen des comptes annuels du Crédit lyonnais pour les trois exercices pendant lesquels j'en ai été président montre à quel point l'auteur de cet article est ignorant et calomnieux... [Lévêque cite une série de chiffres, taux de provisions, résultats]. L'auteur se réfère à mon rôle en tant que président de la Compagnie financière IBI. Comme vous le savez, j'ai été mis en examen à ce sujet par un juge d'instruction. Cette instruction est en cours. En

mon âme et conscience, je vous affirme que je ne me sens coupable d'aucun des chefs de mise en examen et je dispose de tous les moyens de prouver mon innocence.

Je tenais trop à conserver votre estime pour ne pas vous faire part de mon indignation.

Je vous précise que si j'envoie en principe la présente lettre à tous nos camarades, je suis obligé de faire une exception pour ceux qui ont été dirigeants ou cadres du Crédit lyonnais de 1989 à 1997, avec qui le juge m'a interdit de communiquer lorsqu'elle m'a libéré. [...].

Veuillez croire, cher camarade, à l'expression de mes sentiments amicaux et dévoués. »

Un inspecteur des Finances raconte que récemment il s'est rendu dans le bureau du ministre des Finances, Francis Mer, pour l'étude d'un dossier. « Nous étions trois inspecteurs des Finances, face à un X-Mines. Je me suis demandé : Si l'un des nôtres avait commis une erreur, légère bien sûr, l'aurions-nous fait remarquer devant le ministre ou l'aurions-nous couvert ? Je pense qu'on aurait réglé le problème entre nous. »

Le premier réflexe est de faire confiance. De faire bloc. Le directeur de cabinet de Mer, Xavier Musca, ne s'en cache pas : « Je suis corse, et je ne suis jamais autant corse que lorsqu'on attaque les Corses. Même chose pour l'inspection des Finances. » Un autre membre du cabinet admet : « C'est évident qu'il y a une connivence. Le patron de PME qui a de la bidoche et son sac en bandoulière : ils lui parleront sur le ton de l'inspection policière. Ils seront méfiants. »

Un haut fonctionnaire de Bercy, administrateur civil, affirme : « C'est une espèce de noblesse républicaine, qui a le sentiment d'avoir la vérité révélée, qui est transpolitique, très arrogante intellectuellement. Il y a toujours cette idée qu'eux savent ce qui est bon pour le pays, ou pour l'entreprise et que si l'interlocuteur ne comprend pas, c'est qu'il est un con. Il ne faut pas donner la parole aux sans-grade, citoyens ou cadres, ils pourraient faire des bêtises. »

Le problème, c'est que ce sont eux, les intouchables, qui ont fait les plus grosses bêtises.

Chapitre 6

La « mafia » des inspecteurs

« Tout le monde, à quelques rares exceptions, abuse du pouvoir. Il importe donc de l'éclater, de l'aplanir autant que possible et de ne pas le laisser aux mains d'une clique. »

BERTRAND RUSSELL

Nicolas Jachiet, 45 ans, a des petits airs de garçon sage et appliqué, avec ses cheveux bien coiffés, et sa chemise à col ouvert. Malgré ses nombreux quartiers de noblesse, il n'a rien d'un cador. Il est pourtant polytechnicien, inspecteur des Finances sorti au Trésor et, à ce titre, ancien chef du prestigieux service des participations. Le CV dont rêve tout bon élève. C'est lui qui était notamment chargé de surveiller – ou plutôt de ne pas trop surveiller – France Télécom, pour le compte de l'État, actionnaire majoritaire. Il était payé pour cela. Il faisait partie des espoirs de l'inspection. Après quatre années à ce poste, il commençait à avoir accumulé suffisamment d'expérience pour être utile, précieux même, au dire de ses chefs. La secousse France Télécom l'a cassé. Il a surtout eu peur – comme tous ceux qui se succèdent à ce poste – d'une mise en examen, notamment dans l'affaire du Crédit lyonnais. Pendant un an, en 1996, il a été chargé au Trésor du dossier des banques. Il a préféré partir, quitter ce cauchemar. Voilà pourquoi, même si cela en a étonné plus d'un parmi les vieux inspecteurs généraux, Jachiet a préféré les yoghourts au Trésor.

En juillet 2002, il a été embauché par le groupe Danone comme directeur des services financiers. « Je caressais depuis un moment l'idée d'évoluer dans le privé, car l'État n'offre plus de perspectives de carrière, raconte-t-il. Cela devient très difficile d'avoir des jobs intéressants. J'ai pris goût aux marchés financiers, aux finances, au droit des entreprises. Au cabinet d'Edmond Alphandéry, je m'étais occupé des privatisations des banques et de la dette de l'État, puis j'ai été secrétaire du Club de Paris[1]. » Jachiet récite très bien son CV.

Mais comment fait-on quand on a envie de quitter le service de l'État, on demande à un cabinet de chasseurs de têtes ? Réponse de Jachiet : « On s'adresse aux gens qu'on connaît. On s'ouvre à eux de ses intentions. On demande s'il y a des opportunités. »

Effectivement, Jachiet connaît des « gens ». Il était au conseil d'administration de la SNCF, de Renault, de l'Aérospatiale, d'Edf, de France Télécom... Il y côtoyait, outre Louis Gallois, Louis Schweitzer, François Roussely, Noël Forgeard et Michel Bon, quelques patrons comme Michel Pébereau, Arnaud Lagardère, Franck Riboud, Anne-Marie Idrac, la présidente de la Ratp, Stéphane Richard, un inspecteur des Finances président d'un fonds d'investissement. Cela permet effectivement de rencontrer pas mal de « gens ». « Pas question d'entrer dans l'une de ces entreprises », prend-il tout de même soin de préciser. En effet, la loi interdit aux fonctionnaires de pantoufler dans la société qu'ils étaient chargés de surveiller. Et, désormais, la loi s'applique. Le Conseil d'État y veille. Mais les « gens » peuvent en parler autour d'eux. Et c'est comme cela que Louis Schweitzer, président de Renault,

1. Le Club de Paris est un groupe informel de 19 membres représentant les gouvernements qui ont des créances sur d'autres gouvernements du monde. Il a pour but de trouver des solutions durables aux difficultés rencontrées par des nations endettées ou des pays en développement. J.-C. Trichet en a été président de 1985 à 1993.

a parlé de Jachiet à Franck Riboud, qui est au conseil de Renault. Et cela a marché.

Le poste était libre ? « Non, Danone voulait étoffer la direction financière. » Question : Danone l'a embauché pour s'occuper de certains problèmes financiers un peu pointus comme il semble le dire ? Ou bien Danone s'est-il offert un colonel d'infanterie, prêt à ferrailler sur les champs de bataille financiers ? En effet, ce groupe traverse alors une passe difficile. L'entreprise est facilement opéable. C'est-à-dire, achetable par n'importe qui car son capital n'est pas verrouillé. Et comme le dit un « cher camarade », un autre oligarque au service du Cac 40 : « Embaucher un inspecteur des Finances dans un état-major, ce n'est pas anodin. C'est une sorte d'assurance anti-OPA. » Le réseau permet, a priori, de se tenir informé des intentions des uns et des autres, de savoir qui a du cash, de lever des capitaux, de dénicher des chevaliers blancs, d'imaginer des montages. Les inspecteurs ont également la réputation de monter de bons dossiers auprès des autorités de régulation. Ce n'est sûrement pas une assurance tous risques, mais, de l'avis de nombreux banquiers, cela peut protéger, permettre de réagir vite.

On se connaît, on s'informe, on se coopte. L'habitude est prise dès la fin de la « tournée ». Les jeunes inspecteurs sont lâchés dans la nature avec leur annuaire. Ils appellent les anciens en utilisant une formule type : « Je m'interroge sur mon avenir, j'aimerais que vous me donniez conseil. » Et ces « gens » mettent le pied à l'étrier aux jeunes prometteurs, généralement en leur confiant un poste de chargé de mission. Quand on regarde le *Who's who,* c'est fou le nombre d'inspecteurs qui ont commencé comme chargés de mission.

À la sortie de la « tournée », François Jaclot, qui voulait bifurquer vers l'entreprise, est allé voir l'inspecteur général Jean Saint-Geours, président du Crédit national, sur les recommandations de Philippe Saint-Geours, son fils, administrateur civil en détachement à l'inspection. Et il est entré au Crédit national comme chargé de mission.

Guillaume Hannezo, lui, raconte comment il a procédé

pour retrouver du boulot en 1993, lorsque la droite est revenue au pouvoir : « Dans ces cas-là, raconte-t-il, on téléphone à deux ou trois copains. Moi, j'ai appelé Michel Albert, un ami de mon père (lui-même inspecteur des Finances), Yves Mansion, Jean-Charles Naouri. Naouri m'a présenté à David de Rothschild. Finalement Albert m'a fait rentrer aux Agf comme directeur du contrôle de gestion. » Tout semble si facile.

Les nationalisations, celles de 1936, puis de 1945 et de 1981, ont permis à la technostructure d'étendre son territoire. Avec les privatisations, et surtout avec les noyaux durs, elle a basculé du côté du capitalisme privé, en s'emparant des conseils d'administration, des directions financières.

Pourquoi en 1989, Bernard Arnault embauche-t-il Jean Dromer, qui a été un piètre dirigeant de la BIAO, liquidée après son départ ? Parce que ce gaulliste est un ami de Rocard ? Sans doute. Mais surtout parce que cet inspecteur des Finances, que ses camarades n'ont pas laissé tomber après son éviction de l'UAP, est un grand collectionneur de conseils d'administration. Il connaît tous les rouages de l'État et les connivences entre dirigeants bancaires. Pourquoi le président d'une société comme CS Communications et Systèmes, Yazid Sageb, a-t-il fait venir à son conseil une aussi belle brochette d'inspecteurs des Finances : Gérard de La Martinière, Claude Pierre-Brossolette, Antoine Veil, Robert Lion ? Quand on regarde la liste de ses clients, on se dit que sans doute c'est une manière de faire du lobbying. Son entreprise traite avec EADS, Edf, la Société générale, Peugeot...

La façon dont a été gérée la crise d'Alstom est l'illustration de ce dangereux mélange des genres. Et des doutes qu'il suscite. Alstom est une entreprise privée, qui a des actionnaires privés, qui a été soutenue par des banques privées. Des fonctionnaires-managers gérant cette entreprise privée (Bilger, Darmon, Jaffré), des fonctionnaires-banquiers dirigeant des établissements privés (Pébereau, Bouton, Peyrelevade) ont conduit cette entreprise au bord de la faillite. Et qu'ont fait les banques à ce moment-là ? Recapitalisé, renégocié les dettes ? Non. Elles auraient été accusées de soutien abusif, paraît-il. Où est la frontière entre le soutien tout court et le soutien abusif, alors que, au total, les banques se retrouvent déjà avec des engagements évalués à 17 milliards d'euros – créances et garanties – pour des fonds propres de 1,1 milliard ? Marc Viénot est un des rares inspecteurs des Finances à en convenir ouvertement : dans ce dossier, les banques ont fait preuve de négligence. Elles auraient dû réagir deux ans plus tôt.

Acculé, tout ce petit monde est allé voir le ministre des Finances et a demandé que l'État sauve 116 000 emplois. Et pourquoi l'État a-t-il accepté ? Pour éviter une crise sociale ? Certes. Mais pourquoi Bercy n'a-t-il pas demandé aux banques de renoncer à la moindre créance pour alléger la dette d'Alstom ? Pourquoi est-ce le contribuable qui doit payer ?

Un ancien haut fonctionnaire, banquier, qui a suivi le dossier de près, raconte : « Quand Pébereau a vu qu'Alstom allait dans le mur, il a commencé par essayer de faire reprendre Alstom par Areva. Et puis, comme cela n'a pas marché, il a fait savoir à Françis Mer que non seulement la faillite d'Alstom allait poser un grave problème social au gouvernement, mais il a jouté : "Si tu ne fais rien, tu resteras dans l'histoire comme le ministre qui a fait courir un risque systémique au système bancaire français[1]." » Dangereux quand, dans un pays, les banques commencent à vaciller.

Francis Mer, entouré, dans ce dossier, d'inspecteurs des Finances – Musca, Pérol, directeur et directeur adjoint du cabinet, Philippe Jaffré, directeur financier d'Alstom, Jean-Pierre Jouyet, directeur du Trésor, Michel Pébereau et Baudouin Prot, les dirigeants de BNP-Paribas, Daniel Bouton, président de la Société générale – se serait laissé impression-

1. « Risque systémique » est le mot qui avait également été utilisé par Haberer dans sa première version des faits, lors du procès du Lyonnais. Il avait évoqué des instructions pour arrêter un autre résultat des comptes, moins défavorable que celui qu'il avait envisagé, pour ne pas faire courir un « risque systémique » à la place financière de Paris.

ner. Fantasme, rumeur, ragots, querelles entre hauts fonctionnaires de différents corps ? Peut-être, mais quand on découvre des inspecteurs de tout côté – du côté des banques, du côté de l'entreprise en difficulté et du côté de l'État –, cela éveille les soupçons. Personne ne pense qu'ils ont agi en fonction de leurs intérêts propres, mais il se trouve qu'ils partagent, de manière assez naturelle, le même sens de l'intérêt général.

Cette consanguinité n'est pas saine. Et puis on ne prête qu'aux riches. Pébereau a la réputation de beaucoup fonctionner avec le réseau. Tout Paris a raconté comment il a insisté personnellement à plusieurs reprises pour qu'Areva reprenne Alstom. En vain, d'ailleurs. Anne Lauvergeon, qui appartient au corps des Mines, a refusé de reprendre ce canard boiteux. Et le directeur du Trésor, Jean-Pierre Jouyet, a considéré qu'une telle opération entraînerait l'écroulement des deux groupes.

Pourtant, Pébereau se défend d'être intervenu auprès du ministre. Et, au sein de l'état-major de la banque, on affirme : « Nous avons été traités normalement. Il n'y a pas eu de bienveillance particulière. Nous avons fait des efforts non négligeables. Dans cette affaire, les banques ont eu un comportement exemplaire. Et ceux qui ont traité ce dossier ont fait preuve d'un grand sens des responsabilités et de beaucoup de créativité pour satisfaire aux différentes contraintes. C'est du travail bien fait. » Mais Pébereau refuse de donner le moindre chiffre. Il confie juste que c'est le directeur du Trésor, Jean-Pierre Jouyet, qui a prononcé le mot « risque systémique » lors d'une réunion informelle.

Au ministère, on explique qu'il est normal, dans ce type de crise, d'évoquer ce type de risque. L'affaire Alstom méritait effectivement qu'on y prête attention. « Il n'y avait pas de risque systémique, c'est-à-dire un risque de contagion d'une banque à l'autre, par un jeu de dominos et d'écroulement de la place, explique l'un des éminents fonctionnaires chargés du dossier. Il est vrai que les banques étaient relativement exposées, mais elles auraient pu supporter la perte complète de leurs engagements. » Cela représentait tout de même au total 17 milliards d'euros, 12 en cautions, 5 en créances. Et à ce risque s'ajoutaient les 4 milliards de cautions liés aux contrats d'ABB, le fabricant de turbines déficientes. Rien que pour BNP-Paribas, le montant des créances s'élevait à 1,5 milliard, soit la moitié de son résultat net !

Pour toute la place, l'affaire est pourtant bizarre. On ne comprend pas que les banques n'aient pas été davantage mises à contribution. Confidence d'un inspecteur des Finances : « Jaffré, qui a dirigé au début de sa carrière le Ciasi[1], le sait très bien, on commence, dans ce type de dossier, par demander aux banques de réduire leurs créances ! Même chose pour Vivendi. Le dépeçage de Vivendi, c'est une liquidation pour le compte des banques. » Réaction d'un banquier d'affaires : « Si l'État n'avait pas sauvé Alstom, cela aurait provoqué un sacré trou d'air à la BNP et à la Société générale. »

« Faux, s'insurge Daniel Bouton, président de la Société générale. Ridicule. Et puis, on n'est plus dans la configuration des années soixante-dix. On ne peut plus faire comme autrefois, du temps du Ciasi, où l'on mettait trois banques d'État autour de la table et où le Trésor posait ses conditions. D'ailleurs les engagements des banques ne les mettent pas le moins du monde en danger ! »

Alors, pourquoi n'ont-elles pas été davantage sollicitées ? Parce que le dossier est totalement pourri. Parce que, à force d'avoir trop attendu, puis d'avoir encore perdu du temps avec la tentative de fusion avec Areva, Alstom est au bord du gouffre. Les clients commencent à se méfier. L'un d'entre eux est même arrivé chez le nouveau P-DG, Patrick Kron, avec un avocat spécialisé dans le droit des faillites[2]. La place se méfie. Les commandes s'effondrent. C'est une question d'heures. Pourtant, dès mars, les banques avaient dû accorder

1. Le Comité interministériel pour l'aménagement des structures industrielles, qui s'occupait de restructurer et de sauver des entreprises en difficulté.

2. *Le Monde* daté du 12 août 2003, « Dans les coulisses du sauvetage d'Alstom ».

un prêt relais de 600 millions d'euros. Elles savaient qu'il y avait urgence. Tout va se faire dans la précipitation. Et les banques disent à Bercy que si elles doivent renoncer à leurs créances, elles ne remettront pas un sou. Or, comme l'État ne peut pas réinjecter de l'argent directement – Europe oblige –, il a besoin des banques. L'État a été pris en otage.

François Pérol, le directeur adjoint de cabinet du ministre, explique les détails de l'opération avec beaucoup de prudence : « Il y avait 60 établissements bancaires concernés. Dont 32 avec des engagements supérieurs à 30 millions d'euros. C'est très difficile de demander à des établissements qui se trouvent dans des situations très différentes d'abandonner des créances. Certains avaient des cautions, d'autres des créances. Certains répondaient : "Dans ce cas, nous préférons attendre le règlement judiciaire." D'autres : "Si c'est ça, on ne mettra pas un sou de plus." » Ambiance. Or, des sous, il en faut tout de suite. C'est une question de jours. Pérol poursuit : « Dans ces cas-là, il faut essayer de créer une dynamique, de restaurer un climat de confiance. Ce n'est pas en commençant par demander aux banques d'abandonner leurs créances qu'on y parvient. Et les banques ont fait un gros effort. Elles ont accepté de transformer leurs créances qui arrivaient à échéance en 2004 en créances longues. À vingt ans. En faisant cela, elles accroissent leur exposition. Elles ont souscrit des Ora [obligations remboursables en actions]. »

Voilà. Tout le monde dit avoir fait le maximum. L'État est celui qui a fait le plus gros effort. Mais tout n'est pas perdu. Au troisième trimestre 2003, les résultats présentés par Baudouin Prot, le nouveau patron de BNP-Paribas, étaient excellents.

Ce plan de sauvetage a tout de même suscité quelques réactions officielles. Alain Madelin, Jean Arthuis, Pierre Méhaignerie ont déclaré qu'après cela il serait difficile d'expliquer aux PME qu'il est impossible de les aider. Quand on fait remarquer à Francis Mer que le contribuable est une nouvelle fois ponctionné et donc lésé, il réplique, acculé : « Non, parce que le contribuable est aussi un salarié ! » Mais pourquoi ne pas revenir carrément à l'économie administrée, au moins cela a une logique.

Le président de la commission des Finances du Sénat, Jean Arthuis, ne s'est pas privé de rappeler la responsabilité des banques dans ce fiasco : « J'observe que de très nombreux banquiers étaient autour de la table et que pratiquement personne n'était en mesure d'assumer ses responsabilités. Il semble bien que le groupe ait accumulé une montagne de dettes et pris des engagements qu'il n'était plus en mesure d'assumer. Les pôles bancaires ont accepté des cautions dans des conditions qui, manifestement, n'étaient pas réalistes. »

Quoi qu'il en soit, le commissaire européen a demandé à la France de réviser son plan de sauvetage. « Lors de l'affaire Alstom, j'ai eu quelques semaines difficiles, raconte Mario Monti. Tout le monde m'affirmait que si je disais non à l'aide de l'État, telle qu'elle m'était présentée, Alstom allait déposer le bilan et tous les travailleurs se retrouver au chômage. Ça, c'est très dur. Cela a été sans doute la décision la plus difficile que j'ai eu à prendre. J'ai décidé de ne pas croire à ce qu'on me disait. Et j'ai eu raison : en l'espace d'un week-end, les banques ont accepté ce qui était inacceptable la veille et Alstom a survécu [1]. » L'effort demandé aux banques a été, selon lui, révisé à la hausse. À Bercy, on laisse entendre que c'est l'État qui a fait un effort supplémentaire.

Mais si Alstom a survécu, elle est loin d'être sauvée. Et c'est l'autre face du problème que Monti doit gérer. Dans cette affaire, la Commission de Bruxelles ne veille pas seulement au respect des règles de concurrence – il ne faut pas que des aides publiques mettent en difficulté un autre concurrent privé qui, lui, n'est pas aidé –, elle se pose également la question de savoir si le plan est efficace. Elle veille ainsi à ce que l'argent public ne soit pas utilisé à renflouer une entreprise qui ne serait pas viable, à ce que l'argent des contribuables ne soit pas gaspillé.

Or Monti se montre plus que sceptique sur le plan présenté

1. *Libération*, lundi 24 novembre 2003.

par les Français. Le commissaire à la concurrence a fait remarquer que « les chiffres figurant dans le plan financier et la nouvelle structure bilantielle, par exemple, concernant la dette économique, ne correspondent pas ». Ou que « le flux de trésorerie nette enregistre des fluctuations inexpliquées ». Pis encore, le plan de sauvetage ferait peu de cas de l'activité marine[1], coresponsable de la quasi-faillite du groupe. Conclusion des équipes de Monti : « On ne peut conclure, à ce stade, que la viabilité à long terme d'Alstom sera restaurée. » Mais c'est, semble-t-il, la procédure qui veut cela. À partir du moment où il n'a pas donné un accord définitif et où il engage une procédure, il faut qu'il motive cette décision.

Mais il y a une affaire dans l'affaire Alstom : Cegelec. Et décidément, cette entreprise nationalisée, privatisée puis gérée par d'éminents technocrates fait penser au sort qu'ont connu les conglomérats russes au lendemain de l'effondrement du communisme.

En juillet 2001, Alstom cède sa branche Cegelec, distributeur d'électricité pour le tertiaire et l'industrie. À qui ? À un pool d'investisseurs, conduits par Claude Darmon, le président en exercice de Cegelec. Il se trouve que M. et Mme Claude Darmon sont des amis très proches du couple Pébereau. Claude Darmon n'est pas inspecteur des Finances, il est « seulement » polytechnicien. Il était d'ailleurs à l'X avec Michel Pébereau. Et le frère de Claude, Jacques Darmon, était à « la tournée » avec Pébereau. Bilger est lui aussi un très bon ami de Pébereau. Ils ont fait l'Ena puis l'inspection ensemble. C'est lui qui l'a fait entrer à la Compagnie générale d'électricité dirigée à l'époque par son frère, Georges Pébereau. D'où les suspicions.

Il s'agit du plus important LMBO (*leverage management buy*

1. Les Chantiers de l'Atlantique, fragilisés par la faillite du croisiériste Renaissance Cruise.

out[1]) jamais réalisé, s'extasie-t-on chez Alstom. Avec quel argent ? « Celui de la technostructure », dénonce un banquier. Le montage est réalisé par la Caisse des dépôts et la BNP. Deux autres banques sont associées : Charterhouse, une filiale de HSBC, et Royal Bank of Scotland. Il n'y a eu aucune mise en concurrence, accusent certains. « Le choix de ce groupe d'investisseurs a été effectué au terme d'une compétition qui a mis en présence plusieurs candidats "financiers" ou "industriels" et qui a fait apparaître que leur offre était la plus attractive en termes de prix », affirme Bilger. Darmon évoque quatre propositions : CVC, PAI, Spie et CDC. PAI est une filiale de la BNP et CDC, c'est la Caisse des dépôts.

En tout cas, pour le tout Paris de la finance, c'est une bonne affaire. Car Alstom cède cette filiale pour la moitié du prix d'achat : 756 millions d'euros. Trois ans plus tôt, en 1998, Alstom avait racheté Cegelec à Alcatel 1,5 milliard d'euros. « Ce n'est pas tout à fait le même périmètre », réplique Bilger. Qui explique longuement : « Ce n'est qu'une partie de l'ancienne Cegelec, achetée en 1998, qui a été revendue, environ la moitié, appelée entreprise régionale. Alstom a conservé l'autre partie qui était la raison stratégique pour laquelle l'acquisition avait été réalisée, à savoir l'activité systèmes et ingénierie qui continue à prospérer en son sein. C'est la partie de Cegelec qui ne présentait pas d'intérêt stratégique pour Alstom qui a été revendue et cette transaction s'est traduite par une plus-value substantielle tout en constituant l'un des éléments du financement de l'acquisition de la deuxième tranche de ABB Power. » Darmon parle d'un périmètre des deux tiers. Et de montages financiers différents.

Une seule chose est sûre : à l'heure où Alstom est en quasi-cessation de paiement et où le contribuable est obligé de mettre de sa poche, il en est un qui s'est sauvé très opportunément, c'est Claude Darmon, un des responsables de la débandade d'Alstom !

1. Rachat d'une entreprise par ses salariés.

Cet épisode, très étrange, mérite un retour en arrière. En 1999, Alstom s'était allié avec ABB, un groupe helvético-suédois qui fabrique des turbines à vapeur, des alternateurs, des centrales thermiques. C'était un deal 50-50. Or c'est Claude Darmon qui avait été nommé P-DG de ce groupe baptisé ABB Alstom Power. En juillet 2000, il s'avère que, dans la gamme des produits fournis par ABB, une toute nouvelle turbine à gaz à grande puissance souffre d'une anomalie. Il faut rectifier les machines, ce qui réduit leur puissance de 10 %. Les contrats obligent Alstom à rembourser les clients pour engagements non tenus[1]. Manque de vigilance ? « C'est un accident industriel d'une ampleur exceptionnelle. Personne ne pouvait le prévoir, ni le déceler. Les défauts techniques les plus graves qui l'ont provoqué ne se sont révélés qu'au bout d'un nombre significatif d'heures de fonctionnement et n'étaient, à la connaissance d'Alstom, ni identifiés ni connus au moment de la première ou de la deuxième transaction », plaide Bilger. C'est la version officielle. En fait, certains s'étonnent que des enquêtes un peu plus poussées n'aient pas été diligentées auprès des clients. Qu'aucune clause, aucune garantie suffisante n'aient été signées pour protéger le groupe français des risques éventuels.

Généralement, en cas d'acquisitions de cette ampleur, les industriels se couvrent grâce à des *due diligences.* Une procédure qui consiste à tout contrôler, y compris les clients de l'entreprise achetée, à faire un inventaire complet des risques, à vérifier toutes les informations. Ce processus permet, si les informations fournies sont erronées, de réviser le prix d'acquisition. Il semble que cela n'ait pas été fait dans les règles. En tout cas, ceux qui ont approché le dossier restent pantois devant la façon dont il a été géré. Le président d'ABB Power, Claude Darmon, explique que l'absence de *due diligence* au moment du rachat des 50 % d'ABB a été la contre-

1. Le pire dans cette histoire, c'est que les clients n'utilisent jamais plus de 70 % de la puissance des turbines. Mais comme par contrat, ils ont droit à des remboursements si la turbine ne peut pas fonctionner à 100 %, ils font jouer les garanties !

partie d'un prix très bas et de la conservation par ABB du risque amiante.

Ces problèmes techniques ont provoqué une perte sèche de 4 milliards d'euros pour Alstom, qui, compte tenu du renversement de conjoncture, n'ont évidemment pas pu être absorbés. Qui est responsable de cette Berezina ?

Le président d'ABB Alstom Power, Claude Darmon, s'en va en tout cas, quelques mois après la découverte de la catastrophe. Et installe immédiatement la nouvelle Cegelec à Bruxelles, « pour montrer que le groupe est véritablement international », explique-t-il très sérieusement ! Parce que L'Oréal, qui a son siège à Clichy, n'est pas une société internationale ? Dans ses bagages, Darmon emmène Jacques Gounon, l'homme des bons coups. Il le nomme vice-président de Cegelec. Ce polytechnicien était entré chez Alstom dans des conditions de pantouflage qui avaient été critiquées. Alors qu'il était directeur de cabinet d'Anne-Marie Idrac, secrétaire d'État aux Transports en 1995, du jour au lendemain, en 1996, il était entré chez Alstom, fabricant, entres autres, de matériel ferroviaire, comme directeur général adjoint.

Pour ceux qui n'appartiennent pas à cette caste, l'inspection n'est plus une aristocratie d'État, un corps intègre qui protège, contrôle, veille à l'intérêt général, c'est un clan, trop souvent au service de ses intérêts. On parle – jusque dans les couloirs de Bercy – de la « mafia » des inspecteurs des Finances. Mafia. Le mot peut paraître excessif, mais il ne faut pas l'entendre au sens d'« association secrète sicilienne qui dirige le pays par le racket et la loi du silence ». Mais au sens de clan, de « groupe solidaire uni par un intérêt particulier » selon la définition du *Petit Robert*, comme on parle de la « mafia » des X, des HEC. D'ailleurs, l'inspection n'est pas une association secrète. Il existe un annuaire, assez facilement consultable. Ses membres ne se cachent pas d'appartenir à cette caste. Loin de là ! C'est précisé dans leurs notices du *Who's who*. Il reste que le fonctionnement du corps, les rapports entretenus entre eux ne sont pas toujours très transparents. Même si, comme l'explique un de ces chers camarades : « Il n'y a pas de serveur central, c'est simplement une ramification de connaissances. » Des « connaissances » et un titre qui couvrent parfois des attitudes contestables, car elles manifestent un ostracisme évident. Ils forment une caste qui se serre les coudes, s'estime, se fait confiance.

En tout cas, depuis quelques années, la suspicion est forte. Tellement forte qu'en septembre 2003, le Cogex, le Comité des inspecteurs généraux et le chef de service de l'inspection générale des Finances ont envoyé à tous les inspecteurs généraux – ceux du service et ceux détachés dans les administrations – une note rappelant « les repères déontologiques ». Mettant en garde contre l'utilisation non justifiée du « titre », contre les interventions personnelles, contre les conflits d'intérêt. Pure précaution dans la mesure où, jusqu'à présent, le service de l'inspection lui-même (les 65 personnes qui font réellement le métier d'inspecteurs) n'a pas été touché par les scandales. Aucun n'a jamais été soupçonné dans l'exercice de ses missions. Mais cette précaution est révélatrice de l'état des mœurs.

Certains ne se privent pas d'ailleurs de manifester ouvertement un certain malaise. Fin 2000, au Cercle interallié, remettant la Légion d'honneur au jeune banquier Fabien Chalandon, fils d'Albin, Jean Guyot, inspecteur des Finances, associé-gérant de Lazard, lance devant 200 représentants du monde des affaires et de la finance : « Il ne faudrait pas se contenter d'inculquer quelques notions de marketing dans l'enseignement de l'Ena, il faudrait aussi enseigner la morale. »

Il y a quelques années à peine, l'avocat Philippe Toussaint, mis en examen en 1991 dans le cadre du scandale de Nasa Electronic, où neufs banquiers ont été inculpés par le juge Boizette, lance : « Mon client ne ment pas, il est inspecteur des Finances[1]. » Aujourd'hui, une telle affirmation provoquerait un éclat de rire.

Le 8 avril 2002, la *Lettre de l'Expansion* diffusait dans sa page enquête une liste de 23 inspecteurs en délicatesse avec la justice. « 5 % des membres du corps, notait la lettre confidentielle, alors que les mises en examen, tous crimes et délits, ne touchent que 0,1 % de la population. » En réalité c'est beaucoup plus de 5 %, car 23 sur 262 inspecteurs en activité, cela fait 8,5 %. Et ils sont bien plus de 23 à avoir connu des ennuis judiciaires. Ils sont 35, soit 13 %. Une liste des mis en examen, tenue à jour, circule d'ailleurs sous le manteau au service de l'IGF où certains inspecteurs ne sont pas ravis de voir l'honneur de l'inspection mis à mal.

« Acharnement judiciaire ou dysfonctionnement caractérisé des élites », interrogeait la *Lettre* qui citait un inspecteur des Finances « off » : « Hormis les rares cas de malhonnêteté pure, les inspecteurs inquiétés opéraient tous dans des secteurs à risque : la finance, les partis politiques. Et puis, les juges nous détestent. Ils jalousent nos primes, nos pantoufles et nos privilèges. » Il est vrai que désormais les juges poursuivent la délinquance financière, ce qui n'était pas le cas il y a une quinzaine d'années. Les bilans arrangés, les manipulations de chiffres, une pratique courante à la grande époque du Trésor et des banques nationalisées, sont désormais poursuivis au pénal. Cela change tout. Avant on faisait les additions et les soustractions en fonction de l'« intérêt général » !

En réalité, un très grand nombre de ceux qui ont été mis en examen l'ont été ès qualités, dans différentes affaires, comme un très grand nombre de patrons ou de hauts fonctionnaires. Sans s'être livrés personnellement à des actes délibérément délictueux. Sans qu'il y ait eu faute caractérisée ou enrichissement personnel. Dans un grand nombre de cas,

---

1. Philippe Toussaint a été mis en examen en sa qualité de directeur financier du Crédit national. Neuf banques avaient été accusées d'avoir participé à un système, dit de la « chenille », qui avait permis à Nasa Electronic de survivre artificiellement avant son dépôt de bilan en 1986.

c'est la personne morale qui est visée. Seule une minorité a franchi la ligne jaune.

Un certain nombre d'inspecteurs des Finances ont ainsi été poursuivis dans le cadre de leurs fonctions administratives. C'est le cas de tous les hauts fonctionnaires mis en examen dans le cadre de l'instruction sur le sang contaminé : Jean Weber, qui était P-DG de Pasteur Production à l'époque des faits, Louis Schweitzer, qui était directeur de cabinet de Laurent Fabius, et Charles-Henri Filippi, directeur de cabinet de Georgina Dufoix. En juin 2003, la Cour de cassation a entériné un non-lieu général. On ne peut déduire de cet épouvantable scandale que l'inspection est un repaire de bandits. Mais on a pu, un moment, se demander si pour eux le prisme de l'argent n'a pas été prioritaire dans les décisions. Mais aujourd'hui en tout cas, il n'y a rien à leur reprocher, du moins selon la justice.

Ce fut également le cas de Louis Schweitzer qui a été renvoyé en correctionnelle dans une autre affaire : celle des écoutes de l'Élysée. C'est lui, en qualité de directeur de cabinet du Premier ministre, Laurent Fabius, qui signait les demandes d'écoute. Vingt ans après, l'affaire n'est toujours pas jugée !

Par ailleurs, nombre d'inspecteurs figurant dans cette liste avaient été mis en examen dans le cadre de l'affaire des comptes du Lyonnais : Jean-Pascal Beaufret, Jean-Claude Trichet et Jacques de Larosière ont été relaxés. Seul Jean-Yves Haberer a été condamné à dix-huit mois de prison avec sursis. Il a fait appel. Ces relaxes illustrent surtout la difficulté rencontrée par les juges pour établir la culpabilité des uns et des autres par des preuves formelles.

Deux P-DG inspecteurs des Finances ont été mis en examen ès qualités dans des affaires de blanchiment : Daniel Bouton et Henri de Castries. Sans que leur probité personnelle ait été mise en cause.

Le P-DG de la Société générale, Daniel Bouton, qui a été placé en garde à vue, puis mis en examen en décembre 2001 par le juge d'instruction Isabelle Prévot-Desprez, pour « blanchiment de capitaux aggravé », n'est pas un malfrat qui a organisé sciemment des circuits frauduleux. Mais la magistrate, qui a également mis en examen les dirigeants d'autres établissements comme la Bred ou American Express, soupçonne la Société générale d'avoir participé à un circuit de blanchiment – ou du moins manqué de vigilance – en ne procédant à aucun contrôle préalable avant de traiter certains chèques présentés par des banques étrangères, venant notamment d'Israël. La Générale est en tout cas l'établissement le plus impliqué, en volume, dans ce circuit de blanchiment découvert à la suite de l'affaire du Sentier. Cette mise en examen avait beaucoup secoué le Paris des affaires et Daniel Bouton, qualifié d'« honnête homme » par Laurent Fabius, avait reçu de très nombreux soutiens.

La Société générale a fait valoir que « rien ne laisse supposer qu'un collaborateur ou un service de la banque ait sciemment commis une action de blanchiment ». Peut-on toujours savoir ce qui se passe dans les salles de compensation ? Difficile de vérifier les dizaines de milliers de chèques qui y transitent chaque jour. Certes, mais l'attitude de la banque peut paraître plus contestable quand elle crédite les comptes d'obscurs citoyens bulgares de chèques qualifiés d'« exotiques », aux libellés fantaisistes. L'instruction est en cours ; il s'agira de déterminer si la banque était ou non réellement au courant de l'ampleur des risques encourus, comme le laisse supposer l'enquête. De son côté le parquet estime, lui, que la mauvaise foi ou la connaissance de l'origine frauduleuse « ne sont pas rapportées ». Quoi qu'il en soit, c'est la personne morale qui est visée.

Henri de Castries a lui aussi été mis en examen en juin 2001, pour « blanchiment de capitaux aggravés », dans le dossier de l'entreprise luxembourgeoise PanEurolife. Dans son livre, Denis Robert[1] explique que grâce à une directive européenne autorisant les citoyens à s'assurer pour la vie dans le

1. *La Boîte noire*, Éditions Les Arènes, 2002.

pays de leur choix, cette ex-filiale de l'UAP, puis d'Axa, a favorisé massivement l'évasion fiscale de particuliers depuis la France vers le Luxembourg. Les fraudeurs apportaient du liquide et récupéraient une prime d'assurance vie qu'ils pouvaient se faire rembourser. Interrogé sur cette affaire, Henri de Castries explique sereinement que c'est l'UAP, du temps de Jean Peyrelevade, qui avait pris le contrôle de PanEuroLife en 1990, et que Axa, méfiant, s'en est défait quelques mois après la fusion avec l'UAP. L'instruction est en cours.

Parmi cette liste tout de même impressionnante d'éminents oligarques mis en examen, beaucoup ont bénéficié d'un non-lieu. Charles-Henri Filippi, qui avait été mis en examen par Éva Joly dans l'affaire Elf-Bidermann, en sa qualité de P-DG d'une filiale financière au Gabon, la société luxembourgeoise CIPH. Claude Pierre-Brossolette et Jean-Luc Lépine, qui avaient été mis en examen pour délit d'initiés dans le cadre de l'affaire des ciments français, en tant qu'associés-gérants de Worms, ont été totalement blanchis. L'accusation leur reprochait d'avoir participé à un montage financier qui leur aurait permis de dégager une plus-value consistante grâce à des « informations privilégiées » échangées au sein d'un aréopage de responsables du secteur public. Le tribunal a jugé que les transactions « de gré à gré » ne relevaient pas du marché, contrairement à la juge Éva Joly et au ministère public qui considéraient que le marché pouvait s'entendre comme tout lieu de confrontation entre l'offre et la demande.

Jean-Charles Naouri, mis en examen pour délit d'initié également, dans le scandale de la société générale, a obtenu un non-lieu à l'automne 2002. Personnellement, Naouri a fait une plus-value relativement modeste, 53 000 euros, soit 345 000 francs. Mais sa holding, Euris, aurait réalisé en quelques jours une plus-value de 240 000 euros, soit 1,5 million de francs[1] : Naouri aurait simplement agi comme tous les gestionnaires de fonds à ce moment-là.

1. Selon le calcul fait par les inspecteurs de la Cob et publié dans le rapport de la Cob daté du 28 juillet 1989.

Marc Viénot, soupçonné lui aussi de délit d'initié lors du raid sur la Société générale, a bénéficié de la loi d'amnistie de 1995. Il faut dire que cette mise en examen lui avait été signifiée, comme par hasard, au lendemain du raid raté de Georges Pébereau sur la Société générale, en 1989. Comme si on ne lui avait pas pardonné de résister !

Michel Gallot, l'ancien directeur général adjoint du Crédit lyonnais, ancien président de la SDBO, la filiale du Lyonnais qui avait, entre autres, financé Tapie, lui, a été condamné puis amnistié dans l'affaire Testut où il avait été accusé de soutien abusif. Il est encore sous le coup d'une mise en examen pour abus de confiance et recel d'abus de confiance dans une affaire concernant le club de football de l'AS Cannes.

Autre affaire aux graves conséquences pour beaucoup de monde. En 1995, la faillite de la banque Pallas-Stern avait laissé un passif de 1,2 milliard d'euros. Des dizaines de milliers de créanciers et plus de 15 000 porteurs d'obligations avaient été lésés. Le tribunal de commerce de Paris a d'ailleurs validé un accord conclu entre les principaux actionnaires et les liquidateurs pour rembourser les créanciers qui ont pu recouvrer une partie de leurs avoirs. Dans cette affaire, une belle brochette d'inspecteurs des Finances a été appelée pour combler le passif : Michel Albert, Philippe Jaffré et Patrice Vial, l'un des patrons de la banque. Cela s'est terminé par un règlement à l'amiable. Mais pas pour les petits actionnaires qui, via l'Adam (l'Association de défense des actionnaires minoritaires), avaient porté plainte. Saisie, la Cob avait d'ailleurs, en 1997, rendu un rapport accablant sur l'information financière et comptable de cet établissement bancaire. En avril 1995, deux mois avant le krach, la banque publiait un communiqué ahurissant : « Après trois années de restructuration, la banque Pallas-Stern envisage l'exercice 1995 avec confiance, dans une situation de bilan assaini. » Cinq anciens dirigeants et cinq commissaires aux comptes avaient été mis en examen. Le procès avait donné lieu à des discussions sans fin sur l'interprétation des règles comptables de consolidation. Et donc sur la sincérité des comptes.

Le 1er mars 2001, l'inspecteur Patrice Vial est condamné, en sa qualité d'ancien dirigeant de la banque, par le tribunal de grande instance de Paris. Il écope de huit mois de prison avec sursis et de 400 000 francs d'amende, pour « escroquerie à l'épargne publique » et « diffusion de fausse information ». Le tribunal avait estimé que les anciens dirigeants du groupe avaient volontairement sous-estimé les provisions immobilières et diffusé des informations faussement rassurantes. Le juge d'instruction, Jean-Pierre Zanotto, avait même ironisé sur « l'intérêt très résiduel manifesté envers les épargnants ». Estimant que la preuve n'avait pas été apportée par le tribunal de l'insuffisance des provisions, les dirigeants avaient fait appel. Ils ont gagné en seconde instance. Et Patrice Vial a été blanchi. L'Adam s'est pourvu en cassation. Où est la limite entre incompétence, malchance et faute caractérisée ?

Avec Alain Gomez, on approche du polar. L'ancien président de Thomson a été mis en examen, le 11 juin 2001, pour tentative d'« extorsion de fonds ». « Il m'a jeté un sac [1] pardessus la rambarde de l'escalator », a témoigné la secrétaire de l'avocat américain William Lee, soupçonné d'avoir travaillé pour l'agence de renseignement Kroll Associates. C'est lui qui avait été chargé, à l'initiative de Thomson, de l'opération « Couper les ailes de l'oiseau », afin de déstabiliser Matra. Gomez, à l'étonnement de tous les connaisseurs, est passé à travers toutes les procédures dans les différents volets de l'affaire Elf, et dans celle dite des frégates de Taiwan. On lui prête ce bon mot, à propos de rétro-commissions qui auraient été versées aux balladuriens : « J'ai tartiné dessus et dessous. » Un simple mot d'humour sans doute.

Il y a aussi des cas plus bénins, comme celui d'Alain Minc, poursuivi pour plagiat. De nombreux passages de son livre *Spinoza, un roman juif*, avaient été copiés dans le livre d'un universitaire. Il a été condamné à 100 000 francs de

1. Un sac contenant 1,5 million de francs.

dommages et intérêts pour plagiat, contrefaçon et reproduction servile. Les étudiants qu'il paie pour rédiger la première mouture de ses livres ont été, paraît-il, un peu légers ! Des peccadilles. On lui reproche surtout le mélange des genres. Il est vrai que Minc jongle avec nombre de clients-patrons.

Certaines actions en justice en disent long, en tout cas, sur l'exaspération à l'égard de pratiques contestables. Ainsi, Dominique Wallon, personne éminente du monde de la Culture, puisqu'il a été directeur général du Centre national du cinéma, directeur de la musique, de la danse, du théâtre et du spectacle au ministère de la Culture, a été condamné en première instance, en mai 2002, par le tribunal de grande instance de Paris pour « prise illégale d'intérêt ». Cet inspecteur était à la fois membre de la Commission de contrôle des Sociétés de perception et de répartition des droits d'auteurs (Sprda) et président de l'Institut pour le financement du cinéma et des industries culturelles (Ifcic). Des conventions avaient été conclues entre les deux entités. En clair, on soupçonnait ce fonctionnaire d'être juge et partie, en étant président d'une société qui recevait des financements d'un organisme qu'il contrôlait. Lors de l'audience, Dominique Wallon avait contesté la matérialité des faits et s'était posé en victime, en disant qu'il servait de bouc émissaire. La société Grace (Groupement des artistes concepteurs créateurs d'environnement), qui avait porté plainte, avait fait savoir, à la suite de ce jugement, qu'« elle comptait sur cette décision pour libérer le secteur de la création de la mise en coupe réglée que lui a fait subir un certain nombre de hauts fonctionnaires du ministère de la Culture et ouvrir les droits d'auteur à une concurrence loyale et sincère ». Cette condamnation a été cassée en appel le 24 mai 2003. Le tribunal a estimé que le cumul des fonctions reproché à ce haut fonctionnaire était du ressort des membres du gouvernement et ne résultait pas de la volonté du prévenu. La société Grace a même été condamnée à payer 5 000 euros de dommages et intérêts à Dominique Wallon pour abus d'action en justice. Celle-ci s'est pourvue en cassation. Entre-temps, Dominique Wallon a pris sa retraite.

Avec le financement occulte des partis, on entre dans des zones encore plus délicates. Pierre Blayau et Yves Cabana ont bénéficié d'un non-lieu. Pourtant, peu de temps avant le jugement, interrogé dans le cadre de cette enquête, cet inspecteur des Finances confiait : « J'ai été mis en examen à double titre. Un, j'occupais un emploi fictif, puisque je travaillais au RPR en étant payé par la mairie, comme conseiller technique au cabinet du maire. Deux, j'étais directeur de cabinet de Juppé au RPR. On a enfreint la loi, c'est vrai. On a continué avec les mauvaises habitudes du système politique. Si je dois être condamné, j'assume. » D'où, sans doute, sa sincérité troublante au tribunal de Nanterre, lors du procès de Juppé cette fois, lorsqu'il a déclaré à la présidente, en qualité de témoin : « Tout le monde savait. » Alors que tout le monde faisait semblant de ne pas savoir ! Certains disent que ce système opaque avait l'avantage de permettre de mieux contrôler les cadres du parti. On est plus malléable quand on a un faux emploi.

Alain Juppé, lui, a été mis en examen pour prise illégale d'intérêt, recel d'abus de biens sociaux dans cette affaire dite des emplois fictifs du RPR. Il a bénéficié d'un non-lieu dans le volet concernant les cadres rémunérés par des entreprises privées. En revanche, dans le volet des sept emplois de permanents pris en charge par la mairie de Paris, il a été condamné à dix-huit mois de prison avec sursis et à une peine d'inégibilité de dix ans qui a fait grand bruit. Lors du procès qui s'est déroulé au tribunal de Nanterre, en octobre 2003, il avait affirmé ignorer le système mis en place par le RPR. Il a fait appel.

Quant à François Léotard, ex-président du Parti républicain, il a été poursuivi pour financement illicite d'un parti et blanchiment de capitaux, dans l'affaire dite du Fondo ou du financement du siège du Parti républicain : 5 millions de francs avaient été déposés, en espèces, par son bras droit, Renaud Donnedieu de Vabres, au siège du Fondo, une banque dirigée par l'homme d'affaires Ahmed Charly Chaker. « Une fausse banque, dont le seul objet est de s'approprier par la ruse l'argent des autres », a dénoncé le procureur. L'ancien ministre a toujours affirmé que cet argent provenait des fonds secrets. Le 8 décembre 2003, le procureur a requis contre lui une peine de huit à dix mois d'emprisonnement avec sursis, assortie d'une amende de 3 000 euros au titre du financement illicite, mais a demandé la relaxe sur le délit de blanchiment.

Il n'y a pas eu enrichissement personnel, tout le monde faisait pareil, paraît-il. L'« étatocratie » pardonne. Mais pas la France des petits chefs d'entreprise qui, elle, se voit lourdement condamnée au moindre écart. Et si des inspecteurs des Finances se prêtent eux-mêmes à des montages grossiers, avalisent des pratiques interdites par la loi, quel respect peut inspirer l'État ?

Dans cette longue liste, deux cas ont provoqué un réel trouble au sein de l'inspection : ceux de Jean-Maxime Lévêque et de François Heilbronner.

Jean-Maxime Lévêque (promotion 1948) était une grande figure de l'inspection. Il a été administrateur du FMI, conseiller technique à la présidence de la République du temps du général de Gaulle, président du CCF, du Crédit lyonnais, administrateur d'une bonne dizaine de sociétés (Delmas-Vieljeux, Galeries Lafayette, DMC, Roussel Uclaf, Pechiney, Lafarge, Hachette, Christian Dior, LVMH). Il a fait partie de la commission de politique économique du CNPF, il a été vice-président de l'Association française des banques. Il est officier de la Légion d'honneur, commandeur de l'ordre national du Mérite. Bref, c'est une personnalité du monde des affaires et de la finance. Et, à l'époque, un proche du défunt RPR.

Le 29 mai 1997, Lévêque, qui a effectué quatre mois de

détention préventive, est mis en examen pour « complicité d'abus de confiance, recel, complicité de présentation de comptes inexacts et complicité de dividendes fictifs ».

En 1982 – après avoir été débarqué du CCF, nationalisé, par la gauche, et avant d'être nommé par la droite président du Lyonnais en 1986 – il prend la présidence d'un groupe bancaire, la société IBI Holding company, créée par un ancien du CCF, Jean de Roquefeuil, à partir de capitaux provenant essentiellement de groupes du Moyen-Orient et de quelques banques européennes anciennement liées au CCF. Les principaux partenaires financiers sont Samir Traboulsi, qui sera condamné pour délit d'initié dans l'affaire Pechiney-Triangle, et a exécuté sa peine en semi-liberté après avoir épuisé tous les recours, Adnan Kashoggi, qu'on retrouvera dans l'affaire Irangate, et Akkram Ojjeh surnommé le roi des bakchichs – sans doute la conséquence de vieilles inimitiés. Du beau monde. Lévêque affirme qu'à l'époque ces personnes étaient tout à fait respectables.

La holding est domiciliée à Curaçao, dans les Antilles néerlandaises. La principale filiale, IBI SA, à Luxembourg. Des succursales sont ouvertes à Genève, Hong Kong, Londres. Le montage apparaît pour le moins explicite. Mais Lévêque explique qu'en 1982, la France n'autorisait plus la création de nouvelles banques, et que c'est la raison de cette domiciliation à l'étranger. Quant au choix des Antilles néerlandaises, il permettait, non pas de ne pas payer d'impôts, mais de bénéficier de la législation néerlandaise conçue pour « éviter les superpositions d'impôts pénalisantes », dit-il.

La juge d'instruction Éva Joly soupçonne la banque IBI d'avoir fait transiter des commissions lors de la vente de l'immeuble du journal *L'Humanité*, puis de *France-Soir*. Des commissions de, respectivement, 27 et 91 millions de francs. IBI apparaît également dans l'affaire dite Luchaire, qui concernait la vente d'armes en Iran au milieu des années quatre-vingt. Dans le documentaire réalisé par Arte (dont *Série noire*[1] est la retranscription) Lévêque affirme, pour sa

1. Fabrizio Calvi et Jean-Michel Meurice, *Série noire au Crédit lyonnais*, Albin Michel, 1999.

défense : « Ceci se référait à des opérations de financement de négoce... qui portaient sur des produits militaires... et qui ont été faites à un moment où moi... j'étais président du Crédit lyonnais. Par conséquent, je ne connaissais pas le fond de l'affaire. Lorsque je l'ai appris, bien sûr cela m'a été désagréable, mais j'ai consulté des juristes qui m'ont dit que la tentative de la justice italienne était totalement dénuée de fondement juridique. » À nouveau interrogé à ce sujet, il fait un geste évasif pour expliquer que rien n'était illégal. C'était une opération commerciale. Mais n'était-il pas au courant de l'embargo décidé par les Nations unies ? Pas de réponse. Changeons de sujet. En 1987, suite à cette affaire et aux perquisitions réalisées au siège luxembourgeois de la banque, à la demande de la justice italienne, les autorités financières luxembourgeoises auraient demandé à Ibsa « de se recentrer sur Paris ».

Lévêque explique que ce recentrage sur Paris a une tout autre raison. En 1986, avec le retour de la droite et l'assouplissement de la réglementation bancaire, Ibsa s'est développée en France, où son activité était devenue plus importante qu'au Luxembourg. « Les accords de Bâle imposent aux pays de contrôler toutes les activités des banques ayant établi leur siège social sur son territoire, dit-il. Le Luxembourg estimait que c'était à la France de contrôler Ibsa. En 1990, on a donc inversé les structures et Paris est devenu le siège social. » C'est sa version.

À côté des activités de « transactions commerciales internationales », comme dit Lévêque, IBI s'était également fait une spécialité de ce qui passait alors pour la poule aux œufs d'or : le financement de l'immobilier. Le principe était simple : le marché étant porteur, il suffisait d'acheter un immeuble, sans débourser un sou, puisqu'on signait juste une promesse de vente, et six mois plus tard, on revendait 10 % plus cher. Mais voilà, le marché s'effondre, avec des baisses de valeurs de l'ordre de 50 %. En 1991 donc, Ibsa, qui est notamment engagé bien au-delà de ses moyens dans une opération passage du Havre à Paris, voit ses déficits atteindre des profondeurs abyssales. Des pertes qui s'ajoutent à celles enregistrées dans le groupe Maxwell (un investissement initié par Lévêque)... La faillite guette.

La banque a alors procédé à un *window dressing*, un maquillage pur et simple des comptes. Elle affiche en tout cas un résultat bénéficiaire de 100 millions et non des pertes de 80 millions.

Qui a ordonné l'établissement de ces bilans ? Haberer ? Il nie. Lévêque a toujours nié, lui aussi, être à l'origine d'une quelconque falsification. Pourtant, lors d'une perquisition dans sa maison de Chantilly, la brigade financière aurait retrouvé dans ses archives personnelles des pièces qui démontreraient que les bilans étaient fabriqués sur ordre de Lévêque et de dirigeants du Lyonnais [1].

Lévêque explique que ce bout de papier était uniquement destiné à lui présenter les résultats de 1991. Selon lui, il y a bien eu une vente fictive, un truquage des comptes. Mais il n'était pas au courant. Il était un président non exécutif. On lui a caché beaucoup de choses. Il a été victime d'opérations frauduleuses. Lévêque était président du conseil d'administration de la holding Compagnie financière IBI, président du conseil d'administration d'IB Finance UK, président du conseil d'administration d'IBI SA Luxembourg, président du conseil d'administration d'IBI Finance Cy à Genève, mais il ne savait rien de ce qui se passait à IBI France.

Il a été, affirme-t-il, persécuté par Éva Joly. Pour trois raisons : 1. Il était très proche de l'ex-beau-père de la magistrate avec lequel elle entretenait de très mauvais rapports. 2. Il était le seul homme en vue qu'elle pouvait afficher à son tableau de chasse. 3. Par le biais d'Ibsa elle espérait se saisir du dossier du Lyonnais. Un tableau à charge, et donc forcément contestable, de l'instruction, mais qui lui permet de se poser en victime (ou d'essayer).

Des regrets ? Un sentiment de culpabilité ? Aucun. Selon lui, le dossier ne tient pas. C'est d'ailleurs Michel de Brem qui était P-DG de IBF Paris, laisse-t-il entendre. D'autres ban-

1. Cité dans *Le Monde* du 23 octobre 1997.

quiers dignes de foi affirment que de Brem est un homme d'une grande honnêteté. Qui croire ? Dix-huit instructions judiciaires sont en cours. Avec des commissions rogatoires lancées *urbi et orbi.* Dix ans après l'ouverture de l'instruction, aucune n'a encore été jugée. Le parquet estime qu'il faut attendre que l'ensemble du dossier soit clôturé. Entre-temps, Éva Joly a abandonné la magistrature ; elle est retournée en Norvège. Lévêque est présumé innocent. Tout cela s'est fait à l'insu de son plein gré. Et il a beau jeu d'affirmer que ni les commissaires aux comptes (KPMG), ni la commission bancaire, ni l'inspection générale du Crédit lyonnais n'avaient signalé la moindre irrégularité.

Au total, Ibsa, banque privée, a coûté 7 milliards de francs au Crédit lyonnais, banque publique qui avait été contrainte par la direction du Trésor et la Banque de France de devenir l'actionnaire de référence et donc d'assumer la responsabilité des pertes. Car en 1990, face aux difficultés de la banque, en mal de partenaires, le gouverneur de la Banque de France, Jacques de Larosière (promotion 1958), a voulu sauver le soldat Lévêque (promotion 1948). Il a insisté auprès d'Haberer (promotion 1959) pour qu'il accepte d'adosser la petite banque Ibsa sur le puissant Crédit lyonnais. Haberer n'était pas chaud, dira-t-il, Bérégovoy, lui, exulte, c'est une victoire idéologique : « C'est merveilleux politiquement, quelle victoire des socialistes d'être reconnus respectables pour la gestion de l'économie mixte ! Ce porte-parole de l'entreprise privée qu'a été politiquement Lévêque souhaite prendre comme actionnaire de référence une banque publique[1] ! » Et personne ni au Trésor, ni à la Commission bancaire, ni au Lyonnais ne proteste.

Dans son charmant appartement de la rue de Bièvre, l'ancien président d'Ibsa semble au supplice d'avoir à parler de malversations ou de comptes truqués. Lui qui a été le conseiller économique du Général ! Et c'est aussi de cela que cet ancien combattant de la Libération décoré de la croix de

---

1. Fabrizio Calvi et Jean-Michel Meurice, *Série noire au Crédit lyonnais, op. cit.*

Guerre voudrait parler, pour défendre son honneur. De ce passé glorieux et... courageux.

Lévêque raconte qu'il avait été placé à l'Elysée par l'inspection pour défendre les intérêts du ministère. Et « contrôler » de Gaulle. Il s'est alors aperçu que la politique menée par les Finances mettait en péril la politique de redressement économique engagée avec le plan Rueff en 1958. « J'ai hésité entre me montrer docile vis-à-vis de l'inspection et faire mon devoir de conseiller, raconte-t-il. J'ai choisi d'alerter de Gaulle. En 1963, j'ai inspiré un plan de stabilisation, puis on a fait des réformes pour mettre fin au système Bloch-Lainé qui finançait l'économie par l'inflation. Sa politique avait provoqué les chutes répétées du franc. » Lévêque s'est également montré courageux voire téméraire en 1981, au moment des nationalisations. Alors qu'une partie du patronat fait profil bas, que nombre d'inspecteurs qui se prétendent aujourd'hui des parangons du libéralisme, comme Michel Pébereau, Charles de Croisset, Michel de Rosen ou Baudouin Prot, entament sans états d'âme leur carrière de manager dans des établissements nationalisés, il est le seul à protester ouvertement, à faire campagne contre les nationalisations et à prédire les dénationalisations.

En 1982, lorsqu'il quitte ses fonctions à la tête du CCF nationalisé, il n'a plus de parachute. En 1965, un an après être entré au CCF, il a fait valoir ses droits à la retraite. Il n'est donc plus fonctionnaire d'active. S'étant engagé très vigoureusement contre la politique du gouvernement, il est devenu *persona non grata* dans l'establishment. D'autant qu'il est proche du RPR. Il est rejeté de tous bords. C'est un homme seul. C'est pour cela qu'il a accepté ce qui se présentait à lui sans trop faire la fine bouche ? Heureux peut-être même de jouer les francs tireurs ? Haberer raconte que Lévêque a voulu prouver qu'il était un grand banquier. Quoi qu'il en soit, il finira par rentrer au bercail et par solliciter l'aide d'une banque publique, grâce au réseau.

L'homme est blessé. Amer contre certains camarades comme Michel Pébereau qui a obtenu une recapitalisation de 2 milliards de francs avant la privatisation du CCF, au motif que lui, Lévêque, aurait laissé la banque en piteux état. « J'ai beaucoup contribué, d'abord aux côtés de Jacques Merlin, puis comme président, au redressement et au développement du CCF. Les engagements au Brésil qu'on m'a reprochés étaient provisionnés. En réalité, Pébereau voulait réaliser la privatisation dans les meilleures conditions. Il a été dit beaucoup de choses sur mon compte. Et la privatisation fut effectivement un grand succès. Pébereau était très soucieux de sa carrière, et c'est un homme trop intelligent pour ne pas être complexe. »

Amer aussi de ne pas avoir retrouvé, en 1986, son cher CCF dénationalisé. Il avait été promis par Balladur à Pébereau. Balladur se méfiait de ce proche du RPR qui prétendait être l'inventeur du concept des dénationalisations. Lévêque hérite donc du Lyonnais. Mais toute l'affaire laisse un goût amer... au contribuable.

Le 21 juin 2002, c'est une autre figure de l'establishment qui se retrouve sur le banc des accusés : François Heilbronner, homme a priori respectable, inspecteur des Finances, ancien conseiller de Michel Debré, ancien directeur de cabinet de Jacques Chirac à l'Agriculture, puis à l'Intérieur en 1974, ancien directeur adjoint de cabinet de Chirac à Matignon, ancien P-DG du Gan (1986-1994), ancien membre de nombreux conseils d'administration (Matra Hachette, Publicis, Lagardère groupe, GSI). Il est mis en examen pour « escroquerie en bande organisée avec appel public à l'épargne, faux et usage de faux ». Pour le moins surprenant ! Après une garde à vue de quarante-huit heures le juge des libertés, contre les réquisitions du parquet favorable à un mandat de dépôt, le remet en liberté, sous contrôle judiciaire, mais le contraint à verser une caution de 400 000 euros.

Sa gestion du troisième groupe d'assurances avait déjà été très critiquée. Non seulement il avait laissé des pertes cumulées estimées à 40 millions de francs, mais après avoir annoncé de mauvais résultats en 1992, en 1993, il avait affiché des bénéfices, grâce à de nouvelles méthodes comptables. En

1994, il n'avait pas été reconduit par le gouvernement Balladur.

En 1997, avec son gendre Imad Lahoud, apparenté à l'ancien président de la République libanais, le général Lahoud, il avait créé HL Gestion qui gérait un fonds spéculatif, le Volter Fund Limited, immatriculé aux îles Vierges britanniques. Un de ces paradis fiscaux comme les apprécie Bercy.

Heilbronner et son gendre ont démarché une série de grandes banques et de compagnies d'assurances et leur ont proposé d'investir dans ce fonds, en échange d'une rentabilité intéressante. La personnalité d'Heilbronner aidant, quelques poids lourds de la finance comme le Gan, les Agf, un assureur anglais, participent à l'opération. En avril 2000, premiers soupçons des investisseurs qui ne sont plus remboursés. Lahoud les rassure en exhibant un document de la Cob, datant du 15 mars, rédigé par le chef de la gestion de l'épargne, qui ne fait état que d'anomalies mineures. Devant l'absence d'explications convaincantes, les commissaires aux comptes de deux investisseurs saisissent la Cob.

Celle-ci engage une enquête au début de l'été 2000, tardivement selon les parties civiles. Ses investigations seront de courte durée : les documents comptables de la société, installée aux îles Vierges, ne sont pas accessibles. La Cob rend son rapport dans des délais records, le 11 septembre 2000, et transmet le tout à la justice qui va devoir tenter de comprendre comment 42 millions de dollars se sont évaporés. Mauvaise gestion, ou détournement ?

Interrogé sur cette affaire François Heilbronner répond d'une voix sourde et accablée : « Il n'y a pas grand-chose à en dire. Le fonds a perdu de l'argent. Volter était un fonds spéculatif, un *hedge fund.* Cela aurait marché, nous aurions gagné de l'argent. Cela n'a pas marché. Le fonds a fait des pertes. » 42 millions de dollars évaporés et voilà, selon cet oligarque, il n'y a rien de plus à dire. Au passage, si les investisseurs ont été ruinés, HL Gestion, elle, a perçu 1,3 million d'honoraires pour la gestion du Volter Fund.

Mais tout de même pour un ancien inspecteur des Finances, un fonds spéculatif immatriculé aux îles Vierges, cela n'a éveillé aucun soupçon ? Réponse de l'ancien haut fonctionnaire : « À l'époque, il n'y avait pas en France de formule pour ce genre de fonds dans la réglementation française. Cela a été créé plus tard. Il était prévu de le rapatrier en France. » Comment a-t-il pu engager son nom sur un fonds spéculatif ? « J'étais à la retraite ! J'avais du temps libre. J'ai voulu donner un coup de main à mon gendre. Il avait géré pendant des années des produits dérivés. Il était compétent. » Et les faux ? « Il s'agit de certains documents émis par le fonds, sur la valorisation, et qui sont remis en question. Personnellement, je n'y suis pour rien du tout. Il y avait une banque[1] qui accueillait le fonds, des auditeurs, des commissaires aux comptes. Je pensais que le président pouvait se reposer sur ces instances. Je n'avais pas de rôle opératoire. » Un inspecteur préside, il fait des relations publiques, il ne met pas les mains dans le cambouis. Et les pertes du Gan ? « Tout le monde a perdu de l'argent avec l'immobilier. » Il essaie d'oublier. Depuis son premier interrogatoire, il y a un an et demi, il n'a plus eu de nouvelles de cette affaire qui est à l'instruction.

Cette longue liste ne serait pas complète sans nommer Joël Rochard, inspecteur des Finances au tour extérieur en poste à l'IGF. Il a été mis en examen pour prise illégale d'intérêts dans une affaire où sont impliqués des administrateurs judiciaires. Cette procédure laisse perplexe. Rochard siégeait à la commission de discipline des administrateurs judiciaires en tant que représentant de l'inspection générale des Finances. Et il avait été le rapporteur d'un audit où étaient dénoncées certaines dérives graves. Il a été accusé de corruption et démis de ses fonctions au sein de cette commission. Est-il coupable des méfaits dont on le soupçonne, ou a-t-il été victime d'une machination de la part d'administrateurs peu scrupuleux ? L'affaire est à l'instruction.

1. Il s'agit de NSM, une filiale de la banque néerlandaise ABN Amro.

Le Service central de prévention de la corruption, organe dépendant du ministère de la Justice, a consacré 18 pages de son rapport 2000 au pantouflage, « zone grise de la corruption ». Il est noté en préambule : « La corruption prospère sur le terreau favorable que sont les zones grises du pantouflage, favorisant les manœuvres frauduleuses. Individus et réseaux délinquants tirent parti des situations où règne, parfois de façon inconsciente, la tolérance aux dérives. [...] Migration d'un agent public vers le secteur privé. Cette définition du pantouflage – neutre car dépourvue de jugement de valeur – ne cesse toutefois d'être entourée de suspicion : transmission, répartition occulte des postes, confiscation du pouvoir par un processus de cumul d'influence et d'obscurs passages de la sphère publique à la sphère privée. Il ne s'agit pas de voir dans le pantoufleur un délinquant potentiel, mais d'examiner le risque déontologique qu'entraînent les passages d'agents publics vers le privé. » Les inspecteurs ne sont pas les premiers visés. Ni les seuls. C'est même un leitmotiv. À chaque fois que j'évoquais un dossier douteux, ils me répondaient : « Vous feriez mieux d'enquêter dans les collectivités locales. » C'est un fait : les zones d'ombre touchent de nombreux secteurs de l'État. Mais elles sont d'autant plus insupportables qu'elles touchent une administration d'élite, censée faire respecter la loi.

Ces zones d'ombre finissent par jeter le discrédit ou le doute. Fort de l'intérêt dont le SCPC fait preuve à ce sujet, une association, créée pour la circonstance, a écrit à ce service pour dénoncer les conditions du pantouflage de Bruno Crémel. Ancien chargé de mission au service des participations et des financements à la direction du Trésor, cet inspecteur avait rejoint le groupe Pinault-Printemps-Redoute, en septembre 1998, comme directeur de la stratégie et du plan. En avril 2000, il avait été nommé directeur de cabinet de Laurent Fabius, ministre de l'Économie. En 2002, il revenait dans le groupe Pinault, comme directeur des services généraux de la Fnac. Il se trouve que du temps où il était directeur de cabinet de Fabius, François Pinault, en contentieux avec le fisc, a conclu avec le ministre une transaction globale :

redressement fiscal, règlement anticipé de sa succession et création de la Fondation Pinault qui réunira sur l'île Seguin sa collection d'art contemporain. Ce grand ami de Chirac pensait qu'une telle transaction serait plus difficile si c'était un gouvernement de droite qui en était saisi parce qu'il serait immédiatement soupçonné. Interrogé sur cette situation, Bruno Crémel explique qu'il avait pris soin de mettre en place tout un circuit au sein du cabinet pour ne pas avoir à s'occuper ni de près ni de loin du dossier Pinault. Mais le Service central de prévention de la corruption a transmis le dossier au parquet.

Très chic avec son costume à rayures tennis, Philippe Marini, maire de Compiègne, sénateur UMP de l'Oise, rapporteur général du Budget, chantre de l'économie libérale, a fait une partie de sa carrière comme directeur financier du Commissariat à l'énergie atomique, puis à la banque Arjil, dans le groupe Lagardère, avant de faire de la politique.

Toutes ces histoires sur le pantouflage, sur le supposé réseau de l'inspection l'agacent : « Les parachutages existent depuis le XIXe siècle. Attaquer l'État, ce n'est pas nouveau. Souvenez-vous de Bourdieu. L'inspection est un mode de sélection méritocratique, très précoce, de jeunes qui ont voulu performer. La sélection en Grande-Bretagne se fait beaucoup plus sur des codes sociaux. Certes, aujourd'hui, les inspecteurs des Finances doivent davantage se remettre en cause, mais l'inspection a produit des hommes de grande qualité : La Martinière, Mayoux, Trichet, Pébereau, Villeroy de Galhau, Musca, Schweitzer, Bouton... Prenez l'annuaire, vous verrez. »

Cet auguste sénateur est soupçonné par la Cour des comptes de trafic d'influence. Il serait intervenu dans le cadre de la création d'Areva (résultat de la fusion de la Cogema, de Framatome et du Cea) pour le compte de la société Gimar, une banque d'affaires dont il est vice-président du conseil de surveillance et qui était conseil de la Cogema. Au centre des investigations de la Cour des comptes : une commission de 18 millions de francs versés par la Cogema à la banque Gimar.

Cette petite banque, dirigée par Christian Giacomotto, s'est en quelques années hissée au niveau des premières banques d'affaires de la place. On jase beaucoup sur ce banquier proche de Christian Pierret, député socialiste, et de Philippe Marini, présent dans de nombreux deals qui touchent l'État. Pour beaucoup, Giacomotto est avant tout un lobbyiste, bien introduit dans les milieux politiques.

La création d'Areva, en septembre 2001, a en effet donné lieu à une longue bagarre entre la Cogema (groupe public, présidé par Anne Lauvergeon) et Framatome (groupe privé, présidé par Dominique Vignon). Chacun voulait faire prévaloir sa conception de l'avenir du nucléaire français. Et en prendre le leadership. Le Trésor était favorable au projet Framatome. Fabius finira par imposer le projet Cogema. Cette bataille a généré 93 millions de francs d'honoraires versés par les protagonistes à plusieurs cabinets d'avocats, banques et conseils divers. Mais fin 2001, les inspecteurs de la mission permanente de contrôle d'État chargée de surveiller Areva ont été particulièrement intrigués par les 18 millions de francs (2,7 millions d'euros) versés à la banque Gimar. Il n'existe, selon eux, pas suffisamment de preuves du travail fourni.

Déjà, en novembre 2001, lors d'un audit interne commandé par Anne Lauvergeon, les auditeurs s'étaient étonnés de ces honoraires élevés versés à cette banque qui n'aurait produit que très peu de documents en contrepartie. Ce rapport avait provoqué un certain émoi au sein d'Areva. Le P-DG d'Areva, Anne Lauvergeon, avait alors fait auditer le rapport interne par le cabinet Salustro qui avait conclu, à propos des honoraires versés à Gimar : « Les prestations d'assistance auraient gagné à être davantage détaillées[1]. » En juin 2002 donc, les membres de la mission de contrôle du groupe Areva informent le Trésor et la Cour des comptes de leurs doutes sur la réalité des prestations de la banque Gimar.

1. *Libération* du 18 novembre 2002.

Mais l'affaire ne s'arrête pas là ; ils découvrent un fax de Gimar, adressé à Anne Lauvergeon. Dans ce document, daté du 19 septembre 2000 et révélé par *Le Canard enchaîné*[1], le patron de Gimar, Christian Giacomotto, rapporte une conversation qu'il vient d'avoir avec le sénateur, qui, il faut le rappeler, est également un associé. Voici ce qu'il écrit à la présidente de la Cogema dans ce fax : « Appel de Philippe Marini qui m'informe que ce jour, il a été reçu à déjeuner, en compagnie de Josselin de Rohan et Jacques Valade, tous deux sénateurs RPR, par Dominique Vignon [le président, donc, de Framatome, le groupe concurrent]. Ces derniers ont passé l'essentiel de la conversation à exposer aux trois sénateurs tout le bien qu'ils pensent des projets de la Cogema, laquelle nourrirait les plus noirs desseins à l'égard de Framatome. [...]. Le Trésor est contre, ont-ils indiqué [...]. D'ores et déjà, j'ai demandé à Philippe Marini, lors des contacts qu'il entretient régulièrement avec Mathieu Pigasse et Jean-Pierre Jouyet[2] à l'occasion de la préparation du Budget et des textes relatifs au CMF et à la Cob, de les interroger sur le sujet en faisant état des propos de ses deux interlocuteurs et de la position supposée du Trésor. » Au vu de ce fax, le parquet de Paris a officiellement demandé à la Cour des comptes des précisions sur ce rapport.

Question : le sénateur Marini s'est-il servi de son poste éminent à la commission des Finances ? Il nie fermement. Interrogé par *Le Canard enchaîné* en novembre 2002, il avait répliqué : « Si j'ai pu par hasard raconter à Giacomotto ce que m'ont dit les dirigeants de Framatome, je n'ai en revanche jamais reçu ni exécuté aucune instruction de sa part. » Propos qu'il a confirmés en décembre 2003 lorsqu'il est à nouveau interrogé à ce sujet. Et de préciser qu'il n'est entré au conseil de surveillance de Gimar que deux mois après le fax en question. Le banquier Giacomotto s'indigne lui aussi : « Pourquoi serais-je allé chercher un sénateur de droite pour

1. *Le Canard enchaîné*, 13 novembre 2002.

2. Respectivement directeur de cabinet de Fabius et directeur du Trésor.

faire avancer un dossier auprès d'un gouvernement de gauche ? » Et d'affirmer qu'il avait envoyé un document de 200 pages à la Cour des comptes pour expliquer la nature de ses prestations.

Marini n'était pas au conseil de surveillance de Gimar Finance ? Il se trouve qu'avant la création de cette banque, de 1996 à 1998, Marini était vice-président du conseil de surveillance de la banque Kleinwort, Benson, Gimar et Cie. À l'époque le président du Sénat avait même saisi le Conseil constitutionnel afin d'apprécier si Philippe Marini se trouverait dans un cas d'incompatibilité s'il devenait membre de cette société en commandite par action. Il est en effet interdit à tout parlementaire d'exercer une fonction de conseil qui n'était pas la sienne au début de son mandat. Le 14 septembre 1995, Roland Dumas avait rendu un avis favorable, au motif que « les membres d'un conseil de surveillance d'une société de conseil exercent des fonctions d'avis et de contrôle, mais pas de conseil ». Un raisonnement juridique imparable en effet ! Philippe Marini ne s'en cache pas : « Je connais Giacomotto depuis quinze ans. J'ai été son collaborateur à la banque Arjil de 1989 à 1994. » En 1998 Philippe Marini s'est inscrit au barreau. En tant qu'avocat, il peut désormais facturer des honoraires. « Je me suis inscrit car j'en ai les titres. Mais je ne m'occupe que d'arbitrages et de médiations ; je ne fais pas de conseil ni de défense. » Et que pense-t-il de cette affaire ? des soupçons qui pèsent sur lui ? « Cette affaire n'existe pas, affirme-t-il sûr de lui. C'est le résultat d'une malveillance. C'est la vie ; on fait des jaloux ! »

Que conclure de cette litanie de procédures ? D'abord que les inspecteurs des Finances ont les mains dans le cambouis, qu'ils sont traités comme des citoyens ordinaires par la justice. Les intouchables ne disposent plus d'une protection absolue. Ce qui est une petite révolution. Certes, les mises en examen aboutissent extrêmement rarement à des condamnations – la plupart sont d'ailleurs cassées en seconde instance –, mais c'est le cas de nombreuses affaires financières. N'empêche. Cela fait tout de même bizarre de voir ces grands commis de l'État, formés à se montrer intraitables, à débusquer la moindre irrégularité, à veiller sur l'argent public, mêlés à des affaires de blanchiment, de délits d'initiés, de comblements de passif.

C'est sans doute cela le plus triste : ils ne sont plus des garants de bonne moralité. Des intouchables au sens anglo-saxon du terme, c'est-à-dire insoupçonnables. Ceux qui portent un tel titre sont censés protéger, veiller sur la légalité ; or, aux yeux du commun des mortels, ils sont passés du côté des prédateurs. Tous en conviennent : l'argent a fait tourner la tête de nombre d'entre eux. Bien sûr, ce ne sont pas des forbans, des flibustiers de la finance, des blanchisseurs d'argent, des bandits de grands chemins, loin de là, mais pour le monde feutré de l'inspection, voir que certains d'entre eux ont dû enlever leur cravate et leurs lacets, se prêter à la fouille, passer la nuit en garde à vue, et pour certains passer quelques semaines sous les verrous, c'est... nouveau. Et in fine, même si chaque cas est particulier, si les procédures aboutissent rarement à des condamnations, celles-ci entachent ce corps de suspicion. À trop mélanger les genres... Peut-être serait-il temps d'exiger – au minimum – que ceux qui entrent dans les affaires démissionnent du corps, ne fassent plus figurer le titre, accolé à leur nom, dans le *Who's who* et n'aient plus aucun lien formel avec l'IGF.

En mai 2002, un petit syndicat, le Syndicat des administrateurs et des inspecteurs généraux de l'Insee, rendait public un terrible réquisitoire qui appelait à une véritable révolution :

« La nuit du 4 août 1789, disait ce texte qui n'a guère eu d'écho, la noblesse française décidait, de sa propre initiative, de renoncer à ses privilèges, nous dirions aujourd'hui ses "acquis". Ce geste collectif sans précédent a depuis pris valeur de symbole. Il devrait surtout avoir celle de l'exemple.

« De nos jours il existe une autre noblesse, disposant de privilèges analogues et objet, elle aussi, de vives critiques : la noblesse d'État, élite de notre administration, qui s'appuie sur la masse des fonctionnaires.

« Cette noblesse dispose de tous les pouvoirs ; oublieuse de ses devoirs, elle se comporte comme une caste arrogante, fonctionne dans l'opacité, s'auto-attribue tous les postes et se place au-dessus de la loi. Analysant notre haute administration, *The Economist*, magazine de référence internationale, titrait ainsi une enquête de juin 1999 : "Élitisme et corruption : les deux mamelles de la France." Les critiques adressées à cette caste sont fondées. »

Ce sont des hauts fonctionnaires qui l'écrivent. Et ce syndicat des administrateurs et inspecteurs généraux de l'Insee – peu représentatif, il est vrai – de citer ces avantages acquis :

« Il ne paraît normal ni aux Français ni à nous, hauts fonctionnaires de base du ministère des Finances, que notre élite puisse s'attribuer, hors de tout contrôle et notamment celui du Parlement, des primes illégales et occultes, comme l'a récemment dénoncé la Cour des comptes.

« Il ne nous paraît pas normal qu'on puisse choisir de devenir haut fonctionnaire pour réussir, plus vite et sans risque, une carrière dans le privé.

« Il ne nous paraît pas normal que les responsables du Crédit lyonnais ne puissent pas être sanctionnés parce qu'ils appartiennent au corps de fonctionnaires le plus puissant de France, l'inspection des Finances.

« Il ne nous paraît pas normal que les rapports de la Cour des comptes, dénonçant de si nombreux gaspillages d'argent public, restent sans effet, parce que cette Cour dépend du pouvoir exécutif et que celui-ci ne saurait se sanctionner lui-même.

« Quelle est cette élite fonctionnaire qui ne pense qu'à fuir l'administration, perçue comme ingérable ?

« La fonctionnarisation à outrance de notre société et du Parlement a un coût considérable : dans une société de fonctionnaires, il n'existe aucun frein institutionnel à la hausse des dépenses.

« Quant aux blocages et aux rigidités, le statut dépassé de

notre fonction publique fige les situations et imprègne les mentalités.

« La réforme et, dans un premier temps, la correction des abus, doit être initiée par les plus privilégiés. C'est ainsi à nous, hauts fonctionnaires, qu'il appartient de donner l'exemple et de suivre la noblesse de 1789 en renonçant à nos privilèges. »

Qui dit qu'en France toute réforme est impossible ? Mais peut-être faudrait-il en effet commencer par réorganiser le sommet de la hiérarchie. Redonner une fierté, des objectifs à l'élite de l'État.

Chapitre 7

Mais que font les gendarmes ?

« Les services rendus restent souvent dans l'antichambre, et les soupçons entrent dans le cabinet. »

VOLTAIRE

Le lundi 14 novembre 2003, le ministre de l'Économie et des Finances, Francis Mer, inaugurait en grande pompe l'Autorité des marchés financiers, qui remplace à la fois la Commission des opérations de Bourse et le Conseil des marchés financiers, dont les attributions se chevauchaient. Cette nouvelle institution, chargée de surveiller les marchés financiers, de sanctionner les délits d'initiés ou toute fausse information financière, voit non seulement ses moyens renforcés, mais elle va disposer d'un nouveau pouvoir : celui d'imposer des sanctions disciplinaires.

L'idée de réunir ces deux entités, initiée par Laurent Fabius et réalisée par Francis Mer, a un objectif ambitieux : « Répondre à la crise de confiance qui sape depuis plusieurs années les marchés financiers », pour reprendre les termes du ministre. Et surtout redonner de l'autorité à cette instance de régulation qui, de l'avis unanime, n'avait pas réussi à s'imposer. Seulement voilà, pour marquer ce changement, pour incarner cette nouvelle ambition, le gouvernement n'a rien trouvé de mieux que de reconduire les mêmes. Michel Prada, 63 ans, qui présida la défunte Cob, de 1995 à 2002, en sera le président. Cet inspecteur des Finances qui fut nommé directeur du Budget par Fabius, puis maintenu par son ami Alain Juppé, s'était surtout illustré, durant son long mandat, par sa volonté d'arrondir les angles et de ne surtout pas faire de vagues. La seule affaire de délit d'initiés qui a fait du bruit sous sa présidence avait en fait concerné deux agents de la Cob soupçonnés de s'être enrichis grâce à des informations confidentielles !

Ce proche des Chirac, membre du conseil d'administration de la Fondation des hôpitaux de France présidée par Bernadette Chirac, a été préféré à un autre inspecteur des Finances, Gérard de La Martinière, 61 ans, ancien membre du directoire d'Axa.

Et c'est l'ancien numéro 2 de la Cob, Gérard Rameix, qui devient le numéro 2 de l'AMF. Conseiller maître à la Cour des comptes, il a été conseiller technique au cabinet de Jacques Chirac, Premier ministre, en 1986, et directeur adjoint de cabinet d'Alain Juppé à Matignon, en 1996. Pour une instance indépendante, les liens politiques sont plus qu'étroits.

Quant au collège, l'instance de délibération, il reste largement composé de membres de l'establishment financier et de représentants de grands corps de l'État. Seule ouverture : la nomination par Bercy d'un représentant des salariés actionnaires : Jean-Claude Mothié, de la société Thales. Tout bouge mais rien ne change.

Avec la libéralisation des marchés, la sophistication croissante des outils financiers, les organes de régulation ont une tâche immense. Partout dans le monde, leur action est critiquée. Partout, leurs moyens sont jugés insuffisants. À de nombreuses reprises ils se sont montrés incapables de faire face aux puissantes multinationales qui disposent d'armées de conseils, se jouent des réglementations et des normes comptables. L'affaire Enron en est l'illustration. Mais l'absence de moyens, la difficulté de la tâche, ne suffisent pas à expliquer la défiance qui s'est installée à l'encontre de l'ancienne autorité de tutelle supposée indépendante et garante de l'intérêt de tous les épargnants. Pas seulement chez les petits actionnaires qui, grâce à l'action de différentes associations, commencent à donner de la voix, mais également chez un certain nombre d'acteurs qui n'appartiennent pas au sérail. « Organe de contrôle incompétent et doté d'insuffisamment de moyens, qui étrangle, avec une facilité déconcertante, les petits à la moindre incartade et se couche devant les gros », accuse un gestionnaire de fonds.

La Cob, créée en 1967, par Michel Debré et Jean-Yves Haberer, n'était au départ qu'un organisme de contrôle juridique. Elle n'avait pas été conçue pour protéger les épargnants, arbitrer des OPA, mais pour veiller à la légalité des opérations. De toute façon, ce n'était qu'un paravent. À cette époque, c'était le Trésor qui faisait la pluie et le beau temps en matière de fusions, acquisitions ou de toute autre opération financière. D'ailleurs au début, la présidence en fut confiée à des conseillers d'État, Pierre Chatenet, Jean Donnedieu de Vabres, Bernard Tricot, à l'exception d'un intermède d'un an, où elle fut confiée, en 1973, à un inspecteur des Finances, André Postel-Vinay. À partir de 1984, en revanche, avec les premières dérégulations et le développement des marchés financiers, la Cob fut présidée sans discontinuité par des inspecteurs des Finances, puisqu'en France, dès qu'on touche à l'économie, ce sont eux qui sont jugés les plus compétents et considérés comme les meilleurs garants de l'intérêt général : Yves Leportz en 1984, Jean Farge en 1988, Jean Saint-Geours en 1989, puis Michel Prada en 1995. Jean-François Lepetit, banquier de formation, qui prit les rênes de la Cob en octobre 2002, ne fut qu'un gendarme de transition. Le temps pour Prada, qui avait exécuté deux mandats, de faire un petit tour à l'inspection pour remettre les compteurs à zéro, avant d'être nommé à la tête de la nouvelle Autorité des marchés financiers.

Aujourd'hui, cette instance cruciale, l'arbitre des élégances du capitalisme, passe pour un fief réservé de l'inspection.

Comme elle s'est toujours montrée plus vigilante et plus sévère avec les petits qu'avec les gros, elle est ouvertement suspectée de connivence avec les puissants.

Durant les deux dernières décennies, la France a connu une période de bouleversement unique dans son histoire depuis la Révolution, avec une redistribution du capital, d'une ampleur inouïe. Des fortunes se sont bâties, à coups d'OPA, de raids boursiers, de privatisations, de fusions, d'introductions sur le marché, de fonds d'investissement, de holdings financières. Pinault, Arnault, Bolloré, Bouygues, Naouri et bien d'autres ont surgi sur la scène. Des empires ont été dépecés. Des multinationales ont été bâties sur les ruines d'anciens conglomérats. Face à ces mouvements, la Cob s'est montrée extrêmement timide. Voire complice. Quelques affaires illustrent l'adage : « Selon que vous serez puissant ou misérable... »

Fin 1996, quand Jean-Marie Messier accède à la présidence de la Générale des eaux, celle-ci croule sous les dettes. Il procède à un état des lieux des 2 700 filiales et vend à tour de bras : teintureries, syndics, entretien de jardins... Faisant fi de la crise de l'immobilier qui se prolonge, il vend également les plus beaux actifs de la Compagnie à Paris, à la Défense, à Berlin, à Cannes. Malgré cela, en 1997, la Compagnie est encore dans le rouge. Elle est ligotée, ne peut faire aucune acquisition. Et là, pour reprendre l'expression de Martine Orange et Jo Johnson, dans *Une faillite française*[1], Messier et son directeur financier, Guillaume Hannezo, lui aussi inspecteur des Finances, se livrent « à l'un des plus grands numéros de prestidigitation jamais imaginés ». Pour couvrir le déficit immobilier de la Générale, les deux hommes prennent l'argent dans les caisses des sociétés de distribution des eaux, concessions de service public, dont la gestion a été confiée à la maison mère. Des sommes prévues par la loi, prélevées sur

1. Albin Michel, 2003.

les factures, pour assurer les réparations et l'entretien des réseaux ! 24 milliards de francs. Les commissaires aux comptes mettent en garde les actionnaires sur ce changement substantiel dans l'affectation de ces fonds. Ceux-ci font la sourde oreille.

Et que fait la Cob, chargée de veiller, entre autres, au respect des normes comptables ? Elle avalise le montage. Tout le monde ferme les yeux, car tout le monde est content : non seulement la société est sauvée mais elle renoue avec les bénéfices. Cette année-là, à la Cob, on comptait quatre inspecteurs des Finances : le président, Michel Prada, le directeur général, Pierre Fleuriot, et deux membres de la commission : Jacques Bonnet de La Tour et Hervé Hannoun. Au passage tout le monde remarque que le directeur, Pierre Fleuriot, deviendra, à la fin de son mandat, en 1997, conseiller du président de la banque ABN Amro, puis président de cette banque dont Messier est d'ailleurs administrateur. Ces messieurs appartiennent au même monde.

L'année suivante, Messier réitère l'opération avec les sociétés de concession de chauffage ! Et la compagnie engrange 3 milliards de francs supplémentaires. En toute tranquillité.

Un an plus tard, en 1997, le président de Vivendi, qui sait désormais que tout lui est permis, prend le contrôle d'Havas dans des conditions que l'on peut qualifier de contestables, grâce à l'intervention de Marc Viénot, à la fois administrateur d'Havas et d'Alcatel, et grand protecteur de J2M. Le P-DG de ce groupe, Serge Tchuruk, vend en effet à Messier les parts qu'il détient dans Havas, dans la plus grande discrétion. Au passage Messier procède à un échange de titres entre Canal+ et Havas. Ce qui porte sa participation à 35,9 %. Colette Neuville, présidente de l'Association des actionnaires minoritaires (Adam), demande au Conseil des marchés financiers d'obliger la Générale des eaux à lancer une offre publique d'achat comme le prévoit la loi boursière, dès qu'un groupe a franchi le seuil de 33 % du capital. Afin d'offrir une porte de sortie aux petits actionnaires. L'enjeu est de taille. Messier ne l'entend pas ainsi. La Compagnie générale des eaux, qui ne s'appelle pas encore Vivendi, n'a pas les moyens de mener une OPA sur Havas et de racheter tous ceux qui veulent vendre. La réponse du CMF sera négative. Selon elle, « le contrôle de fait n'est pas prouvé ». Alors que lors de la dernière assemblée générale d'Havas, la Générale a représenté 51,1 % des voix présentes. Il est vrai que l'affaire avait pris une dimension politique, et, dans ces cas-là, le CMF préfère disparaître sous terre. Un certain nombre d'administrateurs d'Havas, hostiles à cette prise de contrôle, avaient démissionné, parmi lesquels, d'ailleurs, plusieurs inspecteurs : Michel Bon, Antoine Jeancourt-Galignani, Philippe Lagayette. Jérôme Monod, conseiller personnel du président de la République et membre de la Cour des comptes, avait lui aussi renoncé à son mandat.

De son côté, la Cob avait ouvert une enquête, car, durant cette période, l'action Havas n'avait cessé de baisser tandis que celle de la Générale des eaux montait. Ce qui a permis de réaliser cette opération au moindre prix. La Cob a effectivement mis au jour des mouvements d'achat et de vente réalisés par la Société générale. « La banque a passé son temps à franchir la barre des 5 %, comme si elle cherchait à aspirer le cours vers le haut. Celle-ci expliquera qu'il s'agit d'opérations dites de trading classiques », raconte Olivier Toscer[1].

La Générale (la banque) et la Générale (des eaux) sont, il est vrai, des alliées de toujours et toutes les deux dirigées par des camarades de l'inspection. Viénot, président d'honneur de la Générale, est administrateur dans le groupe de Messier. De là à conclure que la banque manipule les cours pour le compte de la multinationale, il n'y a qu'un pas que la Cob n'a pas franchi. L'enquête de la Cob, du 15 septembre 1997, ne donnera rien. Et Fleuriot expliquera à Olivier Toscer : « Malgré nos soupçons, nous n'avons pu aboutir faute de preuves formelles rapportées par les enquêteurs. » Selon Colette Neuville, les enquêteurs ont effectivement cherché à retracer le cheminement des opérations dans les logiciels des

1. *Argent public, fortunes privées*, Denoël, 2003.

intermédiaires boursiers, mais trop tard. Toutes les traces informatiques avaient disparu.

L'absorption de Havas par la Générale des eaux n'aura pas coûté trop cher à Messier, alors que justement la règle du franchissement de seuil de 33 %, obligeant l'attaquant à faire une OPA, était destinée à empêcher des raiders de s'acheter un groupe sans avoir à y mettre les moyens. Le président d'Havas, lui, a touché un beau chèque. Les petits actionnaires ? Ils n'auront qu'à lire les livres de Messier sur l'éthique des affaires et le charme de la mondialisation.

Vivendi sera à nouveau soupçonnée de manipulation de cours de Bourse, en décembre 2001. Pourquoi l'action a-t-elle monté juste avant la cession par Vivendi d'un bloc d'autocontrôle de 5,5 % ? Mystère. Pas un mot de la Cob. Pas un mot non plus, jusqu'à ce jour, sur la façon dont Messier, sa secrétaire, Hannezo et quelques autres dirigeants de Vivendi ont justement levé leurs stock-options à ce moment-là. L'instruction est toujours en cours.

Dès qu'il s'agit de sujets épineux, la Cob a l'art de faire traîner. C'est ce qui s'est aussi passé avec Arjil. Jean-Luc Lagardère a patiemment bâti un empire, un joyau du complexe militaro-industriel. En 1988, afin de protéger sa fortune et de payer moins d'impôts, il décide de créer une société personnelle, baptisée Arjil Groupe, où sont réunis tous ses biens personnels : ses participations dans le groupe qu'il préside, comme ses haras. Cette société prélève chaque année 0,2 % du chiffre d'affaires de Matra et Hachette, dont il ne possède que 14 % des actions. En quelques années, cela lui a permis d'engranger quelques dizaines de millions d'euros.

Un tel montage est-il légal ? « La conformité avec l'intérêt social de Matra Hachette » peut être posée, affirment les juristes de base des services de la Cob qui s'apprêtaient à étudier le dossier. Mais celui-ci est vite happé par le haut. Il remonte d'abord au directeur général, l'inspecteur des Finances Pierre Fleuriot. Puis au président Jean Saint-Geours. Que de prévenances ! La Cob a alors « procédé à de nombreux échanges de courriers avec les responsables » de Matra, pour reprendre les termes très diplomatiques du méchant gendarme. Elle a exigé – oui, exigé – des documents. Et au bout de deux ans, elle a validé le montage. Comme, d'ailleurs, in fine, la justice saisie par un actionnaire minoritaire. Depuis, les nouveaux milliardaires procèdent tous ainsi, avec des holdings familiales, dont les frais sont supportés par les actionnaires. La question de la légitimité de ce procédé a une nouvelle fois été posée à la Cob, en mai 2000, par Deminor, un cabinet de conseil spécialisé dans le droit des actionnaires minoritaires, à propos de la holding de Bernard Arnault, Montaigne Participations et Gestion. L'interrogation est restée sans réponse.

En fait, la Cob a peur dès qu'il s'agit des puissants, qui ont à leur disposition des cabinets de conseils, d'avocats. Peur du scandale, peur d'arbitrer des bagarres qui la dépassent. Peur d'être contredite par la justice. Aussi, même quand, en 1989, la Cob avait bénéficié de l'appui du chef de l'État, de la presse, de l'opinion publique, elle avait laissé passer l'occasion de se montrer ferme.

En février 1989, ouvertement soupçonné d'avoir été le bénéficiaire final de l'énorme délit d'initié réalisé à l'occasion du rachat d'American Can par l'entreprise publique Pechiney, François Mitterrand avait réagi en s'exprimant sur TF1, à *Sept sur Sept*, l'émission dominicale d'Anne Sinclair. Il y avait dénoncé « l'argent gagné trop facilement » et mis en garde les Français contre « la manie des OPA, contre le gangstérisme et la loi du plus fort ». Il avait ajouté : « Il y a en ce moment quatre grandes affaires soumises à la Cob qui est responsable de la moralité et de la régularité de la Bourse : Pechiney, la Société générale, Beghin-Say et LVMH. Je demande que la justice soit sévère, comme vous, et je fais ce qu'il faut pour cela. Mais je dois attendre, car je ne suis pas juge. »

Quelques jours auparavant, le 17 janvier, la Cob a en effet

ouvert une enquête sur la façon dont, les 5 et 6 janvier, Arnault a acquis 7,5 % du capital de LVMH, actions qui lui ont permis de prendre le contrôle du groupe, au terme d'une très longue bagarre avec Henry Racamier, le vice-président du directoire de LVMH (Louis Vuitton-Moët-Hennessy). Racamier, qui voit là une opportunité de faire capoter la prise de contrôle par Arnault, en rajoute et fait une déclaration à l'AFP : « Le président Mitterrand a raison. Il serait souhaitable que le rapport de la Cob sur LVMH soit rendu public. Une des questions que se pose la Cob est de savoir s'il n'y aurait pas dû y avoir une OPA ou un maintien de cours à la suite du changement de contrôle. »

L'offre publique d'achat comme le maintien de cours sont des dispositions prévues par les autorités de régulation pour obliger les personnes ayant acquis le contrôle d'un groupe à racheter les actions des minoritaires au même prix. Or le titre LVMH s'est envolé jusqu'à 4 700 francs durant ces dernières opérations. Si la Cob oblige Arnault à lancer une OPA ou bien à proposer aux autres actionnaires de racheter leurs titres au même prix que ceux qu'il a acquis en janvier, dans les deux cas cela lui coûtera 30 milliards de francs. Il n'en a pas les moyens. « LVMH serait alors rachetée par un groupe étranger, s'indigne Bernard Arnault. C'est comme si on laissait partir l'arc de Triomphe et la tour Eiffel ! »

Le groupe étranger, c'est Guinness auquel Arnault lui-même s'est associé, mais qui a, durant quelques jours, fait volte-face et s'est allié à son adversaire Racamier ! « Des enquêtes comme cela, nous en ouvrons des dizaines par an, affirme très sérieusement la Cob dans un communiqué destiné à faire baisser la pression médiatique. On en parle peu et, le plus souvent, elles ne révèlent pas d'irrégularité. »

Le 23 mai, le verdict tombe : la Cob n'a relevé aucun délit. Elle affirme : « Le ramassage des titres s'est déroulé dans la plus stricte légalité. Les déclarations de franchissements de seuil ont été effectuées normalement et il n'y a pas eu d'acquisition de bloc de contrôle. » Le gendarme de la Bourse conclut que par conséquent tout va pour le mieux dans le meilleur des mondes. Et qu'importe si, lors des fameuses déclarations de franchissement de seuil, il avait été affirmé que « l'acquisition d'actions complémentaires n'avait pas pour objectif de prendre le contrôle du groupe ». Qu'importe si Arnault à deux reprises a acheté des actions juste avant l'annonce de bons résultats. Ce n'était pas selon la Cob un « délit d'initié intentionnel ». En revanche, le directeur financier d'une petite société cotée en Bourse qui aura lâché une information confidentielle à un analyste financier sera, lui, condamné !

De son côté, le Conseil des bourses des valeurs[1], qui doit statuer sur l'obligation de lancer une OPA, affirme qu'il n'y a lieu d'imposer à Arnault ni OPA ni maintien de cours. En effet, l'article 201 du règlement général stipule que « lorsqu'une personne physique envisage d'acquérir d'une ou de plusieurs personnes déterminées une quantité de titres susceptible de lui donner le contrôle de la société émettrice, elle est tenue de recourir à l'une des procédures suivantes : l'offre publique d'achat ou le maintien de cours ». Or, en cette circonstance, le CBV estime que « les actions n'ont pas été achetées à des personnes déterminées, mais sur le marché ». Au lendemain de ce raid inédit, et de la prise de contrôle du Printemps par François Pinault, la réglementation sera modifiée et l'OPA deviendra obligatoire dès l'acquisition de 33 % du capital.

« Les dossiers soumis à la Cob ne sont jamais ni noirs ni blancs. La marge d'appréciation est immense, explique un banquier. Là où le bât blesse, c'est que dans les affaires qui concernent les grands prédateurs, la Cob rentre dans sa coquille, et elle n'agit qu'à l'encontre des petits qu'elle peut sanctionner sans crainte. » « L'émergence ultra-rapide de grands groupes internationaux sous la bannière tricolore doit beaucoup au génie des managers... et à la bienveillance des

1. L'ancêtre du CMF qui vient d'être fusionné avec la Cob pour donner naissance à l'AMF.

autorités boursières », écrit avec humour Olivier Toscer, dans son livre.

Les grands groupes français sont donc protégés par une sorte d'immunité naturelle. Pourquoi une telle passivité ?

L'institution se retranche derrière la raison d'État : ne pas déstabiliser les grands groupes. Que faire quand Bernard Arnault affirme que si la Cob l'oblige à faire une OPA, il ne sera pas à même de racheter LVMH et que le groupe passera aux mains de méchants étrangers, fussent-ils européens ? On résiste ? « C'est l'Afrique », disent certains banquiers provocateurs. Du côté de la Cob, on fait valoir que le rôle de l'institution n'est pas de s'immiscer dans des bagarres boursières.

Un financier, qui a longtemps siégé au collège de la Cob, croit tout simplement à une certaine incompétence : « Ils agissent simplement comme des fonctionnaires pas très compétents. Il n'y a pas une volonté systématique de protéger des amis, des camarades, mais ils ne font pas l'effort de tenter de comprendre certaines opérations, comme celles de Bernard Arnault. Et puis surtout, ils ne veulent pas d'ennuis. Face à Lazard, Rothschild ou Paribas, qui disposent d'une armée de spécialistes et d'avocats, ils ne sont pas sûrs de leur coup, ils ont peur de se planter. Alors ils s'attaquent à du menu fretin, qui a, il est vrai, parfois, des dossiers moins bien ficelés, et qui surtout, s'ils se trompent, ne fera pas un scandale médiatique, n'alertera pas Matignon, Bercy... Ils ne veulent pas de conflits avec les gros. Ils ont le sentiment que cela porterait atteinte au marché. C'est une administration qui ne connaît pas bien les mécanismes qu'elle est chargée de contrôler. Et puis ce n'est pas sa culture. Le juge Halphen, cela ne lui fait pas peur de s'attaquer aux puissants. Le patron de la Cob, si. Ce n'est pas un juge. Il est nommé en Conseil des ministres. »

Un inspecteur général des Finances, qui faisait partie du conseil d'administration de Vivendi, qui a beaucoup profité de la clémence de la Cob à l'époque où elle était dirigée par deux inspecteurs des Finances, raconte, « off » bien sûr : « Ce n'est pas de la corruption, mais le président de la Cob doit être attentif aux répercussions de ses décisions sur l'entreprise, sur la place. Et c'est vrai, nous partageons la même idée de l'intérêt général. Cela bénéficie forcément à l'establishment. » La Cob et l'establishment qui partagent les mêmes vues savent donc ce qui est bon pour la place. Les lois ? Les règlements ? Comme toujours, c'est fait pour être appprécié en fonction de l'intérêt général.

Un autre camarade va encore plus loin : « Une des missions non écrites de la Cob est de protéger le "système" à la française. La France est loin d'avoir un état d'esprit libéral. Par nature, elle ne fait pas confiance à l'entrepreneur individuel. Le salut vient des grandes institutions. Pour ouvrir un établissement bancaire, un fonds d'investissement, il faut un agrément de la Cob. Or, en France, quiconque n'a pas 30 % de son capital détenu par une grande institution bancaire ou d'assurances (et donc contrôlée) a beaucoup de difficulté à obtenir un agrément. Pire, à la moindre difficulté, la Cob est capable d'outrepasser ses prérogatives pour prendre des sanctions à l'égard des petits, négligeant le contrôle des grands zinzins, par définition insoupçonnables. » Et comme par hasard, ceux qui contrôlent le fonctionnement de l'organe de régulation sont des hauts fonctionnaires nommés en Conseil des ministres et pas n'importe lesquels : « nos » inspecteurs. L'incarnation du système. La clé de voûte de l'oligarchie.

Michel Prada, le nouveau président de l'Autorité des marchés financiers, après avoir été celui de la Cob, s'indigne de cette vision qu'il juge simpliste : « On exhume des affaires, des années après, en oubliant le contexte. La Cob se prononce sur la régularité. Elle ne peut pas intervenir dans le jeu des affaires, prendre le parti d'un acteur contre un autre. »

À son corps défendant, dans ce système féodal, la justice – et particulièrement les tribunaux de commerce – se montre parfois encore plus servile.

Comme souvent, il y avait une affaire dans l'affaire de la prise de contrôle de Louis Vuitton par Bernard Arnault. En mai 1989, alors que la Cob avalise les opérations menées par ce milliardaire pour s'emparer de l'entreprise dirigée jusque-là par Henry Racamier, elle a relevé des irrégularités dans l'utilisation des obligations avec bons de souscription d'actions (obsa) émises par Moët-Hennessy. Elles étaient détenues par un certain nombre de « zinzins » : l'UAP, la Caisse des dépôts, le Crédit agricole, Worms, la BNP et Lazard les avaient rachetées alors que ces titres devaient être placés dans le grand public, comme cela avait été voté en assemblée générale. Les banques n'auraient pas respecté les mandats des actionnaires. La Cob porte l'affaire devant les tribunaux afin d'annuler l'opération. Si Arnault perd, il perd le contrôle de LVMH. Lors du procès, au tribunal de commerce, la représentante de la Cob Marie-Charlotte Piniot affirme sans ambiguïté que l'utilisation de ces obsa a constitué « un détour de procédure préjudiciable aux actionnaires minoritaires » et affirme que Bernard Arnault était au courant de cette irrégularité. La charge semble sans appel. Sauf que l'avocat général opère un revirement spectaculaire. Au lieu de condamner Arnault, il le disculpe : « Je m'apprêtais à soutenir la position de la Cob, dit-il, mais j'ai changé d'avis en fonction d'éléments extérieurs. » Le parquet est aux ordres et il le clame.

Airy Routier raconte dans la biographie qu'il a consacrée à Bernard Arnault[1] qu'au moment où la représentante de la Cob a chargé Arnault, un de ses proches est sorti pour alerter le banquier Antoine Bernheim et Jean Dromer, l'inspecteur des Finances proche de Rocard que Bernard Arnault vient d'embaucher. Le 3 juillet, le tribunal de commerce désavoue la Cob et valide les obsa.

On comprend tout l'intérêt pour les entreprises, encore aujourd'hui, d'embaucher d'éminents « étatocrates » afin de ménager leurs entrées auprès des décideurs publics, dans les cabinets, à Bercy, mais aussi dans les organes de régulation dirigés par des oligarques.

La réputation de la Cob a été également mise à mal lors de l'affaire du Lyonnais. En 1995, Alain Géniteau, administra-

1. Airy Routier, *L'Ange exterminateur*, Albin Michel, 2003.

teur judiciaire, avocat, don Quichotte des actionnaires minoritaires, avait alerté le gendarme de la Bourse sur les pertes abyssales du Crédit lyonnais qui lui semblaient avoir été dissimulées grâce à divers stratagèmes. Trois mois plus tard, il avait reçu une lettre de la Cob lui signifiant une fin de non-recevoir. « En ce qui concerne l'information délivrée par le Crédit lyonnais, j'observe que les comptes annuels présentés au titre de l'année 1993, tout comme les précédents, ont été certifiés, et cela sans réserve, par les commissaires aux comptes », écrit le gendarme de la Bourse[1]. Simple aveuglement ? Non, car dans cette même lettre, la Cob avoue : « Pour ce qui est du Crédit lyonnais, la Commission a entretenu des contacts fréquents et réguliers sur les problèmes en cours avec les autorités compétentes, ainsi qu'avec la direction de cet établissement. Les éléments sensibles et confidentiels traités au cours de ces contacts, compte tenu de l'activité de cet établissement, n'ont, comme c'est courant dans ce type de circonstances, pas été rendus publics. » Bref, « ils » partagent le même sens de l'intérêt général et de la place. C'est écrit noir sur blanc.

La mission essentielle de la Cob est pourtant de veiller à la véracité de l'information financière des établissements, de détecter les fraudes. Géniteau avait porté l'affaire au pénal. C'est grâce à cette plainte, déposée à temps, avant que les faits ne soient prescrits, que la justice a pu instruire l'affaire en 1996.

Peu à peu, comme la Cob et le CMF se sont révélés faibles, timorés, voire manipulés, les actionnaires minoritaires ont porté les affaires au pénal. Au grand dam des chefs d'entreprise qui crient au scandale. Tout cela parce que les contrôles qui devraient s'opérer en amont sont inefficaces. Parce que, comme il n'y a ni contrôle ni contre-pouvoir, les dirigeants en déduisent qu'ils ne courent aucun risque. C'est l'escalade.

Le relevé des sanctions infligées montre en effet que tout au long de son existence, la Cob a plus souvent aligné du

1. Lettre de la Cob n° 002229, signée Marie-Noëlle Dompé, directrice du service juridique. Cité in *Argent public, fortunes privées, op. cit.*

petit gibier à son tableau de chasse que des gros prédateurs – un analyste financier qui, au sortir d'une réunion d'information d'un grand groupe, fonce vendre ses actions, un administrateur qui se déleste des siennes avant l'annonce de mauvais résultats... Pour les puissants, les amis du pouvoir, Pinault, Eurotunnel, Matra Hachette, LVMH, la Cob se contente de remontrances publiques. Mieux, alors que de nombreuses entreprises se voient refuser l'autorisation de s'introduire en Bourse, Eurotunnel a eu droit à des dérogations. Pour le plus grand malheur des petits actionnaires ! La liste des indulgences du gardien de l'éthique financière est sans fin : le Crédit lyonnais, toutes les catastrophes constatées dans le domaine de l'assurance, le Crédit foncier... « La Cob ne transmet chaque année au procureur de Paris qu'une petite dizaine de cas litigieux, alors qu'une simulation de ses services a prouvé que des établissements bancaires de notre pays pouvaient blanchir 200 millions de francs en une journée[1] », se désolait Éva Joly, dans son livre.

Dans son rapport annuel 2002, la seule allusion à Vivendi concerne une obscure affaire d'oat, des obligations assimilables du Trésor. Rien sur la communication financière du groupe de Messier. Ce sera pour plus tard, dit-on à la Cob, l'enquête est en cours. En revanche, le rapport de 2002 fait état de sanction administrative dans l'affaire de la faillite de Kalisto, l'éditeur de jeux vidéo. Son enquête ouverte en janvier 2001 s'est terminée en septembre 2002, sept mois après que la société eut été mise en dépôt de bilan et les actionnaires ruinés !

Pendant des années, Tapie, le héros de la France qui gagne, a pu jongler avec la trésorerie de ses différentes sociétés. La Cob, qui est notamment chargée de veiller sur la communication financière des entreprises, n'a rien vu. Et puis un jour, une enquête judiciaire a été ouverte sur sa gestion de la société Testut, et son immunité parlementaire a été levée. Du jour au lendemain, la Cob s'est réveillée et les sanctions ont commencé à pleuvoir.

---

1. *Notre affaire à tous,* Les Arènes, 2000.

« La Cob n'a jamais rappelé à l'ordre Nicolas Miguet, qui est pourtant en permanence en situation de délit d'initié, puisqu'il émet des conseils boursiers qui lui permettent de faire fructifier ses investissements, raconte un ancien membre du collège. Mais la Cob a peur de Miguet, qui est capable de se déchaîner sur le plan médiatique, d'intenter des actions ! » Cet homme d'affaires a déjà été condamné à diverses reprises, mais la Cob est tétanisée. Miguet anime un réseau de quelques milliers d'actionnaires, il est à la tête de quelques publications boursières, il dispose d'un audiotel et n'a peur de rien. Il est surtout devenu un héros des petits actionnaires, car il a entrepris de ferrailler contre le sort qui leur a été fait dans Eurotunnel.

Malgré cela, Jean-François Lepetit, ex-président transitoire du gendarme de la Bourse, l'affirme : « Il y a des lois, des textes, qui sont scrupuleusement appliqués. Des magistrats siègent au comité de la Cob. Ces lois sont peut-être imparfaites. Nous les faisons évoluer. La Cob n'est pas là pour défendre prioritairement les intérêts des petits actionnaires, ou des actionnaires majoritaires. Elle doit veiller à un équilibre entre les intérêts des uns et des autres, ceux des minoritaires, des majoritaires, des entreprises, les intérêts globaux de la place... Et si vous faites des études comparatives entre les pratiques à Londres, New York ou Paris, vous verrez que Paris est de loin la place qui protège le plus les petits actionnaires. » Sur le papier, peut-être, car la France édicte des lois qui sont très bien faites, mais après, dans l'exécution, c'est une autre affaire. Quand, en 1996, l'idée a été évoquée de faire entrer dans le droit français une clause similaire au fameux *class action* américain qui permet à un actionnaire d'ester en justice pour le compte de tous les autres et d'obtenir de copieux dommages et intérêts, elle a tout de suite été enterrée. La Chancellerie craignait les dérives possibles. À se demander si, plus de deux siècles après la Révolution, la noblesse d'État juge les Français dignes de vivre en démocratie.

La vertu se niche parfois dans les détails. Une fausse information financière, et la sanction devrait tomber immédiatement. En 1993, pourtant, la Cob s'est montrée (une nouvelle fois) bien peu regardante quand le Lyonnais n'a pas respecté un engagement signé et a fait de fausses déclarations à l'AFP. C'est une histoire qui concerne le rachat de la Fnac et qui a opposé François Pinault, et son conseil Alain Minc, à quatre « inconnus ». Une histoire qui montre de quelle manière l'establishment s'y prend pour étrangler des roturiers, et comment, dans ce jeu, le gendarme de la Bourse se range derrière les intérêts des puissants. Pour les banlieues, on parle de zones de non-droit...

Printemps 1993, début du feuilleton. Jean-François Hénin, vice-président du conseil de surveillance d'Altus Finance, filiale du Crédit lyonnais, est mandaté par la GMF, une grande mutuelle au bord de la faillite, pour vendre la Fnac. C'est un de ses amis, Jean-Marc Oury, qui dirige la CIP, Compagnie immobilière Phénix, une filiale de la Générale des eaux, qui lui a apporté l'affaire. Hénin propose à quatre hommes d'affaires qu'il connaît bien, envers qui il a une dette, de s'associer à la reprise. Il s'agit de Gilbert Wahnich, Franck Ullmann, Gilles Silberman et Jean-Pierre Andrevon, qu'on appellera les quatre mousquetaires.

Hénin et Ullmann se connaissent bien. Et s'apprécient. Tous deux ont travaillé pour Thomson, du temps de la présidence d'Alain Gomez. Hénin gérait les taux de change. Ullmann s'occupait, en tant que consultant, de marchés à risques. Aussi, quand Hénin, surnommé le « Mozart de la finance », rejoint le Crédit lyonnais, il fait appel à lui pour l'aider à se sortir du pétrin dans une affaire de distribution, le groupe Marland, qu'il fallait restructurer. Le dossier n'est pas simple. Pour le remercier, Haberer et Hénin lui promettent de le mettre sur une bonne affaire, le jour où l'occasion se présenterait. L'occasion est là, au printemps 1993, et Hénin lui propose de s'associer pour acheter la Fnac.

Les quatre mousquetaires sont évidemment d'accord. C'est une affaire en or. Mais ils demandent que la Fnac soit d'abord proposée à Pinault, qui est intéressé par ce dossier.

Ils savent qu'ils ne sont pas en mesure de lutter avec ce magnat. Proposition est donc faite à Pinault qui consulte Alain Minc. Ce dernier, plein d'assurance, affirme : « Pas la peine de se précipiter. Ils n'arriveront pas à avoir le dossier. Si on attend encore un peu, le prix va baisser. Et c'est inutile de nous associer à Oury. On aura 100 %. »

Hénin – c'est-à-dire Altus – et Oury – la Compagnie immobilière Phénix – se portent donc acquéreurs de la Fnac avec promesse de rétrocession d'une partie des parts aux quatre mousquetaires. Un protocole est signé.

Apprenant que la vente s'est faite et qu'un protocole a été signé, Pinault, furieux d'avoir loupé le coche, se retourne vers Minc : « Vous êtes idiot, je vous paie assez cher. Il faut faire échouer cette vente. »

Un épisode qui a été raconté dans différents ouvrages[1]. Et dont, à l'époque, le tout Paris s'était régalé. Une vraie pièce de théâtre.

Minc téléphone tous azimuts. À Hénin, d'abord, qui est par ailleurs un conseiller très discret de Pinault :

« Ici Alain Minc. Je vous interdis de signer, lance donc l'inspecteur des Finances à l'homme du Lyonnais, avec aplomb.

– Mais qui êtes-vous, mon cher enfant, pour m'interdire quelque chose ? (Hénin a vingt ans de plus que Minc.) Et puis d'abord, ce n'est pas moi qui signe. »

Il joue sur les mots. C'est effectivement Haberer, président d'Altus, qui signe.

Minc téléphone alors au président de la banque qu'il menace : « Si vous ne faites pas casser cette vente, je vous ferai virer du Crédit lyonnais. » Le président d'AM Conseil est, est-il besoin de le préciser, un proche du nouveau Premier ministre de l'époque, Edouard Balladur.

Pinault téléphone lui aussi à Haberer : « Vous vous êtes laissé manipuler... Je veux la Fnac. »

Le P-DG de PPR envoie également une lettre incendiaire au ministre des Finances Edmond Alphandéry, dénigrant

---

1. Fabrizio Calvi et Jean-Michel Meurice, *Série noire au Crédit lyonnais, op. cit.* ; Stéphane Marchand, *Le Commerce des illusions, op. cit.*

Haberer et le Crédit lyonnais, se plaignant des conditions d'attribution de la Fnac. Début juillet 1993, il donne une interview aux *Échos* où il se déclare candidat au rachat de la Fnac qu'Altus et la CIP viennent d'acquérir. Sans faire état du protocole avec les quatre mousquetaires. Et il précise qu'il ne saurait admettre qu'elle lui échappe. L'année précédente, en rachetant les *junk bonds* d'Executive Life au Lyonnais, il a fait gagner 2 milliards de francs à la banque publique. Il attend un renvoi d'ascenseur. Oubliant qu'il a, du moins à ce moment-là, fait lui aussi une excellente affaire.

Après un tel assaut de pressions, la banque cède et bloque tout. Elle fait une déclaration à l'AFP : « Rien n'est signé. » « Faux », s'offusque la bande des quatre.

La Fnac étant une entreprise cotée, ils se tournent alors vers l'organe de régulation qu'est la Cob. Ils envoient les papiers signés. Le protocole de vente. Et demandent à l'autorité de tutelle des marchés d'exiger de la banque qu'elle les rende publics. Et que se passe-t-il ? Rien. La Cob fait la sourde oreille et n'exige pas la publicité de cet accord signé en bonne et due forme.

Et que dit de cette affaire le président de la Cob de l'époque, Jean Saint-Geours, une figure de l'inspection, qui a été au cabinet de Mendès France, de Pierre Mauroy, et qui a dirigé différents établissements financiers comme le Crédit lyonnais ou le Crédit foncier ? Il prend un air étonné. Les quatre mousquetaires, cela ne lui dit rien. « Si j'avais su que vous me poseriez des questions précises... C'était il y a dix ans. » Cet éminent camarade préfère disserter sur l'inspection. Évoquer, comme Trichet, la fronde séculaire du peuple français à l'encontre des élites et des représentants de l'État : « Déjà du temps de Philippe le Bel et de ses légistes, on s'en prenait à l'État », dit-il.

Et puis soudain, à force d'insistance, cela lui revient en mémoire : « Ah oui ! Nous les appelions les Dalton... C'est une affaire très compliquée... » Le Crédit lyonnais avait bien signé un protocole ? « Haberer avait différents barons, il s'est fait rouler dans la farine. Pinault est un industriel habile. Les autres... » Le mot est sur les lèvres. Des voyous. Et pourquoi la Cob n'a-t-elle pas fait respecter ce document ? « Elle n'était pas compétente, affirme-t-il. La Fnac n'était pas cotée ! »

Vérification faite, la Fnac était bien cotée, son introduction en Bourse date de mars 1980 ! Les faits datent de 1993. Saint-Geours, à nouveau sollicité, maintient qu'il n'a pas en mémoire les détails de cette affaire et qu'il faudrait demander à consulter les archives de la Cob.

Les mousquetaires décident donc d'assigner le Crédit lyonnais. « À partir de ce moment-là on a tout fait pour nous tuer », constate Ullmann. Une vraie opération de désinformation se met en place. *Le Monde* publie un prérapport de la Cour des comptes affirmant qu'ils sont des escrocs, des marchands d'armes. Ils se voient signifier un contrôle fiscal et sont mis en examen dans l'affaire Marland, celle que leur avait confiée Hénin. Mise en examen qui, tant qu'elle n'est pas jugée, leur interdit d'intenter un procès au Lyonnais ! Ils sont piégés.

L'oligarchie est mise à contribution. Minc appelle tout Paris. Peu à peu, il accrédite l'idée que les quatre mousquetaires sont des escrocs. Il s'indigne du fait qu'on va vendre la Fnac, un monument culturel français, à des voyous. Décidément, ce pauvre Haberer est dérangé. On vient d'apprendre qu'il s'était fait avoir par Fiorini dans le dossier MGM et il s'apprête à récidiver en s'associant à des crapules !

Interrogé sur cet épisode par Fabrizio Calvi et Jean-Michel Meurice, pour le document *Série noire au Crédit lyonnais* réalisé pour Arte, Minc avait déclaré : « L'ancien serviteur de l'État que je suis et le publiciste pense aussi parfois pouvoir avoir une opinion qui relève de l'intérêt général. Je me souviens très bien d'avoir appelé Jean-Yves Haberer pour lui dire : "Nous vous proposons de reprendre la Fnac et c'est aberrant de la confier à ces quatre types." Le fait d'aller mettre ça chez des liquidateurs-redresseurs d'entreprises était contraire au bon sens. » Contraire au bon sens ? Parce que La Chapelle d'Arblay, cédée à Pinault quelques années auparavant à un bon prix, ce n'était pas une liquidation d'entreprise ? Et quand bien même les acheteurs auraient fait une bonne affaire, où est le crime ? L'intérêt général est à géométrie variable.

Interrogé sur ce sujet, Minc affirme que l'affaire n'avait jamais été proposée à Pinault avant d'être confiée aux « quatre voyous ». Il ne s'étend pas sur l'illégalité de la violation du protocole signé par le Lyonnais, mais réaffirme haut et fort : « C'est vrai, j'estime qu'en affaires, il ne faut pas descendre au-dessous d'un certain seuil de respectabilité ! »

C'est ainsi que le Crédit lyonnais a donc cédé aux injonctions de Pinault et n'a pas respecté sa signature. Il a conservé la Fnac dans son portefeuille et rompu avec les quatre mousquetaires. En toute illégalité. Sans dédommagement. Et la Cob ne répond toujours pas aux appels.

Mars 1994, Peyrelevade remplace Haberer. Minc est un de ses proches. Quelques mois plus tard, le Lyonnais cède la Fnac à Pinault pour un prix très intéressant.

La banque prétend avoir organisé ce qu'on appelle un *open bid*, un système d'enveloppes cachetées, qui garantit de céder l'affaire au plus offrant. L'*open bid* est confié à une banque amie, dont le plus gros client est... le groupe de Pinault. Tous ceux qui se sont approchés du dossier – notamment le groupe anglais qui détient Darty, King Fischer – se sont entendu dire qu'il valait mieux s'abstenir. Pinault a été le seul à faire une proposition. Un *open bid* avec une seule offre ! C'est d'ailleurs l'explication donnée par Dominique Bazy, membre du comité exécutif du Lyonnais, pour expliquer le prix très intéressant proposé à Pinault[1].

« Dans ces conditions, n'auriez-vous pas pu vendre la Fnac un petit peu plus cher ?

– On aurait eu d'autres acheteurs, sans doute que oui. »

Là non plus, la Cob ne voit rien.

Pinault va acheter les 66 % de la Fnac détenus par Altus 1 milliard 336 millions de francs. Pour une affaire évaluée à près de 4 milliards. Pinault rachètera d'ailleurs les 30 % détenus par la CIP 1 milliard 176 millions !

1. *Série noire au Crédit lyonnais*, *op. cit.*

Épilogue de cette affaire ? En juillet 1998, la chambre d'accusation de Toulouse a annulé les mises en examen d'Andrevon, Wahnich, Silberman et Ullmann, dans l'affaire Marland. La caution de 10 millions de francs a été levée. Dans le rapport définitif de la Cour des comptes, il ne restait aucune des accusations qui avaient figuré dans le prérapport. Quant au contrôle fiscal qui leur est tombé dessus – on n'ose pas dire : comme d'habitude dans ce genre de dossier –, il a donné lieu, en septembre 2003, après des années de procédures, à une transaction de 200 000 euros. 200 000 euros alors que la somme réclamée au départ était de 50 millions d'euros. Cherchez l'erreur.

Des voyous, des va-nu-pieds, Ullmann, Silberman, Andrevon et Wahnich ? comme l'affirment encore aujourd'hui tous les inspecteurs des Finances interrogés sur ce dossier, fable reprise en chœur par une grande partie de l'establishment, et la presse.

Franck Ullmann est, comme Minc, diplômé de l'école des Mines de Paris, diplômé de la *Business School* de Warton. Fils de juifs polonais et allemands, il éprouve une certaine méfiance pour l'État français et choisit de débuter sa carrière aux États-Unis dans une société de conseil en organisation. Puis il a lancé une affaire de négoce de cuir en Amérique du Sud.

Gilles Silberman est avocat, il a travaillé pour Pinault durant toute sa phase ascendante, jusqu'à l'introduction en Bourse. Idem pour Jean-Pierre Andrevon, qui fut l'expert-comptable du président de PPR au début de sa fulgurante ascension. Ensuite, Pinault a choisi de s'entourer de membres de l'establishment. On comprend pourquoi. Seul Gilles Wahnich est un authentique autodidacte. Comme Pinault, d'ailleurs. Personne n'a pu démontrer à ce jour que ces quatre mousquetaires étaient des escrocs qui pouvaient nuire à l'intérêt général et à la crédibilité de la place. Ils ont été salis en toute impunité.

En revanche, Minc et Pinault sont des personnages respectables, tellement respectables que quand les affaires tournent mal, comme c'est le cas avec Executive Life, les *junk bonds* cédés à Pinault par Altus, sous la présidence de Peyrelevade, cela devient une affaire diplomatique entre la France et les États-Unis.

Dans cette affaire, la Cob, organe indépendant, garante du bon fonctionnement du capitalisme, s'est couchée, renonçant à faire appliquer les règles qu'elle est censée défendre. Elle a laissé jouer la loi du plus fort. De quel côté sont les inspecteurs des Finances ?

Très calme, d'une onctuosité toute cléricale, Michel Prada s'insurge contre toute idée de collusion d'intérêts ou de connivence : « Toutes les décisions sont prises par le collège, explique-t-il. Les services fournissent des notes techniques et juridiques sur chaque cas. Le collège, qui est composé de personnalités très diverses, délibère. Toutes les décisions sont collectives. Quant à la surveillance des marchés, nous sommes équipés de modèles mathématiques, nous avons un outillage très sophistiqué. On détecte 12 à 15 000 anomalies chaque année. La plupart ne donnent lieu qu'à une investigation de premier degré. Dans 90 % des cas, cela s'explique par les informations qui ont circulé dans le marché. »

Un policier spécialisé dans la délinquance financière raconte, de l'intérieur, comment fonctionnent, justement, les services chargés de faire des notes au collège. Tout n'est pas si transparent, si idyllique. « Au bas de l'échelle, explique-t-il, il y a d'abord les inspecteurs, qui sont très bons. Mais il existe tout un système d'autocensure, les pressions sont extrêmement fortes. Leurs rapports sont soumis à des superviseurs, avant d'être avalisés par le directeur qui décide si le dossier va être transmis au précollège, avant d'être enfin étudié par le collège. Les rapports ont des couleurs différentes selon le stade d'évolution du dossier. Évidemment, ce qui est abordé par le collège est très édulcoré. Et difficilement exploitable. Tout est mis au conditionnel. Tout le monde se couvre. C'est l'inceste permanent. Les fusibles ne jouent pas leur rôle. »

Certes, les temps changent. Notamment depuis l'affaire Enron. En tout cas, Philippe Danjou, chef du service des affaires comptables à la Cob, un ancien du cabinet d'audit Arthur Andersen, qui connaît toutes les ficelles du métier, a fait preuve d'une vigilance accrue lors de la présentation des comptes de Vivendi début 2002. Il s'est montré particulièrement attentif. Notamment sur les conditions de cession de BskyB à deux sociétés britanniques.

L'affaire est complexe sur le plan juridique. La cession n'en est pas tout à fait une. Elle s'apparente à un prêt, avec nantissement de titres en gage. La question est de savoir comment cette opération doit être traitée dans les comptes de Vivendi. Si cette opération n'était pas considérée comme une vente mais comme un prêt, le groupe devait inscrire 2 milliards de plus d'endettement dans ses comptes, et une perte nette de 1,5 milliard d'euros. Ce détail était suffisamment crucial pour que, en février 2002, Messier envoie une lettre personnelle de trois pages à Michel Prada, président de la Cob, inspecteur des Finances et ami de longue date, pour lui expliquer son interprétation comptable de l'opération BskyB. Et Arthur Andersen avait été chargé de préparer un traitement comptable qui permette de maintenir le groupe bénéficiaire [1].

Pour Xavier Paper, responsable de la doctrine économique au cabinet Salustro Reydel, le cabinet d'experts-comptables de Vivendi, il n'y a pas d'ambiguïté, c'est un prêt. Fureur d'Hannezo, qui envoie, le 1er mars, un mail comminatoire au cabinet d'audit : « Nous sommes éventuellement prêts à endurer l'inconvénient d'avoir un de nos deux auditeurs sans aucune reconnaissance internationale, alors que l'autre [Andersen] est attaqué... Il y a un vrai problème de fonctionnement du cabinet Salustro et j'espère qu'il y sera remédié au plus tôt, d'une manière ou d'une autre. » Et ce, quelques mois seulement après le scandale Enron. Messier intervient également. Et comme Vivendi, c'est beaucoup d'argent pour

1. *Le Monde* du 3 juillet 2002.

le cabinet (20 % de son chiffre d'affaires), l'auditeur est suspendu. Mais Danjou, le chef des services comptables de la Cob, confirme son interprétation et Prada intervient auprès du cabinet pour que Paper soit réintégré dans ses fonctions. Furieux, Messier tentera, sans succès, de faire absorber le cabinet Salustro Reydel par le cabinet KPMG. La Cob a donc fait plier Vivendi certes, mais à un moment où l'empire vacillait.

Quoi qu'il en soit, cet épisode en dit long sur certaines pratiques. Dans quel monde vivons-nous ? Les oligarques de l'inspection se permettent de faire pression sur les autorités de tutelle et sur leurs auditeurs ? À cet égard, la note adressée à Jean-René Fourtou et signée Alain Marsaud, un ancien juge antiterroriste, aujourd'hui député UMP et directeur de la prospective chez Vivendi, en septembre 2002, n'a fait que renforcer les soupçons : « Il est à craindre, écrivait-il, que les pressions exercées sur un certain nombre d'enquêteurs [de la Cob] afin de les convaincre de ne pas conclure à des poursuites ne soient rendues publiques [...]. En ce qui concerne l'enquête Cob, elle devrait se traduire par une dénonciation au parquet en application de l'article 40 du Code de procédure pénale. »

La Cob, qui avait visé les comptes de Vivendi, n'a ouvert une enquête sur sa communication financière qu'en juillet 2002, au moment où Messier a démissionné.

La France hésite donc entre son vieux fonctionnement tribal, ses archaïsmes latins et l'adhésion au système anglo-saxon des vrais contre-pouvoirs. La Cob n'a pas réussi à se faire respecter. Les gouvernements de gauche comme de droite en ont convenu. Même avec des pouvoirs accrus, l'AMF, qui est faite du même bois, sera-t-elle plus efficace ? Réponse du président, Michel Prada : « Vous aurez toujours le sentiment que le gendarme n'a pas attrapé tous les voleurs. Mais c'est vrai pour tous les contrôles. On a toujours le sentiment que le policier n'a pas attrapé les voleurs, qu'ils sont passés entre les mailles du filet. Le rôle de l'AMF est de faire en sorte que la place soit considérée comme sûre. Or nous avons collectivement le sentiment que la place se tient plutôt bien. Qu'elle a une réputation convenable. Que ce n'est pas le marché aux voleurs. Et je pense que cette réputation est justifiée. Il est vrai que la Cob a eu un problème de crédibilité à cause des critiques adressées à sa procédure de sanction. Ce pouvoir de sanction remonte à 1990, après les affaires Pechiney et Société générale. Mais beaucoup, dans le monde judiciaire, s'offusquaient du fait qu'une autorité administrative eût un pouvoir de sanction et critiquaient l'organisation de la procédure, par référence aux principes de la Convention européenne des droits de l'homme. Les avocats ont utilisé cet argument de procédure, mettant en cause notre impartialité ; ils considéraient que nous ne respections pas les droits de la défense. Je n'ai jamais été convaincu par ces arguments, mais la cour d'appel de Paris et la Cour de cassation ont tranché. Une trentaine de procédures ont dû être stoppées. Nous avons dû rénover le dispositif, ce qui a été jugé correct mais avait un effet pervers : le régulateur et son président devaient rester muets sur l'actualité de peur de compromettre les éventuelles procédures futures. Aujourd'hui, la loi a doté l'AMF d'un système mieux adapté qui sépare mieux les fonctions, consolide la légitimité du pouvoir de sanction et rendra son action plus lisible et moins controversée. »

Visiblement satisfait de son action à la tête de l'autorité de régulation de la Bourse, Prada n'est habité d'aucun doute. Encore moins de remords. Les règles ont été respectées, l'équilibre des intérêts entre les uns et les autres aussi. C'est d'ailleurs cette prudence pateline qui lui a valu de durer et d'entamer un troisième mandat. Désireux de quitter le terrain glissant des affaires, Prada préfère entraîner la conversation sur un sujet plus valorisant, celui du nouveau grand chantier européen : la création d'un marché financier unique, dont la coordination a été confiée au baron belge Alexandre Lamfalussy, et auquel, lui, a déjà beaucoup travaillé durant son année sabbatique à l'inspection. Voilà un vrai sujet !

Chapitre 8

Le menteur, l'autocrate et le nigaud

« Le pouvoir rend fou. Le pouvoir absolu rend fou absolument. »

ALAIN

Vivendi Universal, France Télécom, Alstom. Non, ces trois catastrophes financières gigantesques ne sont pas des accidents. C'était écrit. C'était dans la logique du système. Un système où l'on fait une confiance aveugle à de brillants élèves dociles, qui sont sortis « dans la botte » à l'âge de 24 ans. Un système où les contrôleurs entretiennent des relations de connivence avec les P-DG. C'était écrit parce que ces hommes ne connaissaient rien aux métiers des entreprises qu'ils dirigeaient. Savoir analyser voire habiller des comptes ne suffit pas à assurer une stratégie gagnante, à construire des conglomérats autrement que sur du papier. Mais ces gigantesques drames sont surtout dus à la conduite d'hommes incapables de se remettre en cause, d'écouter, de sentir la réalité. Des hommes qui entretiennent des rapports d'autorité, de domination et non de considération, qui agissent par diktat. Des hommes sans créativité, dont le caractère a été forcé, contraint par un cursus scolaire mortifère, par « un dressage trop rigoureux », pour reprendre la formule du psychanalyste Alain Lizotte. Messier, Bon, Bilger ne sont pas les victimes innocentes de l'éclatement de la bulle internet, de la récession post-11 septembre. Ils sont le produit d'une élite bien particulière. Une élite qui ne puise pas sa force dans la connaissance, l'ouverture aux autres, l'épanouissement d'une passion, d'un métier, d'une vocation, ni même dans le désir de bâtir des empires, mais dans l'esprit de domination, d'écrasement des autres. Des hommes repliés sur eux, travaillant de manière isolée, avec un petit cercle de fidèles assujettis. Ces hommes étaient intimement convaincus de leur toute-puissance. On dit souvent d'eux : « Ils ont pété les plombs. » C'est exactement cela. Mais ce n'est pas un hasard.

Et il y a fort à parier, en effet, qu'un HEC, un Sup de Co Rouen ou un avocat qui aurait grimpé dans la hiérarchie n'auraient pas agi ainsi. Qui plus est, on ne les aurait pas laissés faire. « Ce ne sont pas des forbans non plus », protestent leurs camarades. La belle excuse ! Ils ont coûté des milliards à la société, aux contribuables, aux actionnaires. Des centaines de milliers d'emplois ont été détruits. Et bien sûr, ce sera la faute au capitalisme, au libéralisme ! En revanche, eux ne s'en sortent pas si mal, comme leurs camarades banquiers et administrateurs.

Ces trois inspecteurs des Finances, dans la gestion de leurs entreprises, illustrent parfaitement, chacun à leur manière, la façon dont cette caste a exercé le pouvoir. D'en haut. En faisant de la croissance externe à marche forcée. Sans se préoccuper le moins du monde des autorités de contrôle. Des conseils d'administration. En négligeant les consommateurs ou les clients. Comme Jean-Yves Haberer, l'homme qui a provoqué la ruine du Lyonnais, dont, justement, le procès se déroule en ce début d'année 2003, dix ans après la déconfiture de ce qui fut la première banque de dépôt du monde. Leur histoire paraît aujourd'hui caricaturale. Ils étaient il y a trois ans à peine la coqueluche des journaux et de l'establishment. Ce sont des cas d'école.

Certes, en 2002, comme n'ont cessé de me répéter les inspecteurs des Finances pour relativiser ces échecs, la France a connu un record de dépôts de bilan, la plupart des grandes entreprises ont enregistré des pertes historiques. Aux États-Unis, après l'éclatement de la bulle internet, il y a eu des faillites retentissantes, comme celle d'Enron. AOL-Time Warner a accusé 100 milliards de dollars de pertes. Mais cela n'exonère pas pour autant les chers camarades. Tous les patrons du monde n'ont pas connu de tels échecs. De cette dimension. Et, grosse différence, les présidents d'AOL ou d'Enron ne sont pas des purs produits de la Kennedy School, l'école qui, à Harvard, forme le top des *civil servants* américains. Leurs erreurs, ou leurs excès, ne rejaillissent pas sur le plus prestigieux corps de l'État.

Un corps censé incarner l'intérêt général et même plus : la rigueur absolue. Un corps formé aux frais de la République pour veiller à la bonne gestion des deniers publics. Si les échecs de Messier, Bon, Bilger exaspèrent autant la France d'en bas c'est parce que ces trois hommes, issus d'un système révolu, se sont servis au lieu de servir, ont spolié les citoyens au lieu de les protéger. Le concept France d'en haut, France d'en bas a d'ailleurs été formalisé au club Concorde, une sorte de fondation, un petit *think tank*[1] libéral, durant la campagne présidentielle de 2002, en réaction à la technocratie qui dirige d'en haut sans tenir compte des réalités. La France d'en bas c'est celle des citoyens, bien sûr, mais surtout celle des chefs d'entreprise, des artisans, des entrepreneurs, des professions libérales, des cadres, de ceux qui créent de l'emploi et de la valeur. Et qui a du mal à se faire entendre.

Une histoire drôle circule chez les camarades : « Quelle est la différence entre un inspecteur des Finances et un TGV ? Quand un TGV déraille, il s'arrête. Pas un inspecteur des Finances ! » C'est en effet le premier reproche qui a été fait

1. C'est ainsi qu'on appelle, aux États-Unis, les fondations qui font de la recherche dans le domaine politique. Des boîtes à idées en quelque sorte.

à Messier, comme à Bon ou Jaffré, d'ailleurs : ne pas savoir écouter, douter. J2M s'est en effet entêté jusqu'au bout. Il ne pouvait pas s'être trompé. Les difficultés étaient passagères, c'était une question de timing, clamait-il haut et fort. Il a fallu la détermination de tout l'establishment pour l'obliger à lâcher prise.

Début juillet 2002, quand dans un climat d'intense tension il démissionne enfin, c'est un événement. L'inspecteur le plus doué de sa génération, le plus médiatique, le plus puissant, démis de ses fonctions ! Il faut dire que le résultat est consternant : six ans après son arrivée à la tête de la Générale des eaux, l'ancêtre de Vivendi, le groupe VU affiche un endettement record de 60 milliards d'euros. Il est au bord de la faillite. Il n'y a plus un sou en caisse. Les banques, qui pourtant n'ont pas lésiné sur les moyens mis à sa disposition, rechignent à reconduire les crédits. En un an, la valeur boursière de ce fleuron de l'industrie française qui devait dompter l'Amérique est passée de 60 milliards à 13,5 milliards d'euros ! « Bonaparte a fini à Waterloo ! Toute ambition comporte des risques », commente avec un humour caustique Claude Pierre-Brossolette. Et tant pis pour les morts.

Quand on refait le film de ses six années à la tête de Vivendi, et particulièrement des dix-huit derniers mois, il est évident que Messier a perdu le sens de la réalité, manqué de jugement, de simple bon sens. Il a acheté trop de choses, trop vite et trop cher. Une véritable boulimie. Avec suffisance. Mais il était le meilleur. Qui était en droit de le raisonner, de l'arrêter dans son ambition folle de transformer une entreprise franco-française, spécialisée dans les tuyaux et le traitement des eaux usées, en champion américain de la communication et du divertissement ? Un changement stratégique complet. Sans se préoccuper des hommes, du marché. Un vétéran d'un grand cabinet d'audit explique : « La clé de la réussite, c'est la satisfaction des clients. Pour bien gérer une entreprise, il faut définir les besoins avec précision. Partir de là et ensuite adapter les structures. L'élite administrative raisonne à l'envers : elle part des structures et espère ensuite conquérir les marchés. »

Messier a découvert le capitalisme au cabinet de Balladur, quand il s'est occupé des privatisations. Le tout Paris des noyaux durs et des banques d'affaires était à plat ventre devant lui. Ce jeu de Monopoly l'a séduit, comme tous les inspecteurs des Finances qui ont touché aux privatisations. On côtoie les puissants, on est maître du monde. Tout se passe sur du papier, avec des chiffres. Il suffit de maîtriser certaines techniques financières complexes. Le jeune prodige a peaufiné sa technique chez Lazard, puis il est passé aux travaux pratiques à la Générale des eaux.

Comme beaucoup de ses camarades présidents fonctionnaires parachutés au sommet, Messier ne connaît rien au métier de la société qu'il préside et d'ailleurs ne s'y intéresse guère. Au début, il est un peu allé sur le terrain, s'est fait photographier avec un casque de chantier, et puis s'est vite lassé. Quand on ne connaît pas un secteur, difficile d'apporter une idée nouvelle, une orientation, une direction originale et motivante. Comment asseoir son pouvoir dans ces conditions, comment s'imposer face à des barons puissants ? La réponse est simple : en les entraînant sur des terres nouvelles, en faisant de la croissance externe. En délaissant le métier d'origine. Cela tient lieu de stratégie.

Messier s'est donc lancé dans une politique d'acquisitions effrénées. En 2001, Vivendi avait à peine deux mois et ne s'était pas encore remise de sa mue que déjà J2M recommençait à acheter tous azimuts. Lui qui affichait déjà un impressionnant tableau de chasse avec le rachat, entre autres, d'Havas, Canal+ et bien sûr Seagram, continue ses emplettes pour devenir toujours plus gros, à un rythme étourdissant : Maroc Télécom, la société de divertissement Uproar, l'éditeur scolaire américain Houghton Mifflin, le site internet Emusic.com, les éditions HCCom et Juris service, le site Scoot Europe, le label RMM Records Vidéo, MP3.com, une participation dans la société de téléphonie polonaise Elektrim, la télévision polonaise TKP, une participation dans Echostar. Sans que jamais l'organisation opérationnelle, la rationalisation, l'intégration de cet ensemble hétéroclite semblent le soucier. « L'homme, toujours plus avide de pouvoir à mesure qu'il en a davantage », disait Montesquieu. Quant à la gestion, ce n'est pas dans la culture de nos oligarques.

Lorsque la bulle internet éclate, il ne sait pas faire machine arrière, il s'est enfermé dans une fuite en avant périlleuse. Qu'importe que Vizzavi, qui devait écraser Yahoo, ait été un fiasco monumental qui a englouti 2 milliards d'euros (et sera revendu 146 millions d'euros à Vodafone). Il va de l'avant. Ainsi, le 14 décembre 2001, il fait entériner par son conseil d'administration le rachat de la totalité de USA Networks, la société d'un magnat retors, Barry Diller, qui a déjà vendu une fois ses affaires au prix fort, et dont le groupe détient 43 % du capital. Après s'être payé les studios Universal à Hollywood, il veut à tout prix – au sens littéral du terme – le grand groupe dont il rêve, qui intégrerait la production, la télévision, internet, l'édition... Les tuyaux, plus les contenus. Et tout cela en Amérique.

Sur le papier, le projet est audacieux, peut-être visionnaire. Encore que... Il a été largement inspiré par la fusion AOL-Time Warner. Dans le business, les inspecteurs n'ont jamais inventé de nouveaux concepts : ils s'inspirent de ce qui se fait en Amérique. Cette ultime opération, d'au moins 10,3 milliards de dollars, est plus que risquée. Vivendi va « pire que mal » et non « mieux que bien », comme il le clamait. Et l'époque est à la prudence, le scandale Enron, les événements du 11 septembre, ont bouleversé la donne. Tout le monde réduit la toile. Messier avait d'ailleurs juré que le temps des rachats était fini, que l'heure était à la gestion. Qu'importe, il passe en force et réalise le deal de trop qui va lui coûter son siège. « Chez les inspecteurs des Finances, il y a hypertrophie des fonctions stratégiques. Au détriment de celles de gestion et de management », observe fort justement François Jaclot, un des rares inspecteurs à oser une analyse critique de la formation intellectuelle de cette élite. Et d'ajouter : « Ils ont souvent un fonctionnement de type cabinet, ce qui les coupe du monde dans lequel ils vivent. » Jean Guyot, éminent inspecteur des Finances de l'après-guerre, associé-gérant de Lazard, explique : « Messier est très intelligent. Mais il a perdu les pédales. En matière de gestion des entreprises, il y a des principes de base : les dettes, les ratios... Si on oublie cela ! Ce qui est inquiétant aujourd'hui, c'est qu'on a inventé des techniques tellement sophistiquées que certains oublient les principes de base. » « D'autres que lui se sont faits piéger par la bulle internet, mais lui s'est fait piéger en grand, analyse un inspecteur reconverti dans le privé depuis longtemps, et jadis ami de Messier. Il était tellement intelligent, tellement certain que son raisonnement était juste, il avait un ego tellement surdimensionné qu'il n'a pas entendu ceux qui pouvaient le mettre en garde, il n'a pas senti ce qui se passait. Il faut beaucoup d'humilité pour comprendre le marché. On n'a jamais raison seul. » Mais voilà, pour soumettre son entourage, pour imposer sa toute-puissance, Messier joue sur tous les registres, la colère, l'autoritarisme, mais également – et surtout – la séduction, en usant et abusant des médias.

Pis encore, cet homme passé par Polytechnique, l'Ena, l'inspection, le creuset de la méritocratie républicaine censé incarner certaines valeurs, est désormais l'objet de multiples procédures judiciaires. La Securities and Exchange Commission, l'autorité financière des marchés américaine, diligente une enquête sur les comptes de Vivendi. Une enquête criminelle a été ouverte en novembre 2002 par le procureur de New York. Elle porte elle aussi sur la sincérité des comptes. En France, la Cob ou plutôt l'AMF enquête également. Le parquet a ouvert une information judiciaire, à la suite d'une plainte déposée par les petits porteurs. Édifiant. Enfin, *the last, but not the least,* lui qui s'était déjà attribué un montant impressionnant de stock-options et qui laisse Vivendi au bord de la faillite, s'est fait attribuer 20 millions d'euros d'indemnités en échange de sa démission. C'en est trop.

D'autant que Jean-Marie Messier ne fait à aucun moment acte de contrition. Bien au contraire. Fin 2002, il commet un livre de 300 pages[1] pour défendre point par point sa straté-

1. *Mon vrai journal,* Balland.

gie. Il continue d'avoir raison contre tous. Il dénonce pêle-mêle les agissements de Claude Bébéar, du journal *Le Monde*, des avocats américains, les pressions des politiques qui l'ont empêché de vendre Vivendi Environnement. Il parle de règlements de comptes, de coups tordus, de « main basse sur Vivendi ». Et en guise de *mea culpa*, il s'en veut simplement de ne pas avoir mieux expliqué sa stratégie à son conseil d'administration, qui décidément n'a rien compris... Et ne l'a pas soutenu.

Messier n'a pas seulement fait perdre 72 milliards de valeur boursière à Vivendi, son empire a également coûté beaucoup d'argent au contribuable. Un haut fonctionnaire de Bercy a fait le calcul des dérogations fiscales accordées de manière discrétionnaire par deux ministres des Finances successifs à J2M : 12,6 milliards d'euros !

Les catastrophes du Crédit foncier, des Agf, du Crédit lyonnais n'ont pas suffi. Une fois encore, les fusibles n'ont pas fonctionné. Au conseil, Messier jouit de l'aura absolue que confèrent les plus beaux titres de la République et d'une confiance aveugle. N'a-t-il pas sauvé la Générale des eaux engagée dans de nombreux fiascos immobiliers ? En vendant les actifs par pans entiers, il a réussi à faire remonter les cours de Bourse et à payer des dividendes. Il est l'enfant chéri du patronat, le maître du monde. Mais à aucun moment, les administrateurs, les banquiers qui ont abondamment prêté ne se sont demandé s'il avait les reins assez solides pour financer cette politique d'acquisition exponentielle ! Déjà en 2000, quand il a commencé à sombrer dans la folie mégalo avec Vizzavi, personne ne s'est méfié.

L'inspecteur général Jacques Friedmann, administrateur de Vivendi, se défend : « Tous les analystes disaient que c'était formidable ! » Tout le monde a craqué devant le numéro de séduction de Messier. « Vizzavi utilise la technologie pour rendre la vie meilleure, il vous met en position de gérer votre temps, il vous inspire et vous permet d'obtenir plus de la vie... » Un matin, invité d'Europe 1, il avait expliqué comment désormais on regarderait la météo, les bandes-annonces des films, les cours de Bourse, on recevrait ses mails, tout sur son portable. Génial. Et cela se fera. Sauf qu'à l'époque, cela n'existait pas encore de manière réelle. Les démonstrations n'étaient que de grossiers montages. Messier était dans sa bulle. Dans la mystification. À propos des conduites obsessionnelles, voici ce qu'écrit Henri Ey, psychiatre éminent : « Il établit une forme de relation spéciale avec le monde, l'univers qui leur oppose de telles contradictions est hostile. Puisqu'il ne peut le vaincre, il va le conjurer. Aux maléfices il opposera des procédés magiques, des rites mystérieux, des "trucs" dérisoires, qui conduisent toutes les conduites obsessionnelles dans une unité profonde, celle d'une mystification de soi[1]. » On pense à ce recours maladif aux médias, à la mise en scène, aux séminaires conçus comme des shows hollywoodiens. Et ceux qui se méfiaient, ceux qui, comme Marc Viénot, s'agaçaient de le voir parader dans *Match*, affronter José Bové à la télévision, n'ont pas compris la signification profonde de ces attitudes ostentatoires. Ils pensaient juste que ce n'était pas son rôle.

Un problème de « gouvernance », d'administrateurs indépendants, jargonne-t-on ici et là pour expliquer le désastre. En clair : le conseil d'administration n'a tout simplement pas fait son boulot. Et là encore, surprise. Au conseil d'administration de Vivendi Universal, outre Jean-Marie Messier, on comptait cinq inspecteurs des Finances, Marc Viénot, Jacques Friedmann, Guillaume Hannezo, René Thomas et Jean-Marc Espalioux. Que des administrateurs anonymes se soient laissés bluffer, envoûter par le brio de Messier, on s'interroge, mais comment ces hommes expérimentés se sont-ils laissés totalement manipuler ?

Un ancien dirigeant du Crédit agricole raconte que lors des comités de direction du lundi matin, où il y avait tout de même deux polytechniciens, trois HEC, trois Essec, ils étaient tous des petits garçons face au président, Philippe Jaffré, éminent camarade, major de l'inspection. Dès que l'un d'eux émettait un doute ou se montrait simplement circonspect

1. *Manuel de psychiatrie*, Masson.

face à une décision du président, ce dernier le foudroyait du regard et lançait, ironique : « Je vois que vous n'avez rien compris, voulez-vous que je répète ? » Tétanisé, l'audacieux, qui, forcément, était moins intelligent, n'ouvrait plus la bouche. Un manant, un roturier peut se laisser impressionner ou intimider, mais un inspecteur des Finances !

Or, durant tous ces mois où Vivendi s'enfonce dans une stratégie folle, aucune de ces personnalités encensées jusque-là par l'establishment et qui émargeaient au conseil n'a réagi, n'a cherché à en savoir plus. Manifesté une inquiétude. Dans Paris on se moque. Question : sont-ils incompétents ? Ou avaient-ils simplement une confiance totale en leur cher « camarade » ?

Marc Viénot, auteur de deux rapports sur le gouvernement d'entreprise censés être la référence dans le monde des affaires, était président du comité d'audit de Vivendi. C'est lui qui avait la charge d'examiner les comptes, et de rappeler à l'ordre Messier si cela s'avérait nécessaire. Il tombe des nues, comme tout le monde, lors du conseil de mars 2002, lorsque Messier leur annonce 24 milliards de dette, au lieu de 8,5, et ce sans compter l'achat de USA Networks.

Colette Neuville, la présidente de l'Association des actionnaires minoritaires, qui a pour tout diplôme une maîtrise de droit, s'est montrée plus perspicace. Dès 1997, elle a commencé à dénoncer les tours de passe-passe comptables. Elle a alerté le Conseil des marchés financiers, la Cob. En vain. Après, les administrateurs argueront du fait que le président n'a rien dit. Que lorsque Hannezo a envoyé un mail à Messier pour l'avertir des difficultés, il aurait dû prévenir Viénot. Mais à quoi cela sert d'avoir un comité d'audit s'il attend que ceux qu'il contrôle l'avertissent de leurs erreurs ? On marche sur la tête. Et contrôler une entreprise, cela ne veut pas dire entériner des présentations comptables. Il faut aussi un peu de jugeote. « L'endettement ne dépassait pas deux fois et demie l'Ebitda[1] ! » disent les administrateurs pour leur

1. *Earning before interest tax depreciation and amortization.* Une norme comptable importée des États-Unis.

seule défense. Encore faut-il être sûr des évolutions des marchés financiers !

Les conditions dans lesquelles s'est fait l'achat de USA Networks en disent long sur les mœurs de l'establishment et rappellent étrangement l'amateurisme dont ont fait preuve nos éminents « étatocrates » lors des différents scandales passés. On agit, on s'arrange avec les comptes après. On fait les choses entre soi, sans étudier les documents.

Le vendredi 14 décembre 2001, Messier avait réuni le conseil de Vivendi de toute urgence, en vidéo-conférence avec New York et Los Angeles. Pour valider l'achat de USA Networks. Pas un administrateur n'a protesté sur le principe d'une telle réunion. Contraints de jongler avec deux langues, deux modes de comptabilité différents, ils n'ont rien compris au film et certains ont avoué, bien plus tard, qu'ils n'avaient pas compris la traduction ! Pire, les documents sont apportés in extremis et personne n'a le temps de les lire. Sauf Viénot, qui les a eus vingt-quatre heures avant.

Jean-Marc Espalioux a osé une timide remarque : « Franchement, Jean-Marie, est-ce que cette acquisition est nécessaire ? » Jean-Louis Beffa s'est inquiété à son tour : « Vivendi peut-il se permettre une telle dépense ? Où en est son endettement[1] ? » Qu'importent les questions, le montage est un chef-d'œuvre de complexité. Entre les actions A et les actions B, les warrants, les obligations convertibles, la création de nouvelles structures..., Messier raconte ce qu'il veut. En bon inspecteur, il sait parfaitement jongler avec différents ordres de grandeur. On ne peut rien comparer. Les périmètres sont à géométrie variable.

« Nous ne sommes pas des spécialistes. Messier nous expliquait qu'à terme, sa stratégie serait bénéficiaire. Que tel ou tel développement en Pologne, au Maroc était indispensable. On était dans une hypothèse de croissance. Toutes les grandes entreprises étaient très endettées. Et puis, quand on a vu la réalité des chiffres, les ratios d'endettement, on était tous

1. Martine Orange et Jo Johnson, *Une faillite française, op. cit.*

sidérés. On lui a trop fait confiance. Les inspecteurs des Finances sont des gens honnêtes, qui ont une éthique. Jean-Marie Messier nous a caché beaucoup de choses, il nous a menti. Et quand *Le Monde* a titré sur la crise de liquidités de Vivendi, Jean-Marie Messier nous a dit qu'il n'y avait pas un mot de vrai. Il nous a dit qu'il allait attaquer en diffamation. On a appris certains aspects de l'accord avec Seagram bien après... », raconte un Jacques Friedmann encore abasourdi, qui reconnaît qu'il aurait sans doute mieux valu éplucher chaque document, qu'ils n'auraient pas dû accepter la vidéoconférence.

Le mensonge, la duperie, de la part d'un inspecteur des Finances, c'était inconcevable pour un homme de sa génération. Messier n'a pas joué le jeu de la caste, tout comme Hennezo d'ailleurs ! Friedmann doit encore ignorer qu'en 1986, lorsqu'il était chargé des privatisations au cabinet d'Edouard Balladur, Messier n'en faisait déjà qu'à sa tête. Quand un des conseillers du cabinet lui faisait remarquer qu'il fallait peut-être informer Friedmann, l'homme qui avait conçu l'architecture des noyaux durs au côté de Balladur, le jeune conseiller répondait, désinvolte : « Vas-y si tu veux. » Du genre : je n'ai pas de temps à perdre avec cela. Papy Friedmann a toujours eu un défaut : il fait confiance et il est assez paresseux. Et la vieille solidarité entre inspecteurs ne joue plus. C'est un comportement jugé « vieillot » par J2M pour qui, désormais, c'est la loi de la jungle.

Si Haberer, le grand commis, avait, selon les chers camarades eux-mêmes, « pété les plombs », Messier, le mégalo, était, lui, « un menteur. »

Mais ce n'est pas seulement l'échec d'un homme. C'est celui de tout un système. Car les mauvaise langues pointent du doigt les principales banques prêteuses, qui ont accordé lignes de crédit sur lignes de crédit, et même parfois participé à des montages tortueux. La BNP, présidée par Michel Pébereau, la Société générale, présidée par Daniel Bouton, et dont le président d'honneur est Marc Viénot, administrateur « indépendant » de Vivendi, le groupe Deutsche Bank-France présidé par Jacques-Henri David, Goldman Sachs, dont le vice-président est Jacques Mayoux. Ces éminents banquiers sont tous des camarades de l'inspection. Or, la Société générale est soupçonnée par la Cob de s'être livrée à une opération de portage au bénéfice de VU, via une filiale luxembourgeoise, dans le cadre du rachat de l'opérateur polonais Elektrim. Un montage qui aurait été destiné à contourner la commission anti-monopole polonaise, mais qui permettait surtout à VU de ne pas consolider Elektrim dans ses comptes et donc d'alléger un bilan déjà très lourd.

En janvier 2002, avec Goldman Sachs, la Deutsche Bank a accepté de placer (pour 3,3 milliards d'euros) 5,5 % du capital que VU détient en autocontrôle, à 60 euros le titre, alors que celui-ci n'est déjà plus qu'à 57 euros et que les arbitragistes allaient forcément jouer le titre à la baisse. Malgré un léger sursaut – inexpliqué d'ailleurs – à la veille de la mise sur le marché, la vente a tourné à la catastrophe et cela a coûté entre 300 et 400 millions d'euros à chacune des deux banques. Mayoux affirme que c'est une mauvaise prise de risque de la part de ceux qui étaient chargés d'émettre le papier et que lui, personnellement, était depuis longtemps méfiant à l'égard des opérations de Vivendi.

Il a fallu que la balance entre l'endettement et les actifs sur lesquels les banques étaient nanties commence à pencher dangereusement du mauvais côté pour qu'elles décident de faire machine arrière. Brutalement. Et provoquent le démantèlement du groupe. Des plans de licenciement en cascade. La ruine des actionnaires.

Mais malheureusement l'histoire se répète. Les mêmes causes produisent les mêmes effets. Deux mois et dix jours après la chute de Jean-Marie Messier, le 12 septembre 2002, un autre inspecteur est contraint de « démissionner » : le très élégant Michel Bon, président de France Télécom. Lui aussi membre du club Champollion, du nom du lycée de Grenoble où Haberer, Messier et Bon ont fait leurs études. Même motif, même punition.

La situation financière de l'entreprise qu'il dirige depuis sept ans est elle aussi catastrophique. Il réalise l'exploit de pulvériser le record de pertes jusqu'alors détenu par J6M. France Télécom enregistre un déficit abyssal de 20,7 milliards d'euros. 20 milliards envolés, partis en fumée, dans des investissements foireux. 20 milliards d'euros, soit l'équivalent du budget annuel de l'État en matière de logement, de transport et d'équipement ! Quant à l'endettement de ce fleuron de l'industrie française, il se chiffre, au bas mot, à 70 milliards d'euros ! Un record mondial. « Deux siècles de budget d'une région comme Poitou-Charentes », a lancé effaré Jean-Pierre Raffarin sur France 2, le 26 septembre 2002. Si l'État – donc le contribuable – n'était pas venu à la rescousse, France Télécom aurait tout simplement mis la clé sous la porte. En faillite.

Certes, cette entreprise, coincée dans un statut bâtard d'entreprise cotée mais détenue à plus de 50 % par l'État, ne pouvait pas financer sa croissance en ayant recours au marché. Elle devait payer cash. Mais cela n'excuse pas tout. D'abord, Michel Bon pouvait refuser le job au motif qu'on ne peut pas développer une entreprise avec un statut hybride, dans un monde ouvert et concurrentiel. François Henrot, lui, avait renoncé à la présidence de France Télécom qu'Alain Juppé lui avait proposée quand il a su que la privatisation était repoussée aux calendes grecques. Son successeur Thierry Breton a exigé un calendrier. Michel Bon a accepté. Rien n'est jamais impossible pour un inspecteur des Finances. Et puis, que risque-t-il ?

Le nouveau président fait donc comme si tout était possible dans le meilleur des mondes. Sans trop se préoccuper des conséquences. Certes, au début, il a remarquablement restructuré, modernisé, amélioré le cash-flow : c'est de l'organisation et un inspecteur sait ranger les tiroirs. Il a fait de cette administration une entreprise performante, réussi à faire évoluer les mentalités. Mais en matière de stratégie, le moins qu'on puisse dire c'est qu'il a manqué d'instinct. Il lui a tout de même fallu une sacrée dose d'inconscience pour prendre des risques aussi démesurés. Tout seul. Sans demander l'aval de l'État. Même si, là encore, les aléas politiques ont brouillé les repères.

Nommé en 1995 par Alain Juppé, Bon se retrouve deux ans plus tard face à un nouveau pouvoir, socialiste. Son côté catho social en fait un interlocuteur fréquentable pour la gauche. En réalité, il est de centre-gauche. Le 11 septembre 2003, sur Radio Notre-Dame, il confiait que ses modèles étaient Pierre Mendès France et Hubert Dubedout, le maire mythique de Grenoble, qui a été battu par Carignon.

En 1997, donc, ce grand commis reste, sans états d'âme concernant le nouveau statut et la stratégie de France Télécom. À la demande du nouveau ministre des Finances, Dominique Strauss-Kahn, très favorable au rapprochement franco-allemand, il tente de raviver l'alliance nouée en 1990, entre France Télécom et Deutsche Telecom, en vue de construire un monstre franco-allemand. Mais les deux nouveaux patrons, Bon et Sommer, ne s'entendent pas. Leurs ego s'entrechoquent. Au printemps 1999, les ponts sont rompus. Dès lors, sans mandat clair, Bon se cherche un destin. Et des alliés pour devenir « le leader de la convergence fixe-mobile-internet ». « Leader de la convergence fixe-mobile-internet », cela sonne bien. On dirait du Messier. Tout le monde écoute le beau discours. Y compris l'État. Personne ne s'occupe de la vraie finalité d'une entreprise, à savoir gagner de l'argent. L'État est dans une stratégie de puissance, et le président dans l'accomplissement d'un destin. La rentabilité ? Personne ne s'en soucie. Absolument personne.

D'autant que Bon, comme Messier, ne connaît rien à l'activité de l'entreprise qu'il dirige. Il n'a pas de repères, d'horloge intérieure. Qu'importe, comme Messier et tous ces oligarques qui sont parachutés, il s'entoure d'une batterie de conseils : avocats, banquiers, auditeurs, experts-comptables... Non seulement ils vont coûter cher, mais ils feront écran. C'est à travers leur prisme, et leur prisme seulement, que le président appréhende la réalité. Comment, dans ces conditions, « sentir » le marché, « flairer » les tendances ?

Parti tard dans la course effrénée à la conquête des marchés, Michel Bon n'aura de cesse de rattraper le temps perdu. Question de survie, paraît-il. Il faut grossir ou périr. Mais on peut aussi grossir et périr. Question de fierté surtout. Ce haut fonctionnaire qui a tout de suite pantouflé dans l'entreprise, au Crédit national, puis au Crédit agricole, mais qui a été viré de Carrefour par les actionnaires en 1992, a, en réalité, une revanche à prendre. Il est susceptible, très sensible aux médias. Il adore se faire prendre en photo. Et il perçoit bien qu'ici ou là, on commence à se moquer de ce patron qui n'a pas réussi à nouer des alliances européennes. Or il veut laisser sa marque. Il doit prouver qu'il fait partie de ceux qui ont une vision, nouent des deals. Mais il va acheter aux pires conditions : le marché est au plus haut et les seules proies disponibles sont souvent des entreprises de deuxième choix. Avec quel argent ? Quelle question ! Quand on a l'État comme actionnaire majoritaire, on trouve toujours. D'autant que depuis son introduction partielle en Bourse, France Télécom est encensé par les analystes, les journalistes. « France Télécom vaut 100 milliards d'euros » par-ci. « France Télécom continue de flamber » par-là...

Premier deal désastreux, fin 1999 : il achète pour 3 milliards d'euros une participation de 18 % chez le câblo-opérateur britannique NTL, à la santé financière chancelante. Le patron de France Télécom espère acquérir une licence UMTS outre-Manche. Mais finalement, il renonce à l'achat de cette licence, tout en finançant l'acquisition, en jouant en quelque sorte au banquier pour NTL qui ira droit à la faillite. L'année suivante, en 2000, en pleine bulle spéculative, à quelques mois du krach, il va dépenser 60 milliards d'euros pour devenir leader européen de la téléphonie. 60 milliards d'euros ! Les inspecteurs des Finances veulent toujours être les premiers de quelque chose. Pour commencer, il achète 28 % de Mobilcom, le dernier-né allemand. Une société fragile, dirigée par Gerhard Schmid, une sorte de Tapie local. Comme Bon vient de rater un deal avec l'opérateur allemand E-Plus, il verrouille sa position, accepte toutes les conditions et garde le plus grand secret sur cette opération. Il prend ainsi l'engagement de garantir tous les financements nécessaires au lancement d'un réseau UMTS. Une sorte de chèque en blanc. Une folie absolue. Le ministre de l'Économie, Christian Sautter, lui aussi membre de l'inspection même si c'est au tour extérieur, informé de ses intentions mais sur le départ, n'approfondit pas. Le Trésor n'a même pas été consulté. Aussitôt, Nicolas Jachiet, l'inspecteur des Finances responsable du service des participations financières au Trésor à l'époque des faits, rédige une note pour s'alarmer du prix. Le directeur du Trésor, Jean-Pierre Jouyet, et Nicolas Jachiet lui-même ont d'ailleurs affirmé devant la commission d'enquête parlementaire que pour NTL, comme pour MobilCom, l'État avait été mis devant le fait accompli. Michel Bon dit le contraire. Entre informer et avoir le feu vert, où est la frontière ?

En réalité, avant le changement de statut en 1997, France Télécom, entreprise publique, était soumis à une autorisation en bonne et due forme. Et puis, au dire de Jouyet, avec le nouveau statut et la privatisation partielle, pfutt, plus rien. « France Télécom était une société cotée. C'est le droit des sociétés qui s'appliquait, raconte Jachiet. L'État était un actionnaire comme les autres. » Un actionnaire majoritaire qui n'avait pas le moindre contrôle des opérations ? Non. Il ne contrôlait rien. En effet, notre haut fonctionnaire précise que « différents arbitrages » – en clair, le ministre DSK et son cabinet, puis Sautter – exigeaient que désormais France Télécom, entreprise cotée, puisse jouir de la même liberté d'action qu'une entreprise normale. On rêve ! Cela explique que malgré les coups de force répétés du président de France Télécom, le Trésor n'interviendra pas pour mettre un quelconque holà.

« Le Trésor n'est pas une banque d'affaires, avoue, dépité, un haut fonctionnaire de la prestigieuse direction. Les gens ne sont pas épaulés, pas formés pour surveiller les participations que détient l'État. Ils tournent trop vite. Ils n'ont pas le temps d'être compétents dans un domaine. Durant les quatre années où il était à la direction des participations, Jachiet a simplement commencé à se former. Le Trésor est une direction qui marche moins bien que le Budget, dont la fonction est de type régalien. » En clair, qui a un rôle d'organisation. Qui ne nécessite pas d'avoir du flair, des intuitions. « C'est un scandale, il ne fallait pas laisser faire, s'insurge un vieux briscard de l'inspection. C'est comme pour le Crédit lyonnais, il n'y avait pas d'un côté les gens qui savaient et de l'autre ceux qui ne savaient pas. »

Ajoutez à cela que M. Bon ne disait rien au conseil d'administration au prétexte qu'y siégeaient sept représentants de syndicats particulièrement revendicatifs. Que M. Bon n'en référait qu'au ministre. Forcément entre deux portes. Seul le ministre était de son niveau. « Bon se prenait pour Dieu », raconte un inspecteur. « De nombreux échecs viennent de la tendance assez mégalomaniaque des inspecteurs des Finances. Ils ne sont pas habitués à rendre des comptes. À personne », renchérit un autre. « On est en pleine perversion du pouvoir, dans le registre de la toute-puissance, de la négation de l'autre », disait le psychiatre Alain Lizotte. Et il ajoutait : « Cette toute-puissance caractérise les étapes archaïques du développement affectif. Le passage de l'absolu au relatif ne se fait pas bien et la violence résiduelle vient parasiter toute leur vie relationnelle. Il n'y a pas pour eux d'alter ego, il n'y a que des rapports dominants dominés. »

La Cour des comptes, qui a réalisé une enquête, n'a pu que constater l'absence de tout document du comité exécutif sur ces investissements. Profitant du vide, Bon n'en a fait qu'à sa tête. Même les commissaires aux comptes Ernst & Young et Salustro Reydel affirment avoir été en conflit avec la direction de France Télécom sur le calcul des provisions. Ainsi, dans les comptes de 2001, la participation de France Télécom dans NTL est valorisée 1,37 milliard d'euros. L'ennui, c'est que le 8 mai, le câblo-opérateur britannique s'est mis en faillite, ce qui lui ôtait quasiment toute valeur. Certes, cette faillite intervient après l'arrêté des comptes, le 20 mars 2002. Mais avant l'assemblée générale qui est prévue pour le 28 mai 2002. Assez logiquement, les commissaires aux comptes demandent que les comptes 2001 soient rouverts pour passer des provisions supplémentaires et présenter un document correspondant à la situation réelle de l'entreprise. Refus de Michel Bon. Circulez, il n'y a rien à voir. Il expliquera devant la commission parlementaire : « J'ai mis au défi les commissaires aux comptes de me citer une seule entreprise du Cac 40 qui ait revu ses comptes avant son assemblée générale au cours des cinq précédentes années. » Peut-être, mais aucune ne s'était, semble-t-il, trouvée dans une situation comparable ! Et le statut de France Télécom exigeait à tout le moins une conduite exemplaire. Mais Bon n'est pas dans une logique comptable ni même capitaliste. Son propos, c'est l'accomplissement d'une mission. Et rien ne peut, ne doit se mettre en travers. Il ne voit pas que son projet devient chimère. Il croit à sa vision. Il croit que quand on sert l'État, tout est possible.

Mais ce n'est pas tout. Pour être premier en Europe, ce grand stratège ne ménage pas sa peine. Il est sur tous les fronts, au moment où la bulle financière est au plus haut. Il achète encore et encore. Global One, Equant, TPSA, puis l'opérateur britannique Orange, à un prix astronomique (35 milliards d'euros payés cash, plus 6,5 milliards pour une licence UMTS). Ce choix stratégique est jugé plus qu'aventureux par bon nombre d'observateurs : « En achetant Orange au prix fort à Vodafone, en cash, France Télécom offre sur un plateau d'argent un formidable trésor de guerre à son principal concurrent », note François d'Aubert, député UMP libéral, membre de la commission d'enquête parlementaire sur les entreprises publiques, magistrat à la Cour des comptes de son état. Et comble de l'imprudence, Bon s'est engagé à racheter à Vodafone les titres France Télécom cédés en échange d'Orange, au prix de 100 euros l'action. Sans aucun filet de sécurité. Une bombe à retardement. Si le titre s'était maintenu, l'opération aurait été neutre. Mais l'action est tombée à 10 euros. Manque à gagner : 9 milliards d'euros. Comment peut-on prendre de tels risques ?

Las, arrive ce qui devait arriver : France Télécom manque de liquidités. Malgré un cash-flow en progression. Étonnant, non ? Personne ne semble y avoir songé avant. Impossible de se tourner vers les marchés, cela aurait dilué la participation de l'État. Or la loi prévoit que l'État doit garder plus de 50 %. Mais cela, Bon le savait. Alors, avec son directeur financier, Jean-Louis Vinciguerra, le président va jongler avec les chiffres, inventer des montages tortueux, revendre des actifs, introduire en Bourse des filiales. Malheureusement, entre-temps, la bulle spéculative a explosé. Les prix fondent. Ainsi, à titre d'exemple, la mise en Bourse d'Orange ne rapporte que 6 milliards sur les 13 escomptés. France Télécom est entré dans une spirale infernale. L'agence de cotation Moody's dégrade sa note à Baa3, la dernière catégorie avant les *junk bonds*, les obligations pourries. L'hallali approche. Laurent Fabius commande un rapport à un autre inspecteur, Yves Mansion, qui ne peut que constater l'ampleur des dégâts. Un peu tard.

Mais Bon s'accroche. Au printemps 2002, il affirme à Bercy que son bilan est assaini. Il croit encore à Mobilcom. Il a encore la foi. Il s'entête. Comme Messier. Il ne peut pas s'être trompé. Avant de reconnaître, en août 2002, son échec cuisant. Débâcle de NTL, effondrement de Mobilcom, non seulement France Télécom ne sera pas le premier en Europe, mais si l'État n'était pas là pour renflouer, France Télécom aurait disparu.

Bon nombre d'inspecteurs, s'efforçant de défendre, comme d'habitude, leur camarade, ont affirmé que Bon avait été victime des montages tortueux de Vinciguerra. Forcément, ce n'était pas sa faute. Or le déroulé des faits montre bien que c'est Bon qui a précipité France Télécom dans l'impasse, par une stratégie hasardeuse.

Les petits actionnaires voient rouge. En 1997, Michel Bon avait pris lui-même son bâton de patron pour attirer le chaland lors de la privatisation partielle de France Télécom. Avec succès. 4 millions de petits souscripteurs s'étaient précipités. Acheter du France Télécom, c'était investir dans du solide, un secteur plein d'avenir, une entreprise respectable, contrôlée par l'Etat et dirigée par un inspecteur général des Finances, diplômé de l'Essec de surcroît, nommé en Conseil des ministres. Ce n'était en rien un investissement à haut risque... Pourtant, l'action France Télécom a perdu 80 % de sa valeur. Achetée 27,7 euros lors de son introduction en Bourse en 1997, elle ne valait plus que 6 euros en septembre 2002 ! Envolées les économies.

« J'aime beaucoup Michel Bon, c'est un ami, mais il avait un défaut : il est très autosatisfait. Très narcissique, raconte, "off" bien sûr, un de ses chers camarades. Il adorait avoir sa photo dans les journaux. Il a été sensible aux critiques de ceux qui lui reprochaient de ne pas savoir réaliser des deals. C'est d'ailleurs pour cela qu'il avait été viré de Carrefour. » « Bon a manqué de caractère, il s'est montré velléitaire. Il a cédé au qu'en-dira-t-on qui le présentait comme un looser », affirme un autre ami inspecteur. « Bon ne partageait pas le pouvoir », raconte un camarade qui connaît le dossier. Après Messier le menteur, voilà Bon l'autocrate narcissique et velléitaire.

Non seulement il ne rendait compte à personne, mais il ne s'impliquait pas à fond. Un banquier se souvient d'être allé le voir quelques mois seulement après sa nomination et d'avoir remarqué, étonné, qu'il n'y avait pas un dossier sur son bureau. Il l'avait félicité d'avoir ainsi déjà absorbé toutes les problématiques de l'entreprise. Et Bon lui avait répondu : « Je suis manager. Je ne m'occupe pas des détails. »

L'étude faite par Nicole Brion et Jean Brousse sur le langage des patrons[1] conforte cette constatation. Ils ont en effet noté que le président de France Télécom n'utilisait jamais le possessif, ne s'appropriait pas l'entreprise. Cela aurait pu être mis sur le compte d'une certaine modestie. Mais non. Cette attitude provient, selon les auteurs, de la perception que Bon avait de sa responsabilité. Il avait « un statut d'homme de fonction et non de chef d'entreprise ». C'était un homme contraint. Il ne disait jamais « nous devons faire », mais « il faut ». « Il utilise quasi systématiquement des tournures impersonnelles, la responsabilité de l'entreprise n'est pas

---

1. *Mots pour maux. Le discours des patrons français*, Éd. Descartes et Cie, 2003.

déterminée », poursuivaient les auteurs. Bon agissait sous la pression extérieure. Loin de démontrer une parfaite maîtrise de la nouvelle technologie et des mutations financières, il utilisait un langage désuet, comme « la machine internet », « l'outil internet », « la dimension paneuropéenne », et déplorait sans cesse la rapidité d'évolution des marchés et des technologies. Bref, il subissait. Il était le jouet de contraintes extérieures sur lesquelles l'opérateur n'avait pas de prise. Le statut hybride de l'entreprise peut en partie expliquer une telle attitude, mais elle démontre également une difficulté à appréhender le métier et à maîtriser les mutations.

Là non plus, les inspecteurs des Finances ne se sont pas montrés spécialement perspicaces. Roger Fauroux, un autre inspecteur, de grande réputation, ancien président de Saint-Gobain, ancien ministre de l'Industrie, ancien directeur de l'Ena, nommé au conseil d'administration de France Télécom par son ami et camarade de l'inspection Michel Bon ? Pas dit un mot. Et aujourd'hui, il refuse de s'expliquer. Quant à Jachiet et Jouyet, il faut bien dire qu'ils ont laissé faire, comme on le leur avait demandé. Bouche cousue.

Mais le désastre finit par devenir évident. Bon est limogé. Dans la nuit du 12 au 13 septembre 2002, au soir de sa démission, le président déchu commence à rédiger un texte qu'il comptait lire à l'occasion de la conférence de presse du lendemain : « France Télécom traverse une période de gros temps. Permettez-moi de penser que ce n'est rien comparé au gros temps que viennent d'éprouver les régions inondées du Gard et de l'Hérault... » Heureusement pour lui, il n'a jamais prononcé ce discours. Il n'est pas venu s'expliquer devant la presse. Bon assume, mais aussitôt pour se dédouaner et minimiser la gravité des faits. Il y a eu une tempête (ce n'est pas ma faute) et il n'y a pas mort d'hommes (ce n'est pas si grave).

Devant la commission d'enquête parlementaire, le 25 mars 2003, il insiste sur le fait que tout cela était survenu « dans un contexte irréaliste », qu'il n'y avait « pas d'autre choix que de mener une stratégie d'acquisitions conquérante pour s'assurer des relais de croissance ». Et puis surtout : « Je ne pouvais imaginer qu'un jour, comme ce fut le cas à l'été 2002, l'accès aux marchés financiers nous serait fermé, la présence de l'État excluant tout risque de faillite. » L'État protecteur. Pas seulement pour les petits fonctionnaires. Dans quel monde vivait-il ? Sait-il que des PME mettent la clé sous la porte pour trois mois de trésorerie ?

Et certains manants de rappeler pourquoi en 1992 ce grand commis avait été remercié par les actionnaires de Carrefour. Directeur du groupe de 1987 à 1990, il avait restructuré avec talent. En 1990, il avait été nommé président. Et là, catastrophe. Au dire des actionnaires, il se serait lancé dans une politique d'acquisitions et de ventes de supermarchés totalement incongrue. « Il n'avait aucun sens stratégique », raconte l'un d'eux. Entendez par là : aucun sens des bons emplacements. Sous sa présidence, le chiffre d'affaires de Carrefour avait augmenté de 66 %, notamment, avec l'acquisition d'Euromarché, mais les bénéfices, eux, étaient restés au même niveau.

Bon est donc contraint de quitter France Télécom. Sans « golden parachute », mais discrètement, il continue à conserver, quelques mois, le même salaire, comme chargé de mission. L'État est décidément bon prince avec ses serviteurs. Il est remplacé par Thierry Breton, diplômé de Supelec, et qui a commencé à redresser l'entreprise sinistrée.

Mais jamais deux sans trois, dit le dicton. Mars 2003, dix mois après Jean-Marie Messier, six mois après Michel Bon, Pierre Bilger, le patron du groupe Alstom, est lui aussi contraint de s'en aller. Au lendemain d'une séance où l'action a dérouillé de 50 %, Bilger passe la main et anticipe de quelques mois son départ à la retraite. C'est le troisième patron à être éjecté de la présidence d'une entreprise du Cac 40 en quelques mois. Le troisième inspecteur des Finances. La loi des séries tourne au tragique.

En apparence, la faillite de Bilger est une sorte de remake de ce qui s'est passé avec VU et France Télécom. Lui aussi s'est retrouvé à court de trésorerie, avec des dettes dépassant de loin ses fonds propres. Alstom, comme France Télécom, devra être renfloué par l'État pour éviter la faillite et la disparition d'une entreprise française stratégique, puisqu'elle fabrique des TVG, des centrales nucléaires, des turbines... « Le champion tricolore des métros, des locos, des paquebots et des centrales électriques », comme l'a écrit joliment Sylvain Courage dans un article du *Nouvel Observateur* intitulé « Alstom, le plongeon à très grande vitesse[1] ».

Pourtant l'histoire de Bilger et le scénario de la dégringolade d'Alstom sont un peu différents. Bilger, contrairement à Bon et Messier, n'est pas un parachuté. Il a passé neuf ans dans le groupe avant d'accéder à la présidence. Il voulait servir l'État et s'est retrouvé dans le privé par hasard. Bon, lui, était entré directement dans l'entreprise après l'inspection. Messier s'était précipité à la banque Lazard après seulement deux années de cabinet auprès d'Edouard Balladur à la sortie des quatre années de « tournée ».

Bilger, c'est même l'opposé de Messier. Autant l'ancien patron de Vivendi était brillant, médiatique, arrogant, autant Bilger est fade, sans charisme. Il faut dire que sa carrière n'a pas démarré d'une manière aussi fulgurante. « J'étais, raconte-t-il, l'archétype du jeune homme qui avait pour ambition de servir l'État. Ma mère, qui dirigeait une entreprise de matériel agricole, nous a inculqué, à mes frères et à moi, ce sens du dépassement, de l'intérêt général. Il y avait quelque chose au-dessus de la réussite purement matérielle. L'un de mes frères est d'ailleurs magistrat et l'autre professeur d'université. J'avais lu un article dans *France Observateur* sur l'inspection des Finances. On y magnifiait le rôle de ces hauts fonctionnaires. Je me suis renseigné. Et c'est comme cela que j'ai fait Sciences po, puis l'Ena. » Nous sommes à la fin des années cinquante. Les grandes figures de l'inspection sont

1. *Le Nouvel Observateur*, 3 avril 2003.

Paul Delouvrier, Simon Nora, François Bloch-Lainé, Pierre Moussa...

De son propre aveu, Bilger n'est pas un élève brillantissime. Ses professeurs à Louis-le-Grand lui ayant dit, à l'issue d'une année de maths spé, qu'il avait une chance sur quatre d'intégrer Polytechnique, il bifurque vers l'Ena. Et réussit le concours. Mais la guerre d'Algérie se prolonge. Il est appelé sous les drapeaux. Dix-huit mois de service militaire. Ensuite, l'École l'envoie en stage à Bruxelles. Là, il découvre qu'il a contracté la tuberculose dans une caserne allemande. Il se retrouve en sanatorium dans les Alpes. Il a 24 ans, la vie n'est pas toujours rose. « Entre deux piqûres de streptomycine, je travaillais un peu. »

Après plus de trois ans d'interruption, retour sur les bancs de l'Ena où il réussit tout de même à améliorer son classement, puisque, entré 20e, il en sort 9e. Se pose alors la question cruciale de l'affectation. Et là, espoir. Il reste encore une place à l'inspection. Mais le major de la promotion, Raphaël Hadas-Lebel, n'a pas encore fait son choix. Il hésite encore entre le Conseil d'État et l'inspection. Le suspense se poursuit jusqu'à la veille de « l'amphi-garnison », la séance plénière où sont attribuées les affectations de manière solennelle. Finalement, Hadas-Lebel choisit le Conseil d'État. Bilger intègre l'inspection, mais comme par raccroc. Il en garde la cicatrice. Il y a une part de chance ou de malchance dans le destin. Si Hadas-Lebel avait pris l'inspection, Bilger aurait, dit-il, choisi la préfectorale !

Le second de cette promotion, sorti derrière Hadas-Lebel, s'appelle Michel Pébereau. Il deviendra une des grandes figures de l'inspection. Une sorte de « parrain [1] ». Bilger et Pébereau s'apprécient, ils sont tous les deux d'origine modeste, provinciale. Ils rédigent leurs rapports en commun. Ils ont la même fascination pour le pouvoir. De cette époque est née une amitié qui ne se démentira jamais. Une amitié où Pébereau fait figure de mentor et Bilger d'obligé.

---

1. Au sens de celui qui présente quelqu'un dans un cercle, un club, une société, apporte sa caution morale (*Petit Robert*).

À la sortie de l'Ena, tous deux entament des carrières parallèles dans l'administration : Pébereau, major de l'inspection, au Trésor naturellement ; Bilger, au Budget. Tous deux occuperont de hautes fonctions dans des cabinets ministériels de droite. Le premier fait ses armes au cabinet de Valéry Giscard d'Estaing aux Finances, entre 1970 et 1974 ; le second sert successivement Jean-Pierre Fourcade, Michel Durafour, Robert Boulin, Maurice Papon. Tous deux finiront pourtant à la tête d'entreprises cotées en Bourse. Pas par vocation. Mais parce que avec la politisation de la haute fonction publique, l'alternance de 1981 a brisé leurs objectifs de carrière. Le 10 mai 1981, pour Pébereau et Bilger, tout s'arrête.

Pébereau et Bilger étaient programmés pour devenir directeurs du Trésor, du Budget, du FMI, de la Banque de France, de la Caisse des dépôts. Les aléas politiques les ont détournés de cette vocation. Pébereau pantoufle donc au CCF, banque publique, mais n'oublie pas son camarade qui se languit comme chef de service au Budget. Il déboule un jour dans son bureau et lui lance : « Mon frère Georges [directeur de la Compagnie générale d'électricité qui vient d'être nationalisée] a besoin d'un jeune fonctionnaire pour assurer les relations avec l'État. Ça te tente ? » Bilger, qui connaissait déjà le directeur financier de la CGE, Philippe Dargenton, lui aussi inspecteur, va voir Georges Pébereau. Il est bluffé par son intelligence. Va pour la CGE, les turbines et les locomotives. Contrairement à ce qu'il confiera plus tard aux journalistes économiques, à l'époque il ne rêve pas de l'entreprise. Mais l'occasion fait le larron. À la CGE, il commence par s'occuper de la planification : c'est lui qui est chargé de négocier les contrats de plan. Une activité qui, selon Bilger, tourne « au délire technocratique ». « Il fallait, dit-il, prévoir ce qu'allait devenir la CGE dix ans plus tard ! »

Peu à peu, il grimpe dans la hiérarchie. Contrôle de gestion du groupe, directeur financier. En 1986, la droite revient au pouvoir. Georges Pébereau est limogé et remplacé par Pierre Suard. En sa qualité de directeur financier et d'ancien membre de cabinets de droite, Bilger est chargé de conduire la privatisation de la CGE, qui deviendra Alcatel. C'est un succès. En 1987, il rejoint Alsthom[1] à un poste plus opérationnel, comme secrétaire général.

À la fin de ces années quatre-vingt, on entre dans la période folle des grandes opérations de restructuration. Peu à peu Alsthom va devenir un énorme conglomérat. Absorption de GSI et surtout rapprochement avec le britannique General Electric Company. Puis, achat du fabricant de turbines ABB. C'est le début de ce que Bilger appelle « la chevauchée fantastique », aux côtés de Lord Arnold Weinstock, le patron de Gec, considéré en Grande-Bretagne comme un capitaine d'industrie hors pair. Un capitaliste pur sucre, mais qui était capable d'interrompre une séance budgétaire en s'écriant : « L'argent de cette société appartient aux actionnaires et nous n'avons pas le droit de le jeter par les fenêtres. » Gec-Alsthom devient le premier groupe européen à vocation mondiale. Le TGV Séoul-Pusan, les gigantesques turbines du barrage des Trois-Gorges en Chine, le *Queen Mary II*, le plus grand transatlantique jamais construit, les trains Corail, les turbines d'Edf, tout cela c'est Gec-Alsthom. Une fierté nationale. La croissance est exponentielle. Consécration : en 1991, Bilger est nommé président. Son parcours est unanimement salué par la presse économique. Le *Financial Times* lui consacre une pleine page intitulée : « *The Euro man with American ambitions* ».

Hélas, le monde bouge. L'État, Edf, la SNCF, la Ratp (peu regardants sur les prix) ne suffisent plus à alimenter les carnets de commandes. Il faut négocier comme des rats pour convaincre les Texans, les Coréens, les Japonais. Or Alstom a une culture d'ingénieurs et pas de vendeurs. Et puis, Weinstock est parti à la retraite. Des dissensions apparaissent entre Britanniques et Français, coincés dans un montage 50-50. Bilger accepte de verser à la maison mère Alcatel des dividendes très élevés (70 % des profits, contre 30 à 40 % habituellement) qui affectent le bilan et priveront le groupe de fonds

1. Alsthom est la filiale du groupe CGE où a été regroupée toute l'industrie lourde, quand la holding, qui va devenir Alcatel, dirigée par Pierre Suard, conserve la téléphonie.

propres suffisants. Lors de l'introduction en Bourse de Gec-Alsthom, les actionnaires exigent un super-dividende de 1,2 milliard d'euros. Suard impose même à Bilger de racheter Cegelec pour 1,6 milliard d'euros. Un « siphonnage » qui prive Alsthom de la solidité financière indispensable à une entreprise de ce type. Mais qui, au dire de certains inspecteurs des Finances, a permis à Alcatel de s'imposer. Tout n'est pas perdu, selon eux. Drôle de comptabilité.

Bilger est sacrifié. Ce haut fonctionnaire discret et obligeant n'ose pas s'opposer, affronter. « Si j'ai un regret, c'est celui d'avoir accepté ces dividendes. Mais que pouvais-je faire ? Démissionner ? Cela n'aurait rien empêché. Je pensais surtout que nous pouvions rééditer les performances des sept années précédentes pendant lesquelles nous avions doublé nos fonds propres », confiera-t-il.

De toute façon, un inspecteur des Finances ne démissionne pas. Ce n'est pas dans la culture maison. Enfin, pas à cause de divergences stratégiques. Il démissionne seulement quand on lui fait comprendre qu'il n'a plus le choix. La démission c'est le renoncement, l'échec, la mort. La négation de toute une vie.

En 1988, avec l'introduction en Bourse d'Alstom, Bilger gagne son indépendance, il n'est plus pris entre le double feu de ses actionnaires, Serge Tchuruk et Lord Simpson, mais le technocrate qui a réussi une brillante carrière à l'ombre de l'État se retrouve sous la surveillance permanente des analystes financiers. Avec une situation financière fragile, puisque le « siphonnage » d'Alcatel l'a privé de fonds propres suffisants. Cela ne pardonne pas. Une mauvaise conjoncture économique, une série de mauvais deals, un accident industriel, l'aventure va tourner à la catastrophe. Poisse ? Manque de flair ? Mauvaise évaluation des risques ? Incompétence ?

Dans l'affaire des turbines ABB qui vont coûter des milliards, personne n'assume les négligences commises. Un ingénieur proche du dossier raconte : « Alstom venait de rater l'achat des centrales conventionnelles de Westinghouse. Le fabricant américain a préféré l'offre de Siemens, très légèrement supérieure. Bilger et surtout Darmon ont eu peur de rater ABB. Ils ont voulu faire vite. Ils n'ont pas pris le temps de diligenter les études nécessaires qui leur avaient pourtant été suggérées par les services ! »

Bilger qui, apparemment, ne décide pas grand-chose, se fait également imposer la vente de 10 % du capital de Framatome, perdant ainsi la majorité et donc la possibilité de vendre des centrales clés en main. « Alstom se voit ramené au rôle de sous-traitant, comme l'a expliqué Georges Pébereau dans une tribune au *Monde*[1], vendant un composant, une salle des machines, à l'exclusion du cœur qui est le réacteur. » Pourtant, Bilger se félicite de cette transaction : « La participation qu'avait acquise la CGE en 1986 valorisait 100 % de Framatome à 1,4 milliard de francs, tandis que lors de la cession partielle intervenue ultérieurement, cette valeur a été portée à 7 milliards de francs », se défend-il pour montrer qu'il sait faire aussi des bonnes affaires.

Autre mauvais coup du sort : la faillite du croisiériste américain Renaissance Cruise, au lendemain des événements du 11 septembre. Pour assurer la survie de sa filiale de construction navale, les Chantiers de l'Atlantique, Alstom avait accepté de se porter caution pour l'achat, par Renaissance, de huit navires. Le contrat du siècle, disait-on à l'époque. C'est ce qu'on appelle un financement fournisseur. Une pratique relativement courante. Mais pas forcément sur de telles sommes ! Renaissance ayant déposé son bilan, Alstom se retrouve avec huit paquebots de croisière sur les bras, en pleine déprime du tourisme. Le titre plonge encore un peu plus. Décidément, la poisse. « C'est vrai, quand nous avons conclu ces contrats, nous avons surtout pensé à la survie des Chantiers. Plus qu'à la rentabilité, sans doute. J'ai le sens du patriotisme. De toute façon, y avait-il une alternative ? Licencier 4 000 salariés ? » se défend Bilger. Il précise au passage que c'est Jean-Noël d'Acremont et Patrick Boissier, les présidents successifs des Chantiers, qui ont signé les contrats...

Encore une fois, les banques les plus engagées sont les

1. *Le Monde*, 1er novembre 2003.

mêmes « zinzins » : la Société générale, BNP-Paribas et le Crédit lyonnais. Le total des engagements des banques se monte à 17 milliards d'euros pour 1,1 milliard de fonds propres. Mais pourquoi s'inquiéter ? Les cautions de garantie sont très bien rémunérées. Les mandats de fusion-acquisition ont rapporté d'importantes commissions. Seulement, le jour où Alstom est au bord de la faillite, c'est l'État qui va payer, pendant que les banques continueront, elles, d'afficher des bénéfices ! Rien d'anormal ni de frauduleux, bien sûr. C'est le système. Tant pis pour l'éthique. Tant pis si ce système rend chaque jour les Français un peu plus allergiques à ce qu'ils croient être le libéralisme.

Le 12 mars 2003, Bilger annonce une perte historique de 1,4 milliard d'euros, un endettement record de 5,3 milliards d'euros. L'action dévisse de 50 %. Alors qu'elle valait 31,25 euros en 1988 lors de son introduction en Bourse, son cours est descendu à 1,5 euro.

Bilger cède les rênes d'Alstom à son successeur désigné, Patrick Kron. Un X-Mines. La caste concurrente, dont la valeur est en hausse. Et Bilger s'apprête à prendre sa retraite, tranquillement. Comme si tout cela n'était pas franchement un drame. Il était prévu depuis longtemps que Kron lui succède. C'est juste avancé de quelques mois. Au passage, il s'apprête à empocher plus de 5 millions d'euros. Ses indemnités de départ, prévues en cas de rupture de son contrat de travail, plus son préavis. « Si le conseil d'administration a respecté ce contrat, c'est parce qu'il a considéré que la retraite dont je bénéficiais était relativement faible. Elle représente 20 % de mon dernier salaire, hors bonus. Et, compte tenu des performances, il avait supprimé mon bonus pendant trois années consécutives », plaide-t-il à l'époque. En gros, il avait déjà été puni ! Sous la pression des médias, des syndicats et des politiques de son propre camp, il finira par y renoncer. Quand Messier, lui, s'accrochait pour obtenir le paiement de ses 20 millions de dollars auxquels il finira d'ailleurs par renoncer fin 2003.

Mais le mauvais sort s'acharne sur cet homme déroutant. À la fois cynique et naïf, sincère et lâche. Six semaines après son départ, il est mis en examen pour abus de biens sociaux dans une affaire de commission occulte au profit d'une officine. Interrogé sur cette affaire, il confirme avec une franchise déroutante qu'une « contribution financière » de 5,2 millions de francs a été versée par Gec-Alsthom à Étienne Léandri, afin d'obtenir du ministère de l'Intérieur l'autorisation de transférer son siège de la Défense à Saint-Ouen. Pour ce déménagement, l'entreprise avait besoin de l'autorisation de la Datar, placée sous la tutelle du ministère de l'Intérieur. Poste qu'occupait Charles Pasqua à l'époque des faits. On rêve. Un inspecteur des Finances se laisse racketter par les politiques ? « J'assume répond-il toujours aussi franchement. Bien qu'à l'époque des faits, j'étais en plein dans la bataille du TGV à Séoul. J'avais délégué ce dossier à Claude Darmon [le directeur général]. C'était compliqué d'entamer un bras de fer avec la Datar. J'ai réduit la somme de 50 % », résume le patron accablé.

Décidément, cet homme n'a pas la baraka. « Avec Bilger, il y avait un problème de compétence », affirment en chœur certains inspecteurs des Finances. L'ennui, c'est qu'au début de cette enquête sur l'inspection, ils étaient nombreux à le citer en exemple. « C'était un type honnête, il s'est fait plumer », résument d'autres, évoquant l'attitude d'Alcatel. Après Haberer le fêlé, Messier le menteur, Bon l'autocrate, voilà Bilger le nigaud.

« Imprégnés d'une configuration où la fonction publique était toute-puissante, ces hommes ont oublié qu'ils n'avaient plus de garde-fou. Ils ont sans doute pensé qu'il ne pouvait rien leur arriver », commente Bruno Durieux, ancien ministre, X et inspecteur des Finances en service extraordinaire. En fait, Bilger, Messier, Bon comme Haberer se sont lancés dans des stratégies coûteuses, en évaluant mal les risques, en s'obstinant dans leurs stratégies, en ignorant les contingences mineures à leurs yeux, les règles du contrôle et de la gestion quotidienne. Pour accomplir leur destin, ils ont mis en œuvre des stratégies de papier. Ils ont acheté, empilé, restructuré, construit des cascades de holdings. Ils ont avancé à marche forcée. Résultat : leurs empires n'ont pas résisté aux premières tempêtes.

« Toutes les entreprises sont endettées. Elles paient le prix de leurs acquisitions des années quatre-vingt, sous la pression de la mondialisation. L'ensemble de la dette des entreprises françaises est égal à la dette de l'État : 90 milliards d'euros. À ce titre, ce qui est arrivé à Bon ou Messier n'est pas unique », confie un camarade pour relativiser ces échecs. Puis il ajoute : « Mais c'est unique dans la démesure. De plus, on a découvert que dans tous ces cas – entreprise publique ou privée – aucun des organes de contrôle n'avait fonctionné. Ni les conseils d'administration, ni le Trésor, ni la Banque de France, ni les banques prêteuses. » Et pour cause.

Une étude sur le gouvernement d'entreprise, réalisée en 2000 par Korn Ferry International, soulignait qu'en France, 45 % des membres des conseils d'administration des grands groupes étaient composés d'X ou d'énarques. Une proportion qui varie peu avec les années. Elle était de 43 % en 1996, et de 46 % en 1999. À la Société générale, elle était de 71 %. Or, selon cette étude, c'était là un frein essentiel à l'indépendance des conseils.

Jacques Friedmann reconnaît : « Messier + Bon + Bilger : la conjonction des trois, cela fait beaucoup. » Cela pose la question du recrutement des patrons, mais aussi des administrateurs, des directeurs financiers, bref du système à la française où souvent le pedigree – il s'agit des diplômes bien sûr – compte plus que les compétences. Mais le comportement de ces brillants oligarques ne s'explique pas uniquement par le mode de fonctionnement de la société et de cette caste. Il reste tout de même un mystère. Tant d'acharnement à se précipiter dans le gouffre. Ce ne sont pas des malfrats malhonnêtes, qui ont eu pour objectif de détourner des fonds. Ils ont réellement le sentiment d'avoir bien fait, ils sont persuadés qu'il n'y avait pas d'autre solution. Pourquoi, sinon, se seraient-ils entêtés de manière aussi aveugle ?

Pour donner un élément de réponse à ce mystère, ces quelques phrases extraites de *L'Abrégé de psychologie pathologique*[1] de Jean Bergeret. Voici ce qu'il écrit à propos des sujets atteints de névroses de caractère, névroses qui sont latentes – c'est à dire indécelables – chez ces personnes de pouvoir car, en apparence, celles-ci sont conformes aux exigences de la société moderne : solides, actives, morales. « La fragilité d'une telle position n'apparaît réellement que dans l'incapacité évidente à une remise en question. Tout se passe comme si le moindre mouvement dans ce sens devait accomplir l'irréparable. Cette sûreté en soi implique que tout doute soit supprimé. Il faut agir. Renoncer c'est mourir. Le résultat d'une telle attitude est de trois ordres. 1. Une hyperactivité avec dépense considérable d'énergie. 2. Dureté vis-à-vis de l'entourage d'autant plus contraignante qu'elle s'accompagne d'une dureté équivalente pour lui-même. 3. Stérilisation totale de tout ce qui peut surgir de la vie inconsciente. » Les émotions, les sentiments, en somme. Ils se protègent d'un rempart tellement solide, tellement rigide que cela empêche l'émergence de tout affect. Ils se blindent et se privent donc de tous ces capteurs sensoriels qui permettent d'apprécier un contexte, une situation. Bref d'être dans la vie, dans la réalité. Tout est contrôlé. Dominé. Ce sont des machines. Et, ajoute Jean Bergeret, « dans cet univers, le plus grand danger, c'est l'imprévu ». Le 11 septembre, l'éclatement de la bulle internet, l'échec d'une turbine... C'est pourtant dans ces moments de mutations et de crise qu'un chef doit se révéler.

Aujourd'hui Haberer le fêlé, 72 ans, se morfond dans son château et se prépare activement pour son procès en appel. Bilger le nigaud, 63 ans, a démissionné du conseil de la Société générale, et de Thales. Il a juste conservé un poste au conseil consultatif international de l'Alliance Renault-Nissan,

1. Masson, rééd. 1976.

à la demande de son camarade de l'inspection, Schweitzer. Messier le menteur, 47 ans, a monté une petite structure financière. Impossible de savoir pour qui, avec qui il travaille. Il refuse d'en parler. La justice américaine s'était prononcée contre l'attribution de sa colossale indemnité de départ. Bon l'autocrate, 60 ans, est président d'honneur de France Télécom, président de l'Institut de l'entreprise (!), président du conseil de surveillance des Éditions du Cerf, *senior advisor* chez Dome Close Brother, un établissement financier spécialisé dans les fusions-acquisitions de taille moyenne et, en septembre 2003, il a été élu président du conseil d'administration de l'Institut Pasteur, en remplacement de l'inspecteur général des Finances Philippe Rouvillois. Un poste qui n'est pas une chasse gardée de l'inspection, assure ce dernier. Bien sûr !

Une PME saute pour un trou de trésorerie de quelques dizaines de milliers d'euros. Les Messier, Bon, Bilger, eux, peuvent jongler avec des milliards, sans que jamais les banques s'inquiètent. Les gros ont tous les droits, les petits aucun.

Au pays de la banque, il paraît que c'est normal. Philippe Auberger, inspecteur des Finances, député RPR, rapporteur de la commission d'enquête sur le Crédit lyonnais raconte qu'un jour, avec ses collègues du Parlement, il s'était ému du fait que la banque continuait à poursuivre des petits débiteurs qui s'étaient endettés pour acheter leur pavillon alors que non seulement elle ne réclamait rien au promoteur Michel Pelège qui avait laissé une addition de plus d'un demi-milliard de francs, mais elle lui avait signé un chèque de 300 millions de francs pour qu'il quitte la présidence de la société immobilière SMCI. « Insupportable moralement », avaient-ils dit à Jean Peyrelevade. Le patron du Lyonnais avait rétorqué : « OK, mais c'est une habitude. »

Une habitude ? La France d'en bas en a marre de ces habitudes. Certes, les inspecteurs des Finances ne sont pas responsables de tout. Mais plus que jamais, en cette année 2003 où se sont succédé ces sinistres, ils incarnent un ordre nuisible.

Ils dirigeaient la France parce qu'ils bâtissaient une économie administrée. Aujourd'hui, le monde est mouvant, imprévisible, concurrentiel. Le moule social s'est évaporé, mais les privilèges ont subsisté, sans raison. L'inspection n'apparaît plus que comme une coterie illégitime. Qui ne songe qu'à elle. Qui n'est pas qualifiée d'office pour diriger des entreprises. « Déjà, avant l'écroulement final, la France est dissoute, et elle est dissoute parce que les privilégiés ont oublié leur caractère d'hommes publics », écrivait Hippolyte Taine à propos des aristocrates dans son livre consacré à la Révolution.

Chapitre 9

Les prodiges

« Quand un homme a du talent, il lui reste à prouver qu'il sait s'en servir. »

JULES RENARD

Toute généralité comporte des exceptions. Et si beaucoup d'inspecteurs des Finances ont été de très mauvais chefs d'entreprise, tous n'ont pas ruiné leurs actionnaires. Tous n'ont pas un ego démesuré qui les a conduits à ignorer le réel. D'ailleurs, l'aura que confère le titre, le réseau, facilite les contacts au plus haut niveau et ouvre les portes. Ce qui simplifie tout de même beaucoup les choses. Et puis, même s'ils ont une vision un peu déformée de la société, ils sont intelligents. Ils sont capables d'être d'excellents régisseurs. Mais les grandes réussites, les vrais succès sont rares. Dans ce monde de fonctionnaires, ceux qui ont bien géré font figure de prodiges. Le simple fait de ne pas avoir provoqué de catastrophe est déjà un exploit.

Pour vraiment réussir, créer, innover, imprimer sa marque, il faut oser sortir des sentiers battus. Et les inspecteurs, en raison de leur formation, du type de carrières auxquelles ils sont destinés, souffrent de trois handicaps, véritables freins à la créativité. Premièrement, à l'exception de ceux qui ont fait HEC, ils n'ont reçu aucune formation en management, en gestion des ressources humaines. Ils ont une conception hiérarchique du commandement. Ils sont rarement sur le terrain. Ils ont un rang à tenir. Il leur est difficile d'être à l'écoute de la base, là où souvent naissent les idées. Deuxièmement, ils ont souvent une connaissance livresque, intellectuelle des activités qu'ils dirigent. Or, on peut consulter tous les rapports, cela n'a rien à voir avec cette relation intime qui s'acquiert quand on plonge avec passion dans un métier, avec cette expérience tactile qui permet d'avoir les bons réflexes, les intuitions. Souvent, dans ces conditions, le seul moyen d'imprimer sa marque, c'est la croissance externe. Troisièmement, innover, sortir des sentiers battus exige de s'exposer, de prendre le risque d'échouer. Or, tous les inspecteurs débutent dans les entreprises, à des niveaux élevés dans la hiérarchie, quand ils ne sont pas directement parachutés au sommet. Ils n'ont pas appris à prendre de risques. Bien souvent, il est jugé plus prudent de conserver, maintenir, gérer l'héritage. Et de ce point de vue, il est vrai que la nouvelle génération qui est aux affaires, hormis Messier, a appris la prudence. C'est particulièrement sensible dans la banque où, après des séries de catastrophes, ce secteur, qui avait accumulé les retards depuis les nationalisations de 1945 et 1981, s'est peu à peu redressé. Mais sans connaître non plus de grands succès.

Comparés à Haberer, Friedmann, Lévêque ou Heilbronner, les Pébereau, Croisset, Bouton, Lagayette, Prot font figure de virtuoses. Rien de génial, mais au moins, les comptes sont à l'équerre. Avec le virage libéral de 1984, les privatisations de 1986, confrontés au monde réel, aux marchés, ils ont été contraints de s'adapter aux règles de gestion. Dans cette économie ouverte, méritaient-ils pour autant, plus que d'autres, de diriger les grands établissements où ils ont été propulsés ?

Parmi les succès, le P-DG de BNP-Paribas, Michel Pébereau, figure en bonne place. Il est même montré en modèle. C'est LA réussite de l'inspection. Pébereau est un polytechnicien qui n'est pas sorti dans un grand corps, alors que son frère

Georges est ingénieur des Ponts. L'inspection est sa revanche. Après avoir développé le CCF – grâce, tout de même, à une recapitalisation de 2 milliards de francs par l'État –, il a conquis de haute lutte – et avec habileté – Paribas face à la Société générale. Une victoire qui lui a permis de mettre fin à une réputation de looser, d'apparatchik et a transformé son image. Pendant longtemps, en effet, on l'a surnommé « little Pébereau » parce qu'il n'arrivait jamais à concrétiser ses rêves de méga-banque. Tous ses projets échouaient les uns après les autres. La TGF, la Très Grande Financière, qui devait réunir la BNP, l'UAP et Suez. Ou la SBP, pour Société générale-BNP-Paribas.

Pébereau a donc gagné sa place au paradis des raiders. Il a hissé la BNP aux premières places, mais pas la toute première comme il le clame, en s'inventant une catégorie à part, la « première banque de la zone euro ». C'est marqué en gras dans l'introduction du rapport annuel. Et il est ajouté en petit, « par l'importance de ses résultats et sa capitalisation boursière ». Déjà, en se limitant à la zone euro et non à l'Europe, d'un coup d'un seul, Pébereau élimine les principaux concurrents : les Anglais, les Écossais, les Suisses. Et donc HSBC, Royal Bank of Scotland, UBS, Barclays... Ensuite, il choisit ses critères. La capitalisation boursière n'est qu'un des éléments pour juger de la santé d'une banque. « Il y a deux critères importants, explique un banquier : la taille et la rentabilité. Les banquiers fonctionnaires disent : regardez comme je suis gros. Les banquiers hommes d'affaires disent : regardez comme je suis rentable ! »

Le classement qui fait autorité dans le monde bancaire est celui réalisé par Fitch Rating pour l'ensemble de l'Europe. Premier classement : celui qui tient compte de la capitalisation bancaire. Dans le palmarès 2002 [1], la BNP-Paribas est classée sixième, derrière HSBC, Royal Bank of Scotland, UBS, HBOS, Barclays. Ce qui est déjà très bien. Mais sixième, cela sonne moins bien que premier ! Deuxième classement, basé

1. Publié dans *Les Échos*, 10 juillet 2003.

sur la rentabilité des fonds propres, c'est-à-dire combien cela rapporte par rapport à l'argent mobilisé. Là, la BNP n'est plus que vingt-cinquième. Encore loin, très très loin des grandes banques britanniques et espagnoles.

Pébereau a réalisé un sans-faute lors de la fusion avec Paribas. Il a bien géré la banque. Mais ce n'est pas non plus une réussite foudroyante à la manière de HSBC, petite banque partie de rien à Shanghai et qui est devenue la première banque d'Europe et de loin. Ou de Banco Popular Español, classée numéro 1 en termes de rentabilité. Pébereau n'est pas Sandy Weil, le self-made man américain, qui a débuté au « mail room » et qui est devenu une sommité du monde financier et patron de la City Bank.

« Pébereau ? Très bosseur. Très intelligent, commente un inspecteur rodé au monde anglo-saxon. Mais ce n'est pas un grand banquier. Il n'a pas de vision stratégique. Il a un tempérament de contrôleur, pas de chef d'entreprise. » Cela dit, mieux vaut – et de loin – un fonctionnaire-contrôleur qui affiche des profits, plutôt qu'un fonctionnaire-visionnaire irresponsable qui termine en faillite ! Et les génies, c'est très rare. Ce n'est pas avec le système des concours et de l'Ena qu'on les débusque.

Mais pour le patron de BNP-Paribas, affirmer haut et fort qu'il est le meilleur, qu'il est le premier, n'est pas seulement nécessaire à son ego, c'est indispensable pour justifier ses rémunérations particulièrement élevées : en 2002, il a gagné 1 979 906 euros, plus 476 511 euros de jetons de présence, plus les plus-values sur ses stock-options ! Vive l'inspection ! Quel jackpot !

Quant à son camarade Baudouin Prot, qui lui succède donc à la présidence de BNP-Paribas, il est trop tôt pour juger de ses performances. Il appartient à cette nouvelle génération qui montre un intérêt très marqué pour l'entreprise, puisqu'il a fait HEC avant l'Ena. « Je savais en faisant l'Ena que je ne ferais pas une carrière administrative », confie-t-il. Il est recruté à la BNP en 1985, par le président de l'époque, l'inspecteur général René Thomas. Il a les dents longues et la réputation d'être sérieux, bosseur, compétent. Il a réussi à se hisser au sommet de cette banque truffée d'inspecteurs des Finances, comme lui. On dit qu'il a supporté Pébereau – un homme réputé très dur – avec une déférence stoïque et même un certain humour.

De son point de vue, l'étiquette de l'inspection n'est évidemment pas la clé de son succès. Il s'estime légitime. « J'ai passé vingt ans dans la banque ! » dit-il. Et si la BNP a beaucoup soutenu Vivendi, ce n'est pas parce qu'il faisait confiance à son camarade Messier – qui a participé avec lui au club A3E[1], en 1986, mais parce que, dit-il « les relations entre la Générale des eaux et la BNP remontent à cinquante ans. Ce sont des relations décennales. Les hommes passent, mais les relations restent ». Difficile d'être plus langue de bois. Certains lui reprochent déjà de n'être entouré que de fonctionnaires, inspecteurs ou polytechniciens, trop conformistes. Affaire à suivre.

Daniel Bouton était lui aussi un grand espoir. Il fut le plus jeune inspecteur des Finances, un des plus jeunes directeurs du Budget. Ce très bon élève incarne cette race des inspecteurs managers des années post-Mitterrand. Froid, méticuleux, intelligent, ambitieux. Cet ancien directeur de cabinet d'Alain Juppé au ministère du Budget, qui a pris les rênes de la Société générale en 1997, fait tout bien. En termes d'*investment banking*, de capitalisation boursière, la Société générale peut se targuer de bonnes performances. Pourtant, il lui manque le petit quelque chose qui fait qu'on laisse sa marque. Et Bouton n'a jamais réussi ce qui semble indispensable pour survivre dans ce monde en pleine recomposition : nouer des alliances pour faire face aux mastodontes qui se constituent, notamment dans le monde anglo-saxon. Or, à l'exception du rachat du Crédit du Nord, d'une petite banque américaine dès son arrivée, en 1997 – tout avait été ficelé par son prédécesseur Marc Viénot – Bouton a manqué beaucoup d'occasions : le CIC, Paribas, le Crédit lyonnais. Résultat, selon le

1. Association pour les études des expériences étrangères.

classement réalisé par l'agence de notation Fitch Rating, la Société générale est aujourd'hui la 15e banque européenne en capitalisation bancaire et la 55e en rentabilité. Bouton ne mérite ni couronnes ni goudron. Jusqu'à présent, les actionnaires n'ont pas eu à se plaindre. En cinq ans, la capitalisation boursière a pratiquement doublé. La question est de savoir jusqu'à quand Bouton pourra résister dans cette position d'éternel célibataire. Son caractère autocrate lui a-t-il joué des mauvais tours ? Viénot fait simplement remarquer que, lors de la tentative de fusion avec Paribas, Bouton, trop sûr de lui, a voulu négocier tout seul avec le président de Paribas, André Lévy-Lang. « Il n'avait pas prévu de mobiliser de grandes armées. Or, dans ces cas-là, il faut mettre en place toute une stratégie », poursuit le président d'honneur de la Société générale. Il est vrai que la contre-attaque de Pébereau en a surpris plus d'un à l'époque.

Marc Viénot avait, lui, admirablement réussi, et fait de la Société générale la première des grandes dames, en dépassant la BNP et le Crédit lyonnais. Il fut d'ailleurs le seul inspecteur des Finances à figurer au palmarès des « Managers de l'année ». Issu de la génération d'après-guerre, il est un des rares à ne pas s'être fourvoyé. Mais il a passé treize ans à la Société générale avant d'en devenir le patron. Viénot est une vraie exception. Intelligent, roublard, un tantinet non conformiste.

À peine entré à l'Ena, il commence par sécher les cours. Il travaille avec deux copains : Jean Raynaud, fils de grands bourgeois, très conservateur, qui intégrera la Cour des comptes, et Jacques Fournier, de gauche, qui, lui, sortira au Conseil. Le trio travaille de conserve.

Fils d'architecte-décorateur, Viénot se destine au Conseil d'État. Mais trois jours avant l'« amphi-garnison » où vont être solennellemnt attribuées les affectations, Guy Braibant, communiste (il deviendra chargé de mission au cabinet de Charles Fitermann), a des états d'âme. Il ne s'imagine vraiment pas à l'inspection et demande à Viénot si celui-ci ne veut pas échanger avec lui. Ce dernier, qui avait potassé à fond les grands arrêts de droit administratif et détestait la fiscalité, saisit l'occasion. Ensuite ? « Une série de coups de chance », dit-il, à sa façon, l'air de ne pas y toucher. Les cabinets de Paul Ramadier et de Félix Gaillard. Puis le Trésor, où il débute comme chargé de mission. La voie royale. Sous-directeur. Chef de service. Mais sa fulgurante ascension s'arrête là. Giscard le prévient très courtoisement qu'il nommera Claude Pierre-Brossolette à la direction du Trésor. *No future.* En consolation, on lui offre le poste de ministre plénipotentiaire à Washington. Et donc de représentant de la France au Fonds monétaire international et à la Banque mondiale. Durant ces trois ans aux États-Unis, Viénot découvre le fossé qui sépare les banques françaises des banques anglo-saxonnes. « On revient de loin ! » confie-t-il avec ironie. Il s'en souviendra quelques années plus tard, quand, en 1986, il prendra la présidence de la Société générale, succédant à une longue lignée d'inspecteurs, Maurice Lauré, Jacques Mayoux.

« J'ai eu la chance de débuter aux côtés de Lauré qui a été un très bon professeur, raconte Viénot. Il avait réussi à faire de cette banque une vraie banque. Car pendant longtemps, ce métier a consisté à distribuer des droits à crédits en empochant des commissions. Personne n'avait intérêt à prendre de risques. Lauré a donné un certain dynamisme. Mais quand je suis arrivé, il y avait encore six niveaux hiérarchiques entre le fondé de pouvoir et le président ! J'ai supprimé les grades et réorganisé. La Société générale a été la première à créer une direction des marchés. Nous sommes les premiers mondiaux en dérivés d'actions. » Résultat : petit à petit, Viénot grignote des parts de marché, améliore la rentabilité, déménage le siège à la Défense, se développe au Japon, en Asie, et passe devant ses concurrents de toujours, le Lyonnais et la BNP. Presque exclusivement par croissance interne. Contrairement à des Haberer ou à des Messier qui ont fait des acquisitions en série, tout en négligeant la gestion. Et puis, ajoute-t-il philosophe : « Le raid manqué contre la Société générale, en 1989, a soudé les équipes. » Cela a incontestablement contribué à forger l'image d'un patron décidé et courageux.

Sur un point toutefois, Viénot n'a pas dérogé aux vieilles

habitudes de ses chers camarades : quand il a été temps de se trouver un successeur, son dévolu s'est porté sur... un inspecteur, Daniel Bouton, dont on lui avait vanté les mérites. Au détriment d'une solution interne qui s'appelait Philippe Citerne. Un centralien qui a fait toute sa carrière à la Générale. « Il n'avait pas la même aura. Il était un peu court en termes de relations publiques ! » plaide Viénot. Et d'ajouter : « J'ai testé Bouton sur toute une série de dossiers pourris. Comme la réorganisation informatique. Il s'en est très bien débrouillé. »

Aujourd'hui, l'image de Viénot a été ternie par la déconfiture de Vivendi dont il était président du comité d'audit. Il a été entendu par la Cob, la Sec, le tribunal arbitral de Messier. Il s'attend à une mise en examen. Cela lui pèse. Sa défense ? « Les comptes étaient sincères. La Cob n'a rien à reprocher. Nous avons eu juste un problème d'interprétation sur la consolidation d'une filiale. »

Mais n'a-t-il rien vu venir ? « J'ai dit à Messier que je trouvais son projet tout à fait valable. À une condition : qu'il vende Vivendi Environnement. Il ne l'a pas fait. Mais à l'époque, on était sur des ratios fous. Tant que la dette ne dépassait pas deux fois et demie l'Ebitda, ce qui était le cas de Vivendi, tout allait bien ! Et je vous fais remarquer qu'au conseil, il y avait 18 administrateurs ; ils ont toujours voté les décisions à l'unanimité. Y compris les trois administrateurs américains. » Et d'ajouter : « Messier était éblouissant. Il passait d'un sujet à l'autre, citant le chiffre qu'il fallait, tout en commentant un *slide*. C'est une très belle mécanique. Dans vingt ans, vous verrez, il reviendra sur le devant de la scène. Mais, c'est vrai, la gestion le barbait. » Viénot a toujours un faible pour Messier.

Dans les succès honorables, on peut ajouter à la liste des miraculés, Philippe Lagayette : polytechnicien, ancien directeur de cabinet de Jacques Delors, président de la filiale française de la banque américaine JP Morgan. Et aussi Charles Wiener de Croisset, le plus drôle et le plus snob de tous les inspecteurs des Finances, dont les quartiers de noblesse sont assez folkloriques. Son grand-père Wiener, auteur à succès de romans de gare à l'eau de rose, avait pris comme pseudo Francis de Croisset ! Peu à peu Wiener, dit de Croisset, est devenu Croisset tout court. Charles n'a pas eu besoin de forcer son jeu. Fils d'une milliardaire américaine, il a fait fructifier le magot avec beaucoup d'habileté. En vendant le CCF à HSBC dans des conditions très avantageuses, il n'a pas pris de risques. On ne lui doit aucun fait d'armes. Il n'a eu ni l'ambition, ni le génie, ni l'énergie, ni l'envie de bâtir une banque de dimension européenne, alors que le CCF pouvait tenter de jouer sa carte, avec des alliances en Espagne, en Allemagne... Il a préféré se vendre au plus offrant. Après Elf, l'UAP, le Crédit lyonnais, encore une entreprise dirigée par un inspecteur qui disparaît.

Dans le domaine industriel, en face des catastrophes provoquées par Bon, Bilger, Messier, un seul a réussi : Louis Schweitzer, le très discret – ou très peu médiatique – patron de Renault. Incontestablement, sous sa présidence, la marque s'est très bien défendue, dans un univers concurrentiel difficile. L'alliance avec Nissan, dont personne ne voulait, a été sa grande idée. Elle a renforcé ses capacités de développement, et va notamment lui permettre de s'implanter en Chine. La privatisation de ce bastion du secteur nationalisé a été une réussite. Au total, un parcours brillant. Même si ce profil de patron est en voie d'extinction... Retour sur le parcours d'un grand commis de l'État devenu patron d'une entreprise d'État.

Ancien directeur de cabinet de Laurent Fabius au ministère du Budget, puis à l'Industrie et enfin à Matignon, Schweitzer entre à la Régie Renault en 1986, comme directeur de la planification et du contrôle de gestion. Comme tout inspecteur, il fait d'emblée figure de patron potentiel et suit la voie royale. Directeur financier, directeur général adjoint et enfin, en 1992, six ans après son arrivée, il est nommé président de la Régie nationale des usines Renault par la gauche. Il succède à Raymond Lévy, X-Mines, de droite.

Contrairement à certains parachutés, il a eu le temps de bien comprendre les rouages de l'entreprise. Prudent, il ne cherche pas à changer les structures existantes, comme l'avait tenté Georges Besse. Il installe son autorité en confortant l'autonomie de chaque entité. Il a compris que l'échec du rapprochement avec Volvo tenait au statut même de la Régie. Première réussite : la privatisation de la Régie. Elle se fait en deux étapes. En 1994, Balladur, prudent, se contente d'une ouverture du capital. En 1996, selon Schweitzer, « grâce à Juppé, nous avons pu privatiser ».

Mais en 1996, les nuages s'amoncellent. Pour la première fois, l'entreprise affiche des pertes. Le cours des premières actions a chuté de 32 %. Sa méthode du consensus entretient les conservatismes. Il est entouré de fonctionnaires. Le management continue d'être organisé comme à l'époque où l'essentiel pour la Régie était d'entretenir des bonnes relations avec l'État et les syndicats. Le mode de production est lourd, inefficace. Ainsi, les chaînes de montage avaient été conçues de telle manière que chacune d'entre elles pouvait produire chaque voiture de la gamme, de manière autonome. Un dispositif très coûteux destiné à assurer le rythme de production en cas de blocage d'un site par la CGT. Les achats ne sont pas centralisés. Le président de Renault sait qu'il n'est pas armé pour diriger une entreprise qui va devoir affronter des restructurations.

Non seulement Louis Schweitzer a reçu une formation de fonctionnaire, mais il a été très marqué par son père, également inspecteur des Finances, qui fut directeur du Trésor, directeur du Fonds monétaire international, qui a surtout fait partie de la grande équipe de ceux qui, aux côtés de François Bloch-Lainé et de Paul Delouvrier, ont mis en œuvre le Plan Marshall en France. « Il est imprégné d'un modèle d'économie planifiée. Il est très à l'aise dans les structures très hiérarchisées », raconte un membre de la direction. Selon Nathalie Brion et Jean Brousse qui ont étudié le langage de plusieurs patrons[1], Schweitzer est d'ailleurs le seul à prononcer les mots plans et planifications, de manière positive.

Contrairement à Haberer, Messier ou Bon, Schweitzer a une grande qualité : il connaît ses limites. On raconte d'ailleurs qu'ayant raté l'inspection en 1970, il avait choisi de redoubler sa dernière année de l'Ena. « Pas du tout, explique le patron de Renault, j'avais eu une jaunisse et je n'ai pas pu passer les examens. » Quoi qu'il en soit, cet homme plein de retenue sait qu'il doit faire face à des défis qu'il maîtrise mal. Il décide donc de recruter un professionnel et fait appel à un chasseur de têtes. Coup de chance, c'est une véritable perle qui est lui est proposée : Carlos Ghosn, X-Mines, président de Michelin Amérique du Nord. En embauchant cet homme ambitieux, qui quitte Michelin parce qu'il sait que la plus haute marche est réservée à l'héritier, le P-DG de Renault fait preuve d'un certain courage. La plupart des patrons se gardent bien d'appeler à leurs côtés des professionnels charismatiques et talentueux qui pourraient leur faire de l'ombre.

Ghosn réorganise toute la production. Met en place des petites « structures de résolution des problèmes » sans tenir compte de la hiérarchie. Renault renoue avec les bénéfices. Ce chrétien maronite libanais né au Brésil, qui était arrivé avec une réputation de *cost killer*, apparaît alors comme un faiseur de miracles. Les jeunes équipes l'admirent. Il est salué par la presse. En 1999, Schweitzer l'envoie au Japon pour redresser Nissan, dans lequel Renault a pris 45 %. Mission à haut risque. Ghosn fait mieux que réussir. Nissan, au bord de la faillite en 1999, est devenu le constructeur automobile le plus rentable du monde.

Il devient une star. Des milliers d'articles, des dizaines de livres et même des mangas lui sont consacrés. En revanche, depuis son départ au Japon, Renault tient son rang, mais fait du surplace. Le bénéfice de Renault, hors Nissan, progresse moins vite que le chiffre d'affaires, alors que le périmètre de l'entreprise s'est agrandi : rapprochement avec les camions

1. *Le Discours des patrons français, op. cit.*

Volvo, rachat du constructeur roumain Dacia, rachat du motoriste Samsung. Si la Mégane est un succès, la Velsatis et l'Avantime sont des échecs. Les investissements au Brésil, en Argentine ont été des fiascos. Schweitzer a mis en sommeil l'organisation de son numéro 2 et ressuscité le bon vieux comité de direction, qui fonctionne de manière très hiérarchique. Ghosn, bulldozer extraverti, génial et narcissique, fascine. Les journalistes demandent à Schweitzer des rendez-vous pour parler de Ghosn ! Celui que, jadis, Édith Cresson avait surnommé E. T., discret, affable, commence, paraît-il, à s'agacer du goût prononcé de son numéro 2 pour les feux de la rampe. Schweitzer explique posément que s'il a réussi, c'est parce qu'il a su initier des changements sans faire d'éclats, en étant prudent et réservé, alors que Ghosn, pour s'imposer au Japon, en terre inconnue, devait faire l'inverse : jouer de la médiatisation.

Au siège de Renault, en tout cas, on évite soigneusement de prononcer le nom de Ghosn devant le président, qui semble en avoir une indigestion.

En réalité, même si aujourd'hui, c'est Ghosn qui fait la une des journaux, les deux hommes ont été complémentaires et incarnent deux mondes différents. Schweitzer a su réaliser des choses que Ghosn n'aurait peut-être pas su faire : la privatisation, l'alliance avec Nissan. Schweitzer est excellent devant les analystes financiers, il a su imposer une vision. Même si le mot planification est plus utilisé que le mot stratégie. Disposant de puissants relais à Bercy et dans le monde politique, il a obtenu la consolidation des pertes de Nissan alors qu'il n'y a pas de consolidation comptable du groupe. En d'autres termes, l'argent perdu par Nissan, avant son redressement, a été déduit des bénéfices de Renault, alors que les deux sociétés n'appartiennent pas à la même entité. Cela a considérablement réduit l'endettement de Renault, qui s'est donc acheté Nissan en partie aux frais du contribuable. Indécent, alors que l'État est obligé de se serrer la ceinture ? Il paraît que tous les pays du monde ont des systèmes pour favoriser le développement à l'étranger de groupes nationaux. Messier a fait la même chose chez Vivendi. En revanche, le P-DG de

Renault n'apparaît pas comme un patron impliqué de manière charnelle dans la conduite de son entreprise. Il utilise peu le pronom personnel. Fait preuve de beaucoup de pudeur. Il a un discours raisonné et manifeste peu d'enthousiasme. Il s'applique essentiellement à rassurer l'interne comme l'externe sur la capacité de Renault à s'internationaliser et à réduire sa dette.

Schweitzer a décidé de partir en 2005. Il restera président du conseil d'administration, non opérationnel. C'est donc un X-Mines, qui n'est pas passé par les cabinets ministériels et a gagné ses galons en redressant Michelin au Brésil, qui va lui succéder. Enfin, qui devrait lui succéder. Si, d'ici là, Ghosn ne cède pas à d'autres sirènes. Ce jour-là, les patrons énarques nommés par les dirigeants politiques auront vraiment l'air de dinosaures. Mais durant ces années de mutation, où la Régie de Billancourt est devenue une entreprise privée cotée en Bourse, Schweitzer est certainement le patron qui a été le plus cohérent avec la raison d'être de l'inspection.

Avec Marc Tessier, P-DG de France Télévisions. En effet, comme pour le P-DG de Renault, du temps où elle était nationalisée, il n'y a rien d'incongru ni de choquant dans le fait qu'un haut fonctionnaire, ayant de surcroît acquis une expérience dans un groupe audiovisuel privé, devienne président d'une chaîne publique. Cet X-inspecteur qui a fait ses classes aux côtés d'André Rousselet, à Havas, puis à Canal +, fait d'ailleurs partie des réussites. Même s'il est difficile de juger son bilan. Ses marges de manœuvre, financières comme politiques, sont très réduites. En termes de gestion, il a réussi à afficher des résultats positifs, quand ses prédécesseurs accumulaient les déficits, espérant ainsi mieux négocier de nouveaux subsides publics. Il a verrouillé les contrats de production, renégocié les droits. « J'ai réussi à changer la culture d'entreprise, se félicite-t-il. On n'est plus dans une logique de dépense, mais de résultat. »

D'ailleurs Tessier ne s'en cache pas, s'il est entré dans l'administration, c'était dans le but de diriger une entreprise. Privée ou publique. La question ne se posait pas. « Quand je suis entré à l'Ena en 1969, du temps de Pompidou, l'État était extrêmement puissant. Tout était contrôlé. Le privé ne jouait qu'un rôle de complément. » Ayant participé au développement exponentiel de Canal+, il avait, dit-il, « un profil de développeur ». Hélas, son grand projet de télévision numérique a été enterré par le gouvernement de Raffarin.

Mais en termes de programmes, cet homme cultivé, ouvert, rompu au monde du show-biz n'a pas apporté un renouveau marquant. Si, en termes d'audience, France 3 se maintient bien, France 2 perd du terrain. Un journaliste média dit de lui : « Il a très bien géré, mais ce n'est pas un saltimbanque. » Dans un article paru dans *Le Nouvel Observateur*, intitulé « Marc Tessier, ou l'art de plaire à tout le monde[1] », Claude Soula concluait son portrait par ce constat : « Il a fait du beau travail, mais il n'a pas allumé la petite étincelle qui fait la différence. » Cela dit, à un poste aussi exposé, la petite étincelle peu provoquer des incendies. La prudence a été le maître mot de sa gestion. Dans ce même article, Rémy Sautter, président du conseil de surveillance de RTL, témoignait d'ailleurs de la réussite de son ami Tessier en ces termes : « Pas de grève majeure, pas de bronca à la rédaction, pas de scandale sur l'antenne, pas de déficit. » Ce qui est déjà une performance.

L'histoire d'Henri de Castries, président du directoire d'Axa, lui aussi considéré comme une réussite, est totalement différente. Il est l'emblème de la génération suivante. Après les présidents grands commis de l'État, survient une génération de présidents successeurs. Choisis, chouchoutés, ils sont les fils spirituels de grands entrepreneurs. Espalioux a été coopté par Dubrule et Pélisson à la tête d'Accor. Castries, lui, a pris la succession de Claude Bébéar à la tête d'Axa. Ils ont été appelés pour consolider les bases d'empires bâtis à l'intuition, au forcing. Les gérer. Ils le font très bien, et en prime, ils satisfont les ego des présidents créateurs qui s'offrent les

1. *Le Nouvel Observateur* du 7 mars 2003.

meilleurs pedigrees. Mais personne ne sait si, le jour venu, seuls face à l'adversité, les fondateurs partis, ils auront les qualités nécessaires, la vision, le feeling, le culot.

Henri de Castries est un fantasme vivant à l'inspection. Il a tout. 49 ans, diplômé d'HEC, major de sa promotion, descendant direct d'un duc, d'un maréchal de France et d'un ministre de la Marine de Louis XVI, il a épousé une aristocrate ravissante, ses enfants sont magnifiques, il est sportif, plutôt bien de sa personne, ouvert, décontracté, prudent, d'apparence modeste. Un homme parfait, dont on a du mal à déceler les failles. Si ce n'est un côté très conventionnel, dans ses goûts comme dans ses ambitions. Son côté machine bien huilée. Un peu trop lisse.

Bébéar, en l'intronisant, l'a richement doté. Il dispose d'un plan de stock-options à faire pâlir de jalousie tous les créateurs d'entreprise du monde et qui lui garantit la fortune, quoi qu'il arrive. Toutes les qualités dont il semble faire preuve justifiaient-elles une telle nomination ? Il a eu une chance que n'ont pas eue ses autres camarades d'HEC : au Trésor, il s'est occupé des privatisations et, à ce titre, a rencontré David Dautresme, ancien associé-gérant de Lazard et administrateur d'Axa. C'est comme cela qu'il a été présenté à Bébéar. C'est fou ! Tous ceux qui ont touché de près aux privatisations se sont pris au jeu et n'ont eu de cesse de rejoindre le grand Monopoly : Messier, Rosen, Castries, Butler, Jaffré, Jachiet, Pébereau, Prot, Croisset... Sauf Trichet. Ce qui lui vaut les louanges unanimes. Ce saint rachète tous les péchés véniels de la caste !

Henri de Castries le reconnaît, d'ailleurs, mais cette chance supplémentaire, il se l'est donnée : « Je voulais vraiment entrer dans l'entreprise. C'est pour cela que j'ai fait HEC. Ensuite, je me suis rendu compte que le meilleur moyen d'accélérer ma carrière, c'était de faire l'Ena. C'était en 1977. Giscard était président de la République. J'ai fini HEC en juin. J'ai présenté l'Ena en septembre, et j'ai été reçu. » Comme tout est simple...

Reçu major, il découvre au Trésor un monde digne de Courteline. Il commence comme chef de bureau. La moindre note est signée successivement par le sous-directeur, le chef de service, le directeur, avant d'être transmise au conseiller du ministre, qui la vise avant de la communiquer au directeur de cabinet, qui la soumet au ministre ou la met en dessous de la pile. « J'ai vite compris que la vraie vie était ailleurs. »

Directeur à la direction centrale des finances d'Axa, secrétaire général, directeur général, directeur de la filiale américaine, président du directoire. En une dizaine d'années, l'héritier désigné a été initié, formé et a gravi tous les échelons. Avant son accession à la présidence, Castries avait déjà quelques faits d'armes à son actif : il avait largement participé à la fusion avec l'UAP, avec l'anglais Sun Life, et à d'autres opérations aux États-Unis. Mais il doit aujourd'hui relever un défi compliqué : succéder à l'homme qui a bâti cet empire implanté dans 40 pays, et qui compte 140 000 salariés. Il le fait avec méthode, de manière très marketing. Obsédé par son agenda. Il dispose d'ailleurs d'un logiciel concocté par sa directrice de cabinet, une polytechnicienne, qui lui permet de suivre sur des graphiques ses heures travaillées dans chaque domaine. Déplacements, visites sur le terrain, réunions stratégiques, rencontres avec les analystes financiers... Optimiser semble être le maître mot de ce jeune prodige. Tout est réglé comme du papier à musique : indicateurs, objectifs, priorités, gaspillages, décisions, rentabilité. Il a, sous l'œil vigilant de Bébéar, renouvelé les équipes, réorganisé les procédures, instauré des « revues trimestrielles de performance », serré les boulons. Sans toucher d'un iota à la stratégie d'Axa. Même si on le soupçonne d'un fort tropisme anglo-saxon. N'a-t-il pas osé présenter les résultats dans la langue de Shakespeare ? Il est vrai que son conseil est composé à 50 % de Français seulement.

« La première année, j'ai fait 1 milliard d'euros d'économies, raconte Castries. J'ai géré une entreprise de service comme une unité de production industrielle, en réduisant les prix de revient. » Et, oublie-t-il de dire, en augmentant les primes de manière conséquente. Cette gestion draconienne a permis à Axa, selon lui, d'éviter le pire lors du trou d'air de 2001-2002. Car, en deux ans, l'action a décroché de 50 %.

À peine nommé à la présidence en 2000, Castries a essuyé de nombreuses tempêtes. Crise des marchés financiers. Attentats du 11 septembre. Il a fait front. Mais l'action, qui valait 40 euros à son arrivée, stagne toujours autour de 19 euros, comme au lendemain du 11 septembre 2001. Un résultat décevant.

Castries est pourtant l'homme qui devrait redorer le blason de l'inspection. C'est l'anti-Messier. L'analyse de Nathalie Brion et Jean Brousse sur le langage des patrons est à cet égard éloquente. Messier utilisait en permanence le « je », cherchait à séduire, en utilisant les outils de la propagande, plutôt qu'à convaincre par des arguments étayés. Castries, lui, se veut modeste, il utilise résolument le « nous » collectif, évite les jugements de valeur, se veut précis dans ses argumentations, pesant le pour et le contre. Messier parlait d'une réalité virtuelle, se projetait dans le futur, parlait création et jamais amélioration, s'impliquait personnellement en déclarant à tout bout de champ : « Je crois à 100 %. » Le patron d'Axa se focalise sur le présent, se concentre sur l'amélioration de la gestion du groupe et se montre prudent, voire circonspect quant au futur. Messier avait trahi Dejouany. Castries est fidèle à Bébéar. Mais la différence fondamentale tient sans doute au fait que Messier, fils d'un expert-comptable, provincial, avait un immense besoin de reconnaissance sociale. Il la mettait perpétuellement en scène. Castries, lui, n'a pas besoin de faire la démonstration de sa réussite. Il est concentré sur le défi professionnel. Reste à cet anti-Messier à faire la preuve qu'il est un grand patron.

Jean-Marc Espalioux, patron d'Accor, est dans le même type de schéma : conforter un groupe qui a connu une forte croissance, un peu chaotique, tout en bénéficiant des conseils avisés des fondateurs. Lui aussi a restructuré, réorganisé, informatisé, rationalisé, centralisé. Lui aussi a fait des économies : 7 à 800 millions d'euros l'an dernier, grâce à la constitution d'un service central des achats. Il a surtout sorti Accor de son isolement en passant des accords avec Air France, la SNCF. Paul Dubrule et Gérard Pélisson, les fondateurs du groupe hôtelier, respectivement diplômés d'HEC Genève et de l'École centrale des arts et manufactures de Lyon, avaient, eux, le plus grand mal à se faire respecter par les grands commis de l'État qui dirigeaient les grandes entreprises. « Là, raconte un cadre, quand il y a un appel d'offres de la Société générale, de la SNCF, d'Air France, de France Télécom, d'une municipalité, Espalioux est très efficace. »

Mais, au dire de ses équipes, il ne se comporte pas comme un vrai patron « les pieds dans la glaise ». Il ne sait pas discuter dans une chambre de Formule 1 avec les employés tout en faisant des plaisanteries sur le fait que jamais il ne viendrait dormir ici. Ce que savaient faire Dubrule et Pélisson. Il ne parle pas aux opérationnels. S'il aime effectivement la « bouffe », c'est surtout celle de Lenôtre. Il sort peu de son bureau. Il est très hexagonal ; or, la France ne représente que 30 % de l'activité du groupe. Il n'a pas inventé de nouveau concept. Accor vit sur les mêmes marques. Il fonctionne comme tous les anciens fonctionnaires. De son bureau. C'est Dubrule qui est allé lui-même en Chine pour vaincre les réticences d'Espalioux. Ce dernier avait fait faire une batterie d'études et de simulations. Il en avait déduit que ce n'était pas rentable. Dubrule est allé en Chine et a trouvé le moyen de réduire les coûts de 50 % en choisissant des équipements chinois. Le premier Ibis a été ouvert début 2004.

Les deux fondateurs se disent ravis. La boutique fonctionne. Le chiffre d'affaires est en progression. L'action s'est un peu redressée depuis le 11 septembre 2001. Dubrule confie : « Ce n'est pas facile de trouver l'homme qu'il faut. Un manager qui ait une vision. » Espalioux est un bon manager. Mais a-t-il une vision ? Même ses deux mentors n'en mettraient pas la main au feu. On est loin, à tout point de vue, de l'affirmation d'un de ses camarades : « Espalioux ? C'est un commerçant de génie. Il a fait l'Ena pour faire fortune. » Et celui qui a lancé cette phrase pense qu'on va croire ce slogan ?

Mieux vaut être prudent en effet. En tête de la liste de ceux qui avaient réussi, on a longtemps fait figurer Pierre Bilger, Jean-Marie Messier et Michel Bon. On sait ce qui est advenu.

Parmi les bons, on avait coutume de citer Jean-Jacques Augier, qui avait fait fructifier les taxis G7 pour le compte d'André Rousselet. Mais il n'a pas réussi à redresser la Société nouvelle de remorquage du Havre, dont il avait pris le contrôle. Pierre Blayau, qui avait une très bonne cote, a finalement échoué à la tête de Moulinex. Il a retrouvé une présidence, celle de Géodis, une entreprise de logistique, filiale de la SNCF. Yves Mansion, alors numéro 2 des Agf, est repassé par la case inspection avant d'être nommé tout récemment président du groupe immobilier de luxe La Société foncière lyonnaise. Bertrand Eveno était également cité parmi les réussites honorables ! Après avoir été le prudent numéro 2 du groupe de la Cité, dirigé à l'époque par Christian Brégou, ce diplômé de l'Essec a atterri à la présidence de l'AFP, où on lui demande de ne pas faire de vagues. L'AFP, qui continue d'afficher des déficits croissants, mais que l'État ne semble pas prêt à réformer.

Autre figure de l'inspection à l'époque : Gérard de La Martinière, polytechnicien, ancien secrétaire général de la Cob, qui avait rejoint Axa à l'occasion de la fusion avec l'UAP. Il vient d'être écarté en douceur d'Axa et élu à la présidence de la Fédération française des sociétés d'assurances. Tout citoyen lambda se satisferait de telles carrières. Mais quand on compare leurs destins aux espoirs qui avaient été mis en eux, le résultat est plutôt décevant. D'autant que sur la bonne soixantaine d'inspecteurs reconvertis dans la banque et les assurances, ils sont un certain nombre à n'avoir jamais fait d'étincelles, malgré le formidable marchepied de leur carte de visite.

En revanche, ils sont quelques-uns à avoir pris du champ avec le système et fait leurs preuves dans des domaines nouveaux pour l'inspection. Après avoir fait ses débuts chez Rhône-Poulenc, une entreprise pharmaceutique nationalisée, Michel de Rosen (promotion 1976), qui est également diplômé d'HEC, est devenu patron d'une société 100 % américaine : Viropharma. Loïc Armand a réalisé une assez belle carrière chez L'Oréal, même s'il n'a jamais été en position de rivaliser avec le patron Owen Jones, ni avec les successeurs putatifs. Véronique Morali, numéro 2 de Fimalac, le fonds d'investissement de Marc Ladreit de Lacharrière, semble s'épanouir dans ce monde très particulier de la finance. Quand elle a choisi de rejoindre cet énarque, beaucoup ont trouvé ce choix peu judicieux. En réalité, elle a eu du flair. L'an dernier, son intéressement se chiffrait en millions d'euros.

On commence même à compter, dans les rangs de cette école destinée à former les cadres dirigeants de l'administration, quelques *money makers* purs et durs. Comme Walter Butler (promotion 1983).

En fait, Butler est avant tout un produit de Goldman Sachs, la banque d'affaires américaine où il a fait ses classes après ses quatre années de « tournées » et quelques mois passés au cabinet du ministre de la Culture François Léotard, pour s'occuper de la privatisation de TF1. En 1986, au lendemain de la défaite de la droite, il a décidé d'aller apprendre le métier de banquier dans la meilleure banque d'affaires au monde. « Je me suis retrouvé à New York dans un petit bureau avec un ordinateur et un téléphone, raconte-t-il. Je ne comprenais rien à ce qui se passait. Je suis allé m'en ouvrir au boss Bob Rubin, qui deviendra secrétaire d'État au Trésor. Je lui ai demandé s'il n'y avait pas un organigramme. Il m'a répondu : "Ici il n'y a pas d'organigramme, c'est la jungle !" Bob, tout patron qu'il était, était capable de s'installer devant un ordinateur et de lire des comptes d'une PME, de valider un modèle. J'ai tout appris. Et notamment la règle du *Top down. Botton up.* Il faut savoir faire les deux. Voir les choses d'en haut et d'en bas. Ça apprend à ne pas être moutonnier. J'ai gagné beaucoup d'argent dans l'immobilier à un moment où tout le monde disait qu'il fallait se désengager ! »

Au final, quand on regarde un à un les profils de tous ces inspecteurs des Finances, un seul a fait la démonstration incontestable qu'il était capable de réussir aussi bien au service de l'État que dans les affaires, c'est Jean-Charles Naouri. Son nom est rarement cité par ses camarades, qui préfèrent les managers salariés avec stock-options et autres parachutes aux investisseurs qui prennent des risques et réalisent des plus-values. C'est plus vulgaire. Et puis on lui reproche encore les plus-values réalisées lors du raid contre la société générale, même s'il a été blanchi par la justice. N'était-il pas au courant des intentions de Georges Pebereau ? On s'indigne de la participation du Crédit lyonnais dans Euris, que le CDR lui a cédé à bas prix. « Un forban ! » s'indigne un camarade. Sursaut de moralité ou jalousie ?

Quoi qu'il en soit, sa réussite est brillante. L'ancien directeur de cabinet de Pierre Bérégovoy au ministère des Affaires sociales puis au ministère de l'Économie a patiemment bâti un empire dans la grande distribution à partir de son fonds d'investissement Euris. Avec le soutien de David de Rothschild et de Marc Ladreit de Lacharrière. « J'ai dû faire oublier que je venais d'un autre univers et faire mes preuves. Une des clés est de ne pas se tromper sur les gens avec qui l'on fait des affaires et sur ceux que l'on embauche », explique-t-il. Aujourd'hui, il est à la tête du quatrième groupe de distribution français. Casino, Go Sport, les hypermarchés Géant, Monoprix, Eco Service, Franprix, Leader Price, c'est lui. Dans cet univers extrêmement compétitif, il a non seulement résisté, notamment lors de l'OPA menée par Promodès, mais il ne cesse de grignoter des parts de marché. En dix ans, le cours de Casino a été multiplié par sept. Aujourd'hui, selon le classement du *Nouvel Économiste*, ce petit fils de boutiquier, né à Bône[1], en Algérie, est à la tête de la trente-huitième fortune de France.

Mais s'occuper de linéaires de moutarde ou de couches-culottes après avoir supervisé la dérégulation des marchés, c'est intéressant ? Il affirme : « Ce métier est ancré dans la vie des gens. C'est une activité en prise directe avec la réalité où l'on ne peut pas tricher. Il faut demeurer vigilant en permanence et être très réactif. Cela signifie être capable de s'adapter, de se renouveler aussi... » Et l'œil pétillant, il ajoute : « Ce qui est intéressant, c'est de vérifier que vos hypothèses sont

1. Actuelle Annaba.

justes. C'est le coup d'œil, le jugement. » Il étudie les différents paramètres de ses supermarchés – prix, emplacement, coût, marque – avec autant d'attention et de méticulosité que si c'était des indicateurs économiques. Et s'il n'a pas le flair d'un Leclerc, sa capacité de synthèse lui permet de trouver la solution juste. Naouri est le seul dont on se dit : inspecteur ou pas, il aurait réussi.

Le tableau de chasse de cette caste à part n'a rien d'époustouflant, comparé au nombre d'oligarques mis sur orbite. Il existe des inspecteurs des Finances tout à fait remarquables dans l'administration, à Bruxelles, à Bercy. Mais les surdoués de la rue de l'Université, qui espèrent tous pantoufler, n'ont pas réellement fait la preuve de leurs talents dans le privé. Comparés à Jean-François Dehecq, le patron de Sanofi qui a fait d'une toute petite société une des premières entreprises du Cac 40, et qui n'est que diplômé des Arts et Métiers. À Maurice Lévy, P-DG de Publicis, qui a une formation d'informaticien. À Lindsay Owen Jones, P-DG de L'Oréal, qui est licencié ès lettres d'Oxford et diplômé de l'Insead. À Patrick Le Lay, P-DG de TF1, qui est diplômé de l'École supérieure des travaux publics. À Pierre Bellon, P-DG de Sodexho, et Daniel Bernard, P-DG du groupe Carrefour, qui ont tous deux fait HEC. À Annette Roux qui n'a pas fait d'études. Ou même à Martin Bouygues et Patrick Ricard, des héritiers qui n'ont même pas le bac, mais qui ont très bien su manager leurs affaires.

Antoine Bernheim, 80 ans, associé-gérant chez Lazard, un banquier mythique qui a fait, entre autres, la fortune de Vincent Bolloré, enfonce le clou avec une plaisante insolence : « Quelles sont les très très grandes réussites ? Bernard Arnault (Polytechnique), François Pinault (rien), Claude Bébéar (Polytechnique), Vincent Bolloré (droit), Serge Kampf (Sciences éco, recalé à l'Ena), Jean-Louis Beffa (X-Mines),

Martin Bouygues (rien), Bertrand Collomb (X-Mines)... Je ne vois pas beaucoup d'inspecteurs des Finances. »

« Ils ne courent pas dans la catégorie des entrepreneurs, mais des managers », plaide Alain Minc. Ah bon ? Mais, Owen Jones, Le Lay, Beffa sont des managers. Alors ?

Même dans les banques d'affaires où l'on disait qu'ils faisaient merveille, on s'en débarrasse. Philippe Villin a été écarté de Lehman Brothers. Patrice Vial de JP Morgan. Jean-Marc Forneri de Crédit suisse First Boston. « Ils ne savent pas gagner de l'argent, confie un banquier d'affaires. Ils sont comme stérilisés. Dans la vraie vie, ils ne font pas le poids. »

Même si la nouvelle génération d'inspecteurs semble plus sage, si les parachutages à la tête d'entreprises se font plus prudents – ils continuent tout de même –, l'image de cette caste, symbole d'excellence, gage de rigueur, est sérieusement ébranlée. Car ce que l'opinion voit, c'est la série de fiascos. Le succès d'un Naouri, la performance convenable d'un Pébereau n'effacent pas, dans l'esprit des gens, Vivendi, Alstom, France Télécom, le Crédit lyonnais, les Agf, le Crédit foncier, Pallas-Stern... Eux qui avaient été formés pour veiller aux deniers publics, qui devaient être les gardiens de l'intérêt général, sont devenus des prédateurs insupportables. Ils sont l'incarnation d'une alliance obscène entre un ordre ancien, celui de l'économie administrée, dont ils ont conservé les privilèges – notamment le statut et l'accès au pouvoir –, et un ordre nouveau, celui d'un capitalisme mondialisé, dont ils ont adopté toute la panoplie : stock-options, jetons de présence, golden parachutes, etc.

Certains inspecteurs, las de cette querelle, cherchent à banaliser tout cela. Pour eux, la page est tournée : « Où est le problème ? s'énerve Philippe Villin, l'ex-bras droit du patron du *Figaro* de l'époque, Robert Hersant. Il faut une élite. Il faut des gens pour décider. Les inspecteurs des Finances n'ont pas plus mal réussi que les autres. C'est Lescure qui a ruiné Canal... » D'autres avouent plus modestement : « Baumgartner avait été un grand ministre des Finances. Mais il fut un président de Rhône-Poulenc exécrable. La société s'est beaucoup affaiblie sous sa présidence. La plupart du temps, les inspecteurs des Finances sont bons directeurs financiers. Car ils savent gérer une technostructure. Ils ont fait la banque à une époque où tout se passait au Trésor. Ils savent ouvrir les portes. Mais ce ne sont pas des visionnaires », raconte l'inspecteur général Philippe Auberger.

Pour tenter de mieux faire comprendre comment l'Ena puis l'inspection contribuent à la stérilisation des esprits, au conformisme, un camarade accepte de faire, « off », le profil psychologique de ses pairs. Ce n'est pas triste : « Ils sont psychorigides. Trop sûrs d'eux. Pour arriver là, cela a été très dur. Leurs parents ont investi comme des fous. Ils confondent la vie avec la reconnaissance sociale. Ils n'ont pas de recul sur la vie. Face à une pression énorme, ils ne sont pas capables d'avoir un équilibre de vie et ils pètent un câble. Il y a chez eux une fragilité psychologique, ce sont des êtres ultra-polarisés sur la réussite, façonnés pour la compétition. Ce sont des asociaux. Qui ne comprennent rien aux autres. Comme Juppé, Pébereau, Bouton. » On pense à la relation maître/esclave imposée par leurs éducateurs, décrite par le docteur Lizotte.

Et de décrire comme un cauchemar les quatre années de « tournée », qui d'ordinaire sont présentées comme des années de rêve où l'on apprend, où l'on voyage : « Les quatre années à l'inspection accentuent ces défauts. Vous n'avez aucune relation normale avec les gens. Vous contrôlez des types qui ont quinze-vingt ans d'expérience, alors que vous débutez. Tout de suite, vous êtes dans un rapport d'autorité, de contrôle, de surveillance, de méfiance. Je m'en veux encore de mon premier rapport. Juste quelques ratures... J'ai dû humilier ce pauvre percepteur. On est dressés comme des pitbulls à faire des rapports vaches. »

Très en verve, cet inspecteur, qui est loin d'être un raté aigri puisqu'il occupe un poste éminent dans une entreprise du Cac 40, poursuit : « À l'Ena, c'est la guerre des rats. J'ai marché... Pour sortir dans les grands corps, vous détestez tout le monde. Chaque élève est un rival. On vous fait faire des séminaires par groupe de douze ou quinze et la défense (ou la critique) du rapport se fait individuellement. À l'oral, vous pouvez débiner le rapport que vous avez fait avec les autres. C'est d'une perversité totale. » En voilà au moins un qui a pris conscience du problème.

Un autre raconte : « Dans ma promo, les élèves avaient inventé une bourse aux élèves. Il y avait les "junk bonds", les "blue chips", le "magma non coté". » Hippolyte Taine n'avait pas tort. Les concours transforment les chevaux de courses en bidets.

Un éminent consultant explique : « On ne peut pas sélectionner et former une élite à vingt ans. C'est une utopie. Il faut laisser s'épanouir les talents. La réalité est mouvante, les besoins se renouvellent sans cesse. On ne peut pas savoir dès le départ si les gens seront créatifs, gestionnaires, administratifs. Il faut créer les conditions de l'épanouissement et du développement d'une élite. Ce qui est différent. »

Qui aurait l'idée de sélectionner à vingt ans, sur concours, les futurs patrons de maisons d'édition, de clubs de foot, de sociétés immobilières, de laboratoires ? Ce qui pouvait se concevoir dans une économie très étatisée et très centralisée est un contresens dans une économie concurrentielle, mouvante et pleine d'imprévus.

Chapitre 10

Un mythe ébranlé

> « Le caractère le plus profond du mythe, c'est le pouvoir qu'il prend sur nous, généralement à notre insu. »
>
> DENIS DE ROUGEMONT

En réalité, si l'inspection a connu des échecs en cascade, à partir des années quatre-vingt, c'est parce que peu à peu, tout le système qui l'avait portée avait commencé à s'écrouler. L'Europe, l'ouverture des frontières, le libéralisme, les privatisations, le développement des marchés financiers ont sapé, les uns après les autres, les fondements du système étatique français et donc de l'oligarchie. Les scandales, les dérives, les petits arrangements entre amis ont à leur tour miné le crédit de cette « étatocratie » qui se croyait supérieure et intouchable. Mais le mythe a continué de fonctionner. Car les mythes renvoient à des représentations. Et le corps est longtemps resté le symbole de l'excellence, de la probité, du service de l'intérêt général... et aussi de la toute-puissance. Il l'est encore pour certains.

Le mythe n'a commencé à se fissurer qu'en 1993, avec l'affaire du Crédit lyonnais, une Berezina qui a coûté quelque 100 milliards de francs aux contribuables et conduit à la lente déchéance de cette banque qui, aujourd'hui, est passée sous le contrôle du Crédit agricole. Les principaux acteurs étaient des inspecteurs. C'est cette affaire qui a catalysé les doutes, les ressentiments. Par sa dimension tentaculaire. Symbolique. Spectaculaire. À cause aussi de l'absurde collusion entre les comportements anciens et les lois nouvelles.

Tout avait commencé à cause d'un changement comptable : les nouveaux « ratios cook » exigés à partir de 1993, cette obligation faite aux banques de respecter un rapport de 4 % entre leurs fonds propres et leurs engagements. Cette réglementation avait conduit le Crédit lyonnais à arranger son bilan pour se conformer aux règles. Parce que la France a fait comme si elle était un pays libéral, mais c'était pour la galerie. Comme dans *Tintin chez les soviets,* avec de faux décors. Personne ne s'était préoccupé du problème de fond : celui du renforcement des fonds propres de cette banque en croissance exponentielle. Renforcement qu'Haberer n'a cessé de réclamer. Les fonds propres n'étaient que de 2,8 % quand il est arrivé à la tête de cet établissement. On fait moderne, on adopte les normes internationales, mais en faisant semblant ! Le Crédit lyonnais a prêté trop d'argent ? Qu'importe, on va étaler les provisions. Philippe Auberger raconte : « Le climat a commencé à être défavorable à l'inspection avec la déconfiture d'Haberer. Les conséquences sont très lourdes pour nous. Quand, comme vice-président de la commission d'enquête sur le Crédit lyonnais, j'ai entendu les déclarations d'un certain nombre d'inspecteurs pas irréprochables sur le plan de la morale, quand j'ai entendu Jean-Maxime Lévêque expliquer ses activités au Luxembourg, qui a été un haut lieu de spéculation, j'étais très mal à l'aise. »

Et en ce début d'année 2003, le procès des bilans truqués du Crédit lyonnais, c'est donc aussi celui de l'inspection. Dans le box des accusés, quatre éminents camarades : Jean-Yves Haberer, président du Crédit lyonnais de 1988 à 1993 ; Jean-Claude Trichet, actuel président de la Banque centrale européenne, qui, en tant que directeur du Trésor à l'époque des faits, avait la responsabilité de surveiller les entreprises publiques ; Jean-Pascal Beaufret, son adjoint, qui représentait le Trésor (et donc l'État) au conseil d'administration de la banque publique, et Jacques Champfeu de Larosière, qui était alors gouverneur de la Banque de France et président de la commission bancaire, organisme chargé de surveiller les banques, au premier rang desquelles, bien sûr, le Crédit lyonnais, première banque de la place, banque publique de surcroît. Le juge demande : nom, prénom, profession, revenus annuels... Déjà une forme d'humiliation pour ces puissants vivant à l'abri des regards.

Ce mercredi 5 février, au premier étage du palais de justice de Paris, devant la prestigieuse salle de la 17e chambre correctionnelle, c'est l'effervescence des grands jours. Après dix années de soubresauts judiciaires, le dénouement est proche. Face à cette brochette de prévenus improbables – nous sommes en correctionnelle ! – le procureur de la République, Jean-Pierre Bernard, frappe fort. Il est d'une extrême sévérité à l'encontre des quatre hauts fonctionnaires : « Quant aux dirigeants de la banque et aux autorités de tutelle, tous parlent le même langage, tous sont issus de l'administration française, tous sont passés par l'inspection des Finances, par des cabinets ministériels. Trois anciens directeurs du Trésor sont ici, tous connaissent le système décisionnel de l'État. » Le procureur les accuse – à mots à peine couverts – d'avoir pratiqué l'omertà au sein d'une caste extrêmement fermée : les inspecteurs du Trésor. Et il requiert des peines de prison allant de huit à dix-huit mois de prison.

À l'énoncé de ce réquisitoire, les accusés restent de marbre. Ils tentent d'afficher la sérénité. Car bien sûr, pour eux, ce procès est inique. Ils sont persuadés d'avoir fait leur devoir, ou du moins fait ce qu'on leur a toujours enseigné : ne pas faire de vagues. Sauvegarder l'intérêt général. Et leurs carrières. D'ailleurs, dans son principe, ce procès choque une grande majorité de hauts fonctionnaires. Et bien sûr certains « camarades ». Il n'aurait jamais dû avoir lieu. Excepté, éventuellement, pour Haberer qui, on ne le dira jamais assez, « a pété les plombs ». Trichet est l'incarnation du dévouement à l'État. Jacques de Larosière, ancien directeur de cabinet de Valéry Giscard d'Estaing aux Finances, ancien directeur du

Trésor, ancien directeur du Fonds monétaire international, est une des grandes figures de l'inspection. Beaufret, un des espoirs du service.

« Qu'est-ce que cet État schizophrène qui, d'un côté, maintient sa confiance à Jean-Claude Trichet, gouverneur de la Banque de France, et, de l'autre, le traîne en correctionnelle comme un vulgaire malfrat ? » s'indigne Xavier Musca, directeur de cabinet du ministre de l'Économie Francis Mer. Musca a raison sur un point : l'État est resté bien inerte. Si l'État fonctionnait normalement, le pouvoir politique aurait dû révoquer Trichet pour avoir failli dans l'exercice de son autorité de tutelle sur le Lyonnais. Mais, en 1993, quand éclate le scandale, Balladur allait-il sanctionner celui qui fut son directeur de cabinet, grand défenseur de sa politique du franc fort et qu'il venait d'élever au rang de gouverneur de la Banque de France ? Tout le monde se côtoie, se tient, se coopte. Quant à s'indigner du fait que Trichet soit traîné devant la justice comme un vulgaire malfrat : que les hauts fonctionnaires ouvrent les yeux et voient comment sont traités des chefs d'entreprise, des citoyens lambda, pour des faits beaucoup moins graves. La justice est là pour décider si chacun, à sa place, a accompli sa tâche. Il s'agit tout de même de dizaines de milliards de francs.

« La justice est là pour lutter contre la corruption, les enrichissements amoraux... Voir un responsable de Banque centrale en correctionnelle parce que des comptes produits dix ans avant sont inexacts, c'est quelque chose de très difficile à admettre », renchérit Hervé Hannoun, sous-gouverneur de la Banque de France, et ancien directeur de cabinet de Pierre Bérégovoy aux Finances. Décidément, la pilule passe mal.

Hypocrites, les fonctionnaires du Trésor affirment avec aplomb : quel moyen avaient-ils de savoir que les comptes étaient faisandés, que le Crédit lyonnais allait dans le mur ? Les commissaires aux comptes avaient certifié les résultats ! Une chanson si souvent fredonnée. Durant tout le procès, les prévenus ont répété qu'ils ne savaient pas, qu'ils n'étaient pas au courant. Un homme du sérail confie tout de même : « C'était impossible de ne pas savoir, c'est évident ! » Toute la question, la seule, est de savoir jusqu'à quel point les petits arrangements avec la norme n'ont pas outrepassé l'intérêt général.

Car la réalité est là, affligeante : l'habillage des comptes est une vieille habitude. À chaque élaboration du budget, les brillants esprits de Bercy font preuve d'une très grande agilité. « On appelle cela la comptabilité créative », raconte Philippe Auberger, inspecteur des Finances, un connaisseur, puisqu'il a été sous-directeur au ministère du Budget et rapporteur général du Budget à l'Assemblée nationale. « Plus l'État est désargenté, plus il est important de savoir faire un budget. Rhabiller le budget, c'est un véritable sport. Il y a quelques recettes très simples. On stocke les dépenses de fin d'année et on les reporte sur l'année suivante. Ou on anticipe sur une recette espérée. Mais il y a des limites à l'exercice, car l'effet boule de neige peut avoir des conséquences désastreuses. Lors des années de vaches grasses, on place à la Caisse des dépôts les sommes dont on n'a pas besoin, pour qu'elles n'apparaissent pas et que les députés ne réclament pas des dépenses supplémentaires. Au contraire, en cas de pénurie, on demande des acomptes aux grandes entreprises publiques. Pour boucher les trous, on peut aussi inventer un prélèvement exceptionnel à France Télécom ou à Edf. » Nos chers inspecteurs des Finances sont formés à cela.

« C'est effectivement comme cela que se fait le budget de la France, confirme l'ancien ministre des Finances Jean Arthuis. Le directeur du Budget demande au ministre quel solde il faut afficher. Ensuite, ici on gèle un peu de crédits dans un ministère dépensier, la Défense par exemple. Là, on fait remonter un peu de trésorerie de la Caisse des dépôts. Ou, au contraire, on y planque des surplus. On crée un prélèvement exceptionnel pour récupérer quelques milliards sur les entreprises nationalisées. Et on finit par se mettre d'accord sur un déficit convenable. »

Tout cela au nom de l'intérêt général. C'est l'État qui fixe les normes. Pas les normes qui s'imposent à l'État. Enfin, c'était possible à la marge, quand les déficits n'étaient pas abyssaux. C'est exactement ce qui s'est passé entre l'État et le Crédit lyonnais, puis entre le Lyonnais et ses filiales. Le problème, c'est que l'État pensait que les pertes s'élevaient au maximum à 20 milliards, alors qu'elles seront de plus de 100 milliards de francs. Et là, la comptabilité créative, les lissages de bilans, l'étalement des provisions, ces techniques ne suffisent pas. Surtout quand certains crédits sont douteux. Qu'importe, l'État ne veut pas déstabiliser le paysage bancaire, plus que fragile, en provoquant une faillite du Lyonnais. Tout ce qui a été fait l'a été au nom de l'intérêt de la place. Au nom de l'intérêt général. Alors, Jean-Claude Trichet n'en revient pas. Où est sa faute ? Que fait-il dans cette galère ?

Il a d'ailleurs écrit au juge d'instruction, Jean-Pierre Zanotto, pour lui dire « en son âme et conscience, qu'il serait désastreux de procéder aux mises en examen prévues ». Une démarche pour le moins incroyable à l'égard d'un magistrat. Mais Trichet n'a pas été entendu. Il a donc été mis en examen, quelles que soient les conséquences éventuelles sur sa nomination à la tête de la Banque centrale européenne. Lors de sa première comparution, il avait d'ailleurs insisté : « Cette mise en examen me cause un préjudice moral et professionnel immense. » Et les 100 milliards du Crédit lyonnais partis en fumée, à qui portent-ils préjudice ?

En réalité, aucun des prévenus ne peut comprendre. Ce procès public, ces accusations, la suspicion, c'est, pour eux, d'une injustice inouïe. Jusqu'alors, ils étaient intouchables. On ne mettait pas leur parole en doute. Jamais. C'était eux qui fixaient les comptes de la nation. Ils vivaient dans un monde feutré, loin des regards indiscrets. Quand d'aventure, ils étaient limogés, c'était politique. Pas pour mauvaise gestion.

Ainsi, en 1974, l'éviction d'une figure mythique de l'inspection, François Bloch-Lainé, 62 ans, de la présidence du Crédit lyonnais, était évidemment politique. Uniquement politique. Un système présidentiel naissant – l'arrivée de Valéry Giscard d'Estaing mettant fin à seize ans d'hégémonie gaulliste –, le système des dépouilles s'installait en France, comme aux États-Unis. C'était l'excuse. On disait aussi que François

Bloch-Lainé n'était pas d'accord avec la politique d'encadrement du crédit initiée par Giscard. Et ce dernier aurait voulu faire un exemple et montrer qui était le patron. Bref, des motifs nobles. En réalité, la gestion du Crédit lyonnais par Bloch-Lainé (président) et Jean Saint-Geours (directeur général), avait été catastrophique. Malgré les excuses invoquées : grèves, modification de la politique du crédit, embauche d'un personnel de piètre qualité pour faire face à une croissance exponentielle. Giscard avait repris à son compte ce mot cruel de Maurice Schlogel, ancien directeur du Lyonnais : « Il a fallu cinq jours (Saint-Geours !) pour détruire ce qui avait été bâti en un siècle. » Mais cela ne se disait pas publiquement.

Avec Haberer, *bis repetita*. Une fois encore, les enjeux politiques occultent dans un premier temps la responsabilité personnelle du président. Le Crédit lyonnais est une banque nationalisée ; Haberer a mené une politique de développement et de soutien aux entreprises, en partie dictée par le gouvernement socialiste qui l'a nommé. Il a distribué des crédits, sans compter, comme l'avaient toujours fait les banques publiques, avant l'arrivée de critères objectifs, comme les « ratios cook ». Mais il a aussi été victime d'immenses escroqueries qui se sont déroulées, selon lui, à son nez et à sa barbe.

Comme souvent, c'est à l'occasion d'une alternance politique que l'abcès avait éclaté. Le Premier ministre, Edouard Balladur, en cohabitation, avait remercié Haberer, mais comme le voulait l'usage, il lui avait confié, en lot de consolation, la présidence du Crédit national. Quatre mois plus tard, cependant, compte tenu de la bronca des parlementaires de droite contre le Trésor et la gestion du président du Lyonnais, Balladur avait dû lui retirer cette prébende. Une première. Décidément, l'homme par qui le scandale est arrivé, celui qui a mis à mal le mythe, est un personnage de tragédie. Il incarne le passage d'une époque à l'autre. D'une époque où la puissance publique pouvait tout, à une culture où les dirigeants doivent rendre des comptes.

Très classiquement, Haberer a entamé sa carrière au cabinet du ministre des Finances. En 1966, à l'âge de 34 ans, il est recruté au cabinet de Michel Debré, ministre des Finances, par le directeur de cabinet, Antoine Dupont-Fauville, lui-même inspecteur des Finances. C'est le directeur du Trésor qui a suggéré le nom du major. Debré et Haberer vont s'entendre à merveille. Le ministre veut réformer. Le conseiller technique est un bourreau de travail, qui fourmille de projets. Et d'idées qui dérangent parfois les très conventionnelles administrations de la rue de Rivoli, ce qui n'est pas pour déplaire à Debré. « L'administration est molle, lâche, corporatiste, un inspecteur des Finances tranche ! » affirme, très fier, Claude Pierre-Brossolette.

Haberer lance ainsi quelques réformes radicales et novatrices pour moderniser la place financière. Comme souvent, elles s'inspirent de ce qui se fait dans les pays anglo-saxons : création de la Cob, mise en place de procédures pour les OPA. C'est sur son initiative que Debré fusionne le Comptoir national d'escompte de Paris (CNEP) et la Banque nationale du commerce et de l'industrie (BNCI), pour créer la BNP, la troisième banque française, derrière le Crédit lyonnais et la Société générale. Haberer mène également une politique de concentration dans le domaine des assurances, qui donnera le jour à l'UAP et aux Agf. Face à l'hostilité prudente des diverses administrations, il passe en force. « Il était radioactif », raconte un témoin. Il libéralise le contrôle des changes. Qui sera rétabli au lendemain des événements de mai 68.

C'est lui également qui fait nommer Bloch-Lainé au Crédit lyonnais, avec le rêve d'abolir la distinction entre banque d'affaires et banque de dépôt. Il veut, déjà, en faire une « Deutsche Bank », cette banque énorme qui a fait fantasmer bien des inspecteurs ! Bloch-Lainé, qui a mené avec succès une politique d'expansion de la Caisse des dépôts et consignations, apparaît comme l'homme idoine. Tous ces développements se font bien sûr avec de l'argent indolore, celui des contribuables.

En 1969, Haberer suit Debré au ministère des Affaires étrangères comme directeur de cabinet. On disait de lui qu'il était mégalomane, mais, là, on commence réellement à le prendre pour un fou. Il veut imprimer sa marque et surtout booster cette administration languissante. Il prend des mesures draconiennes. Exemple : face au déluge de télégrammes au contenu parfois totalement inintéressant, il décide de créer une commission des télégrammes inutiles. Chaque jour, cette commission, composée des directeurs du Quai et qu'il préside, opère le tri ! Aux ambassadeurs dont le télégramme a été soigneusement jeté à la poubelle, il envoie une lettre type : « Monsieur l'ambassadeur, votre télégramme a retenu l'attention de la commission des télégrammes et, sur son avis, le ministre a considéré que l'information que vous avez donnée ne relevait pas, par sa nature ou par son degré d'urgence, d'un télégramme, mais d'une dépêche. J'ai l'honneur de vous le faire savoir[1]. » Fureur de l'administration du Quai et du secrétaire général Hervé Alphand qui écrira dans ses Mémoires : « Je reçois des notes comme si j'étais soldat de deuxième classe[2]. » Haberer aurait-il, lui aussi, tendance à établir des rapports de maître à esclave ?

Déjà, tout au début de sa carrière on le surnommait « Savonarole », tant il était excessif en tout[3]. « C'était un frustré, raconte un de ses camarades, il avait raté Normale sup. »

---

1. Cité dans *Le Sérail, op. cit.*
2. *L'Étonnement d'être, Journal 1939-1973*, Fayard, 1977.
3. Savonarole : moine dominicain, né à Ferrare, venu s'installer à Florence en 1482. Dénonçant l'excès de pouvoir des Médicis et la décadence des mœurs, il milite pour l'avènement d'une République théocratique. L'invasion de Florence par Charles VIII, roi de France, lui fournit l'occasion de prendre le pouvoir et d'installer une sorte d'État idéal, où Dieu fait loi. Un régime de terreur s'installe alors. La population se révolte. Savonarole est pendu et brûlé sur la place della Signoria le 23 mai 1498.

Haberer, c'est aussi le génial inventeur du fameux « emprunt Giscard », indexé sur l'or, qui va coûter très cher aux contribuables. En tout cas, on lui fera porter le chapeau.

Nous sommes en 1973. Valéry Giscard d'Estaing, ministre des Finances, veut créer un emprunt garanti sur l'or qui connaisse un succès équivalent à l'emprunt Pinay. Il lui faut en effet compenser, dans son budget, quelques baisses de rentrée de TVA. Le directeur du Trésor, Claude Pierre-Brossolette, inspecteur des Finances comme son ministre, est contre. Un emprunt sur l'or, dans l'environnement monétaire instable de l'époque, c'est trop risqué. Preuve qu'on peut aussi dire non. Giscard s'adresse alors directement à Haberer, chef du service des activités financières au Trésor, qui s'exécute. Et conçoit un dispositif ingénieux, qui prévoit une « indexation des intérêts sur une moyenne calculée entre la valeur du franc et la valeur or de l'unité de compte européenne ». Pourquoi faire simple quand on peut faire compliqué ? On le verra, chaque mot a son importance.

Le mot or doit absolument figurer dans le dispositif. Pour attirer les épargnants. Et de fait, l'opération est un succès commercial. Les souscripteurs affluent. Mais le ministre et le chef de service ont pris un risque énorme en préjugeant de la stabilité du système monétaire international. En effet, officiellement, le monde vit toujours dans le système dit de Bretton Woods, qui, en 1944, a instauré un système dit d'« étalon de change-or », avec des parités qui ne peuvent varier que dans d'étroites limites. En fait, toutes les monnaies sont liées au dollar, monnaie de réserve, celui-ci étant lui-même défini par rapport à l'or. Ce système engendre de nombreuses crises internationales. Et dès 1971, avec la dévaluation du dollar, de nombreux économistes avaient décelé des signes avant-coureurs de l'explosion du système. Il sera considéré comme définitivement caduc en 1976 et remplacé par les accords de la Jamaïque. En 1974, le choc pétrolier provoque une première hausse de 51 % du cours de l'or. En quelques années, la valeur de l'obligation émise par Valéry Giscard d'Estaing passe de 1 000 à 10 000 francs. Cet emprunt, qui devait coûter au total 13,3 milliards à l'État, coûtera finalement six fois plus.

Haberer affirmera plus tard qu'il avait recommandé une indexation sur l'unité de compte européenne et non sur sa valeur or. D'où la complexité du libellé, le détail qui masque la réalité. Toujours est-il qu'il a laissé faire. Giscard dira que l'État avait, dans le même temps, acheté des stocks d'or qui auraient compensé les pertes subies. On ne comprend pas comment on peut acheter des stocks d'or quand on est par ailleurs obligé d'emprunter !

Est-ce l'affaire de l'emprunt ? Sa réputation d'intrigant ? Son caractère impossible ? Cette année-là, le directeur du Trésor, Claude Pierre-Brossolette, en tout cas, décide de faire « roquer », c'est-à-dire intervertir, Jacques de Larosière et Haberer. Larosière est alors chef du service des affaires internationales au Trésor et Haberer, chef du service des activités financières. L'usage veut que ce soit le chef des activités financières qui devienne directeur du Trésor. Poste auquel aspire tout inspecteur des Finances. La consécration absolue d'années de sacrifices. Pierre-Brossolette n'a pas confiance en Haberer. Il va voir Giscard et lui explique qu'il préférerait que ce soit Larosière qui lui succède. Le ministre des Finances donne son feu vert : « C'est votre affaire. » De toute façon, Giscard n'aime guère Haberer, qui fut si proche de Debré. Larosière est aux anges : d'un coup d'un seul sa carrière prend un autre relief. Le perdant, lui, est fou de rage. Il se roule par terre. « Vous voulez me tuer ! » Claude Pierre-Brossolette fait passer la pilule le plus diplomatiquement possible : « Cela vous permettra de compléter votre parcours par une formation à l'international. Vous voyagerez... Sinon, vous pouvez succéder à Marc Viénot, au poste de conseiller financier à Washington. » Haberer obtempère. Il en restera une forte animosité entre lui et Larosière, qui se manifestera lors du procès du Crédit lyonnais, où ils vont s'affronter de manière feutrée, mais haineuse.

En 1974, grand bouleversement avec l'arrivée de Giscard à l'Élysée. On ne propose rien à Haberer. L'étiquette gaulliste lui colle à la peau. Finalement, en 1976, il devient directeur de cabinet du ministre délégué des Finances Michel Durafour, puis de Robert Boulin. Au service de sous-ministres, lui qui a fait la pluie et le beau temps chez Debré, lui un major de l'inspection ? En 1978, à force de récriminations, grâce à Raymond Barre, qui aime parler « économie » avec lui, il obtient enfin son bâton de maréchal : la direction du Trésor. Tout cela explique que ce haut fonctionnaire ne se soit pas senti solidaire de cette droite giscardienne qui l'a humilié. D'où sa réplique, le soir de l'élection de Mitterrand. Alors que Michel Pébereau lançait, abattu : « On a perdu. » Haberer avait rectifié : « Ils ont perdu. » La gauche est ravie du ralliement de cet éminent inspecteur général des Finances qui, au Trésor, va lui rendre grand service.

Car en cette année 1981, où pour la première fois de la Ve République, la gauche accède au pouvoir, la plupart des poids lourds de l'inspection sont liés à la droite. La plupart de ceux qui ont fait du cabinet, qui ont des liens évidents avec les hommes politiques de l'opposition, vont être balayés. Philippe Rouvillois, qui est un peu las de la direction des Impôts où il est depuis six ans et n'approuve pas la nouvelle politique, demande à en partir. Il sera recasé par ses camarades – et notamment Schweitzer – à la direction financière de la SNCF. Claude Pierre-Brossolette, remplacé à la tête du Lyonnais par Jean Deflassieux, prend la tête d'une petite banque privée, la banque Stern.

Peu à peu, ils se reconvertissent. Comme ils peuvent. Jacques Friedmann, écarté de la présidence de la Compagnie générale maritime, est recasé par Jacques Chirac à la Compagnie parisienne de chauffage urbain. Pierre Moussa, président de la Banque de Paris et des Pays-Bas, est contraint de démissionner après avoir tenté stupidement de transférer des fonds de la banque en Suisse. Paul Mentré, administrateur du Fonds monétaire international, entame une traversée du désert. Jean-Maxime Lévêque, évincé du CCF, va se lancer dans le business pour son compte. Au Luxembourg. Pierre Consigny se retrouve au service de l'inspection. Comme Jean-René Bernard. Michel Pébereau, ancien directeur de cabinet de René Monory, et Jacques Wahl, ancien secrétaire général de l'Élysée, entrent, l'un au CCF, l'autre à la BNP. Bien que libéraux et de droite, ils sont très contents de trouver refuge dans ces banques nationalisées. Ceux qui ont déjà pantouflé, comme Marc Viénot à la Société générale, voient leur carrière bloquée. Elles redémarreront en 1986, avec le retour de la droite.

Une nouvelle génération arrive au pouvoir, ils s'appellent Louis Schweitzer, Robert Lion, Charles-Henri Filippi, Hervé Hannoun, Philippe Lagayette, Pascal Lamy, Jean-Charles Naouri, Patrick Careil. Les plus âgés sont aux avant-postes dans les cabinets sensibles, à Matignon, rue de Rivoli. Les plus jeunes font leurs classes. La gauche a besoin de bonnes volontés.

En cette période de grand bouleversement, Haberer au Trésor, prêt à servir la gauche, c'est une aubaine. Jacques Delors, ministre de l'Économie et des Finances, l'accueille en ces termes : « Quel bonheur de vous trouver là ! » Les deux hommes se connaissent assez bien, ils appartenaient tous deux au groupe de réflexion Échanges et projets. Avec Renaud de La Genière, gouverneur de la Banque de France, ils vont s'atteler ensemble à la tâche la plus difficile de ce début de septennat socialiste : rassurer les marchés. On parle de dévaluation, de sortie du serpent monétaire. En dix jours, la France a perdu le tiers de ses réserves en devises. Chaque jour, ce sont des centaines de millions de francs qui sortent de France. Mitterrand et Mauroy ont décidé qu'il n'y aurait pas de dévaluation, Haberer met en place une série de mesures, dont un contrôle des changes renforcé. Alors qu'en 1967 il avait été l'instigateur de nombreuses réformes libérales[1], il participe sans état d'âme à un renforcement du contrôle des changes.

En remerciement, en 1982, il est nommé président de la

1. En 1967, il avait notamment réussi à convaincre Michel Debré de l'intérêt de supprimer le contrôle des changes. Celui-ci sera rétabli en 1968, puis à nouveau supprimé par Raymond Barre en 1978.

banque Paribas. Haberer raconte que l'ancien président de cette banque, Jacques de Fouchier, l'avait pressenti de longue date pour lui succéder. Certains confient qu'il a eu du mal à s'imposer face à une équipe dirigeante très performante qui connaissait bien son métier. Le courant passe mal. Il fonctionne par notes, comme du temps où il était au Trésor. Le pouvoir lui échappe. Il s'ennuie. On lui reproche de se focaliser sur des problèmes de détail. Haberer, pour sa part, considère que les dirigeants de cette banque, excellents, l'ont beaucoup aidé et qu'à son départ, la banque a enregistré ses meilleures performances. En tout cas, les frais engagés pour refaire les bureaux font jaser. Il fait refaire, repeindre, retapisser, s'occupe de la couleur des rideaux. Il cherche des dérivatifs. Il piaffe. Un inspecteur se souvient d'un « déjeuner de corps », ces déjeuners rituels entre une quinzaine d'inspecteurs de différentes promotions. Sur le menu, il avait inscrit l'évolution des devises et infligé à ses invités un cours sur les monnaies. Haberer rétorque : « Certains dirigeants sont indifférents à leur environnement. À un moment, la poussière, la crasse sont des symboles. J'ai fait repeindre la salle du conseil d'administration. C'étaient des dépenses mineures. »

Quand, après avoir été débarqué de Paribas par la droite, il hérite en 1988 de la présidence du Crédit lyonnais, Haberer est bien décidé à devenir le patron de la première banque française et pourquoi pas européenne. Avec le succès qu'on connaît. Là encore, il fait refaire ses bureaux. Mais pas seulement à Paris, également à Londres, à New York où il mettra à peine les pieds. Cela aurait coûté une petite fortune au Lyonnais. Haberer a une autre version : « À l'étage de la direction générale du siège, il y avait une superbe galerie qui donnait sur l'atrium, mais comme les dirigeants vivaient dans la hantise des syndicats, on l'avait masquée par des tentures. Je les ai fait supprimer, raconte-t-il. Et on a découvert la beauté du lieu. J'ai fait refaire la salle du conseil. Étant donné qu'elle était classée Monument historique, c'est le ministère de la Culture qui a payé. Dans la réalité, j'ai toujours été extrêmement rigoureux. Jamais mon chauffeur, par exemple, n'a conduit mes enfants. » Pourtant, il donne l'impression de planer. Un inspecteur se souvient de l'avoir entendu déclarer de manière péremptoire, en 1989, au cours d'un dîner du Siècle : « Je reviens d'URSS avec le président de la République. Le Crédit lyonnais va y faire la plus grande opération financière jamais réalisée. » Ce grand commis a la folie des grandeurs. Il a perdu le sens de la réalité. Mais le système le protège.

Certes, il n'a pas eu de chance. La conjoncture a été exécrable. Le gouvernement ne se serait pas accroché au franc fort, lui et beaucoup d'autres auraient peut-être été sauvés. Lui-même a sans doute évité nombre de faillites en prêtant généreusement. Mais on se souviendra d'un homme qui ne tenait pas sa maison, et qui s'est fait escroquer par des mafieux. Député Udf à l'époque, François d'Aubert, se souvient : « En 1988, je lui ai dit à propos de Parretti et du rachat de Pathé : Est-ce que c'est le rôle du Crédit lyonnais de financer des types proches de la mafia pour le rachat du fleuron du cinéma français ? Il m'a simplement répondu : Vous vous trompez. » Au nom de d'Aubert, Haberer lève les yeux au ciel : il l'a d'ailleurs attaqué en diffamation.

« Tous connaissaient le système décisionnel de l'État », a affirmé le procureur. Comme s'il y avait connivence. C'est au-delà de cela. En réalité, bien qu'appartenant à cette caste extrêmement restreinte, celle des inspecteurs issus du Trésor, les accusés ne s'aiment pas. Pire, ils se haïssent. Entre Haberer et Larosière, cette animosité date du début des années soixante-dix. Elle va s'envenimer avec la polémique sur le franc fort. « Pierre Bérégovoy était persuadé que Jean-Yves Haberer était un excellent économiste, raconte un proche de l'ancien ministre des Finances. Il le recevait fréquemment, mais essentiellement pour parler politique économique. Le président du Crédit lyonnais ne cessait de plaider en faveur d'une dévaluation quand Jacques de Larosière et Jean-Claude Trichet, eux, s'arc-boutaient à la défense du franc fort et s'efforçaient de démontrer qu'Haberer disait des conneries. »

Mais, dans le même temps, c'est Haberer qui a fait monter Trichet dans le spoutnik en le propulsant à l'Élysée en 1978, du temps de Giscard... Dans une caste, face à l'adversité, on se serre les coudes. Ceci explique l'atmosphère à couteaux tirés, les non-dits, lors de ce procès.

Résultat : personne n'a réellement expliqué comment le Crédit lyonnais avait continué d'accumuler les déficits, sans réaction aucune des autorités de tutelle, alors que, dès 1991, le tout Paris financier s'inquiétait de la stratégie plus qu'audacieuse de Jean-Yves Haberer. Dans *Le Nouvel Observateur* du 4 juillet 1991, Claude Soula dénonce ainsi les « liaisons dangereuses » du Crédit lyonnais. À propos du rachat des studios américains Metro Goldwyn Mayer, où la banque publique s'est fait escroquer dans les grandes largeurs, il écrit : « Seule chose sûre aujourd'hui, c'est la panique boulevard des Italiens, siège de la deuxième banque nationalisée française. Les petits producteurs qu'elle soutenait sont tous en faillite, ou proches du dépôt de bilan. Et la MGM ne tient plus qu'à un fil : celui des crédits que lui accorde mois après mois la banque française pour éviter le dépôt de bilan. » Et de raconter comment le Lyonnais a racheté MGM dans des conditions abracadabrantes, comment il se refuse depuis des années à éclaircir le soutien sans faille accordé au tandem Parretti-Fiorini (les repreneurs de MGM). Quelques semaines plus tard, en septembre 1991, Soula repart à la charge : « Le train d'enfer qu'Haberer fait mener au Lyonnais depuis trois ans va-t-il le précipiter dans le mur ? » Et d'énumérer les investissements audacieux, les prises de risques, les prêts accordés tous azimuts, l'achat des réseaux étrangers, le soutien à des entreprises vacillantes à l'heure où la plupart de ses confrères réduisaient la toile. Un journaliste avait donc compris et pas les ténors de l'inspection chargés de ce dossier ? Le député UMP François d'Aubert raconte qu'il a tenté d'alerter un membre du cabinet de Bérégovoy, qu'il en a parlé à Trichet lui-même, qu'il a essayé de leur ouvrir les yeux sur les relations douteuses de Parretti. « Je prêchais dans le désert, raconte-t-il. On me prenait pour un fou. » Pour un fou vraiment, ou pour un empêcheur de tourner en rond ?

Certes, Bérégovoy va alors demander au patron du Lyonnais d'écarter de la MGM Parretti, considéré par beaucoup depuis comme un homme d'affaires véreux. Le Trésor et la Banque de France tentent de tirer la sonnette d'alarme. Mais apparemment sans grande conviction. Puisque rien n'a changé. D'ailleurs, on ne doute pas comme cela de la compétence d'un ancien directeur du Trésor ! Et comme pour Messier plus tard, ils sont un certain nombre à admirer cet ambitieux banquier, d'une intelligence hors du commun, décidé à faire une « banque-industrie ». « S'il avait réussi son pari, si la croissance était repartie, cela aurait été un coup de génie, sa banque aurait pris vingt ans d'avance », affirme encore un brin admiratif un de ses camarades. On pourrait dire exactement la même chose pour France Télécom ou Vivendi. Avec des si... Mais diriger une entreprise, ce n'est pas parier avec l'argent des autres. Haberer en convient : « Comme Bon et Messier, j'ai mal apprécié la conjoncture économique. Mais en termes d'acquisitions, j'ai fait le vingtième de Michel Bon et Jean-Marie Messier. Et en cinq ans ! »

Face au danger que faisait encourir Haberer, face à l'aveuglement de Bérégovoy, Trichet n'aurait-il pas dû insister, mettre son poste dans la balance ? Menacer de démissionner ? « Cela aurait mis fin à sa carrière, affirment en chœur les inspecteurs des Finances, et cela n'aurait rien changé. Cela aurait provoqué un scandale préjudiciable. » Sa carrière. Celle qui rachète toutes les autres. Alors qu'ils ont tous défroqué, il est le seul à brandir vaillamment l'étendard de l'intérêt général. Il est le preux chevalier parti à la conquête du Graal, une monnaie parfaite, qui interdira dévaluation, inflation, déficits. Et qui est destiné au poste suprême de président de la Banque centrale européenne où il sera nommé en 2003.

Et face aux nuages qui s'accumulaient sur la place de Paris, que dira celui qui à l'époque était directeur du Trésor ? « Un 300e de mon temps était consacré au Crédit lyonnais ; ma responsabilité, c'était la gestion du pays. » Une déclaration qui laisse pantois et en dit long sur l'idée que ces oligarques se font d'eux-mêmes.

Au final Trichet, Larosière et Beaufret seront relaxés, faute de preuve qu'il y ait eu connivence dans l'établissement de comptes supposés truqués. La justice ne sanctionne pas des comportements, mais des actes délictueux. Ceux-là ne sont pas établis. Haberer, lui, écopera de dix-huit mois avec sursis pour avoir intentionellement sous-évalué des provisions et établi des comptes qui n'étaient pas fidèles à la réalité. Selon l'accusation, il manquait entre 2,5 et 4,9 milliards de francs de provisions en 1991, et 3,7 milliards en 1992. Commentaire d'un jeune inspecteur : « Dans l'affaire Executive Life, pour simple complicité, la justice américaine veut mettre Haberer en prison ; en France, pour un trou de 110 milliards de francs, il écope d'une peine avec sursis, c'est toute la différence. » La nouvelle génération a bien compris qu'il y avait eu un glissement tectonique, que le monde avait changé. Haberer raconte l'affaire bien différemment. Pour lui, cette Berezina s'explique avant tout par le mauvais état du Crédit lyonnais et un encadrement de qualité médiocre. Comme Friedmann à la tête de l'UAP, c'est la faute à ses prédécesseurs. À ses yeux, son erreur est d'avoir piloté le Lyonnais comme si c'était Paribas, c'est-à-dire une banque de grande qualité. « Je n'ai rien touché au mode de fonctionnement très décentralisé car à l'époque cela ne dysfonctionnait pas. En réalité, ce fut là mon erreur. Et quand on est président, on n'est pas informé. Je n'ai appris que deux ans après mon départ du Lyonnais que Georges Vigon [1] disposait d'une clause spéciale qui avait été conclue avec un des mes prédécesseurs l'autorisant à ne pas avoir à se soumettre aux instructions. »

Quant à l'établissement des comptes, il est formel : tout s'est fait dans la transparence. « La Commission bancaire était dans nos murs ! Elle avait diligenté une inspection. Les comptes des grandes banques sont complètement transparents. Tous les chiffres, provisions, risques, engagements sont visés par le Trésor, la Banque de France, la Commission bancai-

---

1. Le directeur de la filiale néerlandaise du Crédit lyonnais qui a financé toute l'opération MGM et a continué, malgré les instructions d'Haberer, d'accorder de nouveaux prêts à Parretti.

re. » Il oublie de dire que le secrétaire général de la Commission bancaire, Jean-Louis Butsch, mort depuis, avait dit à deux reprises que des crédits douteux ne sont pas forcément « provisionnables » !

Jean-Yves Haberer estime que sans l'affaire MGM, très médiatique, le Lyonnais n'aurait pas sombré, il aurait supporté les pertes de l'immobilier. Il a fait appel. Et se donne une bonne chance d'être blanchi : « Je n'ai jamais présenté des comptes qui n'aient été approuvés par la Banque de France, le Trésor, les commissaires aux comptes. Le grand expert-comptable René Ricol, président de l'IFAC [International Federation of Accountment] est venu expliquer à la barre du tribunal que l'évaluation des provisions pouvait varier de un à trente ! Cela ruinait le dossier de l'accusation. En première instance, le jugement tient compte de l'opinion publique. En appel, c'est plus sérieux, plus juridique. »

En 1995, quand l'Etat a entamé des procédures contre ces éminents fonctionnaires, c'était une révolution. Comment la machine judiciaire s'est-elle mise en route ? Qui a rompu le pacte liant à la vie à la mort l'État et l'inspection ? L'institution qui avait survécu à tout, même au comité d'épuration de la Libération, qui était intouchable. Pour qu'une telle action soit intentée, au pénal, par l'État lui-même, il a fallu des circonstances exceptionnelles.

« Tout ce charivari a été provoqué par un imbécile. Cette action contribue à l'affaiblissement de l'État », s'insurge un camarade. L'imbécile ? Jean Arthuis, ministre de l'Économie et des Finances de 1995 à 1997 dans le gouvernement Juppé. Dans le civil, Arthuis est expert-comptable. Rien du tout en somme, un roturier, un analphabète... Qui ne comprend rien à l'intérêt général, à l'État. En septembre 1995, quand il débarque à Bercy pour prendre la succession d'Alain Madelin, cet élu de Mayenne, libéral, découvre un monde incroyablement opaque, avec ses droits, ses privilèges, ses primes, ses petits et ses grands arrangements, ses réseaux. Il lui faudra ainsi plusieurs mois pour obtenir, sur papier non photocopiable, la liste des fonctionnaires les mieux payés. Il décide de s'attaquer à la forteresse. Et se fait le chantre de la transparence.

En 1995, quelques semaines après son arrivée, il est confronté aux déficits abyssaux du Crédit lyonnais et contraint de mettre en place un nouveau plan de sauvetage, le précédent, initié par Balladur en 1993, se révélant insuffisant. La Cour des comptes lui communique alors des indications sur une des filiales du Crédit lyonnais, qui laissent à penser « que ses comptes des années 1991, 1992 et 1993 ne donnent pas une image fidèle de la réalité ». Le rapport est extrêmement dur à l'encontre de la filiale en question : Altus.

C'en est trop. Cette affaire a donné lieu a de nombreuses poursuites judiciaires, mais seules les filiales étaient concernées. On parle même d'un pacte secret conclu en 1994 entre les grands corps avec la bénédiction de Matignon pour faire porter le chapeau de la faillite du Crédit lyonnais à Jean-François Hénin, le patron d'Altus. Hénin n'est pas issu de la haute administration, il est simplement licencié en droit et en économie.

Arthuis constate que les dirigeants du groupe ont pu « dissimuler des turpitudes dans des filiales et se déclarer vertueux au niveau de la maison mère ». Il décide donc de demander au garde des Sceaux d'engager des poursuites judiciaires contre les anciens dirigeants du Crédit lyonnais afin que soit établie leur responsabilité dans la déconfiture de la banque qui devait devenir la première d'Europe. « Les Français ne supportent plus que dans ce genre d'affaires les dirigeants des entreprises publiques jouissent, même quand leur responsabilité est gravement mise en cause, d'une relative impunité », constate-t-il simplement.

À ses yeux, la démarche n'a rien d'héroïque. C'est simplement une évidence. « Je n'en ai même pas parlé à mon cabinet, raconte-t-il aujourd'hui. Je suis directement allé voir le président de la République et je lui ai fait part de mes intentions. Il a approuvé. » De fait, si la justice décide d'engager des poursuites, c'est aussi parce que Florio Fiorini, l'un des deux escrocs qui a piégé le Crédit lyonnais dans l'affaire du rachat de Metro Goldwyn Mayer, incarcéré à Genève, a écrit au garde des Sceaux pour décrire par le menu ce qui s'était passé. Notes de travail et comptes rendus de réunions à l'appui, qui prouveraient qu'Haberer était au courant de tout. En réalité, en 1992, alors au faîte de sa puissance et de sa gloire, le président du Lyonnais ne voulait pas avouer qu'il s'était fait escroquer par deux malfrats et afficher des pertes en conséquence. Quoi qu'il en soit, un ministre des Finances, expert-comptable de son état, qui poursuit au pénal les plus éminents inspecteurs des Finances, c'est une révolution.

Autre circonstance exceptionnelle. Le chef de l'État donne son feu vert pour cette opération vérité unique dans l'histoire de la République. Il est vrai que, durant sa campagne électorale, Jacques Chirac ne s'était pas privé de dénoncer la « technostructure ». Et, lors de son intervention du 14 juillet 1995, il avait déploré que la Banque de France et la direction du Trésor n'aient pas exercé leur mission de contrôle. « Je constate que personne ne s'interroge sur les responsabilités qui ont conduit à un tel désastre financier », avait-il glissé au passage. Une attitude qui s'explique par les nombreux différends qui ont opposé le président à l'élite de l'establishment.

Bien qu'énarque, membre d'un autre corps d'élite, la Cour des comptes, Jacques Chirac n'éprouve pas vraiment de tendresse pour l'inspection. C'est le moins qu'on puisse dire. Lors de la campagne présidentielle de 1995, à deux reprises, il a été déstabilisé par deux des plus célèbres figures de l'inspection.

Tout d'abord, le très médiatique Alain Minc, un des esprits les plus déliés de l'intelligentsia. Bien que penchant (légèrement !) à gauche, ou précisément parce que de gauche, c'est à lui qu'Edouard Balladur confie, à peine arrivé à Matignon en 1993, la présidence d'une commission chargée de réaliser un rapport sur la France de l'an 2000, sous l'autorité du très respectable Commissariat au Plan, présidé par un autre inspecteur, Jean-Baptiste de Foucauld. En fait, ce rapport, qui tombe à point nommé – il est publié en novembre 1994, à quelques mois de la présidentielle –, est destiné à « vitrifier » le débat économique. À démontrer que toute tentative de gouverner autrement est impossible, qu'elle se solderait par des déficits supplémentaires, par l'échec de la monnaie unique... Un piège pour Chirac. Acculé à trouver un espace politique, ce dernier a adopté une stratégie de rupture, se faisant le chantre du peuple contre les élites, fustigeant tous azimuts la technostructure, l'establishment, la tyrannie du franc fort, bref, ce que Philippe Séguin a génialement baptisé « la pensée unique ».

Ce rapport est accueilli dans la presse par un concert de louanges. Alain Minc est invité sur toutes les radios, sur tous les plateaux de télévision.

Sous couvert d'un nouveau contrat social, d'une nouvelle équité entre chômeurs et salariés, les auteurs du rapport se sont livrés à un exercice de haute voltige, visant à désamorcer systématiquement chacun des éléments du discours en faveur de cette « autre politique » au cœur de la campagne présidentielle qui a déjà commencé.

Chaque proposition conduit à une contre-argumentation, elle-même suivie d'une réflexion précisant qu'« il faut justement tenir compte de l'autre aspect du problème qui indique que... ». Un chef-d'œuvre. Chirac est fou de rage. Ce rapport anéantit toute idée de politique volontariste, il valide surtout les orientations de Balladur. Le patron du RPR s'efforce de désamorcer la bombe par des formules simples : « La feuille de paie n'est pas l'ennemi de l'emploi », « Un chômeur coûte 120 000 francs par an, à la société, toute mesure d'un coût inférieur visant à redonner un emploi à un chômeur est donc une économie ».

Mais têtu, voire teigneux, Alain Minc insiste. À la télévision, à *L'heure de vérité*, il déclare : « Notre réflexion s'inscrit dans le cercle du réel et le champ du possible. » Puis, il se montre encore plus précis : « J'ai dit que Balladur était l'un des candidats de la raison, comme l'auraient été Raymond Barre et Jacques Delors. Des trois, il reste le seul. Mais Jospin, à la différence de Chirac, s'approche du cercle de la raison. »

Cela s'appelle une excommunication. Mais la politique répond à d'autres lois que celle de la raison définie par Alain Minc. Aussi, quelques mois plus tard, début mars 1995, alors qu'il arrive en tête dans les sondages, Jacques Chirac va s'offrir l'immense plaisir de « se payer » Minc en public. Devant le gotha du microcosme, à la Fondation Saint-Simon, le temple du conformisme d'une certaine élite.

On est à quelques semaines du premier tour. La salle est comble. Tout le monde est venu voir de près à quoi ressemblait le ressuscité. Alain Minc, très calme, pose une question au candidat : comment bouclera-t-il son budget étant donné les déficits ? Et là, Chirac explose :

« Écoutez, m'sieur Minc, commence-t-il dans un style volontairement gouailleur, vous savez ce qui se passe quand un chef de famille ne peut plus payer son loyer ? Non, vous ne savez pas, m'sieur Minc. Ce sont des choses que vous ne savez pas. Moi, j'en ai rencontré des gens qui ne pouvaient plus payer leur loyer. Et vous savez ce qu'il leur arrive ? On les expulse. On met leurs enfants à la Ddass. Et vous savez combien ça coûte un enfant placé à la Ddass ? Non, vous ne savez pas. 500 francs par jour. Alors, s'il y a trois enfants, cela fait 1 500 francs par jour, 45 000 francs par mois. Or vous savez combien cela représente un loyer dans une HLM, m'sieur Minc ? » La moitié de la salle est au bord du fou rire. L'autre trouve que décidément le président du RPR est un grossier personnage, un homme sans finesse, un pur démagogue.

Quelques mois plus tard, sur le chemin de l'Élysée, le candidat Chirac se heurte à une autre figure emblématique de l'inspection. Un haut fonctionnaire modèle, qui veille avec une foi quasi religieuse sur le respect des critères de Maastricht, conditions sine qua non de l'avènement de l'euro. Le premier tour approche. Dans les sondages, les écarts se resserrent. Rien n'est joué. Or, traditionnellement, courant avril, la Banque de France, qui est devenue indépendante, fait part au gouvernement de ses recommandations. À cette occasion, Jean-Claude Trichet revient sur son sujet de prédilection : la stabilité monétaire, qui implique la modération salariale afin d'éviter la reprise de l'inflation. La presse en fait un large écho. Chirac, qui ne cesse de vanter les effets bénéfiques d'une hausse du pouvoir d'achat des Français – qui a stagné à 0,8 % –, voit dans l'insistance de Trichet une attaque personnelle. Sa réplique est d'une brutalité inhabituelle : « Le gouverneur de la Banque de France n'est pas là pour indiquer au gouvernement quelle est la politique qu'il doit mener sur le plan économique. » Chirac, chantre de la « fracture sociale », veut montrer aux Français qu'il ne craint pas la « technostructure », comme il l'a martelé durant toute sa campagne, il veut surtout ne pas laisser croire que ses promesses sont impossibles. Disqualifiées d'office. Ne pas se laisser exclure du cercle de la raison.

À quelques jours du premier tour, la polémique s'installe. La conséquence est immédiate : le franc baisse. Pour calmer le jeu, le gouverneur de la Banque de France téléphone à Alain Juppé. Tous deux se connaissent bien : à l'inspection, ils appartenaient à deux promotions successives.

Juppé, furieux, ne critique pas Trichet sur le fond, il lui reproche sèchement d'avoir dérogé à la sacro-sainte règle de la neutralité de la fonction publique en pleine campagne électorale. Pour faire amende honorable, le gouverneur envoie alors une lettre à Chirac : « Je tiens personnellement depuis que j'ai eu le privilège de travailler au sein de l'équipe de 1986 à votre estime. Comme vous le voyez [...] je n'ai pas mentionné le traité de Maastricht pour me concentrer sur l'intérêt français. [...] Je n'ai pas oublié que le franc d'aujourd'hui est celui dont vous avez fixé la valeur en 1986 et en janvier 1987 et dont la valeur a été conservée en 1987, en 1988 et jusqu'à maintenant. » Le message est double : il ne tient pas Chirac pour un démagogue incapable de gouverner, il lui délivre même un certificat de bonne conduite. D'un autre côté, lui, n'a pas dérogé. Il est dans son rôle. Il est un homme constant, il a préservé la valeur du franc, quels que soient les pouvoirs en place. Son propos n'était pas de gêner Chirac.

Ce dernier saisit la balle au bond et utilise aussitôt la lettre, en lisant des extraits soigneusement choisis lors d'une interview sur France 2 : « Je tiens à ce que vous sachiez que vous avez toujours exprimé votre attachement à la stabilité du franc, y compris dans les circonstances difficiles... » L'incident est clos. Mais à force de flirter avec « l'autre politique », sans jamais franchir le Rubicon, Chirac a failli payer au prix fort ses folles promesses. L'état-major du RPR estime que cet épisode a coûté un à deux points dans les urnes à leur candidat.

Autant dire que Chirac ne porte pas Trichet dans son cœur, ni tous les premiers de classe de l'inspection. Certes, on en compte quelques-uns dans son entourage : Alain Juppé, Yves Cabana et Jean-Pierre Denis. Mais Cabana et Denis sont des inspecteurs des Finances de second choix. Les plus brillants ont choisi des leaders plus séduisants intellectuellement. Cabana est considéré comme un militant politique incontrôlable. Le second comme un carriériste. Dans une interview à *Libération*, il avait lâché : « Je me sers de Chirac comme un produit d'appel ! » Un aveu désarmant de sincérité et de maladresse. Quant à Juppé, il est une exception dans le système. Un mystère. D'ailleurs, on disait de lui, au début de la campagne de Chirac, qu'il se rallierait à Balladur et demanderait à Chirac de se retirer s'il ne remontait pas dans les sondages. La plupart des stars de l'inspection – de droite ou de centre-gauche –, saint-simoniens dans l'âme, sont favorables à Balladur. Plus intelligent, plus raisonnable.

Il faut dire que ce dernier a généreusement distribué les postes en 1986, lorsqu'il était ministre des Finances, et en 1993, à son arrivée à Matignon. En 1993, Philippe Jaffré, qui était chef de service au ministère de l'Économie en 1986, et avait à ce titre participé aux premières privatisations, s'est vu confier la première valeur du Cac 40, Elf, qui sera privatisé un an plus tard. Mais il n'est pas le seul à avoir été propulsé à la tête d'entreprises privatisables. En 1986, Michel Pébereau avait été nommé à la tête du CCF qui allait être privatisé. Il a d'ailleurs conseillé Balladur lors de la constitution des noyaux durs. En 1993, il hérite de la BNP qui va être, à son tour, privatisée. Charles de Croisset, qui fut son directeur de cabinet de 1987 à 1988, a succédé à Pébereau à la présidence du CCF. Jacques Friedmann qui, de copain de Chirac s'était mué en « conseiller spécial » de Balladur, n'a pas été oublié : pour lui, ce fut la présidence de l'UAP, la première compagnie d'assurances, qui allait être privatisée en 1994, un centre névralgique du capitalisme français, par le biais des noyaux durs et des fameuses participations croisées. Trichet avait été nommé gouverneur de la Banque de France.

Messier, lui, a rejoint la banque Lazard dès 1988, avant d'être adoubé par Dejouany à la Générale des eaux. Par son seul mérite, bien sûr. Mais lui aussi s'est assuré, au départ, un socle de soutien politique. Il était d'ailleurs catalogué comme balladurien. Il avait pourtant participé à la campagne présidentielle de Chirac de 1988, mais il l'a soigneusement biffé de sa biographie. Marc Viénot a été fait P-DG de la Société générale en 1986. Antoine Jeancourt-Galignani, vice-président de Suez. Même Philippe Auberger, le rapporteur de la commission des Finances, catalogué chiraquien de longue date, avait à l'époque cédé aux sirènes de Balladur, alléché par la perspective de se voir confier le ministère du Budget. Tous inspecteurs des Finances.

Voilà pourquoi, au lendemain de son élection en 1995, Chirac n'avait aucune raison de protéger le corps d'origine de ces messieurs. Et a donné son feu vert lorsque l'affaire du Crédit lyonnais est remontée jusqu'à l'Élysée.

En réalité, quand, en 1995, l'État décide d'entamer des poursuites contre les responsables de ce scandale, l'immense pouvoir de cette technostructure est déjà très amoindri. L'affaire du Lyonnais a simplement permis d'entr'apercevoir le mode de fonctionnement de la caste. Et affaibli le mythe.

Tout a basculé en 1984. C'était il y a vingt ans seulement. L'URSS était dirigée par Constantin Tchernenko, 73 ans. Gorbatchev sera élu secrétaire général du parti communiste l'année suivante. Margaret Thatcher entame son deuxième mandat. Ronald Reagan est réélu à la présidence des États-

Unis. Le monde anglo-saxon, acquis aux thèses monétaristes de Milton Friedman, a entamé une révolution libérale de grande ampleur. En France, le gouvernement socialiste est confronté à des déficits abyssaux. Le franc est menacé. Après les nationalisations, les ordonnances sur les 39 heures, la cinquième semaine de congés payés, les augmentations des prestations sociales, l'heure est à la rigueur. Le projet de loi sur l'enseignement libre a donné lieu à une manifestation monstre. Les « visiteurs du soir » ont empêché Mitterrand de sortir du système monétaire européen. Laurent Fabius succède à Pierre Mauroy et constitue un gouvernement sans les communistes.

Pierre Bérégovoy est ministre de l'Économie. Son directeur de cabinet, Jean-Charles Naouri, est un surdoué. Louis-le-Grand, Normale sup, doctorat de sciences, l'ENA, un *Master of Economics* à Harvard... Inspecteur des finances, « sorti au Trésor », il a tout réussi brillamment. Il a suivi le chemin escarpé des bons élèves. À l'Ena, ses idoles s'appellent Bloch-Lainé, Debré, Delouvrier.

Naouri sait très bien que l'économie française a un mode de fonctionnement antédiluvien. Le prix de la baguette est encore contrôlé ! Le marché n'a pas été modernisé depuis Debré et Haberer en 1967. « Il y avait eu de nombreuses missions de fonctionnaires qui recommandaient toute une série de réformes, raconte-t-il. Leur but était simple : il s'agissait de réduire le coût de l'argent par une plus grande mobilité du marché financier et une concurrence plus vive. C'est ainsi qu'ont été créés les certificats de dépôt, les billets de trésorerie, les bons du Trésor, le Matif, le Monep[1]... Nous avons aussi réformé le marché hypothécaire en abaissant le coût des financements et ainsi facilité l'accession à la propriété d'une nouvelle partie de la population française. » Et d'ajouter : « Un consensus existait sur leur nécessité, mais personne n'avait eu le courage politique de les mettre en œuvre. D'apparence libérales, en réalité ni de droite ni de gauche, ces

1. Matif : Marché à terme d'instruments financiers ; Monep : Marché des options négociables de Paris.

réformes étaient indispensables pour moderniser notre économie. Tout le monde nous disait, “si vous y arrivez, chapeau !” Si nous avons réussi, c’est grâce à un concours de circonstances : un ministre politiquement fort et un cabinet techniquement très bon, avec notamment Claude Rubinowicz (promotion 1981) et Yves Mansion (promotion 1977). Nous avons aussi eu le concours de Jean-Claude Trichet et de Philippe Jaffré qui étaient respectivement directeur des affaires financières et directeur du service international au Trésor. Pierre Bérégovoy, qui n’était pas un idéologue, a tout de suite compris que ces réformes étaient bonnes pour l’économie et pour l’emploi et les a pleinement endossées. Je crois même qu’il en était fier... » Bérégovoy à qui l’on explique ainsi, fort habilement, que certaines professions comme les agents de change, vont perdre certains privilèges.

Sans que les Français en prennent vraiment conscience, dans une indifférence quasi générale, car il s’agit de mesures extrêmement techniques, Naouri va largement contribuer à faire basculer la France dans un autre monde : celui du marché.

Il se garde bien de clamer haut et fort que le gouvernement socialiste est en train de prendre des mesures d’inspiration libérale. Elles sont simplement bonnes pour l’économie. À l’inspection, on fait du keynésianisme sans le dire, du libéralisme sans le dire. Au nom de l’intérêt général. Quant à Mitterrand, qui a reçu une note l’avisant de ce train de réformes, il n’a même pas répondu.

Quoi qu’il en soit, ces mesures sont réalisées de main de maître. Car les inspecteurs sont d’excellents techniciens. Naouri, qui est légitime dans le sérail, est d’ailleurs soutenu par toute la technostructure. Il prendra tout de même quelques coups.

Naouri cite l’exemple des obligations du Crédit foncier. La banque bénéficiait d’une rente automatique : une commission de 2 %. Il décide de modifier le système et d’avoir recours désormais à un appel d’offre ! Une concurrence entre les banques entraînant forcément une baisse de ce pourcentage. Ce fut un tollé. « Tout le monde lui disait : “Tu vas casser la place de Paris !” »

La création des certificats de dépôts – le moyen pour les banques de se renforcer à court terme sur le marché – suscite elle aussi bien des inquiétudes. Et des résistances. Bérégovoy devait l'annoncer lors d'un discours à HEC. Naouri demande au Trésor de prévenir les banques. Le jour J, le Trésor n'avait rien fait. Pour lui, cette mesure n'était pas « orthodoxe ». Résultat : une petite secousse sur le marché obligataire. Quant à la réforme des prêts locatifs aidés, tout le groupe socialiste était contre.

Mais certains hauts fonctionnaires de droite réécrivent l'histoire différemment : « Naouri n'a pas dérégulé pour moderniser la France. Il a favorisé le développement des marchés financiers parce que la France était extrêmement endettée. Elle était étranglée. Les déficits étaient abyssaux. Il a fait de l'engineering financier pour éviter un désastre. » Ces mesures n'auraient été prises que pour répondre à une nécessité pressante ? Quoi qu'il en soit, elles ont été partielles, n'étaient pas inscrites dans un plan d'ensemble, ne s'appuyaient pas sur une vision économique globale.

La deuxième secousse va se produire avec le retour de la droite au pouvoir. La scène se passe en 1986, rue de Rivoli, dans le long couloir qui menait au bureau du ministre. Jean-Claude Trichet, directeur de cabinet du ministre d'État Edouard Balladur, s'attarde avec quelques conseillers et s'extasie : « C'est magnifique ! » Étonnement de la petite équipe. Trichet explicite : « Il n'existe aucun endroit au monde où soit concentré autant de pouvoir. »

Même si en libéralisant les marchés financiers, en ouvrant les vannes du crédit, Naouri a commencé à couper le cordon ombilical entre l'État et le financement de l'économie, le pouvoir des Finances reste immense. Au-delà des attributions régaliennes – comme la monnaie, le budget, les impôts, les Douanes – le ministère règne sur un empire gigantesque. Toutes les banques. Toutes les compagnies d'assurances. Air France, la Ratp, la SNCF, Renault, la CGE, Pechiney, Rhône-

Poulenc, Thomson, Bull, Usinor-Sacilor, Matra, Roussel Uclaf, Elf, Saint-Gobain, Havas, TF1, Antenne 2, FR 3... En privatisant en masse, les inspecteurs Trichet, Messier, Friedmann vont faire tomber un à un les pans de cet empire et desserrer l'étreinte de l'État. Ils le font sans états d'âme, persuadés que cette politique de désengagement est devenue indispensable. Ils épousent leur époque.

Le 2 novembre 1986, Saint-Gobain quitte le giron de l'État. Le 19 janvier 1987, c'est le tour de Paribas. Puis vont suivre, courant avril de la même année, Sogenal, la Banque BTP, TF1, la BIMP, le CCF, la CGCT ; en mai, la Cge, Havas ; en juin, la Société générale ; en octobre, Suez ; en janvier 1988, Matra.

Jean-Claude Trichet se souvient : « Nous avons essayé de moderniser la France, le mieux possible, en tenant compte de l'environnement. Au lendemain de la guerre, l'état de l'économie imposait peut-être une gestion étatique. Mais le marché français était devenu beaucoup trop fermé. La France avait pris du retard. Souvenez-vous, les Français n'avaient pas tous le droit d'utiliser une carte de crédit à l'étranger, les investissements étrangers étaient contrôlés administrativement... Nous ne nous sommes pas contentés de privatiser, nous avons supprimé le contrôle des prix, du crédit. Nous l'avons fait dans l'intérêt supérieur de la France. Nous avons essayé de hisser le pays au niveau des autres pays industrialisés, fonctionnant dans une économie de marché. »

Leur grande œuvre connaîtra son aboutissement avec la monnaie unique, en janvier 2002. Si ce grand projet a été initié par les dirigeants politiques européens, et en particulier Mitterrand et Kohl, en France les inspecteurs des Finances en ont été les artisans zélés et les ardents défenseurs.

De Naouri à Trichet, ils sont donc un certain nombre à avoir été les moteurs de grandes réformes nécessaires au développement de l'économie. Ils ont compris la nécessité d'adapter l'économie française à l'environnement international. Mais dans ce monde nouveau, ouvert, régulé par Bruxelles, personne ne s'est préoccupé de modifier en profondeur le fonctionnement de l'État afin de contrôler la dépense. D'adapter les procédures au modèle anglo-saxon désormais dominant. La faute aux politiques ? Pas seulement pour le corps.

L'inspection a fait basculer la France dans un autre monde, plus compétitif, plus performant, plus créateur de richesses, mais plus dur, tout en continuant à fonctionner comme avant. Caste intouchable, avec ses privilèges et ses droits. Un seul exemple : désormais Renault est une entreprise « normale ». Les usines peuvent être fermées. Les salariés licenciés. Mais le président est toujours fonctionnaire. En disponibilité. Tout un symbole.

Alors que les salariés du privé, confrontés à ces mutations douloureuses, vont affronter des plans de licenciements en série, des démantèlements, que certains salariés du public vont perdre leur statut, l'« étatocratie », elle, profite de ce bouleversement. Grâce aux noyaux durs, elle s'installe aux manettes de nombre d'entreprises, qu'elle va d'ailleurs gérer de manière plus ou moins heureuse. Les salaires des P-DG des entreprises privatisées sont du jour au lendemain multipliés par cinq ou six. C'est pour la génération suivante que l'avenir s'assombrit : plus de plan de carrière tracé sur la comète, plus de spoutnik. Plus de pantouflage assuré. La traversée du désert commence.

Chapitre 11

Des cerveaux hémiplégiques

> « Ce n'est pas parce que les choses sont difficiles que nous n'osons pas, c'est parce que nous n'osons pas qu'elles sont difficiles. »
>
> SÉNÈQUE

C'était en 1977. Un inspecteur des Finances gaulliste, peu en odeur de sainteté dans les cercles giscardiens, est envoyé dans une ambassade assez lointaine. Avant son départ, il va voir Maurice Ulrich, directeur de cabinet du ministre des Affaires étrangères, et lui demande s'il a des recommandations à lui formuler. Pourquoi ne pas faire de cet exil une œuvre utile ? Réponse toute diplomatique de ce haut fonctionnaire qui allait devenir un proche conseiller de Jacques Chirac : « Je ne me permettrais pas de vous faire des recommandations, mais je vous donne juste un conseil : surtout qu'on n'entende pas parler de vous. » Dans les années quatre-vingt-dix, un autre inspecteur est nommé à la tête du Crédit foncier. Il raconte que lors de son entrevue avec son prédécesseur, ce dernier lui a dit d'emblée : « J'espère que vous avez des occupations. Vous aurez beaucoup de temps libre. Ici on ne s'occupe pas de gestion, les services s'en chargent. »

Les hauts fonctionnaires sont habités par un principe fondamental : ne pas faire de vagues. Ils doivent gérer l'ordre établi, pas le bouleverser. Ils n'établissent pas de budget. Ce n'est pas leur rôle. Ils dépensent celui qui leur a été alloué. Ne pas créer de problème au ministre, c'est la clé de toute carrière. Le président ou, dans le cas précis, le gouverneur fait des relations publiques de haut niveau, avec l'administration, les politiques. Cela a certes changé et quelques présidents fonctionnaires dirigent réellement leurs entreprises. Mais cet esprit demeure. Un président n'est pas censé connaître les métiers, il peut passer d'un secteur à l'autre sans que cela pose problème. Et au sein de cette haute fonction publique, l'inspection est habitée par un autre principe fondamental : elle pense.

Renaud de La Genière, gouverneur de la Banque de France, était unanimement respecté. Un de ses camarades se souvient : « C'était un homme remarquable, qui en imposait. Il avait une vision claire de la politique monétaire de la France. À cet égard, il fut un excellent gouverneur de la Banque de France. Mais il n'a pas géré la Banque de France. D'ailleurs, compte tenu des taux d'intérêt, elle croulait sous l'or. La gestion, ce n'était pas dans son champ de vision. Il réfléchissait à la monnaie. Le pape ne s'occupe pas du denier du culte. »

Au fil des ans, en dépit des évolutions technologiques – l'informatique, les machines de tri automatique des billets –, en dépit de l'importance décroissante de ses missions, en dépit du développement des organes de régulations indépendants, la Banque de France a continué à fonctionner en l'état, avec une administration pléthorique, des publications surabondantes, un parc immobilier gigantesque, à Paris, mais également en province.

En 1999, un petit *think tank* libéral, l'Institut français pour la recherche sur les administrations publiques (Ifrap), dirigé par Bernard Zimmern – un homme d'affaires qui a fait fortune aux États-Unis après avoir fait l'X et l'Ena –, avait publié un dossier sur la Banque de France. Il en ressortait que celle-ci comptait dix fois plus de personnel que la Banque du Canada. Que pour imprimer les billets, en France, il fallait

1 600 personnes, contre 680 en Grande-Bretagne. Que pour gérer l'informatique, la Banque d'Angleterre employait 200 personnes, la Banque de France 560. Que la Banque de France employait, à cette date, 2 470 personnes dans ses services Analyse monétaire, Statistiques et Analyse des entreprises contre 280 en Grande-Bretagne. Et tout à l'avenant. Entre 1980 et 1999, la Banque d'Angleterre avait divisé par deux ses effectifs : passant de 7 000 personnes à 2 700. Entre 1989 et 1999, la Banque de France, elle, était passée de 16 834 personnes à 15 918.

Le gouverneur, Jean-Claude Trichet, un homme très susceptible dès qu'il s'agit de son action, s'était ému de cette publication, faisant notamment valoir que « les périmètres » des deux institutions n'étaient pas comparables. Certes. En Grande-Bretagne par exemple, lors de la création de la Financial Services Authority (FSA), un organe de contrôle et de surveillance des banques indépendant, 460 personnes qui travaillaient auparavant à la Banque d'Angleterre dans le secteur de la réglementation bancaire avaient été transférées à la FSA. En France, loin de déconcentrer, adapter, moderniser, bref, gérer, on n'a eu de cesse de conforter les conglomérats administratifs. Un cadre de la BdF témoigne : « On fait des analyses que personne ne lit, qui sont traduites dans toutes les langues. Il y a des services qui ne servent qu'à compter des billets... » Un environnement qui entretient l'idée d'inutilité et entraîne le repli sur soi.

Avec la disparition d'un certain nombre d'instruments de la politique monétaire, encadrement du crédit, contrôle des changes, réescompte, la Banque de France s'est tout de même retrouvée en situation de sureffectifs. Aussi, quand en 1989, Véronique Neiertz, secrétaire d'État chargée de la Consommation, a mis en place un dispositif de lutte contre le surendettement des ménages, c'est « très naturellement » à la Banque de France que l'État a pensé pour piloter l'observatoire de l'endettement. Fichiers, statistiques : la BdF connaît. De l'avis de nombreux élus locaux, cette tâche aurait pu être confiée, avec plus d'efficacité, à des services sociaux, aux Conseils généraux par exemple, pour que les signaux d'alerte soient suivis d'effets. Quitte à transférer certains fonctionnaires de la Banque. Mais là, on entre dans le domaine de l'impossible. Leur statut est tellement avantageux (traitements, retraites, comités d'entreprise...) qu'ils sont difficilement transférables dans une autre administration !

Effectivement, donc, le périmètre des activités de la BdF et celui de la Banque d'Angleterre ou celui de la Banque du Canada ne sont pas comparables. Nulle part au monde une banque centrale n'a la responsabilité de « gérer » le surendettement des ménages. Au début des années quatre-vingt-dix, cette forteresse des avantages acquis avait bien fermé 27 succursales sur 238, mais les syndicats ont réussi à faire un lobbying efficace, en alertant les maires, les sénateurs, les élus locaux de tout poil. Et en 1998, les maires ont obtenu de Jean-Claude Trichet et de Dominique Strauss-Kahn l'assurance qu'il n'y aurait aucune autre fermeture.

Cette situation a donc duré. Tant que la Banque enregistrait des recettes conséquentes, tout allait à peu près bien. Jusqu'au jour où les comptes ont viré au rouge avec les pertes de recettes dues à la monnaie unique et à la baisse des taux d'intérêt. Jean-Claude Trichet s'est alors attelé à une réforme, qu'il a voulue « exemplaire » selon ses propres termes, et engagé une réduction des effectifs de 5 000 fonctionnaires. « C'est une réforme importante, qui prouve que la Banque a été capable de montrer la voie au sein du secteur public, se félicite-t-il, très content de lui. J'ai écrit 5 000 lettres personnelles, à tous les députés, tous les sénateurs, aux maires, aux présidents de Conseils généraux pour expliquer les mesures. » Enfin, la réforme est loin d'être achevée. Elle ne sera effective qu'en 2006. C'est son successeur, Christian Noyer, qui devra la mettre en œuvre. Les 5 000 départs correspondent à des mises à la retraite avec 75 % de la dernière fiche de paie et à quelques nominations dans des succursales. Ce qui est tout de même plus facile que de gérer les licenciements secs de Metal Europ. Et déjà, il semble que cette « réforme » soit insuffisante.

Les gouverneurs de la Banque ont plaidé durant des décennies pour la rigueur budgétaire et monétaire, la modernisation du marché, l'adaptation de la France à l'économie libérale, mais ils ne se sont jamais battus pour faire de leur propre administration un exemple. Ou avec beaucoup de retard. Aujourd'hui, on ne cesse de brandir la nécessité de réformer l'État. Mais c'est gérer qu'il fallait. Qui a accordé aux salariés de la Banque de France des salaires largement plus avantageux que dans d'autres secteurs où le travail est pourtant plus pénible, des prêts à taux privilégiés, des logements à des loyers défiant les lois du marché, des jours de congés supplémentaires, des régimes de retraite plus avantageux que dans l'ensemble de la fonction publique ? De La Genière à Trichet en passant par Larosière, ces éminents énarques étaient payés pour penser. Pas pour gérer.

Cette prestigieuse élite est consubstantiellement formée à réfléchir aux mécanismes monétaires, aux équilibres budgétaires, aux Meccano industriels, aux financements croisés les plus complexes, mais elle ne s'est jamais intéressée à « l'intendance ». Comme leurs ancêtres les aristocrates qui délaissaient leurs terres pour briller à la Cour. En Angleterre, le principe était inverse. Il fallait bien gérer ses terres, développer les industries pour gagner de l'argent, afin de pouvoir entretenir des régiments et, en conséquence, être admis à la cour.

Cette absence de gestion n'est certes pas l'apanage des inspecteurs, mais l'on pouvait croire (bêtement) que eux, en tout cas, étaient peut-être plus sensibilisés au problème. Apparemment non. Ce qui frappe, c'est le côté hémiplégique (ou paradoxal) de leur action. D'un côté, ils ont fait preuve d'un certain courage, puisqu'en libéralisant l'économie, ils ont contribué au déclin de l'économie administrée qui leur assurait pouvoir et sinécures (mais ils en ont largement profité en pantouflant dans les entreprises privatisées). Et de l'autre, ils ne semblent guère avoir réfléchi à l'essence de ces réformes et aux conditions de leur succès. Le principe même du monétarisme, qui a conduit aux réformes libérales initiées, entre autres, par Reagan et Thatcher, c'est la baisse d'impôts. C'est la réduction de la dépense publique qui est censée redonner du muscle et du dynamisme. Pas uniquement les stock-options, les fusions-acquisitions, les obligations transformables en actions, le Matif et autres instruments financiers. Ce sont des inspecteurs des Finances qui ont en grande partie initié les grandes réformes libérales : Naouri, Trichet, Messier, Jaffré, Friedmann, Jouyet et quelques autres. Trichet a mené une véritable croisade pour défendre le franc fort et l'euro. Ils ont plaidé pour la réduction des déficits, vitupéré contre l'accroissement de la dette. Mais aucun n'est entré dans la problématique de la dépense publique et de la gestion de l'État. Aucun n'a incarné ce combat.

Michel Rocard, ancien Premier ministre, occupe boulevard Saint-Germain un petit bureau aux murs décatis et à la moquette élimée. Il est un des rares inspecteurs des Finances à se piquer d'économie. Au sens intellectuel du terme, et pas seulement technique. Interrogé sur la carence de ses camarades sur la mutation de l'État, son premier réflexe est de demander : « Qu'est-ce que vous avez fait comme études ? » L'ordinateur se règle sur le curseur du niveau intellectuel supposé de son interlocuteur. Et il commence, sur un ton compassé un peu suranné, par un propos préliminaire précautionneux : « Pour être un corps relativement puissant, l'inspection est un élément d'une structure qu'est l'État et dont les évolutions la dépassent. Lisez *Dispute sur le sel et le fer*[1]. Tout pays dans lequel l'État joue un rôle important finit par produire un groupe dont la puissance excède ce que la démocratie est en droit d'exiger. C'était l'inconvénient des

1. Ce texte, daté de 81 avant J.-C, au moment de l'apogée de la dynastie des Han et de la création du système mandarinal, est une transcription des répliques échangées au cours d'un Conseil des ministres qui avait pour ordre du jour la question du monopole du sel et du fer, décrété quarante ans plus tôt pour renflouer les caisses de l'État épuisé par la guerre contre les Huns. Il est devenu un des grands classiques chinois.

nationalisations. Tout monopole d'État produit un désastre. L'inspection a subi plus qu'elle n'a mal agi. »

Puis il se lance dans sa démonstration : « Quand on regarde l'aventure du monde, dit-il, les hommes ont vécu dans la misère durant six mille ans. Ils en sont sortis par le capitalisme. C'est un système socialement brutal, mais qui permet la croissance. L'inconvénient, c'est qu'il est régulièrement confronté à des crises. Au lendemain de la crise de 29, le capitalisme va être sauvé par trois hommes : 1. Beveridge qui invente des outils pour réguler le système : l'assurance chômage, l'assurance sociale, les retraites. Cette socialisation des risques a permis de limiter la perte, de revenu en période de crise. 2. Keynes qui impose l'idée que les États ne devaient pas gérer leur budget comme de bons pères de famille. Qu'ils devaient intervenir pour stabiliser le système. 3. Henry Ford, qui invente la consommation de masse. Il distribuait de bons salaires pour que les ouvriers achètent des voitures. Cela a donné les Trente Glorieuses. Partout, des universitaires ont étudié, adapté ces théories. Pas en France où l'Université a toujours été négligée. La direction du Trésor s'est donc substituée aux économistes. C'est d'ailleurs un inspecteur des Finances, Claude Gruson, qui a inventé la Comptabilité nationale, l'un des éléments centraux de cette régulation. C'est également un inspecteur qui a traduit Keynes. » En somme les inspecteurs des Finances ont été des ersatz d'économistes.

Et Rocard de poursuivre son raisonnement, en tirant les leçons de la période plus récente, celle des politiques de dérégulation : « En 1970, Milton Friedman et l'école de Chicago se sont dit : tout cela, c'est formidable, notre revenu est quarante fois supérieur à celui d'il y a vingt ans. Comment maintenant améliorer encore le système ? Et ils ont démontré que le meilleur moyen de progresser encore, ce serait de maximiser l'espérance de profit de chacun. Notamment en baissant les impôts. C'est une théorie qui est séduisante par la beauté de ses modèles mathématiques. L'école de Chicago a d'ailleurs eu au moins 15 prix Nobel d'économie. Cette théorie a eu d'autant plus de succès que dans les années soixante-quatre-vingt, pour la première fois de l'histoire de l'humanité, l'homme peut consacrer ses revenus à autre chose que se nourrir, se vêtir, se chauffer ou se transporter. Il a désormais accès aux loisirs, à la culture. L'idée apparaît que cela pourrait être encore mieux si on laissait les hommes s'épanouir. Que l'État est pernicieux. Et on a rangé Keynes au placard. On ne l'enseigne même plus à l'Université. C'était l'air du temps. La majorité des inspecteurs des Finances, comme les autres corps, ont accepté cela. Sans que soit mené aucun travail. L'Ena est une école d'application. L'inspection, c'est une carte de visite, pas un savoir. » Traduction – sommaire bien sûr : l'inspection a appliqué à la lettre certains principes sans réfléchir, en les plaquant sur une organisation ancienne, sans la modifier.

À cet égard, l'initiative prise par Lionel Jospin de créer un Conseil d'analyse économique, composé de véritables économistes, comme Olivier Blanchard, Pierre-Alain Muet, Jean-Paul Fitoussi, Jean-Jacques Rosa, Thomas Atkinson, Daniel Cohen et d'autres, doit être saluée. Hélas, combien de leurs propositions ont été suivies d'effets ?

Depuis un demi-siècle, on ressasse que la France est en crise. Mais c'est l'État qui est malade. L'on montre souvent du doigt tous les sans-grade qui défilent à chaque tentative de réforme pour préserver leur statut, leurs primes, leurs avantages. Mais qu'ont fait ceux qui étaient aux commandes de l'économie ? Ils ont « dérégulé » sous la pression de l'Europe, de la mondialisation. Ils ont supprimé un à un tous les leviers sur lesquels ils pouvaient agir : les taux d'intérêt, l'émission de monnaie, les politiques structurelles. Mais ils n'ont pas eu de stratégie de réforme. Résultat, le couvercle de la marmite ne cesse de sauter. Et cette politique au fil de l'eau a produit déficits et chômage. « Avant, quand on faisait des conneries, qu'on avait trop de déficits, on dévaluait, explique un haut fonctionnaire. Maintenant, on fait quoi ? » On fait plan de rigueur sur plan de rigueur. Sans jamais repenser l'ensemble.

Quand en 1984, le gouvernement, à l'initiative de Jean-Charles Naouri, a décidé de supprimer le monopole des crédits d'accession à la propriété au Crédit foncier, mesure courageuse et nécessaire, personne n'a réfléchi à ce qu'allait devenir le Crédit foncier. On l'a laissé dépérir. Avec un statut archaïque : un gouverneur, deux sous-gouverneurs, généralement des inspecteurs, qui laissaient le secrétaire général gérer et n'ont pas su avoir une politique agressive pour résister à la concurrence. Nicole Briot, la première femme à avoir été nommée inspecteur des Finances, au tour extérieur, par Valéry Giscard d'Estaing raconte : « Pendant des années, on a acheté la paix sociale. L'administration a été cogérée. Et en même temps, on a laissé les choses en l'état. Il y a une rigidité incroyable. Des corporatismes extrêmement puissants. Il y avait eu un rapport de l'inspection sur la Seita en 1975. On s'était aperçu que cette administration était exactement dans le même état que ce qu'avait décrit Crozier quinze ans plus tôt. C'était une entreprise qui continuait à être gérée comme au XIXe siècle. » Comme disait Louis Armand, le véritable danger pour les civilisations, c'est l'inertie des structures.

Il n'y a pas un moment où l'élite de Bercy a essayé de moderniser l'État pour qu'il s'inscrive dans ce contexte d'ouverture à l'économie mondiale. Pour que soient créés des outils d'évaluation. C'est venu vingt ans plus tard.

Jean Saint-Geours se targue ainsi d'avoir, en 1961, avec Renaud de La Genière, travaillé sur la RCB, la rationalisation des choix budgétaires : « Pour rationaliser le choix d'investissement sur les routes, on avait fait des calculs en fonction de la dangerosité et du nombre de morts. C'était une nouvelle façon d'appréhender la dépense. » Mais dans ce domaine c'est un autre nom qui fait référence et est cité régulièrement : celui de Jean Choussat, inspecteur des Finances, directeur du Budget de 1981 à 1986. Il n'a cessé de s'alarmer des dérapages budgétaires, d'alerter les politiques. On parle aussi à l'inspection de tous ceux qui, dans l'ombre, ont ferraillé pour éviter que le franc ne sorte du SME en 1983 et que la France s'enfonce dans des déficits abyssaux : Pascal Lamy, Daniel Bouton, Jean-Claude Trichet, Hervé Hannoun, Philippe Lagayette. Il y a également eu de nombreux rapports sur les déficits de la Sécurité sociale. Mais pas de réflexion d'ensemble sur le système, le coût de l'État, ses missions, son fonctionnement. Mais dans les faits, que s'est-il passé ? Rien ou presque.

Difficile, certes, de rendre les inspecteurs des Finances responsables de tout. Les politiques sont bien évidemment les premiers coupables. Mais impossible aussi d'exonérer totalement cette élite. Jacques Friedmann en convient : « C'est vrai, ce sont les inspecteurs des Finances qui inspiraient la politique économique. Ils étaient hégémoniques. » À partir du moment où en France, il est établi que les gens qui savent sont ceux qui sont sortis « dans la botte » de l'Ena, difficile de reprocher aux politiques d'avoir écouté ceux qui sont « censés savoir », sans se préoccuper du reste ! Et si « ceux qui sont censés savoir » s'étaient emparés du sujet avec la même passion qu'ils ont manifestée pour le franc fort ?

La plupart des inspecteurs des Finances l'admettent d'ailleurs, « off » « Nous ne nous sommes pas intéressés à la question. » « On a démissionné par rapport à la réforme de l'État. On a été passifs. » Yves Cabana, un peu à part au sein de la caste, porte le fer : « Ils ont fait une politique à courte vue. Au bout de vingt ans de rigueur budgétaire, ils se sont enfin aperçus que cela ne marchait pas ! Ils ont fait l'euro sans orienter le pays vers des réformes structurelles, c'était une folie. » Jean-Pierre Jouyet, directeur du Trésor, qui était chef de bureau au Trésor durant cette période admet : « On partage, collectivement, cette responsabilité. On ne s'est pas suffisamment intéressés à la réforme de l'État. On s'occupait des questions monétaires, les services géraient. On a continué notre gestion pépère. »

Hevré Hannoun, inspecteur général des Finances, sous-gouverneur de la Banque de France, a vécu cette mutation de l'économie française de l'intérieur, puisqu'il était conseiller technique au cabinet du Premier ministre Pierre Mauroy de 1981 à 1984, puis à l'Élysée, avant de devenir directeur de cabinet de Pierre Bérégovoy, ministre de l'Économie de 1989 à 1992. Lui aussi admet que la France n'a pas réussi à traiter la question de l'État. Avec les précautions d'usage il explique : « Sur les vingt dernières années, on a connu des succès sur deux terrains, la politique macroéconomique et les réformes structurelles concernant le secteur privé. La France a réussi un beau retournement de conjoncture. Bérégovoy a refusé de perpétuer le cycle des dévaluations. Mais on a échoué sur la réforme de l'État, de l'ensemble du système des Finances publiques, des transferts sociaux. Ce qui a été fait par Bérégovoy, puis par Balladur en termes de libéralisation et de dérégulation, c'est une véritable révolution. On était auparavant dans un système de contrôle des prix, de contrôle des changes, d'autorisations pour les investissements étrangers. L'Europe a été le levier de ces réformes. C'est ce qui a permis de convaincre François Mitterrand qui n'avait pas une pensée libérale. Mais la pédagogie n'a pas été faite. »

Les grands manitous des Finances ont donc réussi à faire des réformes techniques au nom de l'Europe. À ce moment-là, ils se sont dit qu'ils seraient en position de force pour imposer la rigueur. Et Hannoun poursuit : « En matière de finances publiques, on gérait assez bien la dépense et l'évolution des salaires de la fonction publique. Mais on s'est aperçu que si on voulait baisser les prélèvements, il fallait s'attaquer aux structures. Trichet appelait de ses vœux un plan Rueff-Armand. Car, quand vous avez maîtrisé votre politique salariale, fait toutes les économies banales, il faut réduire certaines administrations. Mais là, on bute sur des rigidités. Et il faut du temps. C'était le cas de la Banque de France. En 1996, le gouverneur voulait s'y atteler, mais le gouvernement a exhibé une loi de l'aménagement du territoire qui lui interdisait de le faire car la Banque de France était un service public. » Après, la priorité de Trichet a été le passage à l'euro. Pas question de démobiliser, à ce moment-là, tout le réseau de la Banque de France. Et il est vrai que le basculement à l'euro en 2002 a été, techniquement, un sans-faute.

À la décharge de ces fins analystes, on imagine que cela n'aurait pas été facile de convaincre François Mitterrand d'inscrire ces réformes techniques dans une logique libérale ! D'autant plus que ces hauts fonctionnaires n'étaient pas vraiment en odeur de sainteté, et craignaient, à la moindre incartade, d'être accusés de ne pas respecter la volonté souveraine du peuple. Autres temps, autres mœurs : en 1958, Baumgartner a bien réussi à convaincre le général de Gaulle de faire une politique de redressement du franc qui n'allait pas vraiment dans le sens de ses idées.

Cette hémiplégie de la pensée a d'ailleurs continué sous Balladur. En cohabitation, il est vrai. Jean-Claude Trichet, qui fut son directeur de cabinet, partage le constat, mais rejette toute responsabilité : « Depuis le premier choc pétrolier, l'État s'est trop engraissé. Mais il n'y a pas une responsabilité unique. Les résistances politico-sociales aux réformes nécessaires étaient énormes. En vingt ans, ce pays a connu des transformations radicales. Dans certains domaines, on a anticipé, dans d'autres on a traîné. »

« Ce n'est pas étonnant, explique Daniel Bouton, ancien directeur du Budget, P-DG de la Société générale. L'inspection n'a jamais été conçue comme un corps de gestion de l'État. Elle s'intéresse à l'économie, elle est compétente sur la gestion du ministère de l'Économie, mais elle n'a pas de vision globale du fonctionnement de l'État. Or, c'est vrai, depuis trente-cinq ans, depuis le premier choc pétrolier, l'État n'a pas été géré. Tant qu'il y avait de la croissance, nous savions allouer les ressources, redistribuer, investir. Quand la ressource s'est tarie, nous n'avons pas su modifier le cours des choses. L'arrivée de la gauche en 1981 n'a rien arrangé. À ce moment-là, nous avons carrément navigué à contre-courant. »

« Normal, les inspecteurs des Finances ne sont pas des économistes, ce sont des fonctionnaires, des praticiens », observe, encore plus radical, un jeune conseiller d'État passé par une université américaine et diplômé d'économie à Cambridge. « À mon premier devoir d'économie à l'Ena, j'ai eu une note catastrophique. Je pensais pourtant avoir acquis quelques connaissances en économie. J'ai vite compris qu'à l'Ena, on ne me demandait pas de faire de l'économie, mais de reproduire le cours de politique budgétaire du directeur du Budget, le cours de politique monétaire du directeur du Trésor, etc. » Pas des économistes les inspecteurs des Finances ? Cette affirmation fait sursauter Jean-Claude Trichet qui rétorque : « Je me considère comme un économiste. D'ailleurs, j'ai une licence en sciences économiques. » Certes, mais aucun inspecteur n'a jamais été proposé pour le prix Nobel d'économie !

« On leur doit un million de chômeurs. » « Leurs erreurs se comptent en points de croissance. » Voilà ce que pensent des gens moins intelligents que les seigneurs de Bercy : des chefs d'entreprise, des banquiers, des universitaires. Mais on ne les écoute pas. Comme on n'écoutait pas Olivier Blanchard, professeur au MIT, lorsqu'il critiquait le franc fort. Ni l'Italien Franco Modigliani, prix Nobel d'économie, quand il déclarait en 1994 que la politique du franc fort était stupide, qu'il s'agissait uniquement de défendre une « grandeur de la France qui n'importe qu'à MM. Balladur et Trichet », que la France avait tort de se laisser imposer par l'Allemagne des taux d'intérêt très élevés. Il ajoutait qu'une reprise plus rapide eût facilité l'entrée en vigueur de grandes réformes des systèmes sociaux, devenus trop coûteux.

Mais en France il n'y a pas de véritable réflexion économique. Il y a d'un côté ceux qui savent et sont soutenus par la « technostructure », et de l'autre les archaïques, les souverainistes, les chevènementistes, les pasquaïens...

Modigliani mettait une condition à la politique iconoclaste qu'il préconisait et qui exigeait une suspension du système monétaire européen : expliquer pourquoi et comment. Et là, on songe aux Précieuses ridicules. Ou à Jean-Claude Trichet brandissant ses courbes en Monsieur Jourdain de l'économie. Facile de singer les savants avec des kyrielles de chiffres, de défendre l'orthodoxie monétaire, de fermer les robinets, mais inventer des solutions adaptées aux défis du moment, prendre des risques, penser une politique, cela exige une vision, une parfaite appréhension des phénomènes économiques. Henri Guaino, ancien commissaire au Plan, constate : « La déréglementation est devenue un substitut à la pensée. »

En 1993-1994, lorsque Trichet a effectivement défendu avec beaucoup de fougue et d'acharnement le franc fort et s'est opposé à un décrochage du franc par rapport au mark, fût-ce au prix de taux d'intérêt ruineux pour l'économie, c'est parce qu'il était persuadé que si la France « fautait » encore une fois, l'euro ne se ferait jamais. Le franc fort était le gage donné aux Européens de la conversion de la France à la stabilité monétaire. Pas à l'économie libérale. Mais comme on n'a pas changé la matrice, la règle des 3 % de déficits est devenue une contrainte et non un levier. Une ligne Maginot, un rempart impuissant. Et des années plus tard, la France est toujours confrontée aux mêmes impasses budgétaires.

Un polytechnicien, membre de certains cercles où se rencontre le gotha de la finance, explique : « Trichet aurait pu donner d'autres gages aux Européens. La France aurait pu engager de véritables réformes structurelles et faire la démonstration qu'elle était capable de bouger. » Mais voilà, Balladur était en campagne présidentielle.

Dès le début des années quatre-vingt, quelques sociologues, quelques universitaires comme Pierre Rosanvallon ont attiré l'attention sur la crise de l'État. En 1988, Hervé de Charette, ministre de la Fonction publique de Balladur, avait commandé un rapport sur la réforme de l'État à Michel Crozier. Ce dernier était allé enquêter en Suède, au Japon, aux États-Unis. Il préconisait la création d'une « institution permanente chargée de promouvoir l'amélioration du management et l'évaluation des pratiques administratives ». L'année suivante, Lionel Stoleru, secrétaire d'État de Michel Rocard, avait confié un rapport au Plan sur « l'efficacité de l'État ». La commission était présidée par François de Closets. Les conclusions étaient édifiantes : « L'État est miné par ses rigidités et ses dysfonctionnements. Si une rénovation hardie et vigoureuse n'est pas entreprise, il est menacé de dépérissement. » Rocard a tenté de lancer un grand chantier : celui du « renouveau du service public ». Résultats ? Aucun. Il est vrai que Rocard, peu en phase avec Mitterrand, n'avait pas les coudées franches.

Au début des années quatre-vingt-dix, la réforme de l'État devient le thème à la mode. Edouard Balladur en fait l'un de ses sujets favoris. En 1993, tout nouveau Premier ministre, il commande à un éminent magistrat à la Cour des comptes, Jean Picq, un nouveau rapport sur l'État. Il sera mis sous le boisseau, comme tous les autres. En 1996, Jean Picq démissionnera d'ailleurs de ses fonctions au Secrétariat général de la Défense nationale, pour dénoncer l'incapacité de l'État à se réformer. Les hommes politiques n'ont que ce mot à la bouche : modernisation, État régulateur, décentralisation. On tourne autour du pot, on ripoline en façade, mais rien n'est fait concrètement.

Tout a continué comme avant. Résultat : aujourd'hui, l'État – surdimensionné, lourd, coûteux, archaïque – se retrouve impuissant, ruiné, ligoté. Alors que dans des pays beaucoup plus libéraux comme les États-Unis, l'État est capable d'insuffler du dynamisme à l'économie, grâce aux crédits de recher che ou aux dépenses militaires, en France il est exsangue.

Les mêmes qui s'enorgueillissent d'avoir « inventé » la Comptabilité nationale, le serpent monétaire, la monnaie unique, d'avoir su piloter avec succès la reconstruction, géré la pénurie monétaire, ne peuvent donc pas totalement s'exonérer des dérives actuelles. Si les hauts fonctionnaires avaient insisté, n'auraient-ils pas réussi à convaincre et à emporter la décision ? Mais il est vrai que la réforme de l'État n'est pas un sujet gratifiant, tandis que le passage à l'euro, c'est brillant. Et puis, explique le même polytechnicien : « Les inspecteurs des Finances sont des administratifs, pas des gestionnaires. Ils ont une vision comptable. Ils ne savent pas augmenter les recettes, créer une dynamique, ils savent uniquement réduire les dépenses. »

L'inspecteur des Finances Élisabeth Lulin, devenue une experte indépendante en matière de politiques publiques, confirme, à sa façon : « À l'Ena, on n'apprend pas la conduite du changement, à avoir des raisonnements créatifs. On n'est pas formé au management. » Et elle évoque, pour appuyer sa démonstration, les fourmis d'Ilya Prigogine. Ce chimiste russe, qui a mis en lumière la valeur créative des phénomènes aléatoires, avait mené une expérience avec des fourmis et démontré que pour qu'elles atteignent un pot de miel qui n'était pas sur leur trajectoire, il fallait des dizaines d'essais et de tentatives. Une première fourmi s'aventurait de quelques centimètre et renonçait. Puis une seconde suivait sa trace avant de franchir une étape supplémentaire. Et ce jusqu'au succès. « Cette démarche est tout simplement impossible dans l'administration, explique-t-elle. On est dans une logique d'autorité. Il faut simplement répondre par oui ou par non. Les dossiers sont gérés de manière hiérarchique. »

Haberer, Messier ou Bon ont fait la même chose à l'échelle des entreprises qu'ils dirigeaient. Ils ont élaboré des stratégies, repeint leur *base line* pour être dans le *mood* du moment : la plus grosse banque industrie d'Europe, le leader mondial de la communication, le pionnier de la convergence fixe-mobile-internet. Mais le management n'a pas suivi, quel dommage ! L'évaluation des coûts, l'organisation, tous ces détails ennuyeux, qui peuvent fâcher. Qui exigent d'aller au fond des choses.

À cet égard, la carrière menée par Loïc Armand, pour le moins atypique, puisqu'il a gravi un à un les échelons chez L'Oréal, illustre parfaitement le décalage entre la conception qu'a un inspecteur des Finances du commandement et celle d'un véritable industriel. À la fin de ses quatre années de « tournée », Armand avait fait comme tout inspecteur qui se respecte : il avait pris l'annuaire et était allé voir ses camarades, dans l'administration, le public, le privé. Grâce au fameux mot de passe : « Je me pose des questions, j'aimerais prendre conseil auprès de vous. » Traduction : « Je cherche un job. »

Mais en faisant le tour des popotes, il se rend compte que partout, il retombe sur ce qu'il appelle le « socialisme industriel » de l'époque. C'était en 1984. « Cela ne me convenait pas », raconte-t-il. Il décide donc d'entrer dans une vraie entreprise, avec une ouverture à l'international. Ce sera L'Oréal où il a été présenté au P-DG de l'époque, François Dalle, par un autre énarque, Marc Ladreit de Lacharrière, vice-président directeur général adjoint du groupe. Et là, suivant les conseils de Dalle, il commence à la base, comme simple représentant de commerce. « C'était un peu spécial, raconte-t-il. Je me suis retrouvé à Rodez, Toulouse, Carcassonne, à écumer les grandes surfaces pour vendre des shampoings alors que quelques jours avant, j'avais été rue de Rivoli présenter au ministre de l'Économie Jacques Delors un rapport sur l'audit des budgets économiques, une étude purement économétrique. » Il va dans les réserves, où l'hiver il fait moins dix, pour faire le relevé des stocks avec les patrons des grandes surfaces. Bref, il apprend le métier, la gestion. Ensuite, il devient chef de produit, puis dirige différentes filiales, en Belgique, au Mexique, au Japon, avant de devenir secrétaire général du groupe puis directeur des relations extérieures.

De cette expérience dans cette entreprise qui a réalisé les meilleures performances, il a retenu la leçon : « Comme représentant, il fallait que je tienne mes objectifs. Mois après mois. Il faut savoir vendre les produits adaptés, évaluer les quantités, car sinon vous vous retrouvez avec des stocks... Au final, celui qui a raison, c'est le consommateur. C'est toute la différence. Un inspecteur est persuadé qu'il a raison, il a forcément mieux compris que les autres. Il est imbu de sa supériorité. Il est dans un rapport d'autorité. Quand on est trop intelligent, on est pris à son propre piège. On est habité par un raisonnement. On n'est plus capable de capter les signaux de l'extérieur qui vous font comprendre que vous allez à la catastrophe. Au Japon, je me postais dans les rayonnages des magasins pour essayer de comprendre pourquoi le consommateur s'arrêtait ou pas à tel ou tel type de produit. Il faut de l'humilité. » Un autre monde.

Face à cette déconfiture de l'État, pas question, bien sûr, de regretter l'ordre ancien, celui des entreprises nationalisées, du monopole du crédit, de l'usine à gaz des financements croisés. Philippe Rouvillois en convient : « On a fait du libéralisme avec naïveté. La France a renoncé à toute politique industrielle, alors qu'aux États-Unis, rien que par le biais du National Institute of Health, l'État américain irrigue 80 % des laboratoires américains, dont la moitié sont privés ! La seule solution, c'est de reconstruire des instruments de politique au niveau européen. »

Conscients du désastre, conscients de l'anarchie et de l'impuissance à laquelle conduit un État faible, un certain nombre d'inspecteurs ont commencé à se réveiller. Très tard. En 1996, un petit groupe d'inspecteurs généraux des Finances, Philippe Rouvillois, Jean Choussat, Daniel Bouton, Michel Pébereau, Thierry Bert, ont réfléchi à un programme de réforme. « On a fait un papier de dix pages pour dire que dans un monde qui change, il était urgent que l'État change aussi », raconte l'un d'entre eux. La note était destinée à Alain Juppé. Mais c'est Jospin qui devient Premier ministre. Elle est tout de même distribuée à Jean-Pierre Jouyet (promotion 1980), directeur adjoint de cabinet de Lionel Jospin, à François Villeroy de Galhau (promotion 1984), sous-directeur au Trésor, à Dominique Strauss-Kahn, à Jean-Pierre Denis (promotion 1988), alors secrétaire général adjoint de l'Élysée. Évidemment, cette note est restée lettre morte. Des années d'inertie ne sont pas balayées par la magie d'une note, si bien faite soit-elle.

En 1997, en arrivant à la tête du service de l'inspection, Thierry Bert a décidé de faire contribuer l'inspection à la réflexion sur le mauvais fonctionnement de l'État, en utilisant une méthode très en vogue : le *benchmarking*, c'est-à-dire la comparaison avec des politiques menées dans d'autres pays. Il a commandé un rapport sur les administrations fiscales. Celui-ci a démontré que le coût de gestion de l'impôt en France était très supérieur à celui constaté dans les autres pays d'Europe, excepté l'Italie et l'Allemagne. Cela a été le point de départ de la fameuse réforme de Bercy qui s'est terminée par une reculade du gouvernement. Une autre mission était consacrée au système de gestion du budget de l'État. Les conclusions ont apporté de l'eau au moulin à ceux qui prendront l'initiative, en 2000, de réformer la procédure budgétaire. Deux autres études portaient également sur des points faibles de la gestion de Bercy : la passation des marchés publics et la gestion du patrimoine de l'État. Elles ont ébauché des pistes de réflexion qui ont ouvert la voie à quelques initiatives.

Mais la France est entrée dans un cercle vicieux. Plus les années passent, plus l'État devient pesant, provoquant une inertie au lieu d'être une force d'impulsion. Le découragement guette les rares bonnes volontés encore attachées à son service. Un inspecteur des Finances témoigne : « Thierry Bert a une longue liste de missions auxquelles il n'a jamais été donné suite ! Quand les inspecteurs font des propositions, pour peu qu'elles dérangent l'ordre établi, elles sont enterrées. » « Toutes les idées finissent en classement vertical ! » se lamente un autre.

Le très libéral Bernard Zimmern, directeur de l'Ifrap, va plus loin. Non seulement la technocratie française n'a pas su faire évoluer l'État, mais elle n'a jamais pensé l'économie de manière dynamique. « La France est le seul pays où les emplois marchands sont en baisse, constate-t-il. La France fait de bons produits manufacturés, qui s'exportent bien. Mais on n'a pas suffisamment développé les services marchands. Avec mes équipes, nous nous sommes interrogés. Nous nous sommes aperçus que ce n'est pas dû au coût du travail, aux 35 heures, aux RTT. C'est plus profond que cela. Nous avons pu observer que de nombreux services qui auraient pu se développer ont été bloqués par des monopoles d'État. Prenez l'ANPE, 23 000 employés. Les agences de placement sont un secteur qui s'est énormément développé aux États-Unis. Ces entreprises consacrent en moyenne cinquante heures pour placer quelqu'un. En France, l'ANPE consacre en moyenne deux heures par personne à la recherche d'un emploi. Cela ne peut pas marcher. Mais c'est un monopole. Autre exemple : l'Insee. Dans tous les pays, il y a un organisme d'État qui collecte les chiffres. Mais ce sont des centres de recherche indépendants, des universités, qui exploitent et interprètent les données. En France toute tentative de créer un organisme indépendant est vouée à l'échec. On devrait avoir 300 000 fonctionnaires de plus dans les hôpitaux et moins à la Banque de France, à Bercy, à l'Insee, à l'ANPE... » Et Zimmern de soupirer : « Le héros, le modèle des inspecteurs des Finances, c'est Maurice Lauré. L'inventeur de la TVA. La TVA est un désastre. La TVA, c'est le robinet indolore qui a permis la hausse vertigineuse de la dépense publique[1]. Quand en 1973 les Américains se sont ressaisis, c'est parce que la pression fiscale était devenue insupportable. Même chose avec l'Angleterre de Thatcher. Aux États-Unis, l'impôt sur le revenu représente 50 % des recettes, en France 10 %. La TVA, c'est la plus belle invention technocratique de tous les temps. »

Avec un demi-siècle de retard, lentement, les réformes se mettent en place, timidement. Le ministre des Affaires sociales François Fillon a annoncé la fin du monopole de l'ANPE. Mais il y va prudemment, le sujet est explosif. Un conseiller d'État, Dominique Balmary, a été chargé de rédiger un rapport sur le recours à des opérateurs externes.

Longtemps, les inspecteurs, pas si mécontents de leur sort, ont continué à fonctionner dans leur bulle. Dans une petite caste qui s'observe, se jalouse, comme autrefois les ducs et les marquis. Alors que le monde moderne juge la réussite à l'aune des performances économiques, de l'audace, de l'anticipation, de la créativité, eux en sont encore à comparer la taille de leur « fermage ».

Un ancien cadre du Crédit agricole raconte que lorsque Philippe Jaffré était à la tête de la Caisse nationale du Crédit

1. En 2002, la TVA a rapporté 111 milliards d'euros, soit 44 % des recettes du budget.

agricole, il était obsédé par l'idée de faire mieux qu'Haberer : « Il nous montrait en permanence des graphiques pour démontrer que le Crédit agricole était devant le Crédit lyonnais. » Jaffré confirme. Et raconte, ravi de son mauvais coup, comment il s'y était pris : « Chaque année, il y avait une compétition énorme entre le Lyonnais et le Crédit agricole. Un jour, juste avant l'annonce officielle des résultats, j'ai fait "fuir" une information sur notre exercice. Rassuré par ces chiffres, Haberer a annoncé officiellement des résultats qui lui assuraient la première place. Et à ce moment-là, je n'ai eu qu'à annoncer des résultats encore un tout petit peu supérieurs et le Crédit agricole est passé devant le Lyonnais. »

Dans cet environnement plutôt déprimant s'est produit un petit miracle. En juin 2001, le Parlement a voté une réforme de la procédure budgétaire. « La plus grande réforme de l'État depuis quarante ans », a affirmé Lionel Jospin. Sans modestie peut-être, mais avec raison. C'est tout simplement la première fois qu'une réforme prend les choses par le bon bout. Savoir ce qu'on dépense pour faire quoi. Le b.a. ba. En effet, pour faire des économies, encore faut-il savoir ce qu'on dépense, savoir si cela sert à quelque chose. Car, aussi impensable que cela puisse paraître, aujourd'hui encore, puisque la réforme ne devrait être effective qu'en 2006, personne ne sait exactement à quoi correspondent les différentes dépenses inscrites au budget et votées par le Parlement. Le budget de l'État est éclaté en 850 chapitres, regroupant, par nature, les crédits alloués aux administrations : rémunération des personnels, dépenses informatiques, subventions, interventions diverses. Et il est pour ainsi dire impossible de déterminer à quel programme l'argent est alloué.

Prenons l'exemple du ministère de l'Intérieur. Impossible d'évaluer le coût des grandes directions et des différentes missions de la police. Les emplois sont présentés par corps, par grade, sans indication de leur répartition par service opérationnel, de leur localisation géographique. Quant aux dépenses de fonctionnement, elles sont imputées dans un chapitre globalisé, indéchiffrable pour les non-initiés.

Dans de telles conditions, impossible pour le Parlement de contrôler ces dépenses. D'ailleurs, la procédure budgétaire, régie par l'article 40 de la Constitution et une ordonnance de 1959, ne leur laisse guère de marge de manœuvre. Les « services votés » (traitements et pensions des fonctionnaires, remboursement de la dette publique), qui représentent 90 % des dépenses totales de l'État, sont reconduits automatiquement d'une année sur l'autre et font l'objet d'un vote unique. Les parlementaires n'examinent donc en réalité que 10 % du budget ! Pire, une fois la loi de finances votée, le gouvernement est libre de débloquer, par décret, de nouveaux crédits ou d'en annuler. Il peut aussi avoir recours à d'autres techniques comme la « débudgétisation » de certaines dépenses, par le biais de « fonds de concours »...

Chaque amendement proposé par les députés est évalué par Bercy, qui chiffre et accepte, rejette ou modifie pour que cela ne coûte rien. Les députés n'ont pas les moyens de faire la moindre expertise. La souveraineté des députés est bafouée tous les jours. Un petit groupe de députés a d'ailleurs déposé un amendement pour obtenir le droit de faire appel à des expertises extérieures, réalisées par des cabinets d'audit indépendants !

Quant aux effectifs, personne ne sait précisément combien de personnes sont employées dans la fonction publique ni ce qu'elles font exactement. « La présentation de la répartition des emplois faite dans les annexes aux lois de finances n'est pratiquement jamais sincère, qu'il s'agisse de la répartition par corps et grade ou de la répartition par service », dénonçait la Cour des comptes dans son rapport sur l'emploi et les rémunérations dans la fonction publique réalisé en 2000. En effet, les effectifs réels correspondent rarement aux emplois budgétaires. Pour éviter l'affichage de créations de postes, nombre d'emplois sont financés par des crédits de fonctionnement.

Dans *Notre État*[1], le livre présenté par Roger Fauroux et

1. Robert Laffont, 2000.

Bernard Spitz, un haut fonctionnaire du ministère de l'Économie et des Finances avait, sous le pseudonyme de Jean Kerna, expliqué de manière remarquable – et dénoncé – le fonctionnement insensé de l'État : « Il répartit, fait face aux besoins, mais ne gère pas ses ressources humaines. Gros distributeur d'argent public, il mesure mal les effets de ses politiques. Gros propriétaire, il gère son patrimoine de façon médiocre. »

La base du fonctionnement budgétaire français consiste, comme l'explique Kerna, à dépenser : « Le gestionnaire dépense et personne ne comprendrait qu'il ne dépense pas, ce serait un signe de mauvaise organisation de sa part, de manque d'imagination, de fainéantise. Il dépense tout ce que les lignes budgétaires comportent de crédit, on ne sait jamais ce que réserve l'avenir. S'il ne dépense pas tout, il en aura moins l'année prochaine. »

Ces procédures sont encadrées par la réglementation la plus contraignante et la plus restrictive de toute l'Europe, ce qui conduit forcément à des dysfonctionnements. L'énergie des administrations est largement absorbée par cette tâche essentielle : présenter des dossiers ayant l'apparence de la régularité.

Jean Arthuis écrit, dans un article publié par l'Udf, consacré à l'opacité de la comptabilité publique : « Le système comptable public est totalement archaïque. Nous disposons d'une comptabilité rudimentaire digne du XIXe siècle. Elle a pour objet de vérifier que les procédures d'engagement des dépenses sont régulières, mais ne vise, en aucune façon, à apprécier l'efficacité de la dépense publique. »

En 2000, à la suite de l'incident dit de la « cagnotte fiscale » fort habilement dénoncé par Jacques Chirac, la commission des Finances du Sénat avait réalisé un rapport intitulé « En finir avec le mensonge budgétaire : enquête sur la transparence très relative des comptes publics ». Jacques Bonnet, qui avait été chargé par Lionel Jospin, en 1997, d'une mission d'audit des finances publiques, avait déclaré, lors de son audition devant le Sénat : « Même en respectant strictement les règles de la comptabilité, il est possible de faire varier les soldes dans des proportions pas tout à fait négligeables, et permettant dans les nuances de gris d'avoir celle à la mode lorsqu'on présente les comptes de l'État. » Christophe Blanchard-Dignac, à l'époque directeur du Budget, avait déclaré qu'il ne pouvait pas dire « qu'aucun budget n'a pu avoir la tentation de jouer sur l'accélération ou la non-accélération, ou le retardement, d'un certain nombre de dépenses fiscales... ». Bref, en clair, qu'on bidouille. Jean-Claude Trichet, alors gouverneur de la Banque de France, avait avoué avec beaucoup de circonlocutions : « Le ministre des Finances, encore aujourd'hui, et sans contrevenir à aucune espèce de règle, a une certaine latitude qui lui est laissée par l'état actuel du droit et des procédures pour, dans un certain nombre de cas, attribuer recettes et dépenses à l'exercice n ou à l'exercice n+1. » Bref ici on gèle des dépenses, là on reporte, là on anticipe des rentrées...

Dès 1999, le président socialiste de l'Assemblée nationale, Laurent Fabius, qui avait confié une mission préparatoire à un membre de la commission des Finances, Didier Migaud, sur l'efficacité de la dépense publique, passe à la vitesse supérieure et lui confie un rapport sur la révision de la procédure budgétaire, afin de « contrôler réellement, pour dépenser mieux et prélever moins », pour reprendre l'intitulé de la mission. Le but de cette démarche est en effet double : il s'agit à la fois d'inventer un moyen d'apprécier la dépense en fonction des objectifs, et de redonner du pouvoir au Parlement, de le faire rentrer dans le jeu budgétaire. « En 1958, pour réagir à l'affaiblissement de l'exécutif, la Constitution de la Ve République a bridé le Parlement, l'ordonnance de 1959 régissant la loi de Finances en a un peu rajouté ! » explique Didier Migaud. « Le Parlement ne doit pas gouverner, écrivait Michel Debré dans *Ces princes qui nous gouvernent.* Une grande nation suppose un gouvernement qui ait sa responsabilité, c'est-à-dire dont la responsabilité ne soit pas chaque jour mise en cause, et qui ait sa durée, c'est-à-dire ne sacrifie pas les intérêts de la nation à de pseudo-succès publicitaires. »

Autant dire que modifier la procédure budgétaire, c'était remettre en cause les évangiles, s'attaquer à l'un des fondements de la Ve : la toute-puissance de l'exécutif et donc de l'État. « C'était la trente-sixième tentative, confie Migaud. Pleven, Fabius en 1978, chaque fois les parlementaires se sont heurtés au gouvernement, qu'il soit de droite ou de gauche. Dominique Strauss-Kahn et Christian Sautter étaient d'ailleurs opposés à cette réforme. Pierre Joxe nous a beaucoup soutenus. » Le président de la Cour des comptes a même emmené Didier Migaud et un autre député socialiste, Augustin Bonrepaux, en Grande-Bretagne, pour leur montrer comment cela fonctionnait outre-Manche, chez les méchants libéraux.

L'épisode de la cagnotte a achevé de convaincre Jospin de prendre une initiative. Au lendemain de cet incident qui a empoisonné le gouvernement tout au long de l'élaboration du budget 2000, Patrick Poivre d'Arvor avait d'ailleurs posé crûment la question au Premier ministre, lors d'un 20 heures : « Vous allez réformer l'ordonnance de 1959 ? » Une question dont la grande majorité des auditeurs n'ont pas dû saisir la signification. Jospin avait clairement répondu : « Oui. »

Cette loi, véritable « Constitution financière », devrait, à terme, éviter les pratiques opaques et inefficaces qui ont conduit à un système de dépenses totalement incontrôlables. Et introduire dans l'établissement du budget de la France une notion d'évaluation des moyens qui sont affectés à chaque mission, en fonction des objectifs. C'est un changement de logique complet.

En 2006, le budget de l'État ne sera plus structuré par nature de crédits, mais par grandes missions. Ainsi, le budget de la Justice sera découpé en trois grandes missions : juridictions, administration pénitentiaire, protection judiciaire de la jeunesse. Chaque programme sera pourvu d'objectifs précis et assorti d'indicateurs de performance. L'activité de l'administration pénitentiaire, par exemple, devrait être évaluée à partir de critères tels que le taux d'incarcérations provisoires se terminant par un non-lieu, le taux de suicide, le taux de scolarisation des détenus. Mais la définition des critères conduit à des négociations difficiles, car, bien évidemment, ils ne sont pas neutres.

Chaque programme sera confié à un responsable, qui devra rendre des comptes aux parlementaires qui votent le budget. Les programmes qui ne donnent pas satisfaction pourront être interrompus. Révisés. En revanche, les gestionnaires qui se sont montrés efficaces pourraient être récompensés par des primes. Les gestionnaires pourront décider de répartir les dépenses entre personnel, fonctionnement ou investissement avec plus de souplesse. « Une révolution copernicienne », dit avec raison l'ancien ministre des Finances socialiste Michel Sapin.

« Ce processus obligera les ministres à s'investir dans le fonctionnement de leurs ministères. Ils ne seront plus les porte-parole de leurs administrations, mais les patrons de leur ministère. Ils devront justifier chaque dépense », explique Didier Migaud, enthousiaste. Il pense même que cette loi conduira à une modification en profondeur des pratiques politiques et du rôle des ministres. En prise directe avec leurs administrations, ils seront moins enclins, selon lui, à s'en remettre à des conseillers qui font écran. Serait-ce l'avènement de la disparition d'une autre grande plaie de la démocratie française : les cabinets pléthoriques, composés de cohortes de jeunes fonctionnaires ambitieux ?

Le projet s'inspire largement, encore une fois, des pratiques anglo-saxonnes. Les missions d'évaluation et de contrôle (MEC), qui permettent aux parlementaires de questionner les directeurs d'administrations centrales, s'apparentent aux fameuses *hearings* des comités de dépenses du Congrès américain. La nouvelle procédure qui consiste à présenter les crédits à trois niveaux – ministères, missions et programme, dépenses de fonctionnement et d'investissement – renvoie aux terminologies américaines : *agencies, counts, objects.* Mais encore une fois, la France n'est pas allée au bout du processus. En corollaire, face à cette rationalisation des dépenses, il aurait fallu doter le Parlement de ses propres moyens d'évaluations. Aux États-Unis, le Congrès bénéficie de l'expertise du Congressional Budget Office, en Angleterre, le Parlement a sous son autorité le National Audit Office pour mener des audits de performance des dépenses publiques. Même chose en Suède, en Norvège. Le Parlement français devra se contenter du contrôle de régularité de la Cour des comptes, ou de l'auto-évaluation de l'administration. Sans expertise indépendante, le Parlement aura les plus grandes difficultés pour réviser et moderniser en profondeur les missions. Il manque donc un volet à cette réforme : la création d'un organe d'audit, qui pourrait évaluer les choix budgétaires, développer des indicateurs quantitatifs, faire des enquêtes sur les effets des programmes mis en œuvre. À l'instar de tous les grands Parlements européens.

Didier Migaud tempère ce pessimisme : « La Cour des comptes peut être saisie par le Parlement. Commençons par l'utiliser, par travailler avec elle, par utiliser ses rapports. Nous avons créé des missions d'évaluation. Et le parlementaire a beaucoup de pouvoirs qu'il n'utilise pas, comme le contrôle sur place, utilisons-les. » De son côté, le président de l'Assemblée nationale, Jean-Louis Debré (UMP), a commencé à réfléchir à une réorganisation des services de l'Assemblée pour renforcer les moyens de contrôle de celle-ci.

Car cette réforme, boudée dans un premier temps par la droite parlementaire, a finalement été votée par la droite et par la gauche. À deux reprises, lors de ses vœux, Chirac a même souligné l'intérêt de cette initiative. Aujourd'hui, le ministre du Budget Alain Lambert porte le bébé de la gauche avec enthousiasme : « C'est une vraie révolution silencieuse dans l'univers des comptes public, la clé de voûte de la réforme de l'État », a-t-il dit aux directeurs de cabinet des différents ministres qu'il a convoqués, fin 2002, pour les exhorter à mettre en place ce chantier. Lambert, au Sénat, avant de devenir ministre du Budget, a travaillé de manière étroite avec Migaud, pour faire aboutir le projet de loi. Une harmonie plutôt inhabituelle, qui explique sans doute la rapidité avec laquelle cette loi a été votée. « Il y a eu une bonne conjonction astrale, reconnaît Migaud avec humour et modestie. La volonté de Fabius. L'entente sur ce sujet des deux têtes de l'exécutif. L'obstination de quelques-uns. Le soutien du président de la Cour des comptes. Le travail constructif qui a été fait par Lambert et moi-même. Et la validation par le Conseil constitutionnel. »

Ce fut, en effet, une des difficultés de cette audacieuse initiative : arriver à réformer un texte constitutif de la Ve, sans avoir à passer par une réforme constitutionnelle qui aurait pris du temps, retardé le vote de la loi. Un retard qui aurait compromis la conjonction astrale favorable.

Voilà : en principe, ce sera la fin d'un immense bordel, opaque, illisible. Finis les petits et grands arrangements. Chaque dépense devra être clairement identifiable et motivée. Fini les tours de passe-passe, l'opacité, les cagnottes, les crédits automatiquement reconduits. Tout sera précisé, passé au peigne fin. C'est une condition de la réforme de l'État, une chance à saisir. Le début du commencement.

Cette grande réforme, il faut bien le dire, ce ne sont pas des inspecteurs des Finances qui l'ont inventée. Même si Louis Schweitzer, qui fut directeur de cabinet de Laurent Fabius, au Budget, en 1981, affirme que cette loi est le résultat du lobbying intense qu'il a fait sur ce thème avec son camarade Daniel Bouton. Chirac et Joxe sont issus de la Cour des comptes. Jospin, qui a débuté sa carrière au Quai d'Orsay, a ensuite enseigné l'économie avant d'entamer une carrière politique. Fabius est conseiller d'État. Migaud est diplômé en droit et en sciences politiques. Lambert est notaire. Le rapport de l'inspecteur des Finances Henri Guillaume sur la procédure budgétaire, commandé par le chef du service de l'IGF, Thierry Bert, soulignait certes les retards de la France en termes de gestion, mais ne conduisait pas à une remise en cause de l'ordonnance de 1959. Les fonctionnaires du Budget y étaient très hostiles.

Pourquoi ces éminents cerveaux auraient-ils proposé de modifier un système dont ils étaient les seuls maîtres ? D'ailleurs, Migaud n'est pas dupe : « Si les politiques ne sont pas vigilants, la technostructure contournera la loi. »

Chapitre 12

La débandade

« À la cour du roi, chacun y est pour soi. »

PROVERBE

« Michel Pébereau, président de BNP-Paribas, n'aura pas eu besoin de chasseur de têtes pour recruter le nouveau P-DG de Cetelem. Il est allé puiser dans un de ses viviers favoris, le ministère de l'Économie et des Finances... » Ce petit encadré d'une trentaine de lignes seulement, annonçant la nomination de François Villeroy de Galhau, directeur général des Impôts, inspecteur général des Finances, à la présidence d'une filiale de BNP-Paribas, paru dans *Le Monde* daté du 25 juin 2003, provoque un certain émoi à Bercy. Villeroy de Galhau, major, polytechnicien, faisait partie des très rares inspecteurs jouissant d'une grande réputation à être resté au service de l'État. On le citait en exemple. On saluait sa vertu. S'il n'en restait qu'un, ce serait lui. Eh bien non, lui aussi, après dix-neuf années au service de l'État, cède aux sirènes du privé. Décidément, tous partent, les uns après les autres, même ceux dont on disait qu'ils avaient le sens de l'État chevillé au corps. Dans un message adressé aux 80 000 agents et cadres des Impôts, Villeroy explique qu'entrer dans une entreprise de services financiers « qui vise à être un leader en Europe est une autre façon de servir son pays et la force de notre économie ». Mais personne n'est dupe.

« Le ministère est morose. Le ministère se vide », constate un inspecteur général au bord de la retraite. La Banque de France, la direction du Budget, la direction des Impôts... Peu à peu la caste délaisse les grandes fonctions régaliennes. Et les abandonne à de simples administrateurs civils. Des clones de l'inspection. Considérés comme un peu moins brillants. Mais qui daignent encore servir l'État. Les inspecteurs des finances les plus pointus, ceux qui ont été formés aux questions financières et monétaires, au cœur de l'État, au Trésor, optent tous, les uns après les autres, pour le Cac 40.

Henri de Castries, HEC et major de l'Ena, dont Jean-Claude Trichet aurait bien fait son successeur au Trésor puis à la Banque de France a préféré Axa. Jean-Pascal Beaufret, lui aussi major, et diplômé d'HEC, ancien directeur des Impôts, est parti chez Alcatel. Nicolas Jachiet, polytechnicien, sorti lui aussi au Trésor, la voie royale, est allé chez Danone.

À Bercy, les poids lourds issus de l'inspection ne sont plus très nombreux. Il reste Jean-Pierre Jouyet, à la direction du Trésor. Et, signe des temps, c'est un administrateur civil, Jean-François Cirelli, numéro 2 du cabinet du Premier ministre, qui brigue sa succession. Jean Bassères à la direction de la Comptabilité publique. Xavier Musca et François Pérol, au cabinet du ministre. Les jeunes espoirs se comptent sur les doigts de la main. À la direction du Trésor : Bruno Bézard, 40 ans, chef du prestigieux (mais dangereux) service des participations ; Jean-Louis Girodolle, 35 ans, chef de bureau, chargé de l'épargne et des marchés financiers ; Delphine d'Amarzit, chef de bureau chargé de la dette. À la direction du Budget : Marc Lechantre, 34 ans, chef de bureau, chargé de la synthèse budgétaire ; Claude Wendling, 33 ans, chef de bureau chargé des affaires européennes. Philippe Mareine, 34 ans, chargé de mission à la direction générale. Et à celle de la Comptabilité publique, sous les ordres de Bassères, il n'en reste qu'un : Philippe Rambal, 34 ans, chargé de mission. Pour un corps qui a été hégémonique au sein de Bercy, ce n'est pas beaucoup. On compte également quelques conseillers techniques prometteurs : Gilles Grapinet, 40 ans, à Matignon ; Alexandre Joubert-Bompard, 31 ans, au ministère des Affaires sociales ; Hélène Pelosse, 34 ans, est, elle, conseiller financier au SGCI.

L'État, disent-ils, n'offre plus de perspectives de carrière. Car pour eux, les « perspectives de carrière », c'est le pantouflage dans une grande entreprise. La récompense méritée après avoir servi l'État, à des postes où ils sont, il est vrai, généralement extrêmement sollicités. Cela a toujours été ainsi. Pour eux, c'est une chose normale. Évidente. Quand ils ont été, à 40 ans, directeur d'une des grandes administrations des Finances, ils n'imaginent pas d'autre destin que de diriger une entreprise, une institution. Bref être patron. Gagner de l'argent. Réaliser des choses. Ils sont surtout prisonniers de cet esprit de compétition acharné qu'on leur a inculqué. De nos jours, la compétition se joue dans le secteur privé. Et pour arriver au sommet dans les entreprises aujourd'hui, il faut partir tôt dans la course. Inutile de perdre un temps précieux dans l'appareil d'État.

Ils délaissent aussi la politique. Peu en vogue. Alors que l'inspection pouvait s'enorgueillir d'avoir fourni à la France le plus jeune président de la République, Valéry Giscard d'Estaing, et quatre Premiers ministres, Jacques Chaban-Delmas, Maurice Couve de Murville, Michel Rocard, Alain Juppé, elle ne compte plus dans ses rangs que six parlementaires, qui ont pris leur retraite de l'inspection : Philippe Auberger, 62 ans, député de l'Yonne ; Alain Juppé, 59 ans, député-maire de Bordeaux ; Jean-Pierre Fourcade, 73 ans, sénateur-maire de Boulogne-Billancourt ; Yann Gaillard, 67 ans, sénateur de l'Aube ; Philippe Marini, 54 ans, sénateur-maire de Compiègne et Michel Rocard, 73 ans, député européen.

Jusque dans le milieu des années quatre-vingt, la vocation à servir l'État et donc à faire l'Ena était très liée à l'intérêt pour la politique. Mais depuis, les vocations se sont éteintes. Même Frédérique Bredin, qui fut députée-maire de Fécamp, a jeté le gant.

En 1997 déjà, *Le Monde* parlait d'« hémorragie au Trésor ». Cette désertion ne touchait pas que les inspecteurs. Mais aussi les administrateurs civils : Jérôme Calvet, Patrick Suet, Marc-

Antoine Autheman, Augustin de Romanet... En plein boom financier, dans les années quatre-vingt-dix, il était difficile de ne pas succomber à la tentation du privé, de l'argent facile pour ces hauts fonctionnaires qui disposent d'une bonne carte de visite et en connaissent suffisamment sur la finance pour se reconvertir aisément.

Pour le citoyen lambda, entendre l'élite de la haute fonction publique dire qu'il n'y a plus de perspectives, au moment où l'État a un besoin crucial de matière grise pour se restructurer, se réorganiser, défendre ses intérêts dans les instances internationales ou à Bruxelles, c'est tout simplement ahurissant. Certes les dirigeants politiques sont, encore une fois, largement responsables. Cette question des débouchés pour les cadres dirigeants est un problème auquel sont confrontées toutes les grandes organisations. Mais l'État français n'a engagé aucune réflexion. En 1984, l'inspecteur des Finances Philippe Villin, sous le pseudonyme de Saint-Guillaume, avait publié un pamphlet intitulé *Le Gaspillage des élites. Confession d'un nomenklaturiste français*[1]. Individuellement, on ne peut jeter la pierre à personne. Difficile de ne pas céder à la tentation d'un meilleur salaire. D'une maison de campagne. De stock-options... Mais collectivement, quelle indécence. Après avoir pris ce qu'il y avait de mieux dans l'État, ils sont partis quand ils ont jugé qu'il était trop vermoulu.

Encore une fois, cette débandade est le résultat d'une désorganisation complète de l'État. L'évolution de l'inspection, l'aristocratie de la fonction publique, est une illustration parfaite de ce qu'a provoqué ce manque de vision concernant le rôle, la place et les moyens de l'État, l'absence totale de gestion des ressources humaines.

Le « système », prévu pour fonctionner dans un système politique stable – certains diront à la limite du totalitarisme – s'est enrayé avec les alternances à répétition et la fâcheuse habitude de mélanger cabinet et haute administration. Des

1. Robert Laffont, 1984.

hauts fonctionnaires, qui ont exercé des fonctions éminentes dans un cabinet ministériel, se retrouvent du jour au lendemain sur un strapontin, sous la direction d'autres fonctionnaires qui, la veille, étaient sous leurs ordres. En 1986, au lendemain de la défaite de la gauche, Jean-Charles Naouri, qui avait dirigé le cabinet de Pierre Bérégovoy et initié de grandes réformes, a été nommé sous-directeur des établissements de crédit au Trésor. « Un cagibi, sous les ordres de Lebègue et Jaffré », fait remarquer un de ses camarades. Forcément, il s'ennuyait ! Il est parti chez Rothschild.

Frédéric Lemoine, HEC, aujourd'hui secrétaire général adjoint de l'Élysée, entre en 1995 au cabinet de Jacques Barrot et d'Hervé Gaymard pour s'occuper de la réforme hospitalière. Au lendemain de la victoire de la gauche, il retourne à l'inspection. Et là, on ne lui donne rien à faire. Comme effectivement les missions sensibles, les plus intéressantes, sont visées par le ministre, Dominique Strauss-Kahn en l'occurrence, il n'est pas le premier servi. « On va vous trouver un bureau. On ne sait pas encore qui va s'occuper des missions au cabinet », lui serine-t-on à l'IGF. Cela dure trois jours, un mois. L'été passe. « À mon retour, raconte-t-il, on ne m'a confié que des missions barbantes. Un audit sur une association de fouilles archéologiques, sur le notariat... J'ai cherché du boulot. » Et il est entré chez Ernst & Young.

En 1995, l'actuel chef du service de l'inspection générale, Thierry Bert, a rendez-vous avec un membre du cabinet d'Alain Juppé, Premier ministre. Il souhaite une affectation en conformité avec ses compétences. Cela fait douze ans qu'il travaille sur les questions européennes. Réponse du conseiller : « Tu as servi Mitterrand, tu n'obtiendras rien de ce gouvernement. » Obtenir ? Car les postes de fonctionnaires sont des prébendes ? Entre 1992 et 1995, Thierry Bert a bien été conseiller au cabinet de François Mitterrand, chargé des questions européennes, mais, lors de sa première rencontre avec le chef de l'État, il avait tenu à préciser qu'il n'était pas socialiste. Il a d'ailleurs fait partie du cabinet d'Edouard Balladur entre 1986 et 1988. Et Mitterrand lui avait répondu non sans humour : « Vous êtes là pour vous occuper des questions européennes, les socialistes, je m'en charge. »

Bert est un personnage un peu atypique. Un intellectuel, un peu illuminé, qui n'a jamais eu de plan de carrière, ni en politique ni dans le privé. Il avait vocation à servir la chose publique. Et il lui arrive de s'interroger sur l'intérêt de compter les pots de moutarde ou de yoghourts. Même pour faire fortune. La France, les grands bouleversements du monde, la déchéance absolue de l'État dont il a été témoin en Géorgie, la politique culturelle de la France, la construction européenne, voilà son terrain de jeu à lui.

Ce neveu de Raymond Barre a débarqué en métropole, de sa Réunion natale, à la fin des années soixante, pour préparer Normale, puis il est entré à l'Ena par un coup du sort. À la sortie de l'école de la rue d'Ulm, pour sa première affectation, cet agrégé de lettres classiques avait choisi un poste au Liban. Il s'apprêtait à partir quand il apprit que tout son déménagement avait explosé dans un attentat. Il ne lui reste rien. Il a 23 ans. La voiture qu'il a achetée à crédit est partie en fumée. Il renonce au Liban, mais tous les postes de professeurs sont déjà attribués. Retour à la case départ à Paris : un canapé dans le salon de son oncle. Il est affecté à l'ambassade de Tunis comme conseiller technique. Et là, il décide de faire l'Ena. Il sort major, choisit l'inspection et, au lieu d'emprunter la voie royale, le Trésor, il s'oriente vers les questions européennes. Il fait d'ailleurs une grande partie de sa carrière au Comité interministériel pour les questions de coopération économique européenne.

Devant ce refus d'utiliser ses compétences, Bert rentre à l'inspection, comme adjoint au chef de service puis comme chef de service, persuadé que le monde porte un regard condescendant sur une carrière qui ne l'a pas conduit jusque sous les lustres des conseils d'administration. Et depuis, il s'attelle à la réforme des administrations de Bercy, à la rédaction d'articles, à la formation de nouvelles générations d'inspecteurs soucieux du service public. Et défend bec et ongles la réputation de l'inspection.

L'alternance, la politisation des postes sont aussi, partiellement, la cause du départ de Villeroy de Galhau. Comme il a été nommé par la gauche, parce qu'il a été directeur de cabinet de Strauss-Kahn, Villeroy savait très bien qu'il était sur un fauteuil éjectable. D'autant qu'un de ses camarades, Yves Cabana, chiraquien, briguait ouvertement la direction des Impôts. Situation peu confortable quand on dirige 80 000 personnes. Villeroy a attendu une « fenêtre de tir », comme il le dit : que la réforme qu'il avait engagée aux Impôts, « le contrat d'objectif », soit inscrite dans le marbre, et que Bercy nomme un successeur qui l'agrée. Ce n'est pas Cabana qui a pantouflé chez Vivendi Environnement, mais Bruno Parent, un administrateur civil en qui Villeroy a toute confiance. Et puis il est parti.

Dans le cursus traditionnel, pour espérer une brillante carrière, il fallait faire du « cabinet ». C'était un passage obligé. Pourtant, en 2000, Laurent Fabius a eu les plus grandes difficultés à constituer son cabinet. À peine nommé, son directeur de cabinet, Jean Bassères, démissionnait. Pour raison personnelle. Le fantasme de l'État n'est plus assez puissant pour obtenir de hauts fonctionnaires de 35 ans qu'ils se dévouent corps et âme de 7 heures du matin à 11 heures du soir. Week-end souvent compris. Pour quelques milliers d'euros ! Bassères est remplacé par le directeur adjoint, Bruno Crémel, 35 ans, dont on dit qu'il a été « prêté » par Pinault. Comme Bertrand Badré avait été « prêté » à Chirac par Lazard le temps de la préparation du G8. Prêté ne veut pas dire payé, mais libéré durant le temps nécessaire. Rien d'illégal. D'autant que, dans les deux cas, ces hauts fonctionnaires se sont entourés de toutes les précautions pour ne pas être en infraction avec les lois sur le pantouflage. Mais c'est un signal. Servir un homme politique devient une parenthèse, un passage, dans une carrière. Et la puissance qui prête, c'est l'entreprise ! C'est peut-être la préfiguration de ce qui se passera dans le futur. Les rôles sont inversés.

Alarmés par ces défections de plus en plus rapides, puisque certains partent, dès la fin des quatre années de « tournée », les responsables de l'IGF se sont attelés à une tâche difficile : les inciter à rester dans l'administration, quelques années au moins. Chaque fois qu'un jeune accepte, c'est une véritable victoire ! Y compris pour faire du cabinet, qui hier encore était une étape cruciale. « Mais doit-on pousser les jeunes à servir l'État ? Les influencer dans ce choix ? » s'interroge parfois Thierry Bert.

Il est vrai qu'aujourd'hui, compte tenu de la situation déplorable de l'administration française, servir l'État suppose un vrai goût de la chose publique.

En 2000, alors qu'il assiste, en présence de Michel Bon, à une réunion de la Fondation de France Télécom, dont il est trésorier, Alain Cadiou, directeur général de la Banque Hervet, inspecteur des Finances nommé au tour extérieur, reçoit un coup de fil de Laurent Fabius. Ce dernier cherche un directeur général des Douanes. Un poste qui a longtemps attisé les convoitises. Le directeur des Douanes est patron de Tracfin, il a un pouvoir de police, il travaille avec les services secrets, les Affaires étrangères. Mais voilà, dans le privé, les inspecteurs gagnent des fortunes. Or, à la direction des Douanes, on ne gagne « que » 720 000 francs par an. « La moitié de ce que je gagnais à la Banque Hervet », témoigne Cadiou qui ne bénéficiait pas – et de loin – d'un des plus gros salaires.

Par fidélité politique, il accepte. Au bout de deux ans, il jette le gant, dégoûté à tout jamais du service de l'État. Et de raconter la situation ubuesque de cette administration. « Je prends un exemple. Il n'y avait pas assez de douaniers à Roissy. En revanche, je n'avais plus besoin d'effectifs aussi nombreux à Perpignan. Mais impossible de faire monter des douaniers de Perpignan à Roissy. Les syndicats revendiquent le droit de vivre et de travailler au pays. Pas question non plus d'offrir des primes ou des défraiements pour le douanier qui accepterait de monter dans la région parisienne où le coût de la vie est supérieur. On a atteint un niveau de bêtise et de blocage incroyable. » Cadiou a eu son lot de manifestations, de TGV bloqués, de lettres d'exaspération des élus locaux. Il a retrouvé un poste au CCF, la maison mère de la Banque Hervet où il avait débuté et qui est dirigée par une kyrielle d'inspecteurs des Finances.

Tous sont prêts à raconter durant des heures les contorsions auxquelles ils sont contraints pour faire face à la vétusté et à l'impécuniosité de l'État. « L'administration est sclérosée et démoralisée », raconte un pantouflard. « L'État ? C'est l'âge des cavernes. Il n'y a aucun outil d'évaluation, pas de direction des relations humaines », déplore le P-DG de BNP-Paribas Baudouin Prot. « C'est un cercle vicieux, s'inquiète Philippe Rouvillois. Moins il y a de réformes, moins l'État est attractif. Et l'inspection souffre énormément d'être au cœur d'un ministère qui est en crise, qui a du mal à se réformer. Le Trésor a été vidé de son contenu. Les grandes directions des Impôts et de la Comptabilité publique sont dans certains domaines superfétatoires. Ceux qui sont passés par l'inspection avec l'intention de pantoufler très vite, ceux-là on ne peut rien y faire. Mais ceux qui ont envie de servir l'État risquent d'être déçus. Ce sera difficile de les retenir. »

Pis, la grande direction, celle du Trésor, est marquée du sceau de l'infamie pour ne pas avoir su prévenir des catastrophes comme le Lyonnais ou France Télécom. La direction de l'Agence qui regroupe les participations de l'État, n'a pas été confiée à un inspecteur. Certains y voient un signe. Même si d'autres disent qu'il ne faut pas y voir une volonté délibérée du ministre. En tout cas il y a dix, quinze ans cela aurait été impensable. Et c'est in extremis que le Trésor a obtenu la tutelle de cette agence. Ce n'était pas prévu comme cela dans le rapport remis par René Barbier de La Serre, et Jacques-Henri David.

Un vieux briscard de l'IGF s'agace tout de même de ces lamentations : « Qu'ils arrêtent de se plaindre, dit-il. Évidemment, ce n'est pas en passant deux ou trois ans dans une direction, avec l'obsession de pantoufler, qu'on acquiert une quelconque autorité. » Mais il ajoute : « Cela dit, ce n'est pas entièrement de leur faute. Cela m'ennuie de le dire, parce que j'estimais l'homme, mais Pierre Bérégovoy est largement responsable. Lors de la grande grève de 1989 qui a bloqué tout le ministère, comme lui-même avait été syndicaliste, il a pris sur lui de négocier avec les syndicats, directement, et il a tout lâché. Depuis, les ministres sont en prise directe avec les syndicats et les élus. Or ils n'ont pas le temps de s'occuper de ces problèmes. Lorsque j'étais directeur d'administration centrale, jamais un homme politique, jamais un syndicat n'est remonté au ministre. Je réglais les problèmes. L'attitude de Bérégovoy a foutu en l'air le système de commandement. Comme en plus, avec les alternances à répétition, les directeurs changent tous les deux ou trois ans, ils n'ont pas le temps de s'imposer. À mon époque, on pouvait rester sept ans dans une direction. Et on est arrivé au summum de l'absurde lors de la réforme de Bercy en 2000, avec un ministre, Christian Sautter, qui a passé des heures à négocier directement avec les syndicats. Forcément, il a sauté. »

Et ce haut fonctionnaire d'ajouter : « Pendant qu'on cédait aux syndicats, on a sacrifié la haute fonction publique. » Alors que les bas salaires dans la fonction publique sont plus élevés que dans le privé, dans la haute fonction publique, le différentiel est évidemment très important, abyssal dans certains cas. Et les traitements du haut de l'échelle indiciaire n'évoluent pas. À titre de comparaison : au début du siècle, entre un inspecteur des Finances de troisième classe et un inspecteur général des Finances, l'écart de traitement était de un à sept, il n'est plus que de un à deux.

Mais le pire pour eux, c'est « l'arrêt Beaufret ». En 1993, le gouvernement a décidé de légiférer, afin de renforcer la réglementation en matière de pantouflage. Pour essayer de stopper l'hémorragie de jeunes talents. Mais aussi pour remédier à quelques dérives. Exemple : Messier pantouflant directement chez Lazard après avoir participé en tant que membre du cabinet de Balladur en 1986 à la constitution des noyaux durs, alors que certaines de ces entreprises avaient cette banque d'affaires comme conseil. Et les dérives constatées dans l'affaire du Lyonnais, où les contrôlés avaient été les chefs des contrôleurs ou vice versa, ont montré qu'un peu d'ordre ne nuirait pas. La loi Sapin a donc créé une commission de déontologie, chargée d'examiner « si les activités privées que les fonctionnaires envisagent d'exercer ne sont pas incompatibles avec leurs précédentes fonctions ». Pas question, donc, pour un fonctionnaire de pantoufler dans une entreprise qu'il contrôlait ou avec laquelle il a passé des marchés. Pas question non plus d'aller dans une entreprise qui chercherait par ce biais à établir un lien avec l'administration. Chaque année, cette commission examine des centaines de cas. Les refus, cela dit, sont très rares.

Et puis, le 6 décembre 1996, le Conseil d'État décide d'annuler la nomination de Jean-Pascal Beaufret au poste de sous-gouverneur du Crédit foncier de France. Poste auquel Balladur l'avait nommé en décembre 1994, afin de se débarrasser en douceur de ce haut fonctionnaire socialiste, dans une direction sensible du Trésor. Le Conseil d'État a considéré que « cette nomination était incompatible avec ses fonctions précédentes de chef de service des affaires monétaires et financières à la direction du Trésor ». Beaufret est contraint de quitter ses fonctions sur l'heure.

Émoi dans les rangs de l'inspection. Les chers camarades assurent que cela va les forcer à quitter l'administration encore plus tôt, afin de ne pas être empêchés ensuite de pantoufler où bon leur semble. Certains affirment même que si le ministre de l'Économie a eu tant de difficultés à trouver un responsable pour sa nouvelle Agence des participations d'État, c'est parce que personne ne voulait diriger une entité qui a des actifs dans tous les secteurs de l'économie, ce qui, à terme, rend tout pantouflage impossible. « D'autant que la jurisprudence du Conseil est extrêmement restrictive, s'inquiète un inspecteur. Il va vous interdire de pantoufler dans une entreprise de chaussures, alors que dans vos fonctions, vous n'avez jamais eu rien à faire avec l'industrie de la chaussure. Mais vous étiez susceptible, au poste que vous occupiez, d'intervenir dans ce secteur, si un problème avait surgi ! Où va-t-on ? »

De toute façon, aucun texte, aucune réglementation ne les

retiendra. Marc Viénot raconte que de son temps au début des années cinquante, il y avait encore dans le bureau du chef de service un grand tableau où figuraient tous les inspecteurs. Chaque nom était inscrit sur des cartons de différentes couleurs, selon les affectations : dans le service, en détachement dans l'administration, dans le privé, dans les cabinets ministériels. Et son chef de service, André Fayol[1], lui avait rapporté ce mot de Baumgartner : « Vous pouvez leur mettre toutes les couleurs que vous voulez, rouge, verte, jaune, ils foutront tous le camp. »

Désormais donc, les inspecteurs pantouflent de plus en plus tôt. D'autant que les dirigeants d'entreprises ont réalisé, après les catastrophes en séries, que tous ces premiers de classe avaient sans doute un grand potentiel, mais qu'il ne fallait surtout pas les embaucher à 40 ans, après quinze ans d'administration. Enfin, il y a deux types d'inspecteurs. Celui qu'on prend pour son carnet d'adresses, dans un conseil, comme conseiller du président, comme vice-président. Il vaut mieux qu'il ait appartenu aux cercles du pouvoir. Et puis, il y a celui dont on veut faire un cadre opérationnel. Celui-là, l'entreprise a compris qu'il fallait le former. Le tester. Le prendre jeune. Avec le recul, le monde des affaires se demande encore ce qui s'est passé dans la tête de Guy Dejouany et d'Ambroise Roux pour confier la Générale des eaux, premier employeur privé, à un fonctionnaire, Jean-Marie Messier, qui n'avait jamais géré que sa secrétaire ! En attendant, l'inspection a été touchée au plexus.

Quand ils ne sont pas embauchés dans des entreprises privées, les jeunes inspecteurs ambitieux se lancent tout seuls. Ils constituent eux-mêmes des fonds de placement, des sociétés de capital-risque. C'est la nouvelle mode. Pendant près de deux décennies, ils ont rêvé de carrières à la Bloch-Lainé ou

1. André Fayol fut chef du service de l'inspection de 1944 à 1961.

à la Delouvrier, au service de l'État, au Trésor, à la Caisse des dépôts, puis ils ont voulu suivre le modèle de Pébereau ou de Schweitzer, les deux grands « parrains »[1] du système. Soit en entrant dans la banque, soit en commençant par la direction financière d'une grande société. Un nouveau modèle émerge, celui inspiré par Minc, Naouri, Butler et maintenant Hannezo. Il s'agit de monter une structure et de faire du business. Quoi qu'il en soit, pas question de moisir à Bercy.

Michel de Rosen se souvient d'une promenade, avec deux de ses camarades de l'inspection, Jean-Charles Naouri et Baudouin Prot. C'était au milieu des années soixante-dix. Déjà ils se disaient : « Qu'est-ce qu'on fout là ? Cela n'a pas de sens... » Et s'en était suivie une discussion sur Dostoïevski, la quête de l'absolu. Déjà le doute. Certes, un certain nombre de ceux qui ont fait l'inspection ont cru, à un moment de leur vie, à l'État, à la France, à quelque chose qui les dépasse. Ils étaient en quête d'un idéal. Ils rêvaient à un grand dessein. Ils avaient en tête ces grands figures vénérées rue Saint-Guillaume : Bloch-Lainé, Nora, Delouvrier. Rosen, toujours plein de fougue, lance : « On était prêt à servir. C'était aux hommes politiques de donner l'impulsion. » Ils ont été déçus. Et détournés de leur quête par les aléas politiques, l'absence de vision des responsables politiques, l'attrait de l'argent, la déconfiture de l'État. Résultat, pour reprendre l'expression de Daniel Bouton : « Les cardinaux se sont rendu compte que l'État n'avait plus de sens. »

Dans les années cinquante, soixante et même soixante-dix, on faisait l'inspection pour servir l'État, mais avec l'assurance de pouvoir pantoufler dans une entreprise publique, une banque. Aujourd'hui, plus rien n'est écrit à l'avance. Mais les meilleurs font encore l'inspection. Pourquoi ? Par amour de

1. Voir note p. 235.

l'État ? Absolument pas. Pour bénéficier du coup de pouce qu'apporte le spoutnik au démarrage d'une carrière ? Pour appartenir au réseau ? Pas seulement. C'est beaucoup plus simple que cela. Les bons élèves choisissent cette voie tout simplement parce que pour ceux qui ne sont pas matheux et n'ont pas pu faire Polytechnique, c'est ce qu'il y a de mieux, de plus difficile. C'est le 110 mètres haies des concours. Le Prix de l'Arc de triomphe. La transat en solitaire. Bref, l'épreuve reine. Comment résister à ce défi ? Ils n'ont pas honte de l'avouer. François Pérol, 41 ans, directeur adjoint de cabinet du ministre de l'Économie raconte : « Je suis entré à HEC à 17 ans. J'ai eu envie de faire le truc le plus compliqué : l'Ena. Ce qui est le must du cursus scolaire. J'ai travaillé comme un fou. J'ai été reçu du premier coup. Mais je n'aurais pas repassé une deuxième fois. C'est très éprouvant. »

Véronique Morali, 45 ans, directeur général de Fimalac, ne le cache pas : elle non plus n'avait pas la vocation. Elle voulait « se prouver des choses ». Après Sciences po, elle avait fait un stage au cabinet de René Monory, au ministère des Finances. Et là, elle avait découvert des « personnages ». Michel Pébereau, Jacques-Henri David, Philippe Jaffré qui incarnent l'excellence. « J'ai adoré ce monde. » Elle a alors repris ses études. Sup de Co. Puis l'Ena. Et enfin l'inspection. « Ça a changé ma vie, cela m'a donné confiance en moi, c'était comme une médaille. » Guillaume Hannezo, apparemment tout à fait remis du fiasco de Vivendi dont il était directeur financier se départit rarement de son esprit farceur et provocateur. Il affirme désinvolte : « Cela m'amusait. J'avais fait Normale. Je n'avais pas envie d'enseigner. J'ai fait Sciences po, l'Ena. » François Villeroy de Galhau avoue : « C'était la voie du bon élève. La vocation du service de l'État est venue après. »

Daniel Bouton, entré à l'Ena à 20 ans, explique ainsi son parcours : « Le système de promotion sociale en France passe par le concours. J'étais bon élève, j'avais gagné un prix au concours général d'histoire. À 17 ans, j'avais décidé de faire Sciences po puis l'Ena. Si je n'avais pas eu l'Ena, j'aurais peut-être fait l'Insead. »

Car Bouton, comme beaucoup, est un jeune prodige. Lors de son stage de l'Ena, à la préfecture d'Auxerre, le préfet, dont le directeur de cabinet était parti précipitamment, demande au ministère de l'Intérieur l'autorisation de confier la direction du cabinet à Bouton qui n'est pas encore majeur : il avait vingt ans ! La Place Beauvau donne son feu vert : il y a eu des précédents à la Libération... Bouton rappelle avec fierté qu'il fut ensuite le plus jeune directeur du Budget. Toujours cette compétition. La fierté de la performance. Le besoin d'être admiré.

Ensuite, l'ascension sociale a suivi. Bouton, orphelin, élevé en banlieue, dans des conditions financières difficiles, va se retrouver propulsé dans le gotha de la haute finance. On recommande ce jeune brillant esprit à Marc Viénot. Il flaire un successeur possible. Viénot invite donc à déjeuner Bouton. Lui propose d'entrer à la Société générale. Bouton, directeur du Budget, a 41 ans. Il n'a guère d'espoir de monter plus haut dans la hiérarchie d'État. Le voilà banquier.

Le concours, serait, aux yeux de ses contempteurs, le meilleur garant de l'ascension sociale. « C'est un outil de démocratisation extraordinaire », affirme Pébereau. Et de se citer en exemple : « Moi, petit-fils de paysan, jamais je ne serais devenu président de la première banque de la zone euro sans ce système de méritocratie républicaine. » Et pourquoi pas ? Lindsay Owen Jones, originaire de la petite ville de Wallasey, au sud de Liverpool, fils de profs, licencié en lettres d'Oxford et diplômé de l'Insead, est bien devenu président de L'Oréal. En commençant sa carrière comme simple attaché de direction. « Ce n'est pas pareil, vous disent les chers camarades sur un ton légèrement condescendant, les shampoings... On ne parle pas de la même chose. » Et Sandy Weil, le patron de la City Bank, parti de rien et devenu la star de la finance à New York ? Et Denis Weatherstone, qui a débuté au *mail room*, au courrier donc, et qui est devenu P-DG de JP Morgan ? Steve Roos, l'ex-P-DG de Time Warner, avait lui aussi débuté au courrier. Comme l'actuel P-DG de Dreamworks, Jeffrey Katzenberg. Comme ce cher Barry Diller qui a donné tant de fil à retordre à Messier. Le *mail room* contre l'inspection ! Une autre façon d'envisager l'ascension sociale.

Un outil de démocratisation ? Les statistiques montrent au contraire que le pourcentage des élèves issus de milieux favorisés reste très élevé. Pébereau rétorque : « La démocratisation ne se réduit pas à des statistiques. Les concours sont un système de sélection objectif. »

Philippe Lagayette, fils d'officier, né à Tulle, ancien directeur de cabinet de Jacques Delors, nommé président de JP Morgan-France à 55 ans, après avoir dirigé la Caisse des dépôts, confie : « J'ai une vraie affection pour l'inspection, cela a permis à des gens modestes comme moi d'arriver où je suis. Sans ce système, je n'aurais jamais été là ! » Bien sûr, tant qu'il y a ce système, l'emprunter est le meilleur moyen d'arriver au sommet. Mais ce système de sélection des élites est-il le meilleur ? Et surtout est-il réellement ouvert socialement ?

On sait en réalité que les Grandes Écoles se sont beaucoup moins démocratisées que les universités. À Sciences po d'où sont issus la très grande majorité des énarques, le revenu médian des familles des élèves correspond aux 7 % des ménages les plus riches de France. Mieux, une étude a révélé que les élèves récemment recrutés dans les Zep et qui avaient été sélectionnés sur dossier ont obtenu, lors de leur scolarité rue Saint-Guillaume, d'aussi bonnes notes que ceux qui étaient passés par le système du concours !

D'ailleurs, ceux qui revendiquent une origine modeste ne sont pas non plus issus du lumpen proletariat ou des bas échelons de l'administration.

Le père de Pébereau était conservateur des hypothèques, celui de Bouton était ingénieur et celui de Blayau, professeur d'université. Jean-Pierre Denis est fils de médecin. Pascal Lamy, de pharmacien. Guillaume Cerutti d'exploitants agricoles. Le père d'Olivier Coustet était footballeur professionnel avant de monter un cabinet d'assurances. Ce ne sont pas les tréfonds de la société. Mais il est vrai que l'inspection les propulse à un niveau qu'ils n'auraient sans doute même pas eu l'ambition d'atteindre.

À l'inspection, ils entrent en effet dans un club très sélect, où l'on compte bon nombre de fils de famille qu'ils n'auraient sans doute jamais croisés s'ils avaient été à la fac. Charles de Croisset, fils d'une milliardaire. Louis Schweitzer, petit-neveu du docteur Albert Schweitzer, fils d'un inspecteur des Finances qui fut entre autres directeur du Trésor puis du FMI. Le comte Paul Costa de Beauregard. Henri de La Croix de Castries, descendant d'un maréchal de France, dont le fils sera fait duc et pair de France. Michel Rocard, fils d'un physicien célèbre. Des Giscard d'Estaing : Edmond, Valéry, François et Antoine. Frédérique Bredin, la fille d'un grand avocat parisien. Baudouin Prot, dont le père était directeur de société. François Villeroy de Galhau, issu de la célèbre dynastie de fabricants de porcelaine. Michel de Rosen, dont le père, le baron Léon de Rosen, était un personnage. Marc Tessier, fils de polytechnicien. Gilles de Margerie, fils d'ambassadeur. Robert Lion, fils d'un X-Mines. Alors, évidemment, pour un fils de prof de province, être propulsé dans ce monde, d'un coup d'un seul, tient du miracle.

Pierre Blayau raconte : « J'étais provincial, breton, fils de prof, destiné à être prof. J'ai bossé comme un fou. J'ai fait Normale sup et je me suis retrouvé à l'Ena, second de ma promotion. Je pouvais tout choisir. Au début, l'inspection m'effrayait un peu. Et puis j'ai franchi le pas. » Blayau s'est retrouvé directeur à Saint-Gobain à 31 ans, président de Pont-à-Mousson à 41 ans, président de Pinault-Printemps-Redoute à 43. Comment renieraient-ils un système qui leur a ouvert les portes d'un monde merveilleux ? Qui leur a offert la meilleure carte de visite ? « Pour ceux qui ratent cette marche, poursuit Blayau, c'est un traumatisme. Pour les quatre ou cinq qui sont sélectionnés, c'est l'extase ! »

Une fois la médaille d'or en poche, il faut savoir la faire fructifier. Et rapidement, car aujourd'hui, être encore à 40 ans à Bercy, dans une administration (ne parlons pas du service de l'inspection lui-même), c'est être ringard. « Je sais que chaque jour ma valeur marchande diminue », plaisante un inspecteur au cabinet de Francis Mer.

C'est ainsi que le gotha de la haute fonction publique a massivement opté pour le Cac 40, les conseils d'administration, les stock-options, les golden parachutes, les marchés financiers, la Bourse. Accor, Agf, Alcatel, Aventis, Axa, BNP-Paribas, Cap Gemini, Casino, Danone, Dexia, LVMH, Lafarge, Peugeot, Saint-Gobain, Suez... À l'exception de Bouygues, Carrefour et Michelin – des entreprises familiales florissantes – toutes les sociétés du Cac 40 comptent au moins un inspecteur dans leur organigramme. Dans le staff opérationnel, comme administrateur ou comme conseiller du président.

Les entreprises publiques, privatisées, ont ouvert grands les bras aux chers camarades. Friedmann, Pébereau, Bouton, Bilger, Jaffré, Messier, Jeancourt-Galignani, Bon, Espalioux, Viénot, Schweitzer, Veil ont collectionné les conseils d'administration. Renault, SNCF, Elf, BNP-Paribas, Société générale, Suez, Agf, Axa. Et puis ils ont essaimé dans le privé. Vivendi, Accor, LVMH, Lafarge. « C'est simple, raconte l'un d'eux. Quand je dirigeais une grande compagnie d'assurances, les dirigeants de groupes privés venaient me supplier d'entrer à leur conseil. Ils se disaient : Si on a un pépin, il sera avec nous. »

Ensuite, ils ont accueilli les jeunes prodiges. Comme ils le faisaient jadis au sein des entreprises d'État ou dans la haute administration. Ainsi, à la BNP-Paribas, sans compter les membres du conseil d'administration, les présidents honoraires, ils sont douze. Douze ! Michel Pébereau a rassemblé une belle collection : son successeur Baudouin Prot, François Villeroy de Galhau à la tête de la filiale Cetelem, Christian Aubin, conseiller du président, chargé de la déontologie, Jacques de Larosière, conseiller, Jacques Wahl, conseiller, Étienne Barel, directeur du Groupe Boucle de Seine, Gilles Glicenstein, directeur général de BNP-Asset-Management, Valérie Desmouceaux-Ladelnet, responsable de l'ingénierie, Frédéric Lavenir, directeur de BNP-Paribas-Lease-Group,

Ludovic de Montille, senior banker, Julien Carmona, chargé de mission, Pierre Mariani, responsable de la banque de détail à l'international. Et tout le monde pense d'ores et déjà que Villeroy, qui a huit ans de moins que Prot, est un remplaçant ou un successeur putatif. Ambiance ! Pébereau est fasciné par les majors de l'inspection. Il avait sollicité Villeroy de Galhau, dès la fin de la tournée. Il avait également proposé des ponts d'or à Élisabeth Lulin. Pébereau a néanmoins eu l'habileté de nommer deux centraliens aux postes de directeurs adjoints.

Au CCF, qui fut présidé par Pébereau de 1987 à 1993, avant d'être confié à Charles de Croisset puis à Charles-Henri Filippi, là aussi les inspecteurs sont légion. On en compte pas moins de sept dans le staff opérationnel !

À la Société générale, Daniel Bouton est plus raisonnable. Outre Marc Viénot, président d'honneur, on ne compte que trois camarades : Pierre-Yves Bonnet, directeur général adjoint de Equity Capital Market, et Frédéric Oudéa, son poulain, directeur financier. Et Julien Carmona, 33 ans, chargé de mission ? La relève ? « Je veille à l'équilibre et à la diversité des recrutements », nuance Bouton.

Un inspecteur, de gauche, qui vient de débarquer dans une entreprise du Cac 40, s'extasie : « Ici on fait sans cesse des audits. Sur tel marché, sur tel secteur. Toute décision est accompagnée par une batterie d'études et d'expertises. C'est d'un grand confort intellectuel. Une fois prises, les décisions sont suivies d'effets. C'est le bonheur. Je ne pourrai jamais retourner dans l'administration. »

En revanche, un inspecteur, de droite, ayant suivi la voie inverse, ayant repris le chemin des cabinets par conviction politique, après avoir travaillé dans une grande multinationale, raconte : « Les bureaux ne sont pas câblés. C'est tout une affaire d'avoir internet. Les secrétaires sont systématiquement bien notées, avec plein de superlatifs, mais ma secrétaire a été très étonnée quand je lui ai proposé d'avoir un vrai entretien et de faire un bilan de compétence. Cela n'arrive jamais. Elle ne parlait pas l'anglais. Je lui ai proposé une formation. Les méthodes de travail sont hallucinantes. On travaille par notes. Il n'y a jamais de perspectives chiffrées. On ne se préoccupe pas d'ajuster les objectifs et les moyens. Quand le ministre parle, les subordonnés se taisent. Les dossiers s'éternisent. Et puis tout est compliqué. Un exemple, un préfet a appelé. Il a 400 professeurs sans affectation. On ne peut pas les redéployer. C'est pesant. »

L'entreprise, c'est tout beau, tout neuf. Mais ils gardent tous un filet de sécurité. Au cas où cela tournerait mal. Ils se mettent « en disponibilité ». Sage précaution ! L'entreprise peut leur réserver des surprises. Ils sont sûrs qu'un job les attend au chaud. Un job à 9 000 euros par mois. Ce qui se fait de mieux dans l'administration, de ce point de vue. Le petit chef d'entreprise qui a gagé son pavillon pour obtenir des crédits, lui, n'a même pas droit au chômage en cas de pépin, alors qu'il a cotisé aux Assedic toute sa vie.

Le service de l'IGF a toujours servi de sas. Entre deux affectations administratives. Lors des alternances. Et en cas de pépin. L'ancien secrétaire général adjoint de l'Élysée, Jean-Pierre Denis, a dû quitter Dalkia, la filiale de Vivendi qu'il dirigeait, après un différend avec Henri Proglio, le patron de Vivendi Environnement. Il a rejoint l'inspection quelques mois avant d'être recasé par Chirac à la présidence de la BDPME, la Banque des petites et moyennes entreprises. En 2001, Olivier Coustet, après une expérience ratée chez Arnaud Lagardère, est retourné quelques mois à l'inspection. Un système extravagant qui vient de loin.

Du temps de la IIIe quand un inspecteur des finances pantouflait, il était contraint de démissionner. L'État ne s'opposait pas à ce que ces éminents dirigeants s'orientent vers le privé, mais avait imposé ce principe : quand on quitte, on quitte. La disponibilité, statut qui permet à tout moment de revenir au chaud dans l'administration, réglementée par des arrêtés de 1909, de 1921, de 1924, puis par un décret du

28 août 1938, texte spécifique à l'inspection, donnait à cette disposition un caractère tout à fait exceptionnel. Elle n'était accordée que pour une période de trois ans, sans renouvellement possible, « en vue d'entrer au service d'établissements publics ou privés dont l'activité représente un intérêt général ». C'était très restrictif.

Et puis, après la réforme de l'Ena de 1945, l'inspection s'est retrouvée soumise aux règles générales du statut de la haute fonction publique, règles beaucoup moins rigoureuses. Les inspecteurs en ont usé et abusé. L'administrateur civil aux Anciens Combattants, lui, est moins sollicité.

Il y a différentes procédures pour faire carrière hors du service. Le détachement, d'abord, qui consiste à se faire nommer dans une autre administration, dans un organisme public comme La Poste ou la Caisse des dépôts, dans une entreprise publique. Cette disposition a connu sa période de gloire lorsque la plupart des grandes entreprises étaient nationalisées. Le fonctionnaire continue à bénéficier des mêmes droits, avancement, retraite, promotion.

La seconde procédure, la disponibilité, permet de pantoufler dans le privé tout en conservant son statut de fonctionnaire. On met simplement entre parenthèses sa carrière administrative. On peut revenir quand on veut dans son administration. Mais on ne bénéficie d'aucun avancement.

La retraite différée permet, elle, si l'on a suffisamment cotisé, de geler sa retraite. Et dernière solution : la démission. C'est la solution ultime, car quand on a servi l'État moins de dix ans, il faut payer une « pantoufle ».

Dans ce nouveau cadre réglementaire, qui s'applique à l'ensemble de la haute fonction publique, la disponibilité peut être accordée pour exercer une activité dans une entreprise publique ou privée dont l'activité présente un intérêt général, et surtout pour convenance personnelle. Une disposition un peu floue, qui va connaître un grand succès à l'inspection. Mais de trois ans non renouvelables, la disponibilité est passée à trois ans renouvelables. Soit six ans. Et en jouant sur les deux types de disponibilité pour convenance personnelle, et pour intérêt général, cela fait deux fois six ans, soit douze ans. Mieux : un petit retour à la case départ, au service de l'inspection, ou dans une entreprise nationalisée – où le fonctionnaire est « en détachement » –, permet de remettre les compteurs à zéro. Il n'y a pas de violation flagrante de la légalité. La lettre des textes est respectée, mais l'esprit en est escamoté. Ces mesures, considérés comme dérogatoires donc exceptionnelles par le législateur, ont été utilisées massivement par les inspecteurs. En ce sens, il y a détournement de la volonté du législateur.

Le cas d'Antoine Jeancourt-Galignani (promotion 1965), aujourd'hui retraité et président du groupe immobilier Gecima, est éloquent. Ce fonctionnaire de droite, réputé libéral, a fait une longue carrière dans la banque tout en restant fonctionnaire. À la sortie de la « tournée », il passe huit ans à la direction du Trésor. En 1973, il entre à la Caisse nationale du Crédit agricole. Il se fait mettre en détachement. Puis en 1980, il pantoufle à Indosuez, banque privée dont il sera successivement directeur, vice-président puis président. Il se met en disponibilité. En 1982, Indosuez est nationalisé : il se fait mettre en position hors cadre. Le compteur revient à zéro. En 1987, Indosuez est privatisé : à nouveau disponibilité. En 1994, Jeancourt-Galignani est nommé président des Agf par Balladur, il reste en disponibilité. Jusqu'à sa retraite, en 2001. Ce n'est pas illégal, mais moralement, c'est insupportable.

On comprend parfaitement qu'Isabelle Mateos y Lago, qui travaille au Fonds monétaire international à Washington, bénéficie d'une disponibilité. Mais tous ces dirigeants de banques privées, qui ne se privent pas de faire des plans de licenciements et qui, eux, sont toujours fonctionnaires ? La banque néerlandaise ABN Amro, deuxième banque étrangère en France derrière HSBC-CCF, va supprimer 500 emplois sur 2 600. Le président, Pierre Fleuriot ? Fonctionnaire en disponibilité. Et il peut bénéficier de cet avantageux statut pendant de longues années encore dans la mesure où, lorsqu'il était à la Cob, il était... en détachement ! Baudouin Prot, qui est aujourd'hui président de la BNP-Paribas, est également en disponibilité. Comme il a commencé sa carrière dans cette banque en 1983, du temps où elle était nationalisée – il était alors détaché – et qu'elle n'a été privatisée qu'en 1993, il peut, juridiquement, rester en disponibilité jusqu'en 2005. Et il ne voit pas bien pour quelle raison il renoncerait à ce droit. Si ce n'est le sens de l'équité vis-à-vis de l'ensemble des salariés de la banque.

Comme Patrick Careil, patron de la Banque Hervet, Philippe Lagayette, président de JP Morgan-France. Comme Michel de Rosen, président d'une entreprise 100 % américaine !

Et tous les jeunes qui pantouflent dans des holdings financières, dans des groupes privés, ou créent leur boîte, se mettent tous en disponibilité. Pourquoi se priver du statut de fonctionnaire ! Nicolas Durfourcq, directeur délégué de Cap Gemini Ernst & Young. Jean-Pascal Beaufret et Nicolas Jachiet, respectivement directeurs financiers d'Alcatel et de Danone. Yves Cabana, conseiller du président de Véolia, Bernard Delpit, directeur général adjoint de la filiale chinoise de Peugeot. Tous en disponibilité.

Idem pour Guillaume Hannezo, l'ancien directeur financier de Vivendi, qui a créé son cabinet de conseil. Pour Antoine Gosset-Grainville, avocat associé du cabinet Gide Loyrette Nouel. Pour Laurent Trupin, qui, lui, s'occupe du développement de Carrefour en République tchèque, une activité purement capitaliste. Pour Louis Schweitzer, président de Renault. On demande aux salariés de devenir des salariés comme tout le monde, c'est à dire « licenciables », mais pas au P-DG. Lui reste fonctionnaire. L'exemple doit pourtant venir d'en haut.

En revanche, Bertrand Eveno, patron d'une entreprise publique, l'AFP, nommé en Conseil des ministres, est, lui, démissionnaire, il n'est plus fonctionnaire. Il avait accumulé trop d'années de pantouflage, chez André (les chaussures), puis à la tête du groupe de la Cité (éditions). Preuve qu'on peut tout à fait confier des postes publics à des fonctionnaires qui ont démissionné.

Henri de Castries, lui, a démissionné. C'est plus élégant.

En fait il a démissionné en 1994 ; étant entré chez... Axa en 1989, il avait épuisé son quota... Idem pour Philippe Jaffré. Quand il a annoncé qu'il démissionnait, Jaffré était déjà en « retraite différée ». En demandant à tous les fonctionnaires travaillant chez Elf de démissionner, il ne s'était pas rendu très populaire ! Mais la démission était la condition sine qua non pour se faire attribuer des stock-options. Au dire des fonctionnaires qui gèrent les carrières et veillent sur le statut des inspecteurs des Finances, aucun n'a démissionné de son plein gré. Tous l'ont fait à la veille de l'épuisement de leurs droits.

Les chers camarades expliquent que la démission coûte cher. Car si l'on n'a pas servi l'État dix ans, il faut payer sa « pantoufle ». Et le prix est très élevé : deux ans du dernier traitement de fonctionnaire. Plus on tarde, plus c'est cher. À l'inverse de Polytechnique qui considère que plus on a servi l'État moins on doit le rembourser. « Un jeune sous-directeur qui pantoufle n'a pas toujours de telles économies », font-ils valoir. Certes, mais si c'est cher, c'est justement pour que ceux qui font l'Ena et signent un contrat soient conscients qu'ils prennent un engagement. Si c'est cher, c'est parce que c'est censé être dissuasif. Et c'est aux entreprises qui embauchent de prendre le risque, éventuellement, de payer la « pantoufle » et de négocier un contrat avec des clauses de licenciement. Mais comme la règle est jugée trop contraignante, ou trop onéreuse, elle est détournée. Tout le monde ferme les yeux. Et les entreprises y trouvent leur avantage : au prétexte que ces dirigeants ont un parachute dans la fonction publique, elles leur font des contrats sans clauses de départ ! C'est l'État qui les récupérera si cela ne marche pas. Mais il reste que certains réussissent souvent à cumuler les deux !

Quand on leur dit qu'une telle situation est choquante, les inspecteurs renvoient la balle aux politiques. Que ces derniers renoncent d'abord au « détachement ». Après on verra !

Ceux-ci sont en effet les premiers responsables de ces dérives. Si les textes ont été appliqués de manière laxiste, si les dérives ont été autorisées, c'est parce que les hommes politiques l'ont bien voulu. Ils ont été, il est vrai, les premiers à en profiter. Ainsi, la réglementation de la disponibilité, sans doute encore trop contraignante, a encore été modifiée par Lionel Jospin. Les fameux douze ans ne pouvaient être accordés qu'aux fonctionnaires ayant accompli dix ans de service effectif. Or, bien souvent, ces chers fonctionnaires n'avaient pas servi l'État dix ans. C'est pourquoi, le jour de son départ de Matignon, Lionel Jospin a pris un décret réduisant la disponibilité à dix ans, non renouvelables, au lieu de quatre fois trois, soit douze ans, ce qui donne à ce décret les apparences de la vertu. Mais désormais, il n'est plus obligatoire d'avoir servi l'État pendant dix ans pour en bénéficier.

Pis, le chef de l'inspection affirme qu'il n'est pas en mesure de refuser une disponibilité. Son refus serait sanctionné par les tribunaux.

Interrogé sur cette question, Daniel Bouton se targue d'avoir démissionné. Vérification faite dans l'annuaire, il est en retraite différée. Ce qui n'est pas la même chose. Ayant débuté sa carrière administrative relativement jeune, il avait accumulé suffisamment d'annuités pour se mettre en retraite. Comment faire confiance ensuite à la parole de cet éminent inspecteur qui participe activement aux travaux du Medef sur la bonne gouvernance et la transparence ?

Mais il n'est pas le seul à avoir agi ainsi. Charles de Croisset, président du CCF, Olivier Costa de Beauregard, directeur au CCF, Jacques-Henri David, président de Deutsche Bank-France, Jean-Charles Naouri, le très riche patron de Casino, le président des NMPP Yves Sabouret, Laurent Perpère, ex-directeur délégué de Canal+, Gérard de La Martinière, ex-membre du directoire d'Axa, tous sont « en retraite différée ». Comme Denis Gautier-Sauvagnac, vice-président délégué de l'Union des industries métallurgiques et minières, la plus puissante branche du patronat, comme Pierre Bilger, lorsqu'il présidait Alstom. Des retraites qui ne sont pas pharaoniques, mais cela fait tout de même quelques milliers d'euros par mois.

Ces hauts fonctionnaires connaissent parfaitement leurs droits. Ils savent à l'euro près ce à quoi ils ont droit. C'est même une obsession. « J'y ai droit », ne cessent-ils de répéter, comme tous ces petits fonctionnaires qui bloquent les réformes et dont ils dénoncent les avantages acquis.

Ainsi, tout le monde s'est ému de la façon dont Alain Juppé a pris sa retraite de l'inspection début 2003, à l'âge de 58 ans, au moment où le gouvernement demandait aux Français de travailler plus longtemps. Cette décision, catastrophique sur le plan politique, est le résultat d'une comptabilité d'apothicaire. Quand un haut fonctionnaire est élu parlementaire, il se fait mettre en détachement. Il a donc le droit de continuer à cotiser à sa retraite de fonctionnaire. Le Trésor lui facture l'équivalent de la cotisation employeur. Comme Alain Juppé est fonctionnaire depuis son entrée à l'École normale, à l'âge de 20 ans, il était arrivé, à 57 ans, au maximum de la durée de cotisation nécessaire à une retraite pleine. Par ailleurs Juppé, qui n'est qu'inspecteur de première classe, ne pouvait pas espérer devenir un jour inspecteur général, grade qui lui aurait permis une meilleure retraite. Ce type d'« avancement au choix » ne peut pas se faire pendant une mandature. Compte tenu de tout cela, Juppé était arrivé à un point où toute cotisation supplémentaire ne lui aurait pas rapporté un sou de plus et lui aurait même côuté de l'argent. Il a donc pris sa retraite !

François Léotard, qui n'était pas très souvent rue de Bercy, et qui habite Fréjus avec sa femme et ses enfants, s'est un jour rendu compte que finalement ses allers-retours en avion finissaient par lui coûter cher. Un inspecteur général des Finances n'est en effet tenu d'être présent qu'aux réunions des premiers lundis et mardis de chaque mois. Il a donc demandé s'il était possible de se faire rembourser. Il y avait eu un précédent dans le service : un inspecteur général nommé au tour extérieur (comme lui) qui habitait Lyon. Il se faisait rembourser ses billets de train. Malheureusement pour Léotard, il s'y prenait un peu tard : pour avoir ce droit, il aurait fallu que, dans le décret de nomination, il soit inscrit « en résidence » à Fréjus et non à Paris.

Les inspecteurs des Finances n'ont cessé de profiter des avantages dus à leur statut. En 1947, l'État avait même été contraint de prendre des dispositions pour arrêter la fuite de cerveaux, nombre d'inspecteurs, rebutés par les tâches de contrôle, quittaient le service à peine arrivés pour entrer dans des cabinets ministériels. Il a donc été décrété que la participation à un cabinet ministériel n'était pas considérée comme une activité administrative et qu'à ce titre, il était interdit à un inspecteur qui n'avait pas deux ans d'ancienneté dans le grade d'inspecteur de troisième classe de participer à un cabinet ministériel. En clair, l'État s'assurait que les inspecteurs faisaient au moins quatre années de « tournée » obligatoire avant de se précipiter dans les cabinets ministériels.

Même cette règle a parfois été contournée. Frédérique Bredin, qui est entrée au cabinet de Jack Lang, ministre de la Culture, avant la fin de ses quatre années de « tournée », s'est fait confier par l'inspection une mission sur le financement du cinéma et les Sofica. Walter Butler, qui a fait la même chose au cabinet de François Léotard en 1986 pour s'occuper de la privatisation de TF1, à la demande du cabinet de Balladur, lui, n'a pas pris de précautions et s'est retrouvé dans une situation administrative ubuesque.

On est arrivé au bout d'un système. Chacun arrange sa carrière à sa convenance. Chacun profite des opportunités. Jamais l'État ne s'interroge pour savoir si telle ou telle affectation est utile, nécessaire. Ce mode de fonctionnement, hérité d'un autre âge, a montré ses limites. Et les règles contre le pantouflage, une ligne Maginot inefficace.

La machine s'est enrayée. Le mécanisme subtil du spoutnik qui permettait à l'État d'attirer les meilleurs, tout en leur offrant des perspectives dans l'entreprise, s'est transformé en machine à fabriquer des managers de qualité aléatoire. En 1995, deux sociologues, chercheurs au CNRS, Michel Bauer et Bénédicte Bertin-Mauer, avaient reproché à l'Ena d'être devenue une *business school*. Si ce n'était que cela. Mais c'est plus grave. Cette dérive est nocive. Pour l'État, d'abord : elle participe à la désorganisation de l'encadrement. Si l'élite se défausse, comment espérer une mobilisation du reste de la hiérarchie ? Elle a également des effets pervers sur ce qu'on appelle la société civile. Elle entretient l'idée que la haute fonction publique se sert avant de servir. Enfin, elle introduit une distorsion dans les lois du marché. En France, l'État et ses satellites capitalistes ont toujours préféré le parachutage de jeunes polytechniciens ou énarques à la promotion interne. Un procédé qui, forcément, inhibe, frustre, décourage, démobilise tous ceux qui forment les vrais bataillons de l'entreprise. Les faillites, visibles, de ce système, l'ont discrédité et le rendent insupportable.

Malgré les échecs en série, les inspecteurs des Finances nourrissent pourtant toujours le rêve de devenir les condottieri du capitalisme français. Comme ces chefs de soldats mercenaires qui à la Renaissance, en Italie, à la tête de véritables entreprises de guerre, se mettaient au service des différents États et finissaient par conquérir des principautés pour leur propre compte.

Chapitre 13

L'inspection militante

> « L'intérêt général est un cercle dont le centre est partout, la circonférence nulle part. »
>
> PASCAL

C'est ainsi qu'on désigne l'IGF, le service de l'inspection générale des Finances et tous ceux qui servent encore au sein du ministère : l'inspection militante. Comme il y a l'Église militante. Ce terme exprime la réalité avec beaucoup de justesse. Il désigne en effet ceux qui sont au front, les bons soldats du système. Par opposition à « l'inspection triomphante », celle des saints, Trichet, Pébereau, Schweitzer et de tous ceux qui ont pantouflé, qui prospèrent à l'arrière et paradent à la cour.

Administrativement, l'IGF, ce n'est pas grand-chose. Ce n'est même pas un corps. C'est un simple service d'inspection, comme il en existe dans tous les ministères. Mais avec trois particularités. Première différence : dans les autres administrations, les inspecteurs n'ont de compétence que dans leur propre ministère. Alors que l'IGF a autorité pour faire des contrôles sur pièce dans toutes les administrations. C'est le bras armé du ministre. Quand il a besoin de trancher un problème, résoudre une difficulté, il demande une remise à plat à l'inspection, une sorte d'audit Ensuite, deuxième différence, dans les autres administrations, les inspecteurs sont nommés en fin de carrière, tandis qu'à l'inspection, on recrute de très jeunes fonctionnaires à la sortie de l'Ena. Ce qui, forcément, fausse toute la pyramide des âges. Troisième différence, et pas la moindre, l'inspection fonctionne comme un corps sans en être un. Le Conseil d'État, la Cour des comptes ont un rôle précis. Inscrit dans la Constitution. Pas l'IGF. On peut la supprimer demain, la République continuera à fonctionner normalement. Comme dit Alain Minc, « l'inspection ça peut exister, ou ne pas exister ».

En revanche, comme les grands corps, elle a un système de recrutement spécifique. Ceux qui ont démissionné font toujours partie du corps. Ils continuent à avoir un lien très fort. Grâce aux déjeuners de corps, au cocktail annuel, à l'annuaire. Grâce à un état d'esprit. Cette appartenance est purement sociologique. C'est une addition d'individualités. Elle n'a aucun fondement administratif.

Dans les ministères donc, les inspecteurs inspectent. Aux Finances, passé les quatre années de « tournée », ils évitent. C'est même une affectation ouvertement méprisée par ceux qui ont pantouflé. C'est une activité très austère. Mal payée comparée aux jobs du privé. Bref, on court pour avoir le titre, mais on ne veut pas exercer la fonction. « Tout plutôt que retourner à l'inspection, s'exclame un ancien, passé par la politique avant de rejoindre une grande entreprise du Cac 40. Quel ennui ! » Pondre des rapports, auditer a son charme, mais c'est si fade, comparé à l'exercice du pouvoir. « L'inspection, ce n'est pas un corps qui agit, qui a des fonctions précises, à la différence du Conseil d'État ou de la Cour des comptes. Ce n'est pas un métier non plus. Quand on y est, on se pose des questions sur l'utilité de ce qu'on fait, on rêve d'en partir. Et quand on le quitte, on n'a aucune envie d'y revenir », témoigne François Jaclot, entré dans le privé dès la fin de la « tournée ».

« À la limite, quand nous étions rue de Rivoli, les inspecteurs des Finances en détachement ou en disponibilité passaient souvent. L'inspection avait un côté vieux club anglais.

On venait rendre visite à ceux qui étaient en transit, entre deux affectations, on passait prendre un café, on s'attardait à deviser avec les uns et les autres. Mais à Bercy, c'est un mouroir », raconte, nostalgique, un inspecteur général. Bercy ! Au septième étage du bâtiment Colbert, un immense couloir gris totalement vide, de plusieurs centaines de mètres, scandé tous les cinquante mètres par des portes coupe-feu. Leurs petits bureaux-cellules en matériau préfabriqué gris sont fonctionnels, ergonomiques, pourrait-on dire. Tristes à mourir. Pas un bruit, pas un éclat de voix. Rien à voir avec l'agitation qui règne à l'étage du cabinet du ministre ou des grandes directions. Là, l'intense activité est palpable. Tout est effervescence. Les huissiers croulent sous le courrier, les visiteurs se croisent, les conseillers sortent précipitamment de leurs bureaux, les cheveux en bataille, les hauts fonctionnaires s'échangent les dernières informations entre deux portes. La lumière reste allumée tard le soir.

Sur 262 inspecteurs en exercice recensés dans l'annuaire, il n'y en a que 65 affectés au service de l'inspection. Le quart des effectifs. Il y a plus d'inspecteurs dans le secteur des banques et assurances qu'au sein du service. Ils sont aussi nombreux dans l'entreprise (110 dans le privé, 20 dans des entreprises publiques) que dans l'appareil d'État. Ils ne sont qu'une vingtaine à occuper des fonctions de cadre au sein de l'administration de Bercy. Quelle administration peut admettre un tel taux de défection ? Ces chiffres dérangent, car ils sont très supérieurs à ceux constatés dans les autres grands corps de l'État, où le pantouflage – démission plus détachement – est de l'ordre de 20 % en moyenne. Selon un haut fonctionnaire de la Cour des comptes chargé d'un rapport sur le pantouflage, à la Cour, 65 % des magistrats sont au service de l'institution. Ce pourcentage n'est que de 25 % à l'inspection.

Le chef de l'inspection, Thierry Bert, tente de minimiser, voire de nier : « En réalité, j'ai fait faire une étude sur les carrières des inspecteurs des vingt dernières promotions. Le secteur privé ne représente qu'un peu plus de 22 % de leur vie professionnelle. » Il est ainsi démontré que la durée moyenne de la carrière d'« un inspecteur théorique », représente 166,5 mois.

Cette durée se décompose en 48 mois à l'inspection générale des Finances, 43,5 mois dans l'administration, 11,2 mois en cabinet ministériel, 25,5 mois dans le service public, 1,7 mois en politique et 36,6 mois dans le secteur privé. Cette étude, qui date de 1995, a été réalisée sur une moyenne théorique de treize années de carrière, alors que la carrière d'un inspecteur est largement supérieure à quarante ans. Les débuts de vie professionnelle, à l'inspection, en administration, sont surévalués. Et on peut tout démontrer à coups de statistiques approximatives, sur des bases légèrement orientées.

Pour se défendre, certains inspecteurs font valoir que le taux de pantouflage est peut-être moins élevé au Conseil d'État ou à la Cour des comptes, mais que les pratiques ne sont pas pour autant reluisantes : « Tous ceux qui peuvent partir partent. Souvent, s'ils restent, c'est parce qu'ils n'ont pas de propositions. Et, dans ce cas, ils font du conseil juridique. Ils sont experts auprès de la SNCF, etc. Ce n'est pas très surveillé. » Le Conseil et la Cour ont leurs combines, c'est certain. Pour garder quelques jeunes Bac + 8 qui sont payés un peu plus de 3 000 euros par mois, le Conseil d'État ferme effectivement les yeux sur certaines formes de conseil pas forcément compatibles avec la fonction. Mais faire carrière au Conseil ou à la Cour, cela fait partie des mœurs. C'est même prévu pour. À l'inspection, on est dressé à conquérir le pouvoir. À l'extérieur.

Thierry Bert se débat pour relativiser le problème : ce n'est pas l'inspection qui a changé, mais le contexte économique ! « En réalité, dit-il, si l'on compte autant d'inspecteurs des Finances dans le secteur privé, c'est parce que le périmètre de l'État s'est modifié avec les privatisations. Il y a vingt ans, tous ceux qui travaillaient dans la sidérurgie, la banque ou les assurances étaient au service de l'État ; aujourd'hui, ils appartiennent au secteur privé. » Mais avant, bien avant les nationalisations, bien avant les privatisations, c'était pareil. Ils travaillaient aussi dans les chemins de fer, au Crédit lyonnais, ils avaient même réussi à investir le poste de gouverneur de la Banque de France quand celle-ci était privée. Nombre d'inspecteurs, avant 1981, ont fait carrière chez Peugeot, Roussel Uclaf, Dassault... Et les entreprises privatisées continuent de recruter dans le même vivier.

Tous ont un mal fou à admettre que l'inspection a fui le service de l'État, massivement. Qu'il s'agit d'une trahison éthique. Avec des racines profondes. Et pas d'un simple phénomène de pantouflage. « Nous sommes face à une haute fonction publique déprimée, gouvernée de l'extérieur par les capitaines d'industrie. Qui a perdu le sens de l'État et se soumet aux souhaits du privé », affirme un ministre en exercice. La vraie question n'est pas de savoir s'ils sont 35, 48 % ou 70 % à avoir pantouflé. Avec toute l'hypocrisie que comportent ces chiffres.

La vraie question est la suivante : est-il normal que la plupart des inspecteurs, corps d'élite, effectuent la grande majorité de leur carrière hors de leur corps d'origine ? Qu'ils partent de plus en plus tôt, en profitant des réseaux qu'ils ont tissés dans l'État ? Est-il pertinent que des hauts fonctionnaires, recrutés sur des critères précis, occupent autant de postes clés dans le secteur privé ? Est-il normal que l'école chargée de former tous les fonctionnaires accepte cette hypocrisie ? La question est, paraît-il, vaine.

Dans l'esprit de la génération des 25-50 ans, cette distinction privé-public est obsolète. Tout simplement. Et la désertion croissante du service, un faux problème. « Les inspecteurs des Finances ont bénéficié d'une formation qui les destine à être les cadres dirigeants du pays. Comme les polytechniciens. Que ce soit dans le privé ou le public, quelle importance ? » affirme Guillaume Hannezo.

Ces cadres d'une « essence supérieure » sont d'ailleurs intimement persuadés de leur supériorité. Ils se trouvent formidables. Ce qui à leurs yeux justifie tout, y compris les parachutages les plus rocambolesques, comme celui de Jean-Marie Messier. Ils sont encore très nombreux à penser, au sein de la caste, que si les politiques ne l'avaient pas empêché de vendre Vivendi Environnement, il aurait réussi. Ont-ils seulement regardé les chiffres ? Ont-ils essayé de comprendre la réalité ? Dans le même esprit, des graphiques circulent au sein de la haute administration, démontrant que Michel Bon aurait réussi si France Télécom avait été une entreprise privée ! Avec des si...

L'ancien patron du Crédit lyonnais, Jean-Yves Haberer, eut ce mot célèbre, à propos de son successeur, Jean Peyrelevade, polytechnicien : « Il manque à la culture de Peyrelevade d'être passé par l'inspection ! » Jean-Michel Bloch-Lainé reconnaît : « Sortir dans la botte, cela exige de beaucoup travailler. Il faut surtout une très forte motivation. Il y a certainement une part de loterie dans le rang de sortie. Mais à l'arrivée, il y a tout de même deux chances sur trois que le sélectionné ait un QI supérieur à la moyenne. Il serait faux de croire que ce système ne promeut que des imbéciles savants. »

D'une autre génération, François Villeroy de Galhau, qui a vu les rangs des inspecteurs s'éclaircir à Bercy, affiche une humilité peu habituelle : « L'important, dit-il, c'est la qualité de l'homme et il faut que le profil du haut fonctionnaire soit adapté à la mission qui lui est confiée. Qu'importe que ce soit un inspecteur ou un administrateur civil. » L'élite de l'élite a besoin des supplétifs que sont les administrateurs civils. Ils sont devenus plus aimables.

Dans cet univers ultracompétitif, le service de l'inspection est un monde à part. Les vrais inspecteurs y font dans la discrétion le travail d'audit et de vérification, rédigent les fameux rapports sur toute une série de sujets sensibles. Sur le fonctionnement d'organismes publics comme la Datar ou l'Agence France Presse, sur des politiques publiques, comme le RMI, le plan câble ou l'allocation adultes handicapés, sur la réorganisation de la Direction des constructions navales, sur la réforme des chambres de commerce et d'industrie, sur les tribunaux de commerce, sur le coût de la gestion des principaux impôts, les zones franches en Corse, le prêt à taux zéro, le problème des bananes aux Antilles, la défiscalisation des investissements outre-mer. Des rapports qui restent confidentiels, contrairement à ceux de la Cour des comptes qui, eux, sont immédiatement reproduits dans la presse.

À l'inspection on travaille en solo, et on cultive l'art du secret. Il est vrai que les missions sont très sensibles ; commandées par le ministre, elles servent souvent à déminer des situations critiques. Elles mettent souvent en jeu des intérêts financiers colossaux. Et démantèlent parfois des systèmes de corruption effrayants. Comme ce fut le cas de la mission confiée à André Barilari, ancien directeur des Impôts, qui est allé inspecter la caisse régionale du Crédit agricole en Corse, en 1998, au lendemain de l'assassinat du préfet Claude Érignac. Les membres de la brigade qui a été envoyée sur place ont été menacés de mort. En dénonçant les combines locales, ils ont fait preuve d'un courage exemplaire. Ce sont ces inspecteurs-là qui permettent à l'institution d'exister, de perdurer. Et pourtant, ils sont loin de jouir de l'aura que confèrent le titre et la fonction. Ce sont les soutiers du système.

Mais par qui ces missions de contrôle et d'audit, qu'on peut considérer comme essentielles, sont-elles exercées ? Par les « vieux », les inspecteurs généraux des Finances, qui sont en fin de carrière. Par les tout jeunes qui débutent. Et par ceux qui sont en transit à l'inspection, entre deux jobs. L'IGF intra muros est à la fois une pépinière pour futurs dirigeants et un cimetière d'éléphants.

La pyramide des âges du service est éloquente. La moitié des effectifs du service se compose d'inspecteurs généraux qui ont plus de 45 ans. Or, de l'avis général, « un inspecteur général ne fait rien ». Il y a des exceptions. Ils sont un certain nombre à fournir d'excellents rapports. Thierry Bert affirme que tous font un travail formidable, mais, de leur propre aveu, il n'y a pas toujours assez de missions « intéressantes » pour les occuper tous. L'ennui guette. Ils se languissent. Espèrent encore quelques hochets de la République. La Légion d'honneur, ou, mieux encore, les Palmes académiques. Ils écrivent. Ils président des organismes publics comme l'Établissement public de la Défense ou l'Institut Pasteur. Ils sont conseillers municipaux, conseillers généraux, membres des conseils d'administration d'établissements publics... « On y exerce une sorte de profession libérale, avec des centres d'intérêt divers », témoigne l'un d'eux. Chacun s'occupe à sa façon. Professeur, président d'association, membre de clubs de réflexion... Certains ont su à merveille utiliser ce cadre pour se consacrer à des activités qui les passionnent. Bruno Durieux est accaparé par sa présidence du Comité national des conseillers du commerce extérieur de la France. Il est en même temps maire de Grignan. Pierre-Alain Muet est adjoint au maire de Lyon, professeur, éditeur. François Léotard a pu écrire ses Mémoires.

Là encore, mieux vaut finir sa carrière ailleurs, dans un poste quelconque plutôt qu'à l'inspection. Se faire héberger par une banque, afin de disposer d'un bureau, d'un téléphone et être consulté sur certains dossiers. Et heureux qui, comme Robert Lion, peut par exemple décrocher la présidence d'un organisme d'État comme l'Association française d'action artistique, l'Afaa, une officine dépendant à la fois du ministère de la Culture et du Quai d'Orsay, qui a pour mission de développer les échanges culturels internationaux et aide au développement, dans le domaine des arts. Évidemment Robert Lion, 70 ans, ancien président de la Caisse des dépôts, était l'homme de la situation.

Les inspecteurs généraux ont tout de même quelques astreintes. Outre leur rôle d'encadrement des jeunes, ils ont des responsabilités particulières. L'administration des finances est organisée en divisions territoriales. Chacun a la responsabilité d'une zone géographique. Ce sont eux qui supervisent les missions de contrôle exécutées dans ces différentes zones. Ils sont également responsables de divisions spéciales, c'est-à-dire du contrôle par secteur. Jean-Baptiste de Foucauld, par exemple, est responsable de la Justice, Jean-Claude Hirel de l'Équipement, Michel Delahousse des Affaires sociales.

L'ensemble des inspecteurs généraux forme un conseil, nommé Cogex, qui se réunit une fois par mois pour discuter des missions en cours. Pour tenter de donner une cohérence au travail fourni qui, bien souvent, est malheureusement « classé verticalement » pour reprendre leur expression, car les solutions préconisées dérangent. Ou sont trop risquées politiquement.

Leurs conditions de travail sont honorables. Ils disposent d'un bureau, d'une secrétaire, ou le plus souvent d'une demi-secrétaire. Leur traitement est très correct, 9 000 euros par mois, primes comprises. Mais très inférieur à ce que leurs camarades touchent dans le privé. D'autant que les primes représentent la moitié de leur traitement. Un mode de rémunération qui permet à l'État d'économiser la moitié des charges sociales et qui maintient une forte dépendance. C'est plus difficile de démissionner en cas de désaccord quand la moitié de vos revenus proviennent de primes. À la retraite, leur « taux de remplacement » n'est donc que de 30 ou 40 %.

Ces primes sont d'ailleurs l'objet de querelles sourdes. Elles sont distribuées par le chef de service de manière totalement opaque, ce qui suscite bien des jalousies et des suspicions.

Les inspecteurs jouissent d'une autre prérogative appréciable qui s'applique à tous les grands corps et aux professeurs agrégés : ils peuvent poursuivre leur activité jusqu'à l'âge de 68 ans, voire plus s'ils ont eu un grand nombre d'enfants, soit bien au-delà de l'âge légal de mise à la retraite.

Mais ce dont souffrent le plus ces hommes qui ont été habitués à un certain décorum, qui ont eu des voitures avec chauffeur, des salles à manger, c'est le train de vie très modeste de ce service. Lorsqu'ils font des déplacements, la nuitée est remboursée 38,11 euros, le repas, 15,25 euros. Ils n'ont aucune note de frais. Pas de voiture de service contrairement à un commissaire de police ou à un trésorier-payeur général. Cette absence de signes extérieurs de pouvoir, ou même de simple confort, renforce le complexe d'infériorité. Ou une certaine amertume. « C'est une vie très austère, s'offusque un inspecteur général qui a trouvé refuge dans un organisme d'État et dispose donc – outil indispensable – d'une salle à manger. Ils ont beaucoup moins de moyens que dans une direction ou dans un ministère. On pourrait au moins leur donner une voiture, des notes de frais. »

À l'autre bout de la pyramide des âges, une vingtaine de jeunes qui ont moins de 35 ans. Soit 30 % des effectifs. La plupart d'entre eux effectuent leurs quatre années obligatoires de « tournée » d'inspection. Ce sont eux qui triment. Ils sont jeunes et corvéables à merci. Durant cette période de formation, ils n'ont pas le droit de quitter le service de l'État, sauf à rembourser la totalité des frais de scolarité de l'Ena. Et on n'abandonne pas, si près du but, le fruit de tant d'années d'efforts et de privations, car c'est durant ces quatre années que s'acquièrent les compétences, se nouent les vraies complicités et se décide l'entrée dans la carrière. Ce type de défection est rarissime.

Cette pyramide des âges est évidemment ingérable. Aucun groupe social ne peut fonctionner de manière cohérente avec un trou béant dans la catégorie des 35-50 ans. Et ce trou ne cesse de s'élargir. « Il y a d'un côté les jeunes de la "tournée" qui ont entre 25 et 35 ans. C'est souvent leur première expérience professionnelle. Et puis, de l'autre, les vieux schnocks comme nous, explique François Cailleteau, inspecteur général. Les jeunes sont plus jeunes que mes enfants, ils vivent leur vie, ils sont encadrés par le chef de service. Il y a un vrai gap culturel. » « Quand je suis retourné pour un an à l'inspection, en 2001, explique Guillaume Cerutti, aujourd'hui directeur de cabinet du ministre de la Culture, j'étais le seul de ma génération. Il n'y avait pas un seul inspecteur entre 35 et 40 ans. »

Mais le plus étonnant, quand on regarde la composition de cette inspection « militante », c'est le poids des inspecteurs nommés au tour extérieur. Les TE représentent 25 % des effectifs totaux ; ils constituent plus de 40 % des effectifs du service de l'IGF.

C'est Valéry Giscard d'Estaing qui, en 1973, a introduit le principe du tour extérieur à l'inspection. Et la première personne à avoir bénéficié de cette ouverture, fut... une femme : Nicole Briot.

Depuis cette date, l'inspection recrute donc au tour extérieur des fonctionnaires qui ont au moins dix ans d'ancienneté, au grade d'inspecteurs adjoints, selon une procédure très codifiée. Présélection sur dossier, passage devant un jury. Quel que soit leur âge, ils démarrent au bas de l'échelle. Ils sont soumis au régime des quatre années d'inspection, comme les jeunes issus du concours de l'Ena. Ce sont des inspecteurs des Finances de second rang. Ce n'est pas indiqué de manière explicite dans l'annuaire, mais à la case « promotion, ou année d'entrée dans les cadres », il y a deux dates, alors que pour les autres, les vrais, il est juste mentionné l'année d'entrée à l'inspection, ou plutôt de sortie de l'Ena. Cela s'appelle la « reconstitution de carrière ». Subtil. Et puis, on les identifie tout de suite, car ils sont plus âgés.

Ces fonctionnaires venus d'horizons divers sont très bien accueillis dans le service et y sont plutôt heureux, mais ces inspecteurs au rabais ne monteront pas dans le spoutnik. La plupart d'entre eux n'en ont d'ailleurs pas la prétention. Ils sont plus âgés, n'ont pas côtoyé les mêmes professeurs à l'Ena ou à Sciences po, ils n'ont pas la même tournure d'esprit. Ils sont souvent beaucoup moins brillants, ou, disons, moins sûrs d'eux que leurs cadets. Ils ne sont pas faits de la même étoffe que les grands fauves. Ils ne sont pas destinés aux grandes carrières. Ils sont la caution républicaine et égalitaire d'un corps qui pratique l'élitisme et la sélection jusqu'à l'obsession. Ce qui ne veut pas dire qu'ils soient moins compétents. Ou qu'ils connaissent moins bien l'administration. Bien au contraire.

Quelque dix ans plus tard, en 1984, François Mitterrand a demandé à son conseiller Michel Charasse de réfléchir à un autre type de tour extérieur pour casser ce système encore trop fermé et opaque à son goût. Les inspecteurs recrutés au tour extérieur sous Giscard étaient en effet en majorité des énarques. Le TE était une sorte de seconde chance, de séance de rattrapage. Le président veut apporter un peu d'air frais, mélanger les origines. Placer ses hommes, aussi, on imagine. Et c'est ainsi que Michel Charasse met en place un tour extérieur au grade d'inspecteur général. C'est-à-dire en haut de l'échelle. Ce qui fut fait. Pas seulement pour les finances, mais pour toutes les inspections générales de tous les ministères. « Ils étaient dans une rage folle », raconte Charasse. Un certain nombre de camarades y ont vu, à l'époque, la volonté d'étrangler, d'abaisser ce corps d'élite par des nominations politiques. Forcément, ce sang impur allait ternir leur aura. La loi fut votée en 1986 et les décrets signés en 1987.

Ces nominations sont discrétionnaires. La loi a tout de même prévu un jury – composé de membres du corps –, chargé de donner un avis. Avis qui, s'il est défavorable, peut être publié au *Journal officiel*, en même temps que la nomination.

Chaque année donc, l'Élysée et Matignon disposent d'un quota de nominations au tour extérieur au grade d'inspecteur général, pour remercier leurs serviteurs. En leur donnant ce titre, le pouvoir les anoblit et leur assure une rente. Ce fut le cas de l'ancien ministre des Finances, Christian Sautter, de l'ancien conseiller de Lionel Jospin, Pierre-Alain Muet, de l'ancien commissaire au Plan Henri Guillaume, de André Barilari, administrateur civil aux Impôts, où il a fait toute sa carrière et dont il fut directeur. C'est un peu la « noblesse d'Empire » du corps. Il existe une autre espèce d'inspecteurs des Finances : ceux qui sont en service extraordinaire. Ils viennent en renfort à l'IGF pour une durée de cinq ans. L'ancien ministre de la Santé, puis du Commerce extérieur de Raymond Barre, Bruno Durieux, est inspecteur des Finances en service extraordinaire.

Ces nominations donnent parfois lieu à des bagarres édifiantes, car les places sont rares et très courues. Ainsi, en 2001, un certain nombre d'inspecteurs des Finances, dont Jean-Claude Trichet, militent en faveur de la nomination d'Anne Le Lorier. Son profil correspond tout à fait aux exigences de la fonction. Administrateur civil au Trésor, comme on dit, ce qui n'a rien à voir avec administrateur civil tout court, ancienne conseillère pour les affaires économiques d'Edouard Balladur à Matignon en 1993, elle est chef de service au Trésor. Un décret est même pris afin d'abaisser à 45 ans l'âge requis pour être nommé inspecteur général des Finances au tour extérieur, car la postulante n'a pas les 55 ans requis.

Mais Jacques Chirac ne doit rien à Anne Le Lorier. Il veut caser ses serviteurs. Il propose Rémy Chardon, un de ses anciens directeurs de cabinet à la mairie de Paris et (surtout) président du tunnel du Mont-Blanc au moment du drame. Une instruction est toujours en cours. Le chef de l'IGF fait savoir que son avis serait défavorable. L'Élysée n'insiste pas et saisit cette opportunité pour faire une fleur à François Léotard – on parle joliment de « plaçou » – afin qu'il contribue au ralliement de l'UDF à l'UMP. L'inspection pousse un « ouf » de soulagement. Certes, Léotard est toujours en instance de jugement dans l'affaire du financement du Parti républicain et de l'achat de son siège, mais, aux yeux de l'inspection, ce mis en examen avait « plus de hauteur de vue ». On peut être courageux et refuser Chardon, mais de là à être téméraire !

C'est finalement Dominique Marcel, l'ancien directeur adjoint de cabinet de Lionel Jospin, qui profitera de cet abaissement de l'âge et sera le plus jeune inspecteur général nommé au tour extérieur.

Ces inspecteurs généraux apportent un peu de sang neuf. Ils ont une expérience différente, souvent une solide connaissance de l'administration. Ils ont évolué dans d'autres milieux. Mais la plupart rêvent exactement comme les autres, de faire carrière ailleurs. Mais pour eux, c'est plus difficile. On ne compte aucun tour extérieur au sommet de la hiérarchie du Cac 40. Et Jacques-Henri David, qui a accédé à la présidence d'une banque, était polytechnicien avant d'être admis au TE.

Alain Cadiou a débuté sa carrière comme inspecteur des Impôts. Originaire d'Arras, issu d'un milieu modeste, il est recruté à 19 ans comme auxiliaire des Impôts dans le Pas-de-Calais. Cela lui permet de poursuivre ses études de droit et, peu à peu, de grimper les échelons. En 1978, il atteint le grade d'inspecteur principal des Impôts. Il est affecté au service du contentieux. En 1980, il est recruté au cabinet du ministre du Budget, Maurice Papon, sur la recommandation du directeur des Impôts de l'époque, Philippe Rouvillois. En 1981, le ministre du Budget, Laurent Fabius, cherche quelques collaborateurs expérimentés. Rouvillois, qui connaît bien son directeur de cabinet, un certain Louis Schweitzer, lui recommande Cadiou. Et Cadiou passe donc du cabinet de Papon à celui de Fabius.

En 1984, Fabius quitte la rue de Rivoli pour Matignon. Cadiou est sur la touche. Pierre Bilger, le futur patron d'Alstom, qui fut son directeur de cabinet chez Papon, et Louis Schweizer l'encouragent à présenter sa candidature au tour extérieur. Il entre donc à l'inspection en 1984. Le saint des saints. « La hantise des inspecteurs des Impôts est d'être inspecté par un inspecteur des Finances », raconte-t-il amusé. Mais il a 37 ans, les autres inspecteurs de la « tournée » ont entre 24 et 28 ans. Certains sont bardés de diplômes. François de Villeroy de Galhau et Jean-Baptiste Toulouse ont fait l'X, Benoît de Juvigny et Henri de Castries HEC, Jean-Marc Forneri a une maîtrise de droit privé, Nathalie Coppinger une agrégation d'histoire. « Je souffrais d'un complexe d'infériorité », raconte-t-il.

À la fin des quatre années de « tournée », il est nommé chef du service du budget, des affaires financières et des participations de France Télécom. Il succède à ce poste à un autre inspecteur qu'il a connu à la tournée, Nicolas Duhamel. En 1990, il pantoufle comme directeur central à la banque Hervet dirigée par un autre inspecteur des Finances fabiusien, qu'il a connu au Budget : Patrick Careil. Puis il prend la direction des Douanes avant de revenir à la banque. Une belle carrière, réalisée grâce à des appuis politiques notamment. Mais Cadiou n'avait aucune chance d'accéder au sommet de la hiérarchie.

Maurice Sissoko, 37 ans, d'origine antillaise, s'est fait remarquer lorsqu'il était inspecteur vérificateur au service des enquêtes fiscales, la « crème » de la direction générale des Impôts. Il est entré à l'inspection en 1997 par le tour extérieur. Il effectue, au dire de Thierry Bert, un travail remarquable. Mais on ne lui a fait aucune proposition, ni dans l'administration, ni dans le privé.

Jean-Luc Mercadié, 46 ans, lui, n'avait même pas son Bac quand il est entré aux Impôts. Il a commencé comme agent de catégorie 8 : il classait les fiches. Il a passé son Bac, les concours internes. Catégorie B. Catégorie A. Devenu inspecteur principal, il est remarqué par le directeur des Impôts, Jean Lemierre, qui le trouve particulièrement accrocheur. Il le prend d'ailleurs comme conseil sur des dossiers délicats, tels ceux de Tapie, Aznavour. En 1992, il lui suggère de se présenter à l'inspection. Thierry Bert en fait son adjoint. Et lui trouve un poste d'« active » : directeur général des services de la Région Aquitaine. Une très belle carrière pour un homme qui a commencé au bas de l'échelle. Mais dont aucun oligarque sorti dans la botte ne se satisferait. Il est la preuve vivante qu'on peut recruter d'excellents fonctionnaires sans passer par le rite motifère du concours.

En vérité, la plupart des tours extérieurs démarrent leur carrière trop tard. Et quand une entreprise, un cabinet, une administration recrutent un inspecteur, ils prennent ceux qui sont jugés les meilleurs, les bêtes à concours arrivées en tête du classement.

Même ceux qui sont propulsés à l'inspection à un âge déjà avancé, avec le titre très prestigieux d'inspecteur général des Finances, rêvent de quitter le service. À peine nommé, François Léotard était candidat à la présidence du Centre Pompidou, puis il a postulé au poste de conservateur du château de Versailles. En vain. Dominique Marcel, lui, est « sorti » de l'Ena comme administrateur civil. Après un passage au Trésor, il entre au cabinet d'Édith Cresson sur la recommandation de Jean-Claude Trichet, puis aux cabinets de Michel Sapin, de François Mitterrand, de Martine Aubry, et enfin de Lionel Jospin, comme directeur de cabinet adjoint, de 2000 à 2002. Tant d'années de bons et loyaux services valent bien une récompense. Il est nommé au tour extérieur. Un peu plus d'un an plus tard, il entre à la Caisse des dépôts. L'inspection n'est décidément pas une vocation. Juste une carte de visite.

Un simple coup d'œil sur six promotions d'inspecteurs des Finances qui ont aujourd'hui entre 45 et 55 ans montre le décalage entre l'inspection « militante » et ceux qui ont fait carrière. C'est un monde (voir encadré, page suivante). Les salaires varient de un à vingt. Sans compter le statut social. Le président de BNP-Paribas ou le directeur de Cap Gemini font partie du tout Paris qui se retrouve aux galas à l'Opéra, qui est invité aux visites privées des grandes expositions sponsorisées par Arnault ou Pinault, qui fréquente l'été les festivals d'Aix et d'Avignon. Les inspecteurs de l'IGF, eux, se voient proposer des places de théâtre ou d'Opéra à tarif préférentiel par l'association des membres de l'inspection, prennent le métro, et déjeunent dans des petits bistros de quartier. Les premiers inspirent l'envie, les seconds, une certaine condescendance.

PROMOTION 1976.

Michel de Rosen. 52 ans. P-DG d'une compagnie pharmaceutique américaine.
Jean-Charles Naouri. 54 ans. P-DG d'Euris, de Casino.
Baudouin Prot. 52 ans. P-DG de BNP-Paribas.
Patrick Werner. 53 ans. Directeur général délégué à La Poste.
Jean Lemierre. 53 ans. Président de la Banque européenne pour la reconstruction et le développement.
Joël Rochard. 62 ans. TE. IGF.

PROMOTION 1977.

Jean-Pascal Beaufret. 52 ans. Directeur financier du groupe Alcatel.
Alain Madec. 56 ans. Total Fina Elf à Londres.
Patrice Vial. 55 ans. Gérant de Innoval.
Yves Mansion. 52 ans. P-DG de la Société foncière lyonnaise.
Philip Dane. 52 ans. IGF.
Jean-Pierre Leclerc. 64 ans. TE. Directeur général du groupe Hervet.

PROMOTION 1978.

François Jaclot. 54 ans. *Chief financial officer* d'Interbrew, numéro 3 mondial de la bière.
Jean-Marc Espalioux. 51 ans. P-DG d'Accor.
Pierre Blayau. 53 ans. P-DG de Géodis.
Paul-Marie Chavanne. 52 ans. P-DG de Géopost.
Véronique Hespel. 52 ans. IGF.

Francis Lemor. 62 ans. TE. Président de Staf-TFE.

PROMOTION 1979.

Charles-Henri Filippi. 51 ans. Président du CCF.

Michel Jacob. 52 ans. A rejoint une holding financière créée par un autre inspecteur : Toulouse et associés.

Philippe Aube-Martin. 52 ans. Président d'Auxiliaire Finance SA.

Robert de Metz. 52 ans. Directeur des cessions acquisitions chez Vivendi.

Philippe Villin. 49 ans. Vient de quitter Lehman Brothers.

Jean Cedelle. T E. 57 ans. Chef de l'inspection au Crédit lyonnais.

PROMOTION 1980.

Loïc Armand. 52 ans. Directeur des relations extérieures de L'Oréal.

Jean-Jacques Augier. 50 ans. P-DG d'Eurane.

Frédérique Bredin. 47 ans. Directeur de la stratégie et du développement chez Lagardère.

Henri de Castries. 49 ans. Président du directoire d'Axa.

Nicolas Duhamel. 50 ans. Directeur financier à La Poste.

Jean-Pierre Jouyet. 49 ans. Directeur du Trésor.

Jean-Baptise de Foucauld. 60 ans. T E. IGF.

Gerard Barbot. 57 ans. T E. Directeur Caisse des dépôts.

PROMOTION 1981.

Laurent Perpère. 52 ans. Consultant chez Brunschwig.

Stanislas Cozon. 46 ans. Directeur de Cap Gemini Ernst & Young.

Gilles Denoyel. 49 ans. Directeur général adjoint au CCF.

Olivier Mallet. 47 ans. Directeur financier chez Pechiney.

Pierre Fleuriot. 49 ans. Président d'ABN Amro.

Alexandre Jevakhoff. 51 ans. Conseiller pour les affaires économiques et financières au cabinet de Michèle Alliot-Marie.

Noël de Saint-Pulgent. 55 ans. T E. IGF.

On pourrait poursuivre avec les promotions suivantes. C'est encore plus flagrant. On ne quitte plus le service de l'État à 50 ans, ni à 40 ans, mais à 30. Bertrand Badré, 35 ans, est chez Lazard ; Étienne Barel, 35 ans, et Julien Carmona, 33 ans, à la BNP ; Pierre-Yves Bonnet, 36 ans, à la Société générale ; Louis-Roch Burgard, 34 ans, chez Vinci ; Alain Demarolle, 37 ans, chez Shroder Salomon Smith Barney ; Pierre-François Gouiffés, 37 ans, chez Thomson ; Anne-Gabrielle Heilbronner-Lahoud, 34 ans, chez Euris ; Alexandre Joly, 32 ans, chez Suez ; Olivier Le Gall, 39 ans, chez PM Partners ; Élisabeth Lulin, 37 ans, chez Paradigmes ; Olivier Sichel, 36 ans, P-DG de Wanadoo ; François Véron, 34 ans, chez Cita Gestion. On compte, certes, encore quelques jeunes à l'inspection, une demi-douzaine dans les cabinets ministériels, trois à la Commission européenne, trois dans l'administration des Finances. Mais pour eux, l'avenir, c'est clair, est dans le privé.

Comment asseoir l'autorité d'un service qui vit à l'ombre d'élites choyées, propulsées au sommet, dans les affaires, qui gagnent dix fois plus que leurs camarades ? Comment maintenir un minimum de règles ? Comment ne pas être happé par les intérêts privés ? C'est quasiment un miracle que le service – le vrai, celui qui remplit sa tâche d'inspection – ait gardé sa réputation et sa rigueur, alors que les défroqués ont largement adhéré à la morale souple des affaires.

Thierry Bert ne pèse d'ailleurs pas d'un très grand poids comparé aux parrains[1] du système qui sont régulièrement consultés pour les nominations et qui peuvent d'un coup de téléphone débloquer un dossier. « Il a juste le pouvoir de distribuer les primes, attribuer les bureaux et affecter les secrétaires », raille-t-on dans les allées du pouvoir. Ce qui est évidemment faux.

Thierry Bert s'échine à moderniser le service. Il tente de le faire évoluer. Il effectue un suivi rigoureux des rapports. Il s'est battu pour qu'on n'ampute pas les effectifs de l'inspection. Il s'efforce aussi d'inculquer aux jeunes le goût de l'État.

1. Voir note p. 235.

Mais la réalité est là : le manque de considération pour le service – dont on vante pourtant les travaux – rejaillit sur le chef de service. D'autant que, sur le plan administratif, il n'est pas grand-chose. « À la différence du Conseil d'État ou de la Cour des comptes, dit-il lui-même, l'inspection n'est pas réellement un grand corps. Elle fonctionne comme un grand corps, mais c'est juste un service. Quand le vice-président du Conseil d'État[1], ou le premier président de la Cour des comptes prennent la parole, ils ont un poids que n'a pas le chef de l'inspection des Finances. »

Lui aussi, face aux réussites de ses camarades entrés dans les affaires, finit par être victime du complexe de l'inspection militante. Il lui arrive de douter. De s'interroger. Mais il n'est pas en position de condamner vigoureusement un système qui permet d'attirer les plus brillants éléments dans les filets de l'inspection. En 1988, quand Walter Butler, sortant du cabinet de François Léotard, décide de pantoufler chez Goldman Sachs, le chef de l'inspection de l'époque, Dominique Lewandowski, lui avait dit : « L'inspection a été faite pour contrôler le monde des affaires, pas pour en faire partie. » En 2001, dans la revue du ministère, *Échanges et contact*, pour le bicentenaire de l'inspection, Butler avait été mis à l'honneur avec six autres inspecteurs. Butler, *money maker*, démissionnaire de l'inspection, membre du très sélect club Reflet. Lui-même n'en revenait pas.

Pourtant, quand on regarde le travail effectué par l'inspection, on éprouve un sentiment d'admiration et de soulagement. Voilà au moins une administration efficace, honnête, utile. Outre les tâches classiques de contrôle, les fameuses « tournées », qui permettent non seulement de prévenir toute fraude, mais de faire remonter beaucoup de précieuses informations sur la qualité des hommes en poste, sur des directives qui sont mal interprétées, sur le fonctionnement de certains organismes, l'inspection fournit le plus souvent

1. C'est le Premier ministre qui assure la présidence purement formelle du Conseil d'État.

un travail d'audit de grande qualité. Et salutaire. D'autant que, à la différence de la Cour des comptes, qui travaille sur pièces, l'inspection réalise ses enquêtes sur place. Ce qui permet un travail beaucoup plus approfondi.

C'est ainsi qu'en 1996, grâce à une mission sur les conditions de gestion et de cession des actifs du CDR, l'organisme de défaisance du Crédit lyonnais, Véronique Hespel a réussi à faire passer le prix de vente de la participation du CDR dans Artémis de 1 à 2 milliards de francs. C'est peut-être insuffisant par rapport à l'évaluation faite « off » par certains, qui était de 6 milliards, mais c'est courageux. Et cela ne lui a pas valu que des amis. À l'issue de cette mission, réalisée de manière collective, elle avait rédigé une note de synthèse à destination du ministre, comme le veut l'usage, assortie d'un autre document, strictement confidentiel, adressé également à Dominique Strauss-Kahn, sur papier non photocopiable. Elle l'alertait sur les risques d'Executive Life. « Je disais noir sur blanc ce que tout le monde savait. » Sauf que tout le monde préférait ne rien savoir plutôt que de faire face. Toujours le coup du mistigri qu'on refile au suivant. Ce document est aujourd'hui entre les mains de la Justice américaine, qui y voit la preuve que l'administration française était au courant des modalités de l'opération et de ses risques.

Déjà en 1992, à l'UAP, Véronique Hespel avait dit tout haut que la banque Worms allait dans le mur. Cela n'avait pas plu. À la première incartade, elle a dû faire ses valises. Son courage, sa franchise, sa rectitude dérangent. On dit d'elle qu'elle a mauvais caractère, qu'elle est ingérable.

Promise à un brillant avenir, passée par le cabinet de Delors, aujourd'hui, Véronique Hespel, qui a démissionné du Plan au lendemain de la nomination du philosophe Alain Etchegoyen, se morfond à l'inspection. On lui a confié un rapport sur « la jauge des navires ». Rien de bien excitant. Il se trouve qu'une trentaine de fonctionnaires sont affectés, aux Douanes, au calcul des jauges des navires. C'est évidemment beaucoup trop. Mais avant de réformer quoi que ce soit, le ministre a commandé une mission commune à un contrôleur d'État, un ingénieur des Mines et un inspecteur des Finances. Ces trois hauts fonctionnaires, payés près de 10 000 euros par mois, ont six mois pour conduire cette mission essentielle !

Loin d'être devenue un élément phare du corps, elle est perçue comme une gêneuse, une marginale. La faute à un certain machisme ? « Non, explique-t-elle. L'administration est beaucoup moins machiste que l'entreprise. Mais je crois surtout que je n'ai pas joué le jeu à 100 %. À 30 ans, le sujet majeur de ma vie, c'était d'adopter des enfants. Les réunions à 10 heures du soir, le week-end, j'ai dit non. » Et puis c'est vrai, à l'inspection, on cultive le contrôle de soi, toute émotivité est bannie, il ne faut jamais afficher ses divergences. Véronique Hespel a gardé un franc parler qui n'est pas de bon aloi dans ce temple de la haute administration.

Un de ses camarades affirme : « Cette affaire du CDR mettait en cause un grand nombre d'inspecteurs des Finances. Trichet, Beaufret, Haberer, mais aussi Pierre Gisserot, l'ancien chef de l'IGF, qui a été cinq ans administrateur du Lyonnais et n'a jamais rien dit non plus sur les dérives. Loin de valoriser le travail de Véronique Hespel, l'inspection a minimisé la gravité des faits. Et s'est débarrassée de cet inspecteur courageux en l'envoyant au Plan. D'une certaine manière, l'IGF a contribué à étouffer l'affaire. »

Lors de ses vœux, début 2004, Thierry Bert, évoquant les scandales de 2003 – Enron, Worldcom, Parmalat –, s'indignait de la façon dont auditeurs, commissaires aux comptes, comptables avaient fermé les yeux sur des bilans truqués, des fausses factures, des ventes fictives... « N'ont-ils rien vu ? Ou n'ont-ils, comme ils disent, rien vu parce qu'on leur cachait tout ? Et pourquoi acceptaient-ils qu'on leur cache tout ? » Et d'ajouter : « Les mêmes difficultés sont connues dans le secteur public, qu'il s'agisse du secteur financier, qui maintenant n'est plus qu'un souvenir, ou de celui des services comme France Télécom. L'État, lui aussi, se demande parfois s'il faut voir ou non. Il est si facile de détourner son regard et de laisser un problème à son successeur, quand on est ministre, directeur d'administration centrale, qu'on a un temps d'activité limité et une carrière à faire... » On ne saurait mieux dire. Et Bert, de formuler le vœu que le service ait une perception claire, vraie et explicite de la réalité. Et parfois l'IGF a cette qualité.

En 1998, un rapport sur l'Ugap, le service d'achat de matériels et de mobiliers pour l'Éducation nationale et les Finances, réalisé par Jacques Bayle, a permis de relever des infractions graves. Du coup, la direction a été remerciée et des enquêtes judiciaires ont été ouvertes. En 1999, une enquête sur l'université de Lyon-II a conduit au remplacement de l'agent comptable.

Olivier Coustet, lors de son retour à l'inspection après quelques années passées au CCF puis chez Lagardère, estime que les opérations de restructuration qu'il a initiées ont fait rentrer dans les caisses de l'État 700 millions d'euros en quelques mois. Ce n'est pas rien.

En 1998, la dangereuse mission sur la caisse régionale du Crédit agricole de Corse, menée par l'ancien directeur des Impôts, André Barilari, a permis de démanteler un réseau de corruption. Le rapport relève nombre d'abus, comme la prise en charge par l'État des mensualités, par le biais de l'aide publique ; l'accord de prêts à des opérations non agricoles ; des détournements de fonds publics ; l'absence de politique de recouvrement, y compris à l'égard de gros épargnants. Cette mission a donné lieu à l'ouverture d'une enquête judiciaire et à 30 mises en examen. Le conseil d'administration de la caisse régionale a été suspendu. Mais la direction du Trésor n'a pas demandé le remboursement des aides indûment perçues. Quant à la justice, d'une extrême lenteur, elle tente de recueillir des preuves ! Tout est pourtant écrit dans le rapport de l'inspection. Hélas, en effet, nombre de ces rapports finissent dans les placards.

Ainsi, le rapport de Jean-Baptiste de Foucauld sur les tribunaux de commerce n'a pas eu les suites qu'on pouvait en attendre, compte tenu des nombreux dysfonctionnements signalés. Celui sur la chambre de commerce et d'industrie de

Dieppe avait conduit, en revanche, à la mise en examen et à l'incarcération de l'ancien président.

En 1998, un rapport de Jean-Luc Lépine sur l'AFP concluait à la faiblesse du pilotage de l'entreprise, à la nécessité de mettre en œuvre un plan stratégique. Depuis rien n'a changé. Et le président de l'AFP se débat tout seul avec des déficits chroniques.

En 1998, Un rapport de Pierre Lübeck a mis au jour la gestion « empirique » de l'Allocation aux adultes handicapés. L'inspection générale a proposé une restructuration. Aucune suite n'a été donnée.

En 1999, un rapport concluait au caractère non rentable de la redevance télé. Mais compte tenu de la mobilisation des personnels affectés aux centres de redevance, l'État, prudent, s'est contenté d'exiger un renforcement du contrôle des fraudes.

En 1999, un rapport de René Barbeyre sur RFO dénonçait un déficit chronique. Malgré cette mission qui dénonçait une gestion particulièrement calamiteuse, le président André-Michel Besse a été réélu par le CSA.

Parfois l'inspection sert de *think tank* informel au ministre. En 1998, elle avait fourni au ministre une étude comparative sur les différentes méthodes de recouvrement de l'impôt en Europe. En 1999, un rapport concluait à l'inefficacité et à l'irrégularité du programme de lutte contre les pollutions d'origine agricole. En 2000, dans le cadre de la réforme de la procédure budgétaire, l'inspection a beaucoup travaillé à la mise en place de systèmes de gestion de la performance. Un rapport de Jean-Baptiste de Foucauld sur l'épargne salariale a été suivi du vote d'une loi. En revanche, celui que Philippe Rouvillois a remis en 2000 au Premier ministre sur la simplification de la création d'entreprise est resté lettre morte.

En 1998, Bertrand Badré a conduit une mission sur la mutualisation des caisses d'épargne. Son rapport a servi de socle à une loi votée en 1999. C'est une mission d'audit de l'IGF qui permit d'aboutir au changement de statut de la Compagnie générale du Rhône. Tout le monde était d'accord pour ce changement de statut, mais il fallait trancher sur la façon de le faire.

Un très grand nombre de lois ont pour origine des rapports de l'inspection. De nombreux réseaux de corruption ou de fraude ont été débusqués par ses hommes. Et la démocratie a tout à gagner de ce travail d'information, de vérification, d'audit. Mais, focalisé sur son objectif primordial, la conquête du pouvoir, le corps ne s'est jamais préoccupé de mettre en valeur le rôle et le travail de l'inspection militante. Discrète, organisée comme une armée de l'ombre, celle-ci est aujourd'hui victime de la perte de crédit de cette caste qui s'est fourvoyée – à l'extérieur – dans les affaires. La tentation est grande en effet de transférer sur l'IGF les haines qu'ont suscitées les arrogants premiers de classe, durant des décennies.

Car la distinction entre les deux ordres, le clergé et les laïcs, est subtile. Qui fait la différence ? Et dans l'atmosphère délétère d'une inspection affaiblie, honnie, dont quelques figures se sont déshonorées, l'opprobre rejaillit sur ceux qui remplissent leur mission. Ils sont entraînés dans le maelström de la révolte de tous ceux qui réclament l'abolition de cette aristocratie d'État.

À l'instar des jésuites qui, à force de développer leur activité missionnaire, d'investir le monde séculier, de se mêler des intrigues des princes dont ils étaient devenus les confesseurs et les conseillers, ont concentré sur eux la haine et ont été expulsés de France, d'Espagne, du Portugal. La Compagnie de Jésus a même été purement et simplement supprimée par le pape Clément XIV en 1773. Avant d'être rétablie par Pie VII en 1814.

Or l'IGF, la vraie, est utile. Insuffisamment considérée. Elle a un savoir-faire qui est sous-utilisé. Là est le scandale. Elle peut, elle doit vivre. Autrement. Avec un mode de recrutement différent sans doute. Une réforme s'impose. Ceux qui ont grimpé, par le biais des concours internes, montrent plus d'attachement au service de l'État que ceux qui sont entrés par la voie glorieuse de l'Ena. Et ils ne sont pas moins capables de déceler les irrégularités, de traquer les incohérences, d'auditer les dépenses. Qu'on arrête de nous faire croire que le salut viendra de ceux qui ont su répéter à 20 ans, sans aucun recul, le cours de politique budgétaire enseigné par leur futur directeur. Loin de là. Qu'on arrête de prétendre que seuls des jeunes dressés à mordre peuvent exercer cette mission de contrôle essentielle et si rare dans notre démocratie. La course au pouvoir, à la promotion sociale a perverti ce corps indispensable. Michelet écrivait, à propos des jésuites justement : « L'éducation que donnent les jésuites cultive peut-être l'esprit, mais en brisant l'âme. On peut savoir beaucoup, et n'en pas moins être une âme morte : *Perinde ac cadaver*[1]. »

À l'heure où l'État tente une mutation historique en passant, grâce à la réforme de la procédure budgétaire, d'une culture de moyens à une culture d'objectifs, l'inspection générale des Finances pourrait servir cette ambition, dans toute sa puissance. Fût-ce au prix d'une autre mutation : qu'elle ne soit plus au service de l'exécutif, mais du Parlement. Forte de son expérience d'audit de grande qualité, elle y serait plus utile. Un corps de contrôle rattaché à l'exécutif est forcément bridé. Et en apportant son savoir faire au Parlement l'inspection couperait le lien incestueux qui l'unit au pouvoir exécutif, et économique.

Certains ont eu l'idée de transformer l'inspection en un organisme puissant comme le National Audit Office britannique. Le NAO, qui emploie 800 personnes, totalement indépendant du gouvernement, est chargé de contrôler et d'auditer toutes les dépenses publiques pour le compte du Parlement. Thierry Bert n'y est pas hostile. Bien au contraire. Cette transformation – radicale – donnerait une tout autre dimension au travail de l'inspection. Mais le monde politique est-il prêt à affronter de vraies responsabilités ?

---

1. *Perinde ac cadaver* : « Comme si tout était mort. » In *Introduction à l'histoire universelle.*

Chapitre 14

Une étoile morte ?

« L'homme de bien est impartial et vise à l'universel. L'homme de peu ignore l'universel, s'enferme dans le sectarisme. »

CONFUCIUS. Livre II, verset 14.

« L'inspection est une étoile morte, mais une étoile qui brille et qui brillera longtemps encore », disait François Bloch-Lainé. Dès 1962, celui qui avait porté l'inspection au firmament de sa puissance a compris que celle-ci serait affaiblie par la réforme constitutionnelle instaurant l'élection du président de la République au suffrage universel. La Ve République évoluerait inexorablement vers un régime présidentiel qui engendrerait le *spoil system* et affaiblirait la haute fonction publique. La libéralisation de l'économie, la désintégration de l'État, le comportement de certains prédateurs n'ont fait qu'aggraver ce déclin. Pour nombre d'inspecteurs, cette étoile est déjà morte. Elle ne survit que dans les esprits. Parce que c'est encore un mythe, un fantasme.

« Simple hystérésis[1] », affirme Philippe Jaffré. Pour Philippe Villin, libéral de choc, qui vient d'être écarté de

1. Hystérésis : retard de l'effet sur la cause dans le comportement des corps soumis à une action physique.

Lehman Brothers, la chose est entendue : « Le mécanisme de tri des élites change. Aujourd'hui, dans les entreprises, les inspecteurs sont en compétition avec des HEC. De toute façon, le secteur public est voué à disparaître. C'est un système moribond. » « Un livre sur l'inspection, c'est un avis de décès ? » s'est exclamé avec son humour habituel Gilles de Margerie. Issu de la promotion de 1983, ce normalien licencié en philosophie, agrégé de sciences sociales, inspecteur des Finances, a très vite bifurqué vers le privé, à la banque Rothschild, où l'avait introduit Jean-Charles Naouri. Puis, il a « fait du cabinet », selon l'expression usuelle, chez Roger Fauroux et chez Michel Rocard, tous deux inspecteurs. En 1992, il entre chez Lazard où il ne laissera pas un souvenir impérissable. Deux ans plus tard, il rentre comme directeur d'Indosuez Capital. En 1998, fusion oblige, il devient directeur financier, puis directeur général adjoint de Crédit agricole-Indosuez. Ce brillant pantoufleur prédit : « Dans dix ans, il y aura une crise de recrutement à l'Ena. X-Mines résistera mieux. C'est plus structuré. Pour l'inspection, on approche de la date de péremption. Marie-Françoise Bechtel, directrice de l'ENA de 2000 à 2002, a supprimé les stages en entreprise, les stages à l'étranger. Elle a été le fossoyeur de l'Ena. Yves Thibault de Silguy a proposé la suppression de l'accès direct aux grands corps. On va privilégier le concours interne en augmentant le poids des notes de stages. L'Ena va devenir une école des Impôts ! » Et d'enfoncer le clou : « La valeur de la rente a beaucoup décliné. Aujourd'hui, dans un pedigree, un passage par l'État n'est pas forcément favorable. À 17 ans, j'ai gagné l'équivalent du triathlon, en intégrant Normale. Entrer à l'inspection, c'était comme s'attaquer au 110 mètres haies ! Jusqu'en 1980, il y avait une logique à se diriger vers l'Ena. L'État était puissant. Ce n'est plus le cas aujourd'hui. Les jeunes préfèrent se former chez Ernst & Young ou chez Merrill Lynch. Cela ne se voit pas encore. Le système scolaire évolue plus lentement que la réalité. Être inspecteur des Finances, cela fait gagner cinq minutes parce qu'on est tout de suite identifié. Mais c'est tout. Il vaut mieux avoir les réseaux de McKinsey. Le système est déjà mort. Dans dix ans, les bons ne feront plus l'Ena ! »

Cette inspection-là, celle des rentes de situation et de la conquête arrogante des conseils d'administration et des présidences, n'est pas encore tout à fait morte, puisqu'elle est encore très largement aux affaires. Et qu'elle continue de recruter. La question est de savoir si la source va se tarir. Il est évident que l'inspection qui donnait avec certitude l'assurance de faire carrière au Crédit lyonnais, au Comptoir des entrepreneurs, aux Agf, ou au Crédit foncier est en voie d'extinction. Comme est morte l'inspection de Bloch-Lainé, de la toute-puissance étatique. Le schéma désastreux des trente dernières années où les inspecteurs étaient parachutés aux postes de commande a fait long feu. Aujourd'hui – à de rares exceptions – l'État n'est plus en mesure de propulser ses cracks à la tête des entreprises. Il ne peut plus assurer leurs arrières. Il n'en a plus les moyens.

Fini le temps où l'on pouvait recaser d'un claquement de doigts un camarade en difficulté. Ainsi, en 1986 Jean Weber, qui était P-DG de Pasteur-Vaccins au moment de l'affaire du sang contaminé, a été catapulté à la direction des Douanes – avant d'obtenir la présidence du Crédit industriel d'Alsace-Lorraine. Dans une telle situation, un civil – au sens de simple citoyen de la société civile – aurait, lui, été définitivement cassé. En 1997, après la déconfiture du Crédit foncier dont il était gouverneur, malgré une série d'enquêtes judiciaires, Jean-Claude Colli avait été nommé président du Ceflu, Centre d'études et de formation pour le logement et l'urbanisme. Ces sinécures se font rares. Ainsi, François Jaclot, évincé de Suez, est passé par un chasseur de têtes pour retrouver un job ; il est devenu directeur financier du troisième fabricant mondial de bière : la société belge Interbrew. En 2001, en quittant la direction générale du Centre Pompidou après avoir mené à bien toute l'opération de rénovation, Guillaume Cerutti pensait rebondir rapidement. Il a fait le tour des camarades. Mais il était soit trop jeune, soit trop vieux. Ceux qui sont en place ne veulent plus se mouiller, l'inspection n'a pas bonne presse. Les actionnaires deviennent vigilants. Il a dû retourner à l'inspection avant de prendre la direction du cabinet de Jean-Jacques Aillagon. Comme l'explique Philippe Lagayette : « Fini le temps où il suffisait d'être un généraliste intelligent. Aujourd'hui, il faut de l'expertise. »

Rares sont ceux qui, comme Jean-Pierre Denis, peuvent encore bénéficier de prébendes. Écarté de la filiale de Vivendi Environnement qu'il présidait, l'ancien secrétaire général de l'Élysée a même été contraint de retourner quelques mois à l'inspection avant d'être nommé, grâce à une intervention de Chirac, à la tête de la Banque des petites et moyennes entreprises, fonction à laquelle son expérience ne le destinait pourtant pas.

La jeune génération qui n'a pas bénéficié du système, adossé sur une économie administrée puissante, est très consciente du tremblement de terre qui a secoué le corps ; elle en a tiré les conséquences. Guillaume Cerutti le reconnaît franchement : « L'inspection est en crise. Pas seulement à cause du contexte économique, pas uniquement parce que la puissance de Bercy a décliné. Mais aussi parce que l'inspection a connu des échecs économiques et financiers. Du coup, elle n'est pas forcément perçue comme un bon produit. Contrairement au Conseil d'État qui a le vent en poupe et qui bénéficie depuis quelques années de la judiciarisation de la société. L'inspection est entrée dans un processus de banalisation. Assez heureux, d'ailleurs. Il faut faire preuve d'un peu plus d'imagination dans sa carrière. »

L'inspection, telle qu'elle a fonctionné durant les deux dernières décennies, est devenue franchement immorale et indécente. Le commissaire européen aux Relations extérieures, Pascal Lamy, parle de dégénérescence. « Il faut redimensionner le job, estime-t-il. Les payer plus, en avoir moins. On surforme, on sursélectionne et après on ne sait pas quoi leur proposer. La théorie de la carte de visite est difficilement soutenable. » Même les hauts fonctionnaires de Bercy – inspecteurs des Finances comme administrateurs civils – avouent qu'ils n'en peuvent plus de ce qu'ils appellent les « petits marquis ». Les pantoufleurs qui vivent dans le faste, la représentation permanente, les cocktails, les déjeuners dans les restaurants les plus chics, les salles à manger, les costumes à 5 000 euros. Qui ont terni l'honneur de leur corps. Un inspecteur des Finances raconte qu'un jour un de ses camarades avait reçu une délégation d'externes en médecine qui voulaient une augmentation. Voyant que leur interlocuteur ne lâchait rien, les étudiants lui avaient lancé à la figure : « Vous savez, ce qu'on vous demande, à nous cinq, c'est l'équivalent du prix de vos godasses ! »

À l'occasion du bicentenaire de la Banque de France, Jean-Claude Trichet avait multiplié les invitations. Soirées, cocktails, photos dans le grand escalier. « C'était incroyable, se souvient l'un des invités, il faisait visiter les appartements, se fendant d'un petit couplet par-ci par-là pour expliquer le mobilier, réciter la fiche technique qu'il avait apprise sur un tableau signé Watteau. C'était délicieux, mais c'était la Cour de Versailles. De telles dépenses somptuaires, quand on a imposé la rigueur pendant vingt ans, c'est indécent ! » Cette inspection-là est devenue insupportable.

La petite mésaventure qui est arrivée au directeur financier d'Alstom, Philippe Jaffré, le samedi 2 août 2003 à Bercy, illustre le rejet quasi allergique que provoque la caste. Elle a bien fait sourire les banquiers.

Jaffré, c'est l'ancien président du Crédit agricole et surtout d'Elf, la première valeur du Cac 40, qui s'est fait manger par son challenger, Total. Au passage, bien que vaincu, il avait empoché un *golden parachute* de 200 millions de francs, sans compter une plus-value potentielle sur ses stock-options évaluée à 300 millions de francs. Cet homme qui a fait fortune et qui occupe toujours un appartement de la Banque de France, rue de Valois, sur les jardins du Palais-Royal, incarne l'ordre ancien : privilèges, arrogance et piètres performances.

Car ce major de l'Ena, qui a sans doute été un excellent patron du Crédit agricole (enfin, il a géré un héritage), est aussi le fossoyeur de Zebank, la banque en ligne lancée par Bernard Arnault, qui lui a confié son bébé après son départ d'Elf. Après avoir investi 180 millions d'euros, avec Dexia,

Bernard Arnault l'a cédé moins d'un an après à la cyberbanque britannique Egg pour 8 millions d'euros. « Jaffré a été appelé par Arnault pour limiter la casse », le défend son camarade Daniel Bouton. Peut-être, mais cet épisode renforce l'idée selon laquelle, décidément, les inspecteurs ne savent pas gagner de l'argent. Ni redresser des affaires.

Et puis, c'est Jaffré qui a piloté la première opération de sauvetage d'Alstom, « Restore value », avec le succès que l'on sait.

Quand, en avril 2002, Pierre Bilger, mal à l'aise devant les analystes financiers, l'appelle à ses côtés – sur le conseil de Pébereau – comme directeur financier, il espère qu'il saura séduire et rassurer la place. Son arrivée est en effet saluée par un rebond de l'action. Jaffré met aussitôt sur pied un plan d'assainissement baptisé « Restore value », et réalise une augmentation de capital de 636 millions d'euros Un an plus tard, Alstom était dans le mur !

Dans son plan, l'endettement d'Alstom était évalué à 2,1 milliards d'euros, seulement a-t-on envie de dire. En mars 2003, un an plus tard, il se révèle être de 5,3 milliards d'euros. Entre-temps les résultats 2002-2003 ont été catastrophiques : 1,3 milliard de pertes. Mais cela n'explique pas tout. Tout a-t-il été dit en 2002 ? Et si tout avait été dit, la recapitalisation aurait-elle été possible ? Point d'interrogation. Même certains inspecteurs des Finances banquiers avouent leur doute. Les difficultés liées aux problèmes de turbines fournies par ABB avaient commencé en juillet 2000. La faillite de Renaissance Cruise date de septembre 2001. Didier Cornardeau, président d'Appac, l'association des petits porteurs actifs, a d'ailleurs porté plainte pour information mensongère. Trois plaintes collectives ont été déposées aux États-Unis, avec en première ligne l'avocat qui a fait tomber Enron : Bill Lerach. Depuis, Jaffré agace.

Nous sommes le 1er août 2003. Bercy a convoqué, de toute urgence, les 32 banquiers impliqués dans le dossier Alstom qui est au bord de la cessation de paiement. Durant toute la semaine, tous les soirs, les principaux banquiers d'Alstom – la BNP, la Société générale et le Crédit lyonnais (ils se sont modestement baptisés le G3) – se sont réunis avec le directeur de cabinet de Francis Mer, Xavier Musca, le directeur adjoint, François Pérol, tous deux inspecteurs des Finances, et les responsables du Trésor, pour trouver une solution. Ils y ont passé des nuits blanches. Et le vendredi 1er août, en fin d'après-midi, ils ont le sentiment de tenir la solution. Un plan à 2,8 milliards d'euros dans lequel l'État prendrait largement sa part. Mais le G3, qui détient près de la moitié des créances, ne veut pas assumer le reste du plan tout seul. Ni le G7, c'est-à-dire les trois précités, plus Natexis, le Crédit mutuel, CCF-HSBC et le CIC. Ils veulent également que les banques étrangères participent. Tout le monde est donc convoqué pour le lendemain après-midi. En présence de Musca et du nouveau président d'Alstom, Patrick Kron bien sûr. Au premier rang, Baudouin Prot en personne pour la BNP, Philippe Citerne pour la Société générale et Alain Papiasse pour le Crédit agricole-Crédit lyonnais.

C'est Philippe Jaffré qui est chargé de présenter le plan à cet aréopage. Il explique donc que l'État est prêt à souscrire la moitié de l'augmentation de capital du groupe, soit 300 millions d'euros, ce qui donnerait une participation de 31,5 %, et à accorder 200 millions de crédit ; que les banques françaises, qui totalisent 40 % des engagements du groupe, consentiraient un effort de 1,3 milliard d'euros, dont 700 millions sous forme d'obligations remboursables en actions, et 600 millions sous forme de prêts subordonnés...

Les banquiers étrangers commencent à écarquiller les yeux. Ils sont déjà de fort méchante humeur. Pas franchement contents d'avoir été convoqués en ce premier week-end d'août, en pleine canicule, alors que les vacances débutent à peine. La plupart d'entre eux n'ont qu'une envie : sortir de ce dossier. Certains ne voient pas d'objection à un dépôt de bilan. Et là, au fur et à mesure que Jaffré expose son usine à gaz, ils se montrent de plus en plus incrédules. Un banquier dit alors tout haut ce que tout le monde pense tout bas : il n'a rien compris. Et cela ne passera pas à Bruxelles.

C'est finalement un membre du G3, le représentant du Crédit agricole-Crédit lyonnais, Alain Papiasse, qui réexpli que le dossier tranquillement, posément. Et remporte l'assentiment des banques. Or Papiasse, selon les critères du sérail, est un véritable analphabète ! À l'inspection, ceux qui ont fait l'Ena directement après Sciences po sont amicalement traités ainsi.

Nombre d'entre eux ont en effet déjà fait Polytechnique ou Normale sup. Or ce cadre supérieur est seulement diplômé de l'Institut technique de banque, du Centre d'études supérieures de banque et du Centre de perfectionnement aux affaires. Entré au Crédit lyonnais en 1973, il a grimpé un à un les échelons. En France, puis aux États-Unis, où il a supervisé entre 1992 et 1998 les activités commerciales du Crédit lyonnais Americas, dont il a été nommé *executive vice president* en 1996. L'histoire a bien fait sourire.

Les temps sont devenus un peu plus durs. Pour autant, l'inspection ne vaut-elle plus rien et va-t-elle disparaître ? Va-t-elle s'affaiblir et mourir de sa belle mort ? Ou bien, au contraire, va-t-elle réussir, d'une manière ou d'une autre, à préserver son système de réseaux, dans l'administration, la politique, la banque, l'industrie ? Confidence de plusieurs inspecteurs banquiers : « Les réseaux se reconstituent. » Un industriel, non énarque, affirme : « L'aura demeure, malgré les catastrophes. Ils sont toujours aux manettes. Dans l'administration, les cabinets, la banque, l'assurance. Ils y sont bien installés et pour longtemps. Ce sont eux qui ont les meilleurs réseaux. » Claude Pierre-Brossolette confirme : « Son rôle s'est considérablement affaibli depuis une vingtaine d'années. Il ne reste plus grand-chose de sa puissance. Mais le label existe. » Le meilleur défenseur du système reste Pébereau. Celui qui est souvent décrit comme l'un des parrains de l'inspection commence par nier à la fois l'existence d'un système, et donc de toute crise, avant de se faire l'avocat de ce système. « D'abord, l'inspection n'est pas un ensemble homogène, affirme le président du conseil d'administration de BNP-Paribas. Il y a des inspecteurs des Finances qui ont pour caractéristique d'avoir subi [Pébereau dit bien subi, pas bénéficié] une formation particulière durant les quatre années de "tournée". Une excellente école de formation. Les gens qui sont passés par là ont le sens des responsabilités, une capacité à aborder les questions de manière approfondie... Cette formation est utile. Par certains aspects, elle s'apparente à ce qui se fait dans les plus grands cabinets d'audit américains. C'est un des types de formation dont dispose la France pour préparer les gens aux postes de responsabilité. Pourquoi la remettre en cause ? Quand j'essaie de me souvenir des moments de ma vie où j'ai le plus appris, je pense que "la tournée" en fait partie. On vous y inculque le sens de la responsabilité personnelle. On est responsable de chaque mot inscrit dans le rapport. On ne peut pas dire des choses approximatives. On est formé à l'analyse critique. On apprend à approfondir des sujets extrêmement divers. La déontologie est en permanence présente. »

Mais cette élite au nombre extrêmement limité passant des organes de contrôle aux entreprises privées n'est-elle pas trop consanguine ? « Pourquoi parler d'une super-élite ? s'offusque Pébereau. Le système français repose sur le principe des concours et des Grandes Écoles de commerce, École normale, Polytechnique, l'Ena... De tout temps, elles ont été un vivier de dirigeants. Certaines ont été prééminentes à certaines périodes. Du temps où l'art oratoire était important à l'Assemblée, ce fut l'École normale. Puis, la société est devenue plus technique, ce fut Polytechnique. Après la Seconde Guerre mondiale, l'État est devenu l'acteur principal de la reconstruction, l'Ena a alors permis de recruter les futurs cadres de cette économie dirigée. Mais toutes ces écoles participent de la même philosophie. Et, à voir les résultats des grandes entreprises françaises, Lafarge, petit cimentier dans les années quatre-vingt, aujourd'hui leader mondial, Total, cinquième groupe mondial, Saint-Gobain, on se dit que ce système de recrutement n'est pas moins efficace que celui des grandes universités américaines, anglaises ou allemandes... Cela marche, mais on tire dessus, c'est très français ! »

Seul problème, le président de BNP-Paribas n'a pas

nommé ne serait-ce qu'un camarade de l'inspection. Les présidents des trois entreprises citées sont tous des X-Mines, la botte de Polytechnique, dont, justement, l'étoile monte quand celle de l'inspection décline !

Tout de même, est-il normal que ces cadres recrutés par l'État, pour être fonctionnaires, veiller à la dépense publique, se retrouvent aux avant-postes de l'économie privée ? D'autant que les récentes catastrophes permettent de se poser quelques questions. Imperturbable, Pébereau répond : « Dans les années soixante-dix, la France a entamé une profonde mutation. On est passé d'un modèle étatique dirigiste à une économie de marché, plus adaptée à la nouvelle donne : ouverture des frontières, compétition mondiale, révolution des technologies... Tout cela s'est fait avec un certain décalage dans le temps. Notre pays, qui avait au départ recruté des cadres pour gérer une économie administrée, a fourni des dirigeants aux entreprises, car c'est finalement là que sont apparus les plus grands besoins. C'est ce qu'on appelle une allocation de ressources. »

Mais la France est passée à l'économie de marché il y a une vingtaine d'années et le système continue... C'est Baudouin Prot, inspecteur des Finances, qui est appelé à lui succéder, comme il avait choisi Croisset au CCF. Et ce dernier a pris comme successeur un inspecteur : Charles-Henri Filippi. Bref, le système a encore ses partisans. Le mécanisme a simplement changé de nature. Autrefois, l'inspection s'occupait de tout, de la carrière, des affectations ; aujourd'hui, l'inspecteur des Finances doit exploiter lui-même son « label ». Avec cet atout majeur, qu'elle a toujours entretenu avec soin depuis plus d'un siècle : le réseau relationnel.

Le corps dispose en effet d'implantations solides et de leviers dans la plupart des grandes entreprises. Il domine la plupart des cercles d'influence, que ce soit Le Siècle ou Reflet. Des bases qui permettent un redéploiement. Dans la grande distribution, les médias, la logistique, l'immobilier de bureau, le conseil, Bruxelles aussi. Car l'inspection continue, inlassablement, la colonisation des lieux d'influence ou de développement économique.

Si elle réussit à préserver cette influence, l'inspection continuera d'être précieuse. Et la carte de visite recherchée. Pour lancer sa bagarre à Bruxelles, en octobre 2002, Arnaud Lagardère s'est entouré d'une *task force* au sein de laquelle on retrouve trois inspecteurs : Frédérique Bredin, directrice de la stratégie, Dominique d'Hinnin, directeur financier du groupe, et Yves Sabouret, directeur général des NMPP. Ils avaient pour mission de convaincre la Commission européenne que le rachat de VUP (la filiale édition de Vivendi) ne risquait pas d'avoir des effets anticoncurrentiels. À eux de mettre à contribution leur carnet d'adresses, d'user de leur habileté à traiter les dossiers à la fois politiques et financiers. Un an plus tard, la stratégie défendue par ces éminents dirigeants, qui consistait à conserver coûte que coûte l'ensemble des activités de VUP, a pourtant échoué. Le commissaire à la concurrence, Mario Monti, estime que ce projet de rachat par Hachette serait source de position dominante sur le marché du livre, qu'il s'agisse des droits d'édition, de la diffusion ou de la distribution. Pour satisfaire aux exigences de la Commission européenne, le groupe Lagardère va donc devoir céder 60 % des activités de VUP rebaptisé Editis : les éditions Bordas, Nathan, Le Robert, Pocket, Robert Laffont. Il a même dû renoncer à conserver l'intégralité de la distribution de VUP.

L'ancien P-DG d'Hachette Livres, Jean-Louis Lisimachio (un HEC), plus clairvoyant, avait préconisé dès le départ de renoncer à la moitié des activités de VUP. Il n'a pas été entendu. Il a même été viré en avril 2003. Entre-temps, l'achat de VUP, bloqué, aura déjà coûté quelques millions d'euros à Lagardère. À moins d'un miracle, ce dossier ne fera pas une bonne pub à l'inspection.

Mais malgré les multiples échecs, on a tellement dit et répété que les inspecteurs des Finances étaient les meilleurs, qu'ils étaient l'élite de l'élite, que le fantasme demeure. C'est inscrit très profondément dans l'inconscient des dirigeants et de la haute administration. D'ailleurs, c'est vrai, ils sont intelligents, rapides, conceptuels. À certains égards, ils peuvent être fascinants. Et les inspecteurs, solidaires, ne cessent de valoriser les succès et de minimiser les échecs. « Trois ou quatre ratages ont terni l'image de l'inspection. Mais cela ne remet pas en cause l'utilité du corps. Peut-être cela donnera-t-il un coup d'arrêt aux parachutages. Mais le mode de sélection de la haute fonction publique est le bon », affirme Bruno Durieux, ancien ministre, polytechnicien, inspecteur des Finances en service extraordinaire. Pour eux, il ne faut pas jeter le bébé avec l'eau du bain.

L'idée qu'ils sont les plus forts, les plus astucieux fait qu'ils sont toujours cooptés, même dans les lieux où l'on aurait pu croire qu'ils n'étaient pas *persona grata*.

Chirac, par exemple, n'a jamais manifesté une tendresse particulière pour cette caste. C'est le moins qu'on puisse dire. Philippe Auberger raconte ainsi que, lors d'un déjeuner de parlementaires à l'Élysée, le président de la République lui avait donné du « Alors, monsieur l'inspecteur des Finances » légèrement ironique. Eh bien, aujourd'hui, son secrétaire général adjoint chargé des questions économiques, Frédéric Lemoine, et le conseiller technique chargé de l'économie, Pierre Merveil, sont deux inspecteurs. Durant la préparation du G8 d'Évian, c'est un de leurs camarades, Bertrand Badré, qui est venu prêter main-forte à l'Élysée.

Le Medef est peu suspect d'être un contempteur de l'État et du système des castes, lui qui ne cesse de vanter les mérites d'une économie libérale et dénonce à tour de bras un État envahissant et coûteux. Pourtant, aux universités d'été 2003, quelle ne fut pas la surprise d'un certain nombre de patrons de voir que les quatre dirigeants d'entreprise invités à la table ronde, le jour de la clôture, étaient tous des managers fonctionnaires ! Trois inspecteurs et un « Cour des comptes ». Deux de droite et deux de gauche. Daniel Bouton, président de la Société générale, Louis Schweitzer, président de Renault, Jean-Marc Espalioux, président d'Accor, et François Roussely, patron d'Edf. Pas un seul patron entrepreneur, pas un seul Pierre Bellon, ou un Serge Kampf. Alors, certes, ils sont brillants. Daniel Bouton a effectivement fait un discours remarquable sur le budget et sur la façon dont l'État pourrait faire des économies. C'est ainsi en France : cette intelligence fascine. Voir un ancien directeur du Budget, devenu banquier, faire virtuellement la réforme qu'il n'a pas faite quand il était au pouvoir, provoque des spasmes d'admiration. Les patrons allemands, américains ? Nuls, emmerdants, n'est-ce pas ?

Et les inspecteurs des Finances continuent à se recaser malgré leurs médiocres performances.

Laurent Perpère, qui n'a pas réussi – c'est le moins qu'on puisse dire – à redresser le PSG ? Il a été embauché par le grand cabinet de communication financière Brunschwig.

Laurent Fabius, qui fut l'un des instigateurs de la réforme de la procédure budgétaire, est un des rares hommes politiques à s'être intéressé à cette problématique. « Il va falloir mettre de l'air dans tout cela, dit-il, avec un ton iconoclaste plutôt rare. Ce monde consanguin a conduit à beaucoup d'erreurs. On nomme les gens qu'on connaît. Il peut tout à fait y avoir une formation commune pour tous les hauts fonctionnaires, mais il faudrait recruter dans les corps après une expérience sur le terrain. Il n'est pas normal que 100 personnes, sur une classe d'âge de 800 000 personnes, qui ont eu 18 à 20 ans lors de leurs examens, se retrouvent à 50 ans à la tête de l'État et des grandes entreprises. Et puis, il faudrait qu'il y ait des passages dans les deux sens. Que ceux qui ont une expérience d'État aillent se frotter au monde de l'entreprise et vice versa. Tout en respectant la règle selon laquelle vous ne pantouflez pas dans une entreprise que vous avez contrôlée. Mais, vous savez, si quelqu'un est malhonnête, vous avez beau mettre tous les cache-sexe de la terre... Un corps ne peut pas juste servir de carte de visite. Et il me paraît indispensable que pour les postes importants, en politique, comme dans l'entreprise, on démissionne. »

Mais pour les éminents fonctionnaires qui dirigent la France, toucher à l'inspection reviendrait à dynamiter le système. En effet, pour attirer les talents à l'Ena, hypocritement, l'État se sert de « produits d'appel », comme le Conseil d'État et surtout l'inspection. Ce système du spoutnik qui garantissait aux hauts fonctionnaires d'accéder aux plus hauts postes fonctionnait comme un appelant à la chasse, ces faux canards déposés sur les étangs pour attirer les migrateurs. Le but de l'Ena n'était pas seulement de mettre fin au système de cooptation dans les grands corps, mais de créer une école de qualité, attirant chaque année suffisamment de gens de talent pour s'imposer. Combien ont fait l'Ena en espérant une brillante carrière et se retrouvent à 50 ans sous-directeur des pensions au ministère des Anciens Combattants, ou directeur adjoint à la Direction des exploitations, de la politique sociale et de l'emploi (DEPS) au ministère de l'Agriculture.

À de nombreux égards, ce système a failli, provoqué des catastrophes. Mais les réticences pour le supprimer, l'aménager, sont immenses, car sans le spoutnik, qui ira faire l'Ena ? S'attaquer au problème de fond est autrement plus compliqué.

S'il veut être attractif, l'État devrait se pencher sur la gestion des carrières, la rémunération des hauts fonctionnaires, mais aussi sur son mode de fonctionnement. Trop de hauts fonctionnaires sont dégoûtés par l'inefficacité des administrations. Comme en témoigne Élisabeth Lulin : « Si l'État veut que des gens de talent reviennent, il faut qu'il change sa manière de fonctionner. Ce n'est pas seulement un problème de rémunération. Vous partez parce que vous avez envie de faire des choses, d'être utile. Et, dans l'administration, vous êtes pris dans un mode de gestion archaïque. Quand une même note passe par cinq directeurs avant de se perdre dans les sables parce que ce n'est pas une priorité, vous n'avez qu'une envie, c'est trouver un job dans le privé. Il faudrait responsabiliser les gens. Or on est dans une logique de féodalités, chacun protège son territoire et ses attributions. Il faut fonctionner par projets. Inspection des Finances ou pas, la façon dont on pourvoit les postes dans l'administration est aberrante. »

En attendant cette révolution, l'inspection survit. Il lui faut simplement faire preuve d'un peu plus de modestie. Être un peu moins arrogante dans ses prétentions. Ils sont d'ailleurs des dizaines à faire leurs armes dans les entreprises. À l'image d'un Olivier Sichel qui vient d'être nommé, à 36 ans, P-DG de Wanadoo par Thierry Breton, en remplacement d'un autre inspecteur, Nicolas Dufourcq. Sichel a commencé par diriger une agence de France Télécom à Neuilly, puis il s'est occupé de la filiale commerce en ligne de Wanadoo, Wanadoo merchant et Alapage.com. Il a doublé le chiffre d'affaires. Le voilà P-DG. À la Société générale, Étienne Barel, 35 ans, fait ses classes comme patron d'une filiale. Jérôme Gatier, 43 ans, a été embauché par son camarade Espalioux. On compte deux jeunes inspecteurs chez Axa, dans le sillage de Castries. Le système n'est pas mort.

Et sur l'autre versant du Janus, du côté de l'État – même si les grands serviteurs se font rares – les forces se reconstituent. À Bruxelles, à Bercy. Comme toujours dans les Églises, même en période de décadence ou de déclin, il y a ceux qui continuent de porter haut et fort le flambeau de leur vocation. Qui considèrent que servir son pays, c'est plus noble, plus intéressant que vendre des savonnettes. Ou qui, tout simplement, n'ont pas envie d'aller dans le privé. Comme toujours, l'inspection continue de fournir à l'État quelques éléments motivés, brillants, compétents, qui effacent les turpitudes passées.

Jean Bassères, 45 ans, est directeur de la Comptabilité publique. Une grosse direction, puisqu'elle compte 55 000 agents, mais qui a peu à peu été délaissée par l'inspection. Essentielle au temps du Plan, de l'économie administrée, elle n'a plus beaucoup de pouvoir. Après avoir été conseiller au cabinet du ministre de l'Économie Michel

Sapin, Bassères entre à la direction de la Comptabilité publique. Chargé de mission, sous-directeur, chef de service, adjoint au directeur, directeur. « J'ai volontairement choisi une direction de gestion et de management, raconte-t-il. J'avais l'impression que c'est dans ces administrations que doit se faire la réforme de l'État. C'est une direction qui était considérée comme ringarde. Un inspecteur avait affiché dans son bureau une parodie de la pub contre le sida : "La CP ne passera pas par moi." Élégant pour ceux qui y travaillent ! » Bassères poursuit : « Les missions sont très variées. Cela va de la tenue des comptes des collectivités locales à la gestion des réseaux de perception. » En termes de difficulté, on est au niveau 8 sur l'échelle de Richter. Exemple : « Pendant des siècles, la Comptabilité nationale a tenu des comptes bancaires. Il y en avait 800 000. C'est très chic d'avoir un chéquier du Trésor public ! Ce n'est pas le rôle de l'État. Mais c'est compliqué d'arrêter du jour au lendemain, parce que de nombreux agents avaient des primes liées à cette activité. De toute façon, il fallait arrêter. Un jour ou l'autre, Bruxelles aurait bloqué. On a tout remis à plat, identifié les primes et, à l'arrivée, on a fait un livre blanc pour expliquer la réforme et montrer que la question des primes était déconnectée. » Dans un État qui ne connaît ni le nombre exact ni l'affectation de ses agents, c'est un boulot colossal. Évidemment moins prestigieux et moins affriolant que de siéger au conseil de France Télécom, comme ses petits camarades du Trésor.

Bassères gagne 10 000 euros nets par mois. Dans le privé, il pourrait sans doute gagner plus. Mais il ne se plaint pas. Servir l'État l'intéresse plus qu'une activité commerciale ou bancaire. Comme il ne faisait pas partie des tout premiers, il n'a pas été gâché par le Trésor. Il n'a pas un ego surdimensionné. « C'est facile de faire des livres à succès sur la réforme de l'État, explique-t-il. Beaucoup l'ont quitté sans même avoir essayé de le réformer. Au lieu de se plaindre, qu'ils essaient de faire des choses. L'échec de la réforme de Sautter nous a montré, à Villeroy de Galhau et à moi, qu'à l'évidence il y avait eu un problème de méthode. La réforme avait été vécue comme un passage en force. Le réseau du Trésor public a vécu comme une humiliation le fait de devoir céder à la direction des Impôts les fonctions de recouvrement de l'impôt, alors qu'elle était plus connue sur le plan local. Je suis convaincu qu'on peut réformer. Mais il faut du temps. Avec Villeroy de Galhau, on a passé des contrats d'objectifs dans nos administrations respectives. On est également en train de travailler à la nouvelle constitution budgétaire qui va changer le mode de gestion des administrations. C'est un chantier passionnant. Il y a des milliards de choses à faire. »

Bassères aimerait que, fort de cette expérience de réforme à la Comptabilité publique, il puisse se rendre utile ailleurs. Dans une autre administration. Mais qui, au sein de l'État, aura l'idée de lui confier une mission à la Justice, aux Affaires sociales ?

L'actuel directeur du Trésor, Jean-Pierre Jouyet, est issu de la promotion de l'Ena de 1980. La promotion Voltaire. Sans doute une des plus politisées puisqu'il y avait François Hollande, Ségolène Royal, Frédérique Bredin, Dominique de Villepin, Renaud Donnedieu de Vabres, Michel Sapin. C'est aussi la promotion d'Henri de Castries, l'idole des pantoufleurs, le produit parfait. Jouyet a le goût du service de l'État, goût très lié à son engagement politique. En 1995, au lendemain du retour de la droite au pouvoir, après avoir été directeur de cabinet de Jacques Delors, président de la Commission européenne, il est entré au cabinet d'avocats Jeantet & Associés. Il en est reparti en 1997 pour prendre la direction adjointe du cabinet de Lionel Jospin. Et on ne peut pas dire que ce grand commis de l'État parle de son expérience dans le privé avec énormément d'émotion. Il énumère ses anciens clients : un fabricant de lunettes, des dirigeants du BTP, des producteurs de cinéma. Il parle laconiquement d'un intérêt intellectuel moindre.

Certes, la direction du Trésor a perdu nombre de ses attributions, mais, à l'évocation des nombreuses responsabilités qui lui incombent encore, on mesure la complexité et l'intérêt du job : négociations à Bruxelles sur le déficit du budget de la France, négociations sur l'intégration des marchés financiers, réunions du Club de Paris sur la dette irakienne. Sans compter les tâches quotidiennes. La production des normes européennes. La surveillance de la Caisse des dépôts. La création de l'Agence des participations financières de l'État. La loi sur la sécurité financière. « En fait, raconte un haut fonctionnaire, la plupart des mesures prises par le gouvernement transitent par le Trésor. Le directeur est au courant de tout. L'augmentation du prix de l'électricité, ou du gasoil, la rémunération du livret A sont des décisions qui sont prises par Matignon, mais qui ont été largement discutées avec le Trésor. Idem pour l'allocation pour les personnes âgées (devenue allocation personnalisée d'autonomie, Apa). Compte tenu des déficits, il faut faire payer l'État, le département et les assurés. Comme l'État n'a pas d'argent, 400 millions d'euros vont être ponctionnés à la Caisse des dépôts. C'est le directeur du Trésor qui va discuter des conditions. Idem pour le fonds de réserve des retraites : 15 milliards d'euros. Il siège au conseil de surveillance de la Caisse des dépôts. C'est lui qui discute des modalités de placement. Le directeur du Trésor est le directeur financier de l'État. Il a droit de regard sur toute la vie internationale, participe à la préparation du G8. »

Non seulement le Trésor a la réputation d'être la direction la plus puissante, mais aussi la plus qualifiée. Elle ne compte que 400 personnes, mais ces fonctionnaires sont réputés les meilleurs. Pourtant, l'époque est à la discrétion. Jouyet aussi. Il reconnaît que le Trésor a eu tort de laisser la bride sur le cou à Michel Bon, mais les arbitrages ministériels, n'est-ce pas, imposaient de laisser Bon diriger en toute liberté ! On a tellement critiqué, à l'inverse, ces fonctionnaires qui bridaient les présidents. Aujourd'hui, le Trésor a mauvaise presse. La menace de procédures judiciaires plane sur les têtes. Dans cette atmosphère pesante, l'Europe est le ballon d'oxygène de Jouyet, sa nouvelle frontière. Il y va deux fois par mois. Régulation, directives européennes, politiques de finances publiques. « L'avenir du Trésor, c'est l'Europe », affirme-t-il.

L'Europe, Bruxelles. Ces problématiques complexes ont passionné toute une génération d'inspecteurs. Les nouvelles frontières sont forcément plus excitantes que la gestion quotidienne. Xavier Musca, directeur de cabinet de Francis Mer, a vécu lui aussi la grande aventure de l'euro. Il était chef de bureau aux affaires européennes au Trésor au moment de Maastricht. Il était au côté de Trichet pour négocier le traité. « Passionnant. » Le mot revient sans cesse à la bouche de ces « crânes d'œuf » qui ont si peu de vocabulaire pour traduire les émotions. Musca est un fonctionnaire à l'ancienne. Un peu à la façon Trichet. Il est habité par la volonté de servir, mais, en même temps, cela lui donne le sentiment de détenir la vérité, d'incarner l'intérêt général. Lui n'a jamais fait d'incursion dans le privé : « J'ai eu des tentations. Mais en 1995, au cabinet de Balladur, j'ai fait des choses passionnantes. Ensuite j'ai été chef de bureau au Trésor, c'était passionnant. C'est difficile quand vos camarades de promotion passés dans le privé achètent un bel appartement, une maison de campagne. Mais de toute façon, j'ai un doute sur mes capacités à gérer une salle de marchés ! J'ai plus d'utilité sociale dans le public. »

« Passionnant », c'est aussi ce que dit François Pérol, directeur adjoint de cabinet de Francis Mer. Comment expliquer qu'on aime l'État quand il est brocardé à longueur de journée, comment être fier de gérer Bercy quand la seule valeur de la société, c'est l'argent qu'on gagne ? « J'ai toujours voulu faire des choses intéressantes. Or, au Trésor, au Ciri, j'ai fait des choses passionnantes. Je me suis occupé de marchés financiers, de restructuration de dette, avec le Club de Paris. C'est vrai, le champ du public s'est restreint. Il faut être plus ouvert sur l'international, s'intéresser à ce qui se fait au FMI, à Bruxelles. »

Ses camarades de promotion ? L'un est chez Pinault, un autre à la BNP, deux autres ont monté des fonds d'investissements. Il est le seul à être encore au service de l'État. L'avenir ? Pérol, 41 ans, pense à passer une maîtrise de droit pour s'installer comme avocat. « Je gagnerais quatre ou cinq fois plus. »

Albin Chalandon, l'un des plus anciens, n'a aucun doute : « L'inspection survivra. C'est une institution très ancienne. En France on ne change pas les choses comme cela. » Il ne s'agit pas d'une simple hystérésis. L'inspection est plus qu'un fantasme. Elle est au cœur de l'exception française. La pierre philosophale d'un État colbertiste. Et, loin de participer à une réflexion sur la haute fonction publique, la très grande majorité des hauts fonctionnaires, interrogés par Yves-Thibault de Silguy, lors de la préparation de son rapport, ont défendu le système actuel. Parce qu'ils en profitent ? Pis : parce qu'ils y croient.

Chapitre 15

Les mutants

« Dans les époques de décadence, il n'y a de chance de surnager que pour les génies très indépendants. »

EUGÈNE DELACROIX

Confrontés à cette crise, les jeunes inspecteurs des Finances cherchent leurs marques. Ils commencent à se libérer de l'obsession du parcours parfait : le Trésor et la banque, sinon on est un raté. Ou à la Jean-Marie Messier, avec un rythme forcené d'acquisitions et une stratégie mondiale. Les ambitions étaient montées trop haut, trop vite. Elles étaient inflationnistes. Le moule étant cassé, les inspecteurs s'inventent des carrières avec plus de liberté, brisant les tabous. Bref, ils commencent à vivre leur vie. Nicolas Théry, qui est aujourd'hui à la Commission européenne, a travaillé avec Nicole Notat à la CFDT. Guillaume Cerutti a été directeur du Centre Pompidou. Aline Sylla, 32 ans, est administratrice générale adjointe au musée du Louvre. Martin Bonnichon, 33 ans, est directeur juridique et financier du Centre Pompidou. Alexandre Joubert-Bompard est entré au cabinet de François Fillon, au ministère des Affaires sociales, un ministère longtemps négligé par l'inspection. Ils se dirigent vers des carrières où leurs centres d'intérêt entrent en ligne de compte. Alexis

Lloyd fait même du cinéma. Après avoir été un producteur à succès à Londres, il se lance dans la réalisation. D'une certaine manière, il en est qui, à l'inspection, renouent avec ce qui faisait son charme autrefois : l'originalité, l'éclectisme. Mais ils sont encore très rares. La grande majorité continue à reproduire le système et rêve de s'insérer dans le monde des affaires. Nicole Briot témoigne : « Les jeunes sont plus ouverts, moins arrogants. »

Grand, brun, plutôt baraqué, très élégant dans son costume à rayures, Frédéric Lemoine, 39 ans, secrétaire adjoint à la présidence de la République, occupe un bureau sous les toits au palais de l'Élysée. Il faut monter trois étages à pied pour y accéder. Il n'y a pas de climatisation. Il y fait une chaleur intenable. Avant de rejoindre l'équipe de Chirac, Lemoine était le numéro 3 du cabinet de conseil Cap Gemini Ernst & Young et gagnait des fortunes. Sans compter les stock-options. Bizarre. À l'heure où tous rêvent justement de gros salaires, d'entreprises privées dynamiques, lui, retourne servir l'État ? Il est vrai que cet inspecteur des Finances « défroqué », comme aurait dit l'ancien chef du service, Pierre Gisserot, n'a pas un parcours très orthodoxe. Du point de vue de l'inspection, ce n'est pas un produit chimiquement pur.

Fils d'avocat, élève à Louis-le-Grand, l'un des meilleurs lycées parisiens, Lemoine décroche son Bac à 17 ans. En 1983, à 18 ans, après seulement une année de préparation, il intègre HEC, l'une des plus prestigieuses écoles de commerce de France. Là, il découvre qu'il n'est pas débordé. Même en s'occupant du bureau des élèves, en organisant des soirées, des expositions. « J'avais plutôt vocation à travailler dans le privé, raconte-t-il. Mais à 18 ans, limiter son horizon aux techniques marketing pour lancer une marque de shampoing, c'est un peu court. Lancer un programme de baisse d'impôts sous contrainte européenne me semblait être un défi autrement plus complexe et excitant que simplement satisfaire des clients dans une entreprise. Je me suis dit que quitte à faire de la gestion, autant le faire dans un univers complexe. » Lemoine s'inscrit donc à la faculté de droit, puis à Sciences po, tout en poursuivant sa scolarité à HEC. « Il y a eu des moments tendus. Avec les stages notamment », concède cette tête apparemment bien faite. Ensuite, il continue à collectionner les médailles : Ena, inspection.

Comme tous ses camarades, il garde un souvenir ému de ses années passées à la « tournée », à parcourir la France et les services de l'État. « Quand vous passez trois heures devant un ordinateur, avec un agent chargé de suivre l'organisation d'un financement, vous apprenez réellement comment fonctionne l'administration. Et comme dans le même temps, vous avez beaucoup de contacts avec des gens qui ont du pouvoir, c'est passionnant. »

À peine entré dans le sérail, le bouillant jeune homme est vite sollicité par le monde réel. Il apprend par un ami que le professeur de chirurgie cardiaque Alain Carpentier cherche quelqu'un pour gérer l'Institut du cœur de Hô Chi Minh-Ville, un hôpital de chirurgie du cœur pédiatrique à vocation humanitaire qu'il a créé avec sa fondation. Lemoine se précipite chez Pierre Gisserot pour obtenir l'autorisation de solliciter ce poste. Gisserot, qui a fait sagement carrière au Trésor, à la direction de la prévision, au secrétariat général de la Commission centrale des marchés avant de devenir le chef du service, le regarde avec stupéfaction. Interrompre les sacro-saintes années de la « tournée » pour un hôpital vietnamien ? Un inspecteur des Finances à la direction d'un hôpital ? Comme un vulgaire diplômé de l'École de santé de Rennes ? À la rigueur, un inspecteur peut briguer la direction de l'Assistance publique de Paris ou Marseille, des jobs de management, mais diriger un hôpital !

Finalement, Gisserot lui accorde un an de disponibilité. Lemoine part donc au Vietnam et met en place un système de soins payants pour les expatriés qui équilibre le budget de la fondation. Il participe à la formation d'équipes qui vont peu à peu essaimer dans tout le pays. Une année passe. Il est sommé de rentrer à l'inspection. Il retrouve le long couloir au septième étage du bâtiment Colbert à Bercy. Les « tournées » en province. Les nuitées à 210 francs. Les rapports. Il s'occupe, donne des cours à HEC et à Sciences po.

1995, élection de Jacques Chirac. Il brûle de participer aux réformes que le nouveau président a promis de faire. Il pense que son expérience de gestion hospitalière pourrait être utile. Mais il n'a pas accompli les quatre années réglementaires à l'inspection. Il attend quelques mois et à l'occasion d'un remaniement, rejoint finalement le cabinet de Jacques Barrot et d'Hervé Gaymard pour s'occuper de la réforme hospitalière. En 1997, la droite est battue. Retour à l'inspection où il est placardisé. Il entre chez Cap Gemini Ernst & Young.

Conclusion de Lemoine : « Il faut évoluer vers une fonction publique d'emploi, et non de carrière. » Autrement dit, vers une gestion de la haute fonction publique où les postes seraient attribués en fonction des aspirations et des compétences et non au gré de l'avancement. « Mais, ajoute-t-il, toute la difficulté quand un système dysfonctionne, c'est de savoir comment le changer, par où commencer pour que cela ait un sens. On ne peut pas se contenter de clamer : il faut supprimer l'Ena. »

Lemoine n'est pas le seul à avoir réalisé ce type d'aller et retour entre privé et public. Cela a été le cas de Gilles de Margerie, de Bruno Crémel, de Jean-Pierre Jouyet... Mais ce n'est pas évident. Les règles du pantouflage sont de plus en plus strictes.

Né au Havre, d'une mère enseignante et d'un père joueur de foot professionnel devenu assureur, Olivier Coustet fait lui aussi partie de ces Bac + 8 qui ont collectionné les diplômes et fait des allers et retours entre l'administration et l'entreprise. Il passe son Bac à 16 ans. Sur les conseils de son professeur de philosophie, il fait hypokhâgne, khâgne. Il obtient une bourse pour aller en Grande-Bretagne. Il décroche un *Master of Science in Finance* à la London School of Economics. Il aurait pu entrer chez Goldman Sachs, gagner de l'argent. Et puis il découvre l'existence de Sciences po, s'y présente, fait l'Ena, entre à l'inspection. « Chez chacun de nous, il y a tout de même la conviction que servir l'intérêt général, c'est un tout petit peu plus noble que de vendre de la lessive. On est nourri de cet esprit. Et pour moi, c'était très fort. À la fin des quatre années de "tournée", je voulais partir à l'étranger. J'ai envie de nouveaux horizons. L'Ena, c'est très 7e arrondissement. Et là, on m'explique qu'il n'y a aucune affectation possible à l'étranger. Je suis donc allé voir Charles-Henri Filippi au CCF (un camarade !), qui m'a embauché et m'a envoyé dans des pays émergents. En Asie centrale, en Ouzbékistan, au Brésil. » À l'inspection on lui explique que c'est une hérésie. « Tout le monde jouait son coup de billard à trois bandes : Trésor, cabinet, Rhône-Poulenc », raconte-t-il.

Le CCF est racheté par HSBC. Coustet, part et entre chez Lagardère, comme directeur financier du pôle média : Europe 1, la régie pub, les activités internet, Canal Sat. En 2000, accident de parcours : une bagarre oppose Arnaud Lagardère aux barons soutenus par son père, Jean-Luc. Coustet saute. Et retourne à l'inspection. Avant d'entrer, en 2002, au cabinet de Jean-Pierre Raffarin. « Ces allers retours sont très formateurs. Quand on retourne dans l'administration, on a une autre vision des choses », affirme-t-il.

Et tous ceux qui ont eu cette double expérience s'en félicitent. Bertrand Badré, un des brillants sujets de la caste, illustre lui aussi l'intérêt de ces possibles changements de casquette. À l'automne 2002, la machine élyséenne commence à préparer activement le sommet du G8 [1] qui doit se dérouler à Évian en juin 2003. Outre les questions de taux de change, la lutte contre le terrorisme, la non-prolifération des armes de destruction massive, l'épidémie du sida, prévues à l'ordre

1. Groupe des huit : sorte de forum informel qui réunit tous les deux ans les chefs d'État des principales puissances économiques afin de discuter des grandes affaires du monde. Il fut initié en 1975 par Valéry Giscard d'Estaing. Aujourd'hui, huit chefs d'État et de gouvernement participent à ces sommets : ceux des États-Unis, du Canada, de la Russie, de l'Allemagne, de la France, de la Grande-Bretagne, de l'Italie et du Japon.

du jour, les huit chefs d'État doivent se pencher sur le financement d'un plan d'accès à l'eau pour les 2 milliards de personnes qui en sont privées dans le monde, et la famine en Afrique. Ces deux sujets tiennent particulièrement à cœur au chef de l'État.

Il prend comme conseiller Michel Camdessus qui a justement été chargé d'un rapport sur ce sujet par l'ONU. À la tête d'un groupe d'une vingtaine d'experts, fonctionnaires, industriels, dirigeants d'ONG, scientifiques, banquiers, l'ancien directeur général du FMI a proposé des solutions pour financer des infrastructures et répondre aux objectifs fixés par les Nations unies. Michel Camdessus est par ailleurs, dans l'organisation du G8, le représentant du chef de l'État pour l'Afrique. Mais il est surchargé, il souhaite donc avoir un collaborateur à l'Élysée, capable de faire le lien avec les sherpas [1], les administrations.

Il propose de confier cette tâche à Bertrand Badré, 34 ans, HEC, inspecteur des Finances, directeur chez Lazard Frères à New York. Il l'avait pris dans son groupe d'experts chargés de rédiger le rapport de l'ONU « Financer l'eau pour tous ». Il était intervenu avec sa casquette de banquier. Le sujet lui est familier.

Camdessus et Badré s'étaient rencontrés trois ans auparavant par l'intermédiaire d'un autre inspecteur des Finances, François Villeroy de Galhau. Les trois hommes ont en commun un côté catho-social. À l'issue de ce déjeuner, Camdessus avait confié à Badré la trésorerie de son association Les Semaines sociales de France, un forum où se rencontrent hauts fonctionnaires, syndicalistes, experts, pour réfléchir à des questions sociales d'actualité. Les deux hommes sont donc assez liés. De là à convaincre Badré, qui a démissionné de l'inspection, de laisser tomber Lazard pour un CDD à l'Élysée !

Camdessus appelle lui-même l'un des plus influents associés de la banque Lazard, Bruno Roger, pour lui demander

1. Nom donné à ceux qui, aux côtés des chefs d'État, s'occupent de la préparation des sommets du G8.

si celle-ci pourrait « prêter » Badré. Une telle faveur ne se refuse pas. Les négociations débutent en octobre. Démission de Badré de la banque. Promesse de la banque de le réembaucher un an plus tard. Tout semble réglé. Du moins le croient-ils. Car très vite, l'arrivée de ce garçon au CV en or va provoquer des remous dans les rangs de la haute administration, et notamment du service de l'inspection qui, échaudé par les impairs passés, se veut irréprochable et surveille de près les passages public privé et vice versa. La rumeur rapporte que Lazard va prêter (et donc rémunérer) le futur sherpa du G8 !

Pour accepter ce poste, Badré a consenti à regagner Paris de manière précipitée, à baisser considérablement ses revenus qui se chiffraient en dizaines de milliers de dollars. L'Élysée, conscient de ces efforts, propose un salaire de 15 000 euros. Veto immédiat du chef de l'inspection qui ne trouve pas convenable qu'on fasse une telle distorsion au barème. Ce sera 10 000 et rien de plus. Badré n'en fait pas un sujet de discussion. Il a déjà divisé son salaire par six ; alors, au point où il en est, le diviser par sept ou huit n'est pas un problème crucial. Il est heureux de se mettre à la disposition de l'État pour accomplir cette mission qui le passionne et où il espère que son expérience apportera un certain savoir-faire. C'est effectivement une chance assez unique. D'autant que, malgré les apparences, ce jeune golden boy né en mai 68 a le goût de la chose publique. Son père, polytechnicien, ingénieur général du génie rural des Eaux et Forêts, maire, conseiller général et sénateur des Hauts-de-Seine, lui a d'ailleurs inculqué le sens du service public ; il avait ouvert des yeux ronds quand son fils lui avait parlé d'HEC.

Comme Lemoine, Badré a été reçu à HEC à 18 ans et a lui aussi ressenti un manque. Il a eu envie d'élargir son horizon et a décidé de faire Sciences po. Ayant dû emprunter pour payer sa scolarité, il travaille dans une petite boîte d'électronique comme contrôleur de gestion, tout en poursuivant ses études rue Saint-Guillaume. Après Sciences po, il s'est laissé prendre au jeu et s'est présenté à l'Ena, tout en continuant à bosser dans sa PME. Il est reçu du premier coup.

À l'Ena, il commence un peu à se sentir à l'étroit dans l'Hexagone et choisit d'effectuer son stage en entreprise chez Toyota. « Inoubliable, s'enthousiasme-t-il. J'étais le seul Blanc de Toyota City. On dormait dans un dortoir, avec un tatami. Il y avait des bains collectifs... Et si Toyota s'est installé en France, c'est peut-être un tout petit peu grâce aux stagiaires de l'Ena qui se sont succédé dans les usines Toyota au Japon. » Ce stage lui jouera d'ailleurs un mauvais tour. Pour évaluer les stages, les Japonais, très égalitaires, mettent systématiquement des notes moyennes. Donc assez basses par rapport aux notes attribuées dans des entreprises françaises ! Badré sort tout de même second de sa promotion. Le voilà inspecteur des Finances. Il entame alors le marathon des quatre ans sur le terrain. Le parcours initiatique. Vérification de perceptions en province. Débuts de franche camaraderie. Puis, le stade ultime de la formation : les rapports. Il en fera notamment un sur la réforme de la Caisse d'épargne, sur les fonds structurels européens.

À l'issue de ces quatre années se pose la grande question : où sortir ? Premier de sa promotion à l'inspection, Badré est programmé pour entrer au Trésor. La voie royale. Mais il aimerait partir à l'étranger. Lui aussi. Aucun poste n'est libre, ni à Bruxelles, ni à Washington, nulle part. C'est à ce moment-là que Lazard entre en scène et lui propose un job à Londres. Jean Guyot, un autre camarade, associé-gérant historique de la banque, l'avait rencontré lors d'une démonstration sur internet. Ils étaient voisins et s'étaient présentés : « Ah ! vous êtes inspecteur des Finances ? il faudra qu'on se revoie », lui avait lancé le banquier.

Voilà comment ce produit de l'élite administrative française est devenu banquier. Grâce à l'inspection ? « Pas vraiment. J'ai deux camarades d'HEC qui sont rentrés directement chez Lazard et qui sont déjà associés ! Ce qui n'est pas mon cas. En termes de carrière, cela n'a pas été un accélérateur. Mais sur le plan du développement personnel, ce fut une expérience extraordinaire. À la sortie de l'inspection, aucun d'entre nous ne voulait partir dans le privé. Mais on ne nous a rien proposé de vraiment passionnant. Résultat : aujourd'hui, un seul est encore fonctionnaire. »

À l'occasion de la préparation du G8, Badré a découvert le fonctionnement de la haute administration publique britannique. Ainsi le sherpa anglais n'était absolument pas certain de rester à ce poste. Étonnement de Badré qui découvre qu'en Grande-Bretagne, les postes de la haute administration sont attribués selon un processus ouvert et transparent, avec des missions ponctuelles. Fonctionnaires ou cadres du privé, ils répondent à une sorte d'appel d'offre. Les candidats sont sélectionnés non seulement en fonction de leur CV et de leur motivation, mais également de la façon dont ils perçoivent la mission, la façon dont ils pensent l'appréhender. En France, on rencontre un inspecteur dans un cocktail, on démarche un camarade.

Pascal Lamy, commissaire européen chargé du commerce, ancien directeur adjoint du cabinet de Laurent Fabius à Matignon, affirme sans ambages : « La haute administration britannique est devenue une des meilleures d'Europe. Si le ministre des Finances Gordon Brown veut embaucher un adjoint au Trésor, il fait un recrutement spécifique. » Contrairement à la France où subsiste un système d'avancement à l'ancienneté, avec des féodalités de corps, des chasses gardées, la Grande-Bretagne a mis en place différents mécanismes de sélection, des processus d'évaluation. Et Lamy de raconter que l'ambassadeur de Grande-Bretagne a un salaire variable. En fonction des objectifs réalisés : les personnalités rencontrées, les dossiers qu'il a traités, la manière dont il a fait valoir le point de vue de la Grande-Bretagne, dans quels médias, car si c'est sur France 3 ou sur TF1, ce n'est pas pareil. Il se voit attribuer des points.

Entendre un ancien militant du Parti socialiste vanter les mérites de la haute fonction publique britannique et ainsi remettre en cause, implicitement, le statut de la fonction publique française, laisse penser – c'est le moins qu'on puisse dire – que les esprits évoluent. Une bonne nouvelle, car la réalité est là : vus de Bruxelles, hormis quelques esprits brillants, les Français ne sont pas les meilleurs.

Le Royaume-Uni a été l'un des premiers pays européens à modifier le mode de fonctionnement de sa haute fonction publique. À imposer des critères de performance, d'efficacité. Depuis plus de vingt ans, depuis Margaret Thatcher, tous les gouvernements ont été attentifs à rendre leurs administrations plus performantes. Les responsables des ministères ne peuvent plus se contenter de produire des textes, des réglementations, ils doivent être capables de fixer des objectifs à leurs services et d'atteindre les résultats visés.

Le mode de recrutement a été modifié en conséquence. Il existe plusieurs voies d'accès aux plus hautes fonctions administratives. Tout d'abord, l'avancement interne, destiné à l'ensemble de la fonction publique. Alors qu'autrefois, il suffisait d'un certain nombre d'années d'ancienneté pour accéder aux grades les plus élevés, il faut désormais avoir prouvé sa capacité à obtenir des résultats.

Il y a une seconde voie d'accès, celle du concours. Les concours pour ce qu'on appelle les *fast-streamers*, soit les hauts potentiels. Chaque année, un certain nombre de hauts fonctionnaires sont admis sur concours selon les postes disponibles. Ils sont sélectionnés suivant leurs goûts, leurs aptitudes et leurs qualités. Ensuite, pour accéder à un poste d'un niveau supérieur, ils devront à nouveau se présenter à un concours organisé par les ministères et seront jugés à l'aune des résultats obtenus dans leur précédente fonction.

Les critères d'évaluation tiennent compte de la capacité à impulser un sens et une direction à la mission, à communiquer une vision d'avenir, à imaginer des stratégies, à motiver le personnel, à obtenir des résultats financiers. Ces évaluations sont assurées par des jurys et des *assessment centers.*

Il existe un second type de concours, destinés à pourvoir les postes de très haut niveau. Ils sont ouverts à tous les citoyens, appartenant ou non à la haute fonction publique.

Tous sont organisés selon une procédure qui vise à rendre les recrutements transparents et ouverts. Les postes vacants font l'objet d'une publication à Whitehall, le siège du gouvernement britannique, avec descriptif du poste et des critères de sélection. Après l'évaluation dans un *assessment center*, les candidats sont auditionnés par un jury composé du futur supérieur hiérarchique, d'un responsable de la fonction publique, d'un futur collaborateur, d'un client, etc. L'évaluation porte non seulement sur les compétences du candidat mais aussi sur sa conception du poste visé, ce qui suppose de sa part d'avoir engagé une réflexion et d'être réellement intéressé par le job. Inimaginable en France où, pourtant, un certain nombre de hauts fonctionnaires commencent à découvrir l'efficacité de ce système.

Cette réforme radicale de la haute fonction publique britannique commence d'ailleurs à intéresser les chercheurs français. Michel Bauer, animateur de l'Observatoire des dirigeants au Cnrs, a largement écrit sur ce sujet, entre autres dans la revue *Sociétal*. Les hauts fonctionnaires français et notamment les inspecteurs des Finances s'en sont également inspirés. Avec vingt ans de retard. Au lendemain de l'échec de la réforme de Bercy, Jean Bassères et François Villeroy de Galhau se sont effectivement attelés, en se servant des travaux réalisés par Thierry Bert, à un travail de fond pour fixer à leurs directions des objectifs, présentés sous la forme de « contrats de performance », où des éléments tels que les gains de productivité et la satisfaction des usagers figurent en bonne place. Hélas, encore une fois, cette évolution est très partielle et risque d'être sans effet, car elle ne s'accompagne pas d'une refonte du mode de recrutement et d'avancement de la haute fonction publique.

Francis Mer a commencé à réfléchir aux allers retours privé public. Ainsi le ministre de l'Économie a-t-il offert à Thierry Breton un salaire compétitif avec ceux du privé. Mais ce n'est que l'embryon d'une évolution qui nécessiterait une vraie réflexion et une stratégie. Philippe Parini, secrétaire général du ministère de l'Économie, c'est-à-dire responsable de tout le personnel, ne peut que déplorer l'état de la haute fonction publique : « Nous avons hérité d'un système de recrutement des élites datant d'une autre époque. Ce système organisé pour faire fonctionner une France jacobine et administrée a vécu. Il n'est plus valable. » Lucidité. Et impuissance ?

On en revient toujours à l'Ena. À cette immense machine à fabriquer des clones. Ce système tant vanté du concours unique, destiné à éviter la cooptation, est attaqué de toutes parts. Claude Pierre-Brossolette trouve ce système stupide : « Il est absurde de recruter sur les mêmes critères des diplomates, des juristes, des économistes, des gestionnaires. Il faut revenir à un recrutement plus modeste. De toute façon, on n'apprend rien à l'Ena. C'est complètement con ! » « Une formation si précise de la pensée que l'on est capable, en toute occasion, de concevoir à propos de tout, que le pour égale le contre, se moque Albin Chalandon. L'équilibre parfait entre les raisons de faire et de ne pas faire devait s'établir de façon quasi arithmétique : même espace consacré à la thèse et à l'antithèse, et naturellement pas de synthèse. Tout cela pour apprendre à décider ! Quelle admirable école pour l'homme d'action ! » Et d'ajouter : « Qu'est-il résulté de la constitution d'une école unique de fonctionnaires avec laquelle on alimente, en fonction de la hiérarchie de classement, aussi bien le Conseil d'État, le ministère des Finances que la Santé publique, l'Intérieur, ou les Affaires étrangères ? D'abord la négation des goûts et des vocations : qui veut être diplomate ou inspecteur des Finances se retrouve au Conseil d'État ou préfet, quand ce n'est pas au ministère du Travail ou de l'Agriculture ! Ensuite – et c'est plus grave – l'inadaptation des hommes aux tâches et les inégalités renforcées entre les administrations. »

Selon lui, la vraie inspection, celle qui recrutait et formait des hommes destinés à s'occuper de finances, qui les surveillait, les accompagnait, les cooptait certes, mais pas seulement sur des critères sociologiques comme on tente de le faire croire, cette inspection-là n'aurait pas engendré les catastrophes qui se sont reproduites durant un demi-siècle. Et de regretter l'esprit d'avant 1945 . « Je regrette ces îlots élitistes, comme celui où j'ai atterri voici trente ans, que rien ne reliait entre eux, qui, isolés les uns des autres, se neutralisaient plus qu'ils ne s'appuyaient. » Il évoque avec nostalgie le temps passé, le raffinement, l'ironie, la modération, la sagesse, la culture de ses camarades d'antan. Vision idyllique ? Sans doute un peu, mais force est de constater qu'entre un Bloch-Lainé et un Messier, entre un Baumgartner et un Minc, ce n'est pas tout à fait le même monde.

De l'avis de nombreux inspecteurs qui ont connu l'ancien système, l'Ena a beaucoup nui à la qualité de l'inspection comme du Conseil. Quant à la démocratisation de l'élite administrative, la création de l'Ena n'a pas provoqué de véritable révolution. L'ancien système n'était pas moins ouvert.

Jean Bloch-Lainé, le premier de la dynastie, qui est entré à l'inspection en 1911, n'était pas un fils de famille. Jacques Boud'Hors, entré à l'inspection en 1919, était fils de colonel et avait commencé comme commis à la direction du Mouvement général des fonds. Omar Leclerc, entré en 1900, était fils de capitaine et avait commencé comme rédacteur à la direction générale de la Comptabilité publique. Henri Pignerol, entré en 1905, était fils de docteur. Il y avait aussi beaucoup de fils de polytechniciens, de professeurs de droit, de notaires. Mais cela n'a pas fondamentalement changé. Et, pirouette de l'histoire, le mode de recrutement de la haute fonction publique d'avant-guerre, quand il y avait des concours spéciaux, n'est pas si éloigné de celui mis en place en Grande-Bretagne.

Yves Thibault de Silguy, l'auteur du dernier rapport sur l'Ena, préconise pour sa part un système où on ne recruterait plus dans les grands corps directement à la sortie de l'Ena, mais au bout de dix ans. Guillaume Cerutti pense, comme Alain Minc, qu'il faut tout simplement mettre fin au monopole du recrutement de l'État par l'école. Ce qui est une façon plus habile de faire évoluer le système que sa suppression pure et simple. Une saine concurrence obligerait sans doute cette vénérable institution à améliorer son enseignement. Car à force de se penser comme une simple école d'application, l'Ena est en train de devenir une caricature d'elle-même : une mauvaise école de bachotage, voire, au dire de certains députés, « une école nationale de trafic d'influence ».

« L'Ena est une école de classement, pas de management, regrette pour sa part, Louis Schweitzer. Le concours, c'est mieux que la cooptation, mais le système des grands corps créé, dans le processus de sélection des élites, un phénomène de plafond de verre. À un certain stade, la progression devient impossible. Ce n'est pas bon. »

Un inspecteur des Finances raconte qu'il a embauché deux jeunes X-Mines : « Je les trouve mieux formés. Plus capables, dit-il. Ils sont meilleurs que les inspecteurs. Ils sont plus analytiques dans leur approche, plus modestes. À l'Ena et à l'inspection, il y a une érosion des talents. Pas à l'X. »

Polytechnique, le grand rival. Un polytechnicien explique : « Un ingénieur est formé à trouver le résultat d'équations qui existent. Il faut trouver. Cela incite à un peu d'humilité. Il faut tenir compte de la réalité. Un inspecteur des Finances, lui, est formé à produire une solution ex nihilo. Il en est l'auteur, le concepteur. La réalité se plie à sa vision des choses. Un ingénieur a à cœur de réaliser des choses concrètes, réelles. Ce qui l'intéresse, c'est de faire marcher un truc. L'inspecteur privilégie le pouvoir sur l'action. Il veut être quelqu'un. Il veut prouver qu'il est le plus fort. » Et à l'X, contrairement à l'Ena, on apprend des choses, il y a un enseignement de qualité, avec de vrais professeurs. « À l'Ena, on répète l'existant. L'enseignement n'est pas nourri par des universités puissantes qui génèrent des idées neuves, par des équipes de recherche en matière de gestion publique. Ce système a conduit à un assèchement de la haute fonction publique », déplore Jean Guyot, issu de l'ancien concours.

À l'Ena, effectivement, la grande majorité des professeurs sont des fonctionnaires qui enseignent un monde déjà obsolète. Cette école de l'élite administrative est restée très hexagonale, alors que Polytechnique a fait un gros effort d'ouverture vers l'international, avec un système de bourses et de séjours à l'étranger.

L'école des Mines de Paris, où est formée la botte de l'X, propose aux élèves des sujets de réflexion en relation directe avec leurs futures fonctions de dirigeants. Ils sont invités, par exemple, à plancher sur des thèmes aussi pointus que : « Les ERP (*Enterprise Ressource Planning*) sont-ils une solution universelle ? » Traduction : ces tout nouveaux logiciels destinés à optimiser la productivité des entreprises, et dont la plupart des grands groupes sont équipés, sont-ils efficaces ou est-ce simplement une mode ?

On leur apprend à développer un esprit critique voire un esprit de contradiction, comme le montre l'intitulé de certains sujets : « Le modèle français de la décentralisation : mirage d'un jour ou révolution de velours ? » ou « Recherche et entreprise : éloge de la folie ». L'an dernier, les élèves ont planché sur de vrais sujets d'actualité : « L'Europe électrique : vers un oligopole électrique », « L'externalisation de certaines activités de l'État : le cas des prisons », « Les décisions à plus de 5 milliards d'euros », « La sincérité des comptes », ou « Les malfaçons dans les bâtiments publics ». On est loin du conformisme de la formation de l'Ena. Et du simple dressage de l'inspection.

Mais la question de la mutation de la haute fonction publique française dépasse largement le simple cadre de l'Ena. Elle renvoie à deux dossiers fondamentaux : le statut de la fonction publique, qui a volé en éclats dans la plupart des pays d'Europe, en Grande-Bretagne, en Italie, aux Pays-Bas, mais reste un tabou en France. Et celui du système des Grandes Écoles.

Dans une économie largement ouverte, la France est le seul pays au monde dont les plus hauts diplômes ne sont pas reconnus, n'ont pas d'équivalence. L'Ena ne veut rien dire en dehors de l'Hexagone. Michel Pébereau nie tout problème : « Cette formation est excellente. Elle conserve toute sa valeur à condition, naturellement, de la moderniser, de l'adapter en permanence. Notre système des Grandes Écoles n'est pas très différent des systèmes étrangers. » Mais Jean-Claude Trichet en convient : « On a besoin de grandes universités ayant une reconnaissance internationale, délivrant tous les grades. C'est impérieux. Mais comment l'État recrutera-t-il alors ? Il faudra des systèmes objectifs et des garde-fous, sinon le risque est grand de tomber dans un système de cooptation. Si les rois ont créé des Grandes Écoles, c'était pour ne pas être prisonniers de l'aristocratie. » Il est vrai que l'Ena n'a jamais engendré un système de caste et de cooptation ! Toujours cette peur de lâcher, de faire confiance, de traiter les Français en adultes responsables. « La France est un pays militaire », affirme Claude Pierre-Brossolette. Qui sait ? Mais il serait peut-être temps de changer.

Hélas, l'inspection, l'Ena, les concours, les Grandes Écoles, constituent le socle du système de sélection et de formation des élites françaises. Toutes les initiatives prises pour affaiblir ce système au profit de l'Université ont échoué. Sciences po, qui devait devenir le modèle d'une université rénovée, s'est elle-même transformée en une sorte de « grande école ». Lorsque l'École polytechnique a déménagé de la rue Sainte-Geneviève à Paris, pour un campus aux alentours de la capitale, l'État avait affiché la volonté d'en faire le cœur d'un pôle universitaire. Polytechnique est resté Polytechnique. Isolée, mais puissante.

L'historien Marc Bloch, dans *L'Étrange Défaite* appelait cette vieille tradition du concours : « la manie examinatoire » et dénonçait « la négation de toute libre curiosité, le culte du succès substitué au goût de la connaissance, une sorte de tremblement perpétuel et de hargne, là où devrait au contraire régner la joie d'apprendre. On entretient moins l'émulation que l'aptitude au bachotage, à la compilation ». Soixante ans plus tard, on en est toujours là. Alors que le monde a changé, la France a-t-elle encore les moyens de fonctionner selon ce mode archaïque ?

Conclusion

En vingt ans, la France a radicalement changé. Elle est passée d'une organisation hyperétatique à une économie ouverte sur l'extérieur, traversant une phase extrêmement brutale d'accumulation du capital. Avec des excès et des dérives. Au dire de nos élites, elle aurait simplement pris un peu de retard dans certains domaines. Alors qu'en fait, la crise que traverse le pays depuis de nombreuses années est très profonde. Il ne s'agit pas seulement de la question lancinante, et jamais réglée, de la réforme de l'État. Ni même de la corruption, qui fait dire aux policiers et aux juges français, le plus souvent « off » bien sûr, que la France est une république bananière. Il s'agit de mettre fin à une hypocrisie insupportable : au nom des grands principes républicains, les élites protègent un État quasi féodal.

« La France sait faire certaines choses. L'euro, une Constitution, fait remarquer Jean-Pierre Jouyet, en conclusion de son propos sur l'inspection. Dans d'autres domaines, elle est moins performante. » C'est extrêmement juste. La France sait concevoir des systèmes, des organisations, inventer des modèles. Ensuite, elle ne sait pas toujours gérer la réalité. La France est un pays profondément structuraliste. Qui privilégie la globalité sur l'individu. Qui pense l'ensemble et néglige l'humain. Qui préfère la théorie à la pratique.

Or elle est confrontée à la nécessité de s'adapter au monde anglo-saxon, dominant ; et qui, lui, est fonctionnaliste. Dans le monde anglo-saxon, en effet, on conçoit la société comme un ensemble d'éléments complexes dont l'équilibre dépend de ses diverses composantes, dont la dynamique est la résultante de mécanismes interdépendants. La France pense intérêt général, les Anglo-Saxons pensent confrontation des intérêts. La France édicte des codes très stricts, mais les transgresse. Les Anglo-Saxons sont jurisprudentiels. La France décrète. Le monde anglo-saxon s'adapte sans cesse sous la pression de contre-pouvoirs multiples. Le diagnostic de Jean-Claude Trichet est explicite : « La France est un pays qui s'est édifié sur un modèle très particulier. Assez original. Aucun autre pays ne repose sur la même construction historique. Cela lui donne des atouts. Elle doit en tirer parti. En même temps, la construction européenne, l'internationalisation des économies, la mondialisation exigent qu'elle assimile complètement les règles de l'économie de marché. Et elle doit faire un effort sur elle-même. » Il parlait – « off » – de la nécessité de devenir un pays « normal ».

Car, en effet, la France n'est pas un pays normal. Éducation, sélection des élites, organisation politique, statut de la fonction publique, organes de contrôles indépendants, dans tous ces domaines, le modèle français est effectivement confronté à des mutations inexorables. L'inspection générale des Finances, le phare de la haute administration, incarne cet ordre ancien. Qu'elle redevienne un corps de contrôle efficace ou qu'elle continue de fonctionner comme une caste et elle sera le symbole du renouveau ou de la décadence.

Annexes

Lexique des positions administratives [1]

Cadre. Fonctionnaire occupant une fonction où il reste relié à son administration d'origine.

Détachement. Position des fonctionnaires qui ont quitté leur corps d'origine pour rejoindre une autre administration, une juridiction administrative, un établissement public, une collectivité locale, un organisme privé d'intérêt général, une entreprise nationale. Et qui donc restent au service de l'État. Ils gardent une attache administrative avec le service qu'ils peuvent réintégrer à tout moment. Ils continuent de bénéficier des droits à l'avancement et à la retraite. Le détachement peut être accordé pour une période de cinq ans renouvelable.

Hors cadre. Position d'un fonctionnaire détaché dans une administration ou une entreprise publique, dans un emploi qui ne conduit pas au régime général des retraites de la fonction publique. Ce fonctionnaire est soumis au régime statutaire de la fonction qu'il exerce.

Disponibilité. La mise en disponibilité est prononcée sur la demande du fonctionnaire pour exercer une activité dans une entreprise privée ou publique. Elle peut également être accordée pour créer ou reprendre une entreprise. Ou pour convenance per-

---

1. Ces dispositions réglementaires s'appliquent à l'ensemble de la fonction publique.

sonnelle. L'interessé doit avoir accompli au moins trois années de service effectif dans l'administration. La disponibilité est accordée pour une période de dix ans. Le fonctionnaire n'a plus de lien administratif avec le service, il cesse de bénéficier de ses droits à l'avancement et à la retraite. Mais il peut réintégrer son corps d'origine à tout moment.

Démission. Tout fonctionnaire qui a épuisé le temps réglementaire autorisé pour la disponibilité est contraint de démissionner s'il ne veut pas rejoindre son corps d'origine. Il perd tout lien administratif avec le corps d'origine.

Retraite différée. Tout fonctionnaire qui a épuisé le temps réglementaire autorisé pour la disponibilité, mais qui a effectué quinze ans au service de l'État, est mis en retraite différée. Contrairement au démissionnaire, il ne doit pas payer de pantoufle. Sa retraite sera calculée en fonction des années de cotisation et dont le fonctionnaire ne pourra faire valoir les droits que lors de sa mise à la retraite effective.

Retraite. Tout fonctionnaire qui a atteint l'âge de 60 ans est considéré comme retraité. Mais il ne peut faire valoir ses droits que le jour où il prend sa retraite effective. Les inspecteurs des Finances, comme les membres des grands corps et les professeurs d'université, peuvent poursuivre leur carrière jusqu'à 68 ans et au-delà s'ils ont eu plus de trois enfants.

SE. Service extraordinaire

Fonctionnaire appartenant à une autre administration nommé pour cinq ans à l'inspection avec le titre d'inspecteur général.

TE. Tour extérieur.

Il existe des nominations au tour extérieur dans tous les grands corps et dans toutes les inspections générales.

Il s'agit de fonctionnaires qui n'ont pas intégré l'inspection directement à la sortie de l'École nationale d'administration, en fonction de leur rang de sortie, mais qui ont été nommés au tour extérieur.

Il existe deux types de recrutement au tour extérieur :

Le recrutement d'inspecteurs de 3e classe, qui est destiné aux fonctionnaires justifiant de dix ans d'ancienneté. Ceux-ci sont sélectionnés sur dossier et après audition par un jury.

Le recrutement au grade d'inspecteur général des Finances au tour extérieur est réservé à des personnalités ayant plus de 45 ans. Ces nominations sont décidées, de manière discrétionnaire, par le pouvoir exécutif. Le chef de service émet un avis.

Activités professionnelles des inspecteurs des Finances[1]

AU SERVICE DE L'ÉTAT (160)

Service de l'inspection (65)

Guillaume Sarlat. 27 ans. Inspecteur adjoint.
Maxime Baffert. 27 ans. Inspecteur adjoint.
Gilles Mentré. 27 ans. Inspecteur adjoint.
Catherine Sueur. 28 ans. Inspecteur adjoint.
Boris Ravignon. 28 ans. Inspecteur adjoint.
Pierre Cunéo. 29 ans. Inspecteur adjoint.
Pierre Heilbronn. 29 ans. Inspecteur adjoint.
Bertrand Cozzarolo. 29 ans. Inspecteur de 3e classe.
Jean-Philippe de Saint-Martin. 29 ans. Inspecteur de 3e classe.
Matthieu Louvot. 29 ans. Inspecteur de 3e classe.
Agnès Pannier-Runacher. 29 ans. Inspecteur de 3e classe.

---

1. Nous avons retenus tous les inspecteurs qui, au 1er janvier 2004, avaient une tâche effective. Nous avons comptabilisé les inspecteurs des Finances en retraite quand ils occupaient une fonction effective.

Sur un total de 290 inspecteurs recensés selon ces critères : 152 sont au service de l'État dans l'administration, des entreprises publiques ou des cabinets ministériels , 8 font de la politique, mais ils sont tous à la retraite ; 122 sont dans le privé, soit 44 % des effectifs.

Le service de l'IGF proprement dit représente 23 % des inspecteurs en activité.

SE : service extraordinaire TE : tour extérieur.

Arnaud Geslin. 30 ans. Inspecteur adjoint.
Christophe Bonnard. 30 ans. Inspecteur de 3e classe.
Marc Pannier. 30 ans. Inspecteur de 3e classe.
Corso Bavagnoli. 30 ans. Inspecteur de 3e classe.
Benjamin Dubertret. 30 ans. Inspecteur de 3e classe.
François Riahi. 31 ans, Inspecteur de 3e classe.
Maxence Langlois-Berthelot. 31 ans. Inspecteur adjoint.
Julien Senèze. 31 ans. Inspecteur adjoint.
Thierry Lambert. TE. 33 ans. Cadre. Inspecteur de 2e classe.
Maurice Sissoko. TE. 37 ans. Inspecteur de 2e classe.
Valérie Champagne. TE. 38 ans. Inspecteur de 2e classe.
Christophe Tardieu. TE. 39 ans. Inspecteur de 2e classe.
Jean-Baptiste Carpentier. TE. 39 ans. Inspecteur de 2e classe.
Philippe Dupuis. TE. 40 ans. Inspecteur de 2e classe.
Thierry Wahl. TE. 47 ans. Inspecteur de 1re classe.
Laurent Vachey. 51 ans. Inspecteur de 1re classe.

Cogex : inspecteurs généraux
Danièle Lajoumard. TE. 46 ans.
François Auvigne. 46 ans.
Valérie Champagne. TE. 48 ans.
Bertrand Brassens. TE. 51 ans.
Éric Gissler. TE. 51 ans.
Véronique Hespel. 52 ans.
Thierry Bert. 52 ans. Chef de service.
Gérard Malabouche. TE. 52 ans.
Philip Dane. 52 ans.
Jean-Pierre Jochum. TE. 54 ans.
Élisabeth Bukspan. 55 ans.
Noël de Saint-Pulgent. TE. 55 ans.
Anne Bolliet. TE. 57 ans.
André Barilari. TE. 58 ans.
Pierre-Alain Muet. TE. 59 ans.
Bruno Durieux. SE. 59 ans.
Jean-Daniel. Tordjman. SE. 59 ans.
Jean-Luc Lépine. 60 ans.
Pierre Lubek. 60 ans.
Yvon Ollivier. SE. 60 ans.
Philippe Dumas. 61 ans.
Jean-Baptiste de Foucauld. TE. 61 ans.
Henri Guillaume. TE. 61 ans.

Joël Rochard. TE. 61 ans.
Bertrand Schneiter. 61 ans.
Daniel Lallier. 64 ans.
Jacques Bayle. 64 ans.
Hervé de Gouyon de Coipel. 64 ans.
René Barberye. SE. 65 ans.
François Cailleteau. TE. 65 ans.
Nicole Briot. TE. 65 ans.
Michel Delahousse. 66 ans.
Xavier de Verdelon. TE. 67 ans.
Jean-Claude Hirel. 68 ans.
Claude Villain. TE. 68 ans.
Philippe Rouvillois. 69 ans.
Pierre-Yves Cossé. 69 ans.

Administration (46)

À Bercy : 21
Olivier Storch. 28 ans. Chargé de mission auprès du directeur du Budget.
Delphine d'Amarzit. 30 ans. Cadre. Chef de bureau à la direction du Trésor.
Claude Wendling. 31 ans. Chef de bureau à la direction du Budget.
Philippe Mareine. 33 ans. Chargé de mission à la direction générale des Impôts.
Marc Lechantre. 34 ans. Chef de bureau à la direction du Budget.
Philippe Rambal. 34 ans. Chargé de mission à la direction de la Comptabilité publique.
Hélène Pelosse. 34 ans. Conseiller financier au SGCI.
Jean-Louis Girodolle. 35 ans. Chef de bureau à la direction du Trésor.
Bruno Bézard. 40 ans. Chef du service des participations au Trésor.
Marie-Christine Lepetit. TE. 42 ans. Chef de service à la direction générale des Impôts.
Jean-Pierre Lieb. 42 ans. Sous-directeur à la direction générale des Impôts.
Jean Bassères. 43 ans. Directeur de la Comptabilité publique.
Daniel Dubost. TE. 45 ans. Chargé de sous-direction à la direction générale des Impôts.

Jean-Louis Rouquette. TE. 46 ans. Direction des services de la région Aquitaine.

Jean-Pierre Jouyet. 50 ans. Directeur du Trésor.

André Tanti. TE. 51 ans. Adjoint au haut fonctionnaire de Défense.

Emmanuel Constans. 55 ans. Médiateur du ministère de l'Économie.

Claude Sardais. 57 ans. Président de l'Association France Pologne pour l'Europe.

Denis Schrameck. 61 ans. Chef du service de contrôle des dépenses engagées.

Alain Briffod. 66 ans. Chef de la mission de contrôle économique et financier des Transports.

Jean Saint-Geours. 79 ans. Président de la commission de terminologie du ministère des Finances. *Retraité.*

Banque de France (3)

Hervé Hannoun. 53 ans. Sous-gouverneur. *Détaché.*

Jean-Pierre Jouyet, 50 ans. Censeur. Directeur du Trésor.

Jean-René Bernard. 71 ans. Membre du conseil. *Retraité.*

Dans d'autres administrations (16)

Aline Sylla. 31 ans. Administratice générale adjointe du musée du Louvre. *Détachée.*

Martin Bonnichon. 32 ans. Directeur financier du Centre Pompidou. *Détaché.*

Anne Paugam. 37 ans. Agence française de développement. *Détachée.*

Marc Auberger. 39 ans. Directeur délégué Sofaris. *Détaché.*

Hubert Reynier. 41 ans. Chef du service à l'AMF. *Détaché.*

Pierre Hanotaux. TE. 42 ans. Secrétaire général du musée Branly. *Détaché.*

Pierre Deprost. TE. 44 ans. Chef de projet au ministère de la Culture. Cadre.

Jean-Michel Severino. 46 ans. Directeur Agence française de développement. *Détaché.*

Jean-Luc Mercadié. TE. 46 ans. Directeur des services Région Aquitaine. *Détaché.*

François Asselineau. 46 ans. Directeur de cabinet du président du Conseil général des Hauts-de-Seine. *Détaché.*

Pierre Lepetit. TE. 51 ans. Directeur de l'Ifri. *Cadre.*

Philippe Jurgensen. 59 ans. Président de l'Anvar. *Hors cadre.*

Patrice Cahart. 61 ans. Conseiller à la Cour de cassation en service extraordinaire. *Détaché.*
Michel Prada. 64 ans. Président de l'AMF. *Détaché.*
Robert Lion. 69 ans. Président de l'Association française pour l'action artistique. *Retraité.*
Jacques Friedmann. 71 ans. Président du conseil d'orientation musée du Quai Branly. *Retraité.*

À l'étranger (9)
Isabelle Mateos y Lago. 30 ans. Fonds monétaire international. *Disponibilité.*
François-Charles Laprevote. 31 ans. Commission européenne. Direction de la concurrence. *Cadre.*
Nicolas Théry. 38 ans. Chef de cabinet de Pascal Lamy à la Commission européenne. *Détaché.*
Alain Pilloux. 43 ans. Directeur général de la Bred Londres. *Détaché.*
Nathalie Coppinger. 49 ans. Chef de la mission économique en Argentine. *Détachée.*
Jean Lemierre. 53 ans. Président de la Berd à Londres *Hors cadre.*
Jean-Pierre Landau. 57 ans. Conseiller financier à Londres. *Détaché.*
Pascal Lamy. 57 ans. Commissaire européen chargé du commerce extérieur. *Hors cadre.*
Jean-Claude Trichet. 63 ans. Président de la BCE Francfort. *Détaché.*

Cabinets ministériels (13)

Alexandre Joubert-Bompard. 31 ans. Conseiller technique aux Affaires sociales. Cadre.
Éric Garandeau. 31 ans. Conseiller technique à la Culture. Cadre.
Jérôme Fehrenbach. 34 ans. Conseiller technique aux Affaires européennes. Cadre.
Frédéric Lemoine. 38 ans. Secrétaire général adjoint de l'Élysée. Cadre.
Pierre Merviel. 38 ans. Conseiller technique à l'Élysée. Cadre.
Olivier Coustet. 39 ans. Conseiller technique à Matignon. Cadre.
Gilles Grapinet. 40 ans. Conseiller pour les affaires économiques à Matignon. Cadre.
François Pérol. 40 ans. Directeur adjoint de cabinet du ministre des Finances. Cadre.

François Werner. 41 ans. Directeur de cabinet du secrétaire d'État aux programmes immobiliers de la Justice. Cadre.
Xavier Musca. 43 ans. Directeur de cabinet du ministre des Finances. Cadre.
François de Mazières. TE. 43 ans. Conseiller culture à Matignon. Cadre.
Guillaume Cerutti. 48 ans. Directeur de cabinet du ministre de la Culture. Cadre.
Alexandre Jevakhoff. 51 ans. Conseiller pour les affaires financières à la Défense. Cadre.

Secteur public (27)

Marie Cheval-Garandeau. 29 ans. Directeur financier de SF2 du Groupe La Poste. *Détachée.*
Olivier Pagezy. 36 ans. Directeur financier. Cea. *Disponibilité.*
Louis de Fouchécour, TE. 38 ans. Chef du service du portefeuille Négoce à Gaz de France. *Détaché.*
Stéphane Ramon. 38 ans. Direction financière d'Edf. *Détaché.*
Guillaume Dureau. TE. 39 ans. Directeur de la stratégie. Framatome. *Hors cadre.*
Vincent Lidsky. 39 ans. Directeur délégué à la caisse centrale de la Mutualité agricole *Détaché.*
Jean-Pierre Denis. 43 ans. Président de la BDPME. *Disponibilité.*
Frédéric Gagey. TE. 47 ans. Directeur des affaires financières Air France. *Démissionnaire.*
Nicolas Duhamel. 50 ans. Directeur financier de La Poste. *Démissionnaire.*
Jacques Rapoport. 51 ans. Directeur général adjoint Ratp. *Détaché.*
Paul-Marie Chavanne. 52 ans. P-DG du groupe Géopost, filiale de La Poste. *Disponibilité.*
Patrick Werner. 54 ans. Directeur général délégué La Poste. *Hors cadre.*
Bruno Mettling. 56 ans. Membre du directoire Caisse nationale des Caisses d'épargne. *Disponibilité.*
Jean-Paul Cluzel. 57 ans. P-DG Radio France International. *Détaché.*
Marc Tessier. 57 ans. P-DG France Télévisions. *Détaché.*
Bertrand Eveno. 59 ans. P-DG AFP. *Démissionnaire.*

Caisse des dépôts et consignations et satellites

Franck Silvent. 31 ans. Directeur adjoint de la direction de la Stratégie. *Détaché.*

Jean-Pierre Menanteau. 39 ans. Directeur de cabinet du directeur. *Détaché.*

Serge Bayard. 40 ans. TE. Directeur de la stratégie. *Détaché.*

Gilles Seigle. TE. 46 ans. Directeur du développement. *Détaché.*

Dominique Marcel. TE. 48 ans. Directeur des finances et de la stratégie. *Détaché.*

Pierre Servant. TE. 49 ans. Directeur général d'Eulia. *Hors cadre.*

Yann Boaretto. TE. 51 ans. Président de CDC Kineon et de CDC Zantar. *Hors cadre.*

Bruno Mettling. TE. 56 ans. Membre du directoire de la Caisse nationale des Caisses d'épargne. *Disponibilité.*

Gérard Barbot. TE. 57 ans. Directeur général de CDC Ixis. *Hors cadre.*

Politique (8)

Alain Juppé. 58 ans. Député-maire de Bordeaux. Président de l'UMP. *Retraité.*

Philippe Marini. 53 ans. Sénateur-maire de Compiègne. *Retraité.*

Philippe Auberger. 62 ans. Député de l'Yonne. *Retraité.*

Christian Sautter. 64 ans. Maire adjoint de Paris. *Retraité.*

Yann Gaillard. 67 ans. Sénateur de l'Aube. *Retraité.*

Michel Rocard. 73 ans. Député européen. *Retraité.*

Jean-Pierre Fourcade. 74 ans. Député-maire de Boulogne. *Retraité.*

Valéry Giscard d'Estaing. 75 ans. Président du Conseil général d'Auvergne. *Retraité.*

AU SERVICE D'ENTREPRISES PRIVÉES (122)

Banques, établissements de crédit et assurances (72)

Julien Carmona. 33 ans. Chargé de mission direction du développement. BNP-Paribas. *Disponibilité.*

François Véron. 34 ans. Directeur des participations Cita Gestion (capital-risque). *Démissionaire.*

Anne Gabrielle Heilbronner-Lahoud. 35 ans. Chargée de mission auprès du président d'Euris. *Disponibilité.*

Bertrand Badré. 35 ans. Lazard Frères. *Disponibilité.*

Étienne Barel. 35 ans. BNP. Directeur du Groupe Boucle de Seine. *Disponibilité.*

Yves Bonnet. TE. 36 ans. Directeur de la logistique. Banque Hervet. *Disponibilité.*

Pierre-Yves Bonnet. 36 ans. Société générale. Directeur général adjoint d'Equity capital Markets. *Disponibilité.*

Alain Demarolle. 37 ans. Bear, Stearns International Ltd. Londres. *Disponibilité.*

Gilles Glicenstein. 39 ans. Directeur général BNP-Paribas Asset Managment. *Démissionnaire.*

Frédéric Oudéa. 40 ans. Directeur financier Société générale *Démissionnaire.*

Éric Groven. 41 ans. Directeur du développement CCF. *Démissionnaire.*

Valérie Desmouceaux-Ledelnet. TE. 42 ans. BNP-Paribas. Responsable de l'Ingénierie. *Disponibilité.*

Jérôme Grivet. 42 ans. Directeur de la Stratégie Crédit lyonnais. *Disponibilité.*

Bruno Deletré. 43 ans. Membre du directoire de Dexia. *Disponibilité.*

Frédéric Lavenir. 43 ans. Directeur général BNP-Paribas Lease Group. *Disponibilité.*

Guillaume Hannezo. 43 ans. Gérant FDR Finance. *Disponibilité.*

Olivier Costa de Beauregard. 44 ans. Directeur au CCF. *Retraite différée.*

Jean-Marc Forneri. 44 ans. Vice-chairman Europe de Crédit Suisse First Boston. *Démissionnaire.*

François Villeroy de Galhau. 45 ans. Président de Cetelem (BNP-Paribas). *Disponibilité.*
Véronique Morali. 45 ans. Directeur général de Fimalac. *Démissionnaire.*
Benoît de Juvigny. 46 ans. Banque Dewaay. Bruxelles. *Disponibilité.*
Jean Toulouse. 46 ans. Président de Toulouse et Associés. *Démissionnaire.*
Walter Butler. 47 ans. P-DG de WB Finances et partenaires. *Démissionnaire.*
Jean-Marie Messier. 47 ans. Président de Messier Partners LLC. *Démissionnaire.*
Gilles de Margerie. 48 ans. Directeur général adjoint Crédit agricole. *Démissionnaire.*
Pierre Mariani. 48 ans. BNP-Paribas responsable banque de détail. *Disponibilité.*
Gilles Denoyel. 49 ans. Directeur général CCF. *Disponibilité.*
Henri de Castries. 49 ans. Président du directoire d'Axa. *Démissionnaire.*
Robert Daussun. 50 ans. Associé LBO France. *Disponibilité.*
Pierre Fleuriot. 50 ans. Président de ABN Amro France. *Disponibilité.*
Géraud Brac de La Perrière. 50 ans. Président directoire Agf Asset. *Démissionnaire.*
Charles-Henri Filippi. 51 ans. HSBC Londres. Holding CCF. *Démissionnaire.*
Michel Jacob. 52 ans. Toulouse et Associés. *Démissionnaire.*
Laurent Perpère. 52 ans. Groupe Brunswick (communication financière). *Retraite différée.*
Philippe Aube-Martin. 52 ans. Président d'Auxiliaire de Finance. *Disponibilité.*
Baudouin Prot. 53 ans. Directeur BNP-Paribas. *Disponibilité.*
Daniel Bouton. 53 ans. P-DG Société générale. *Retraite différée.*
Yves Mansion. 53 ans. P-DG Société foncière lyonnaise. *Disponibilité.*
Gilles Guitton. 54 ans. Directeur général Fédération française des banques. *Disponibilité.*
Jean-Charles Naouri. 54 ans. P-DG d'Euris. *Retraite différée.*
Patrick Thourot. 55 ans. Directeur général délégué Scor (réassurance). *Disponibilité.*
Alain Minc. 55 ans. Président de AM Conseil. *Démissionnaire.*
Gabriel Benoin. TE. 55 ans. Disponibilité. Directeur général de Crédit Logement. *Disponibilité.*

Philippe Toussaint. 55 ans. Président de Dresdner gestion privée (groupe Agf). *Disponibilité.*

Patrice Vial. 55 ans. Gérant Innovial. *Disponibilité.*

Bernard Michel. TE. 56 ans. Directeur général adjoint Crédit agricole. *Disponibilité.*

Claude Rubinowicz. TE. 56 ans. P-DG FINAFIX USA. *Disponibilité.*

Patrick Careil. TE. 57 ans. Président de la Banque Hervet. *Disponibilité.*

Alain Cadiou. TE. 57 ans. Inspecteur général du CCF. *Disponibilité.*

Jean Cedelle. TE. 57 ans. Chef de l'inspection générale Crédit lyonnais. *Disponibilité.*

Ludovic de Montille. 58 ans. *Senior banker* BNP-Paribas. *Disponibilité.*

Philippe Villin. 50 ans. Président de Philippe Villin Conseil. *Démissionnaire.*

Charles de Wiener de Croisset. 60 ans. Président du CCF. *Retraite différée.*

Philippe Lagayette. 60 ans. P-DG Morgan Stanley. *Disponibilité.*

Michel Bon. 60 ans. *Senior advisor* chez Dôme Close Brother. *Retraité.*

François Arsac. 60 ans. Directeur Caisse nationale du Crédit agricole. Et vice-président de la Banque de gestion privée. *Disponibilité.*

Jacques-Henri David. TE. 60 ans. P-DG Deutsche Bank-France. *Disponibilité.*

Gérard de La Martinière. 60 ans. Président de la Fédération des assurances. *Retraite différée.*

Guy de Panafieu. 61 ans. *Senior Advisor* Clinvest. *Retraite différée.*

Michel Pébereau. 63 ans. Président du conseil d'administration de BNP-Paribas. *Retraité.*

Alain de Wulf. 63 ans. Président de la Compagnie d'assurances AERO-RE. *Démissionnaire.*

Jacques Darmon. 63 ans. Président Olympia capital holding. *Retraité.*

Jean-Pierre Leclerc. TE. 64 ans. Directeur général du Groupe Hervet. *Disponibilité.*

Christian Aubin. 66 ans. BNP-Paribas. Conseiller de président. *Disponibilité.*

Antoine Jeancourt-Galignani. 68 ans. Président de Gecina (immobilier). *Retraité.*

Paul Mentré. 68 ans. Président de Valeuro (Sicav européenne). *Retraité.*

Jacques Wahl. 72 ans. Conseiller du président de BNP-Paribas. *Retraité.*

Marc Viénot. 75 ans. Président de Paris-Europlace. Président d'honneur Société générale. *Retraité.*

Jacques de Larosière de Champfeu. 74 ans. Gouverneur honoraire de la Banque de France. Conseiller à BNP-Paribas. *Retraité.*

Jacques Mayoux. 79 ans. *Vice-chairman* Goldman Sachs-Europe. *Retraité.*

Industrie. Services (50)

Alexandre Joly. 32 ans. Chargé de mission auprès du directeur général du Groupe Suez. *Disponibilité.*

Louis-Roch Burgard. 34 ans. Directeur Vinci Énergie. *Disponibilité.*

Olivier Sichel. 37 ans. P-DG Wanadoo. *Détaché.*

Elisabeth Lulin. 37 ans. Directeur général Paradigmes. *Disponibilité.*

Bruno Crémel. 38 ans. Directeur général Fnac. *Disponibilité.*

Hervé Gastinel. 38 ans. Directeur général Saint-Gobain Terreal. *Disponibilité.*

Antoine Gosset-Grainville. 38 ans. Avocat associé. Cabinet Gide Loyrette Nouel. *Disponibilité.*

Pierre-François Gouiffés. 38 ans. Vice-président, Division licences, Thomson Multimédias. *Disponibilité.*

Bernard Delpit. 39 ans. Directeur adjoint. Peugeot-Chine. *Disponibilité.*

Bertrand de Talhouët. 39 ans. Directeur adjoint. Groupe Pinault. *Démissionnaire.*

Olivier Le Gall. 39 ans. Gérant PM Partners (intérim). *Disponibilité.*

Nicolas Dufourcq. 40 ans. Directeur général Cap Gemini Ernst & Young. *Disponibilité.*

Christophe Nicoli. 41 ans. Directeur général Lafarge Venezuela. *Disponibilité.*

Stéphane Richard. 42 ans. Directeur général Veolia et Connex. *Démissionnaire.*

Laurent Trupin. 42 ans. Directeur de Carrefour Rép. tchèque. *Disponibilité.*

Alexis Lloyd. 42 ans. Production cinéma. *Démissionnaire.*

Jérôme Gatier. 43 ans. Directeur de Patrimoine Accor. *Disponibilité.*

Antoine Giscard d'Estaing. 43 ans. Directeur financier Schneider Electric. *Démissionnaire.*

Yves Cabana. 44 ans. Conseiller du président de Veolia (ex-Videndi Environnement). *Disponibilité.*

Dominique d'Hinnin. 44 ans. Directeur financier Groupe Lagardère. *Démissionnaire.*

Philippe Capron. 45 ans. Président Arcelor Packaging International. *Démissionnaire.*

Christophe Baulinet. TE. 45 ans. Délégué général Fédération des chambres syndicales des minerais. *Disponibilité.*

Nicolas Jachiet. 45 ans. Directeur financier Danone. *Disponibilité.*

Pierre-André de Chalendar. 46 ans. Directeur général adjoint de Saint-Gobain. *Démissionnaire.*

Stanislas Cozon. 46 ans. Directeur Cap Gemini Ernst & Young. *Démissionnaire.*

Frédérique Bredin. 47 ans. Directeur de la stratégie Groupe Lagardère. *Disponibilité.*

Olivier Mallet. 47 ans. Directeur financier Pechiney. *Disponibilité.*

Nicolas Tissot. 47 ans. Directeur contrôle de gestion groupe Suez. *Disponibilité.*

Bernard Ansart. TE. 47 ans. Guilbert SA. Groupe Pinault La Redoute. *Disponibilité.*

Jean-Jacques Augier. 50 ans. P-DG Eurane. *Démissionnaire.*

Loïc Armand. 52 ans. Directeur Relations extérieures L'Oréal. *Démissionnaire.*

Jean-Marc Espalioux. 52 ans. Président d'Accor. *Démissionnaire.*

Robert de Metz. 52 ans. Directeur cessions acquisitions Vivendi Universal. *Démissionnaire.*

Michel de Rosen. 53 ans. Président de Viropharma USA. *Disponibilité.*

Jean-Pascal Beaufret. 53 ans. Directeur financier Alcatel. *Disponibilité.*

Pierre Blayau. 53 ans. P-DG Géodis. *Démissionnaire.*

François Jaclot. 54 ans. Directeur financier Interbrew. *Démissionnaire.*

Alain Madec. 56 ans. Total-Londres. *Retraite différée.*

Daniel Cukierman. 58 ans. Connex (filiale Veolia). *Disponibilité.*

Philippe Jaffré. 59 ans. Directeur financier d'Alstom. *Démissionnaire.*

Denis Gautier-Sauvagnac. 60 ans. Vice-président de l'Union industries métallurgiques et minières. *Retraité.*

Philippe Hustache. 61 ans. Conseiller du président du Groupe Dassault. *Retraite différée.*

Louis Schweitzer. 61 ans. P-DG Renault. *Disponibilité.*

Francis Lemor. TE. 62 ans. Président de Stef-TFE (logistique). *Disponibilité.*

Alain Gomez. 65 ans. P-DG Facom. *Démissionnaire.*

Jacques Lefèvre. 66 ans. Vice-président de Lafarge. *Retraité.*

Antoine Jeancourt-Galignani. 67 ans. Président Gecina (immobilier). *Retraité.*

Francis Gavois. 68 ans. Président du conseil de surveillance Oddo (gestion patrimoine) et Cie entreprise d'investissement. *Retraité.*

Jacques Pelletier. 68 ans. Conseiller à Bearing Point (consultants). *Retraité.*

Yves Sabouret. 68 ans. Directeur général des NMPP. *Retraité.*

François Heilbronner. 68 ans. Président d'Arbel (métallurgie). *Retraité.*

Remerciements

Le livre terminé, vient le moment d'exprimer ma gratitude à tous ceux qui ont contribué à sa réalisation.

Merci d'abord aux trois amis banquiers qui m'ont aidée à comprendre cette caste, à décortiquer ce monde opaque du pouvoir, à l'intersection de l'État et des affaires. B.T., qui m'a donné l'idée de ce livre au moment où Jean-Marie Messier quittait la présidence de Vivendi, et qui m'a, tout au long de l'enquête, ouvert les yeux, suggéré des pistes. C.B., qui m'a aidé, avec patience, à porter un regard juste, sans indignation excessive, sur le comportement des uns et des autres. Et enfin F.R. qui m'a initiée aux subtilités hiérarchiques de l'énarchie[1].

Mes remerciements vont également à mon éditeur Richard Ducousset qui a manifesté un enthousiasme contagieux pour ce sujet ardu au premier abord. Car, il faut bien l'avouer, cette caste de l'inspection, vénérée dans le monde du pouvoir, est totalement inconnue du grand public, qui confond souvent ce grand corps avec l'inspection des Impôts. Il y a cru, d'emblée.

Un grand merci à mon directeur littéraire Alexandre Wickham, qui est devenu un ami et un complice depuis le jour où nous avons fait ensemble un livre sur l'élection de Chirac en 1995, *L'Impossible Victoire*. D'autres ont suivi : *Le Fiasco*, d'Alain Juppé en 1996, six mois avant la dissolution, puis *Les Frères invisibles*, en collaboration avec un ami de *Libération*, Renaud Lecadre. Son regard avisé, ses commentaires pointilleux, son intransigeance sont autant de garde-

---

1. Les initiales ont été changées.

fous précieux quand on est seul, plongé dans une enquête longue et difficile. Sans ses encouragements, sa confiance, sa ténacité, son humour et sa disponibilité, la rédaction de ce livre se serait peut-être enlisée ! Au contraire, ce fut un plaisir de partager avec lui la progression de mes recherches.

J'espère que ce livre est à la hauteur de leurs espoirs.

Je tiens également à exprimer un grand merci et un grand pardon à mes proches, mon mari, mes deux filles, qui ont supporté avec beaucoup d'humour que je vive à leurs côtés, la tête ailleurs, absorbée par le destin de l'inspection, négligeant les détails plus prosaïques de la vie quotidienne.

Je souhaite enfin exprimer toute ma gratitude aux très nombreux inspecteurs des Finances qui m'ont reçue avec beaucoup de courtoisie, même si leurs propos ne devaient pas toujours, loin de là, être pris pour argent comptant. Ils n'étaient pas insensibles au sujet, car l'inspection est leur fierté, leur ambition de jeunesse et même s'ils minimisent la gravité des dérives, ils sont conscients de la dégradation de ce corps d'élite. Certains ont su me faire comprendre de l'intérieur, avec beaucoup d'acuité et de pertinence, la raison d'être et les limites de ce système. Ils ont été peut-être à leurs dépens d'excellents pédagogues. Tous n'ont pas été cités.

Je regrette qu'Alain Juppé, Jean-Marie Messier, Michel Bon, Roger Fauroux, Jean-Marc Espalioux, Jean-Pierre Denis et Jean Toulouse, fondateur d'un petit fonds d'investissement, aient refusé de s'exprimer ou, pis, n'aient jamais répondu à des demandes répétées. Ce sont les seuls. Et puis, un étonnement – rendez-vous décommandés, appels sans réponse : je n'ai jamais réussi à voir le directeur de l'Ena, Antoine Durrleman, et Yves-Thibault de Silguy, auteur du dernier rapport sur l'école, que j'ai lu attentivement. Ont-ils eu peur de s'exprimer sur ce sujet ?

Enfin un mot pour les très nombreux fonctionnaires, membres de grands corps concurrents, ou administrateurs civils, qui m'ont décrit ce gotha de la haute fonction publique qui rappelle à bien des égards la cour de Louis XIV.

Table

DU MÊME AUTEUR

Bruno Peyron, le récit d'une victoire
Hachette Carrère, 1993.

Les Deux Nicolas, la machine Balladur
Plon, 1994

L'Impossible Victoire
Robert Laffont, 1995

Le Fiasco
Albin Michel, 1996

Deux femmes au royaume des hommes
Hachette Littératures, 1999

Les Frères invisibles
en collaboration avec Renaud Lecadre
Albin Michel, 2001

Composition Nord Compo
et impression Bussière Camedan Imprimeries
en mars 2004.
N° d'édition : 22562. – N° d'impression : 041351/4.
Dépôt légal : mars 2004.
Imprimé en France.